海绵城市建设
典型案例

章林伟 等◎编

中国建筑工业出版社

图书在版编目（CIP）数据

海绵城市建设典型案例／章林伟等编．—北京：中国建筑工业出版社，2017.3
 ISBN 978-7-112-20199-0

Ⅰ.①海⋯ Ⅱ.①章⋯ Ⅲ.①城市建设-案例-中国 Ⅳ.①F299.2

中国版本图书馆CIP数据核字（2017）第025126号

总　策　划：尚春明
责任编辑：尚春明　郑淮兵　王晓迪
责任校对：王宇枢　姜小莲

海绵城市建设典型案例

章林伟等　编

*

中国建筑工业出版社出版、发行（北京海淀三里河路9号）
各地新华书店、建筑书店经销
北京锋尚制版有限公司制版
北京顺诚彩色印刷有限公司印刷

*

开本：850×1168毫米　1/16　印张：28¼　字数：615千字
2017年3月第一版　2017年3月第一次印刷
定价：248.00元
ISBN 978-7-112-20199-0
（29966）

版权所有　翻印必究
如有印装质量问题，可寄本社退换
（邮政编码　100037）

编委会

主　　编：章林伟

副 主 编：徐慧纬

参编人员：（按姓氏笔画排序）

　　　　　　马洪涛　王文亮　王　欢　牛璋彬　吕永鹏　任希岩

　　　　　　陈　玮　陈利群　高　伟　曹燕进　梁雨雯　谢　胜

前 言

党中央、国务院高度重视海绵城市建设，《国务院办公厅关于推进海绵城市建设的指导意见》，明确了海绵城市建设的定义和内涵，以及具体要求和措施；《中共中央、国务院关于进一步加强城市规划建设管理工作的若干意见》《国务院关于深入推进新型城镇化建设的若干意见》等文件也明确提出了海绵城市建设的要求。"海绵城市"是通过加强城市规划建设管理，充分发挥建筑小区、道路广场和绿地、水系等生态系统对雨水的吸纳、蓄渗和缓释作用，有效控制雨水径流，实现自然积存、自然渗透、自然净化的城市发展方式，是落实生态文明建设的重要举措，也是"稳增长、调结构、促改革、惠民生、防风险"的重要内容。

为推进海绵城市建设，住房城乡建设部在总结国外实践经验的基础上，结合我国的实际，印发了《海绵城市建设技术指南（试行）》，会同财政部等有关部门在全国30个城市开展了海绵城市建设试点。通过试点工作，海绵城市的建设理念已被社会广泛接受，社会各界对海绵城市建设的理解和认识也在不断提升。建设海绵城市，我们在探索中不断前行，也在实践过程中不断总结。

《海绵城市建设典型案例》一书汇编了部分城市按照海绵城市建设理念和手法在源头减排、黑臭水体整治、内涝防治、片区建设和改造四个方面的案例。这些案例从现状问题解析、设计思路与方法、工程措施和最终的实施效果等方面进行了介绍，相信对城市建设行政管理与规划、设计和建设，以及科研教学都具有一定的借鉴参考意义。

本书编纂过程中，得到住房城乡建设部城市建设司、住房城乡建设部城镇水务管理办公室、住房城乡建设部村乡规划管理中心、上海市政工程设计研究总院（集团）有限公司、中国城市规划设计研究院、清控人居环境研究院有限公司、北京建筑大学、中国中元国际工程有限公司等单位以及试点城市的大力支持，特此致谢。

由于编者的水平有限，对海绵城市建设的认识还很粗浅，在编纂过程中难免有误，敬请读者不吝赐教。

编写组
2016年12月31日

目 录 / Contents

引言 001

01 / 源头减排 004

源头减排项目主要是从降雨接触下垫面到雨水口前，在建筑小区、广场道路、公园绿地等雨水产汇流的源头，因地制宜采取屋顶绿化、雨水调蓄与收集利用、微地形等措施，改变雨水快排、直排的传统做法，推行雨水的收集、净化和利用，以减少、减缓雨水径流的形成和汇集排放，减轻城市排水管网的压力，控制初期雨水污染。

建筑小区

1. 西咸新区沣西新城康定和园小区建设 006

项目位于半湿润气候区，地形平缓，湿陷性黄土（轻微）地质特征，表层土壤下渗性能较差，为解决区域排水防涝，实现雨水的回用，合理利用地形、管网条件，充分发挥绿色雨水设施、管网等不同设施耦合功能，实现年径流总量控制率达到89.3%，SS削减率达64.2%，小区综合排水标准由2年一遇提升到3年一遇。

2. 济南市山东省经济技术开发中心宿舍区改造 026

项目位于暖温带气候区，地形为山前坡地，绿地空间充足、土壤渗透性好且无雨水管网，为解决区域促渗保泉、下游内涝防治等问题，优先利用地形和雨水花园等绿色设施控制雨水，实现年径流总量控制率86.6%，3年一遇暴雨峰现时间延迟30min。

3. 萍乡市建设局与总工会小区联动减排 039

项目位于亚热带湿润季风气候区，土壤多为壤黏土或砂黏土，渗透性较差。为解决项目区的内涝积水、面源污染等问题，利用建设局既有景观水体实现总工会径流总量控制目标，并综合雨水花园等源头减排措施与管网改造，"绿-灰"结合，保障水体水质和雨水利用，实现年径流总量控制率超过75%，SS削减率超过65%。

4. 迁安市君和广场新小区建设 057

项目位于半湿润地区，地形平坦，土壤下渗性能良好。商住混合地块，建筑密度高，硬化铺装与地下车库面积大，采用雨水花园、雨水调蓄模块等技术措施实现雨水的就地消纳与回用，实现住宅区和商业区年径流总量控制率分别达到82%和80%。

5. 昆山杜克大学校区低影响开发　　079

项目位于亚热带南部季风气候区，低洼圩区，土壤渗透性能极差，地下水位高，项目开发强度较低。以中央景观水池为核心建立末端集中调蓄及循环处理系统，采用绿色屋顶、生物滞留池（带）等源头减排措施，实现了LEED v3.0中关于雨水径流总量、峰值流量、雨水水质的要求，年径流总量控制率达到92%，中央景观水体水质达到地表水Ⅲ类标准。

6. 济南市鲁能领秀城十区促渗保泉改造　　101

项目位于暖温带气候区，山地地形，土壤渗透性好，为解决小区局部积水、路面破损、景观品质较差的问题，同时实现项目所在区域促渗保泉、缓解马路行洪的目标任务，采取雨水花园、坡地台地、植草沟、蓄渗模块等设施，实现年径流总量控制率超过85%。

7. 南宁市五象山庄酒店区域海绵城市建设　　114

项目位于亚热带暖湿气候区，场地地势复杂，地形起伏大，生态本底条件好。充分保护和利用既有植被、地形和水体，采用生态沟渠、景观水体等生态设施实现雨水的收集、入渗和回用，实现年径流总量控制率达80%，SS削减率超过50%，景观水体水质达到地表水Ⅲ类标准。

8. 厦门市洋唐居住区海绵城市建设　　130

项目位于海洋性气候区，地势北高南低，土壤渗透性差，地下水位高，地下空间开发强度大，采用透水铺装、雨水花园等生态设施达到年径流总量控制率大于70%，2年一遇暴雨峰值削减超过20%。

9. 昆山市江南理想小区和康居公园区域建设　　152

项目位于气候湿润区，地势低平，地下水位高，土壤渗透性差，小区地下车库覆盖面积占比达78.5%。对公园、小区的雨水系统进行了统一规划和管理，利用公园绿地空间对部分小区雨水进行控制，区域整体年径流总量控制率达76%。

10. 武汉市临江港湾小区改造　　170

项目位于北亚热带季风性湿润气候区，整体高程北高南低，中间高两侧低。为解决项目内雨污混接、局部渍水、雨水径流污染、景观品质较差等问题，采用雨水花园、透水铺装、雨水桶、调蓄模块等海绵设施，结合管网改造，实现年径流总量控制率超过70%，SS削减率70%。

11. 南宁市石门森林公园及周边小区联动海绵化改造　　194

项目位于亚热带季风气候区，片区内地势起伏较大，区域内建筑密度大，绿地率低，不透水铺装率高，面源污染对明湖水质冲击大，通过竖向设计，将部分建筑小区的雨水引入公园进行净化和调蓄，年径流总量控制率达到83.0%，SS总量削减率达57.7%。

广场道路

12. 池州市齐山大道及周边区域排涝除险改造　　　　207

项目位于暖湿性亚热带季风气候区，气候温暖湿润，是一条穿过生态敏感区的城市干道。为解决区域地表水体污染问题，减少对周边生态湿地的影响，充分利用场地竖向、两侧空间等条件改造，并构建源头减排、排水管渠和排涝除险系统，实现年径流总量控制率达83%和年SS削减率达50%，有效应对30年一遇降雨。

13. 西咸新区沣西新城秦皇大道排涝除险改造　　　　227

项目位于西北半干湿气候区，地势平坦，原状表层土渗透性能差，属Ⅰ级湿陷性黄土地质。采用传输型草沟、生态滞留草沟、雨水花园等措施，利用红线外退让绿地构建雨水行泄通道及雨水塘，构建排涝除险系统，解决2处易涝点，实现年径流总量控制率达87%，50年一遇24h降雨峰值流量削减15.2%。

14. 重庆市国博中心公建海绵城市改造　　　　250

项目位于湿润气候区，地形高差大，区域内有大面积硬质铺装覆盖，面源污染严重，存在局部积水。采用雨水花园、截污式雨水口、透水混凝土、调蓄回用池、雨水塘等措施，实现年径流总量控制率77%，解决区域局部积水问题，SS削减率达59%。

15. 昆山市中环路海绵型道路改造　　　　275

项目位于气候湿润区，地势低平。通过将全线44.2km高架路面雨水引入至道路绿化带中的生物滞留池、人工湿地等功能型景观处理，实现年径流总量控制率达到75%，污染物去除效果明显，提升了道路的景观多样性。

16. 北京市中关村万泉河路及周边区域雨水积蓄利用　　　　293

项目位于温带大陆性季风气候区，地势平坦。区域内涝严重，严重影响交通和行人安全，新建9750m³地下蓄水设施，以"蓄"减"排"，工程自2013年8月建成以来未发生内涝事件，每年收集3~5万m³的雨水经过蓄水池净化后，用于湖体生态补水、绿化灌溉等，节约大量优质水资源。

02 / 城市黑臭水体治理　　　　308

消除水体黑臭是海绵城市的重要目标，黑臭水体治理应以海绵城市建设的理念和手法，从控源截污、内源治理、生态修复、活水保质、长制久清等方面系统整治，结合城市水体岸线的改造与生态修复，构建城市良性水循环系统，逐步改善水环境质量。

17. 常德市黑臭水体治理   310

常德市多年平均降水量达1360mm，地势平坦，水面率高达17.8%，土壤透水性差，浅层地下水埋深小于2m。护城河为合流制排水干渠，其黑臭水体治理分四段进行，屈原公园通过构建植草沟、生态滤池处理公园外部道路与小区的雨水后补充河道；护城河流域第二段，结合棚改，建设低影响开发措施，打开盖板，恢复河道，并结合河道断面，采用不同的河道生态修复方式；第三段修复滨湖公园内部水体。沿护城河建设截污干管，削减污染源。考虑护城河流量小，恢复护城河与上游新河的连通，起到活水保质和排涝的作用。穿紫河为城市雨污水管网错接导致河道黑臭，项目对沿岸110个雨水排放口进行封堵，改造余下的8个雨水泵站及周边区域，建设生态滤池、生态护岸，恢复河道；对河道沿岸区域，将雨水导入生态滤池，减少雨水管网负荷；恢复渐河、柳叶湖和穿紫河的水系连通，维持活水。通过建设，常德市消除了护城河第二段、穿紫河黑臭水体；护城河老西门棚改海绵城市建设资金达到平衡；穿紫河水系周边地价回升，恢复通航；恢复了城市水文化，创造了社会效益。

03 / 内涝防治   356

内涝防治类项目应从源头减排、排水管渠、排涝除险和应急管理等四套系统入手，通过系统性的措施实现"小雨不积水、大雨不内涝"。新城区以目标为导向，老城区改造以问题为导向，结合城镇棚户区和城乡危房改造、老旧小区有机更新等，推进区域整体治理。

18. 北京市下凹桥排水防涝改造   358

项目位于温带季风气候区，降雨量集中在6~8月份，近年来北京市极端降雨事件的强度和频率明显增多，地势低洼的下凹桥区屡次产生严重的内涝积水，通过改造高水排水系统、完善低水区排水管道、增加桥区排水泵站规模、新建调蓄设施等有效措施，使下凹桥区达到至少50年一遇的内涝防治标准。

19. 遂宁市复丰巷老旧小区积水点整治   378

项目位于亚热带湿润季风气候区，改造前小区排水设施陈旧、地势低洼、逢雨必涝。采用区域治理、高水高排、低水强排、拦截客水、雨污分流等技术措施实现已改造区域雨水管道设计重现期达到5年，内涝防治重现期达到30年，年径流总量控制率大于60%。

04 / 片区建设与改造

片区建设与改造是将"山水林田湖"作为生命共同体和完整的生态系统，统筹建筑小区、道路广场、公园绿地、河湖水系、雨污设施等建设，系统采用"渗、滞、蓄、净、用、排"技术，保护和修复城市"海绵体"，实现海绵城市建设的目标。

20. 宁波市慈城新区海绵城市建设   394

片区位于亚热带季风气候，地势平坦，洪涝灾害易发。片区开发前为河网密布、蜿蜒的稻田平原，开发时摒弃依赖抬升区域整体标高、本区强排而增加下游洪涝风险、污染治理过度依赖灰色设施等传统模式，参考慈城古镇"河、街并行"、"半街半水"的双棋盘路网格局，融入海绵城市建设理念，构建了由生物滞留带–河道–中心湖组成的城市水生态基础设施，年径流总量控制率达80%以上，水体水质基本达到地表水Ⅳ类水质标准。

21. 南宁市那考河（植物园段）片区海绵城市建设   416

片区位于亚热带季风气候区，降雨雨量充沛，片区以那考河为中心呈长形河谷盆地，面积为894.8hm^2。针对那考河的水体黑臭和行洪能力不足问题，片区通过规划统筹综合实施海绵城市建设。针对水体黑臭问题，对那考河上游河段截污处理，沿河两侧实施排污口整治、源头削减雨水径流污染等措施控制外源污染，同时清淤河道，对河道两岸实施生态修复，水体水质基本达到消除黑臭的阶段性目标。针对河道行洪能力不足的问题，采取拓宽河道、修复岸带等工程措施，使河道行洪能力达到50年一遇标准。同时，大幅提升景观效果，实现了片区海绵城市建设整体显效。

引 言

我国正处在城镇化快速发展时期，城市建设取得了显著成就，但同时开发强度高、硬质铺装多等问题使得城市下垫面过度硬化，改变了城市原有的水文特征和自然生态本底，破坏了自然的"海绵体"，"逢雨必涝、雨后即旱"，导致了水环境污染、水资源紧缺、水安全缺乏保障、水文化逐渐消失等一系列问题。

发达国家在城镇化发展过程中，也曾出现过类似情况，她们也在总结和实践的基础上，不断调整和完善城市规划、建设和管理的理念，如美国的低影响开发（LID）、澳大利亚的水敏性城市设计（WSUD）、英国的可持续排水系统（SUDS）、德国的分散式雨水管理系统（DRSM）、新加坡的ABC水计划等。尽管各国在提法上不同，但在做法上殊途同归，其初衷都是通过控制雨水径流来解决上述问题。

在借鉴发达国家成功经验的基础上，结合国情，我国提出了具有中国特色的海绵城市建设要求，通过城市规划、建设和管理，充分发挥建筑小区、道路广场、公园绿地、河湖水系等生态系统对雨水的吸纳、蓄渗和缓释作用，有效控制雨水径流，实现自然积存、自然渗透、自然净化的城市建设发展方式，使城市恢复"海绵"功能，在适应环境变化和应对自然灾害等方面具有良好的"弹性"，从而实现修复城市水生态、涵养城市水资源、改善城市水环境、提高城市水安全、复兴城市水文化的多重目标。

传统的城市排水系统基本是以末端治理为导向，市政排水设施的建设规模较大。由于种种原因，地下设施的建设总是跟不上地面建设的需求，带来了设施不足、雨污混接等问题。海绵城市建设的技术路线是将传统的"末端治理"转变为"源头减排、过程控制、系统治理"，其技术措施也由原来的单一"快排"转化为

"渗、滞、蓄、净、用、排"的耦合作用。

源头减排是对降雨产汇流形成的源头，采取渗、滞、蓄等综合措施，减缓雨水径流的形成；过程控制是综合采取错峰、削峰的措施，降低径流峰值，减小排水强度；系统治理是将"山水林田湖"作为生命共同体和完整的生态系统，统筹建筑小区、道路广场、公园绿地、河湖水系、市政设施等建设，融合建筑规划、园林景观、给水排水等专业，系统地采用"渗、滞、蓄、净、用、排"技术，保护和修复城市"海绵体"，实现海绵城市建设的目标。

推进海绵城市建设，对新建城区要以海绵城市建设的目标为导向统筹规划建设，最大限度地保护城市原有的"海绵体"，因地制宜将70%左右的大概率、小降雨通过径流控制，涵养和净化当地水生态和水环境，避免出现由于城市的开发建设带来水的生态环境危机；对老旧城区应以治理城市内涝和黑臭水体为问题导向，结合城市旧城改造与生态修复、棚户区改造、城中村改造等当前城市建设重点任务，通过现状评价，明确改造建设项目边界，因地制宜地选择"渗、滞、蓄、净、用、排"技术措施，科学制定实施方案，坚决避免盲目、无序的大拆大建，劳民、扰民的"面子"工程，对城市旧区改造和修复，海绵城市建设实现"小雨不积水、大雨不内涝、水体不黑臭、热岛有缓解"的目标。

治理城市内涝和黑臭水体是当前海绵城市建设的重点任务。海绵城市建设主要由源头减排、雨污收排、净化与利用等系统构成。源头减排系统应按照低影响开发（LID）的设计理念，采用体积法（Volume Control）进行设计；雨污收排系统设计仍采用传统的设计方法，以强度法（Peak Control）进行管网设计。针对城市的排水防涝应采取体积法（Volume Control）进行系统设计，借助现代信息化、数字化技术，应用水力模型进行设计校核，确保城市排水防涝系统的排蓄（包括管网、泵站、调蓄设施等）综合能力达到内涝防治的设计要求。

建筑小区、道路广场一般是城市降雨产汇流形成的源头，是源头减排的重点部位。源头减排应按照低影响开发（LID）的设计理念进行设计，以年径流总量控制率作为工程设计的控制目标，首先应计算设计要求的年径流总量控制率所对应的雨水径流控制的体积，再通过因地制宜的微地形控制、园林景观、排水等场地设计，综合采用下凹绿地、植草沟、雨水塘、滞蓄池等渗、滞、蓄工程措施达到径流控制体积的设计要求，使设计场地在降雨未达到设计要求的径流控制体积下不得出现雨水汇流外排，当降雨超过设计要求的径流控制体积时则允许溢流外排至市政排水管网。这样，既可以从源头进行雨污分流、控制初雨污染，又可实现源头径流控制、减排的作用，同时，也保证了设计场地的安全，不至内涝。通过对工程试点案例的观测和对水力模型的模拟分析，可以实现在年径流总量控制率目标要求下雨水径流不外排；对年90%的降雨场次进行控制的设计要求下（美国的做法），可减小径流峰值40%以上；在对50年一遇的暴雨内涝防控设计要求下，可减缓径流峰值20%左右，不但使自然"海绵体"的功能得以发挥，还大大降低了对市政排水系统的压力。

城市水体黑臭表象在水里，根源在岸上。黑臭水体治理应从控源截污、内源治理、生态修复、活水保质、长制久清等方面入手。源头减排对控制初期雨水的面源污染也是非常有效的手段。古人云"流水不腐"，现在许多城市，尤其是北方城市，水资源的严重不足导致河流大部分时间处于断流状态，成为季节性河流，只有到汛期河里才有水。要保证治理后的水体久清，必须要有一定的生态基流。目前许多城市的污水处理量比当地生态基流所需的水资源量还要大。因此，处理后的污水再生利用已成为保障城市水体生态基流的主要来源。众所周知，一级A处理标准的污水处理厂的出水要比V类水体环境质量还要差，因此提高污水处理厂的处理标准意味着需要更大的投资。以海绵城市建设的理念和手法，结合城市水体岸线的改造与生态修复，将水体岸线作为雨水净化、对污水处理厂尾水进一步进行生态处理的空间，结合滨水绿带建设，平时作为城市休闲、健身、游憩的空间，汛期兼作内涝、洪水的调蓄空间和行泄通道。

本案例集从试点城市中，在源头减排、治理城市内涝和黑臭水体以及城市片区建设改造等方面筛选了21个案例，案例的选择力求做到有现状问题分析、有设计理念和方法、有因地制宜的工程措施、有实际的应用效果，读者可按图索骥，去实地进行考察。

海绵城市建设在我国刚刚起步，在理论和实践中都需要进行创新、总结和积累。我们衷心希望与各位有识之士一道，共同完善和创新我国海绵城市建设的理论和实践，把我国的城市建设得更加绿色、生态、宜居。

01 源头减排

源头减排项目主要是从降雨接触下垫面到雨水口前，在建筑小区、广场道路、公园绿地等雨水产汇流的源头，因地制宜采取屋顶绿化、雨水调蓄与收集利用、微地形等措施，改变雨水快排、直排的传统做法，推行雨水的收集、净化和利用，以减少、减缓雨水径流的形成和汇集排放，减轻城市排水管网的压力，控制初期雨水污染。

建筑小区
1. 西咸新区沣西新城康定和园小区建设　006
2. 济南市山东省经济技术开发中心宿舍区改造　026
3. 萍乡市建设局与总工会小区联动减排　039
4. 迁安市君和广场新小区建设　057
5. 昆山杜克大学校区低影响开发　079
6. 济南市鲁能领秀城十区促渗保泉改造　101
7. 南宁市五象山庄酒店区域海绵城市建设　114
8. 厦门市洋唐居住区海绵城市建设　130
9. 昆山市江南理想小区和康居公园区域建设　152
10. 武汉市临江港湾小区改造　170
11. 南宁市石门森林公园及周边小区联动海绵化改造　194

广场道路
12. 池州市齐山大道及周边区域排涝除险改造　207
13. 西咸新区沣西新城秦皇大道排涝除险改造　227
14. 重庆市国博中心公建海绵城市改造　250
15. 昆山市中环路海绵型道路改造　275
16. 北京市中关村万泉河路及周边区域雨水积蓄利用　293

建筑小区

1 西咸新区沣西新城康定和园小区建设

项目位置：陕西西咸新区沣西新城核心区
项目规模：11.84hm^2
竣工时间：2016年11月

1 现状基本情况

1.1 项目概况

康定和园（安置小区）位于西咸新区沣西新城白马河以西，康定路以南，同心路以东，沣景路以北（图1）。项目一期占地11.84hm^2，主体工程于2012年8月28日开工建设，共设计3208套安置房，总建筑面积约40.77万m^2，计划安置村民7222人。本项目室外景观与雨水工程总投资1726.43万元，单位面积投资为224.87元/m^2，其中海绵城市建设部分投资单价113.03元/m^2。

1.2 气象与水文地质条件

沣西新城属温带大陆性季风型半干旱、半湿润气候区。夏季炎热多雨，冬季寒冷干燥，四季干、湿、冷、暖分明。多年平均降水量约520mm，其中7~9月降雨量占全年降雨量的50%左右，且夏季降水多以暴雨形式出现，易造成洪涝和水土流失等自然灾害，新城平均年份下年蒸发量约1065mm，蒸发量大于降水量（图2）。

根据《沣西新城康定和园安置小区岩土工程勘察报告》，康定和园地质构造呈现轻微湿陷性特征，表层土壤构造以黄土状土和粉质黏土为主（图3），雨水下渗性能较差，采用双环法在项目区内进行了土壤渗透性能测试，结果显示在下渗达到饱和后，土壤渗透系数约1×10^{-7}m/s；地下水潜水位平均埋深12.9~16.1m，目前呈现缓慢下降趋势，水位年变幅0.5~1.5m，水质类型为碳酸、硫酸、钙、钾、钠型水。

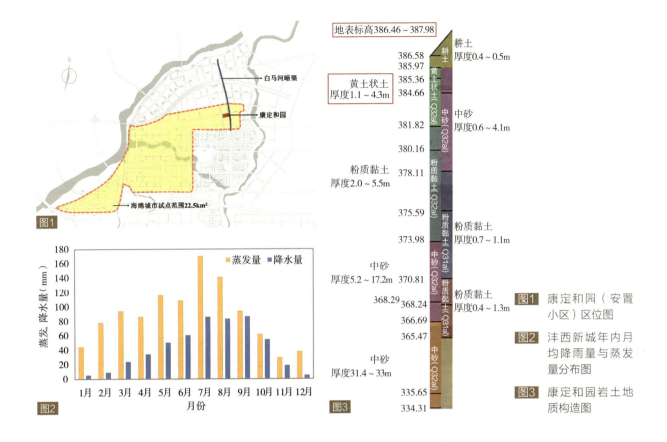

图1 康定和园（安置小区）区位图

图2 沣西新城年内月均降雨量与蒸发量分布图

图3 康定和园岩土地质构造图

1.3 场地条件

1.3.1 用地类型与地下空间

康定和园下垫面包括建筑屋面、小区道路、硬质铺装、绿地等类型，设计了大面积地下车库（图4），现状车库覆土厚度约1.5m，其中车库顶板结构荷载室外道路区域可达2.5m覆土厚度，其余区域荷载能力可达1.5m覆土厚度。

图4 康定和园用地情况与地下车库平面图

(a) 康定和园平面图

(b) 康定和园地下车库范围分布图

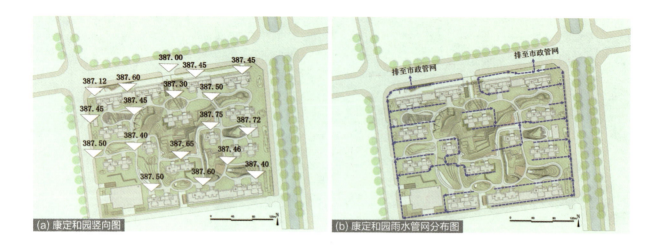

图5 康定和园雨水管网平面图

1.3.2 竖向与管网分析

项目整体地势平坦，地形中间高，四周低，场地内最低点标高387.00m，最高点387.75m，见图5（a），道路纵坡均不超过1%，横坡为单向横坡，坡度为1.5%。场地地表竖向条件有利于极端暴雨条件下的雨水径流以地表漫流形式有效外排。

小区采用分流制排水系统，雨水设计排水重现期2年一遇，分为东西两个排水分区，分别向北接入康定路雨水市政管网，康定路市政雨水管网设计排水能力2年一遇，见图5（b）。

2 问题与需求分析

项目面临地质特性不利于雨水下渗、气候条件不利于植物配置，此外，所在汇水区还存在排水防涝、水环境等方面的核心问题。

2.1 湿陷性黄土不利于下渗型雨水设施应用

西咸新区地处湿陷性黄土广泛分布区域，雨水下渗易对湿陷性黄土地质构造承载力造成不良影响；另表层黄土、粉质黏土以及大面积地下车库等限制因素不利于雨水下渗，以上因素是本项目建设面临的现实挑战。

2.2 西北干旱地区海绵城市建设植物配置要求高

本项目地处西北地区，蒸发量远大于降雨量，空气干燥，土壤保水能力较差，含水率偏低，用于雨水花园等生物滞留设施的植物，需兼具耐旱、耐淹、耐污、耐寒等多重要求，因而对景观植物配置提出了更高要求。

2.3 区域雨水排水防涝压力大，管理要求高

康定和园项目所在的渭河8号排水区汇水面积约5.42km²，区域雨水经现状白马

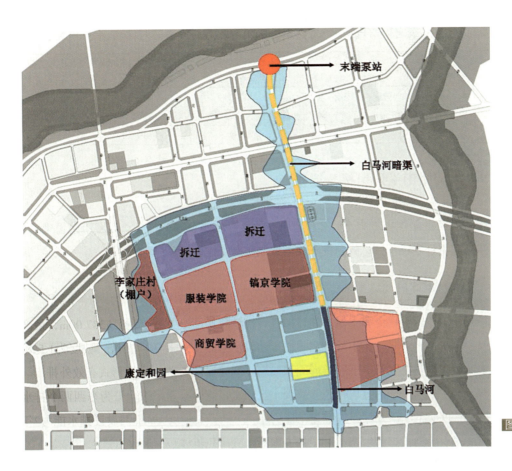

图6 汇流区域及末端泵站示意图

河及下游暗渠向北,通过末端的临时泵站提升排入渭河(图6)。由于泵站排水能力有限,现状暴雨时大量雨水依赖白马河及暗渠的临时调节空间临时蓄存,随着区域不断建设,汇入雨水径流量激增,现有调节空间与排水能力将难以满足区域排水防涝需求。

为应对上述问题,目前正在建设白马河末端永久排水泵站,设计提升流量9.7m³/s。在传统开发模式下,排水区年雨水径流体积达149.4万m³,泵站提升能耗达2.77万kW·h,且泵站需长期有人值守,带来管理压力和排涝设施失灵风险。

2.4 区域污染问题突出

由于污水收集处理系统建设滞后,区域内陕西服装学院、陕西科技大学镐京学院、咸阳职业技术学院及其他建成地块产生的各类污、废水均临时排入白马河系统。受雨、污水排入影响,目前白马河明渠段水环境污染严重(属于重度黑臭),并对渭河造成污染。

白马河污、废水收集范围约2.5km²,排放量约0.18万m³/d,年排放污水COD污染负荷约98.55t。若按照传统开发模式建设,即使对排区内污水进行彻底截流,雨水径流中COD和SS污染负荷仍高达114.1t和149.6t。以康定和园为例,传统开发模式下年雨水产流量约3.2万m³,径流中COD及SS等污染物年均排放负荷约3.56t和2.72t(表1)。

康定和园与渭河8号排水分区雨水径流污染负荷对比表　　　表1

序号	区域	面积（hm²）	年均径流体积（万m³）	年均COD负荷（t）	年均SS负荷（t）
1	8号排水分区	542.00	149.4	166.2	126.7
2	康定和园	11.84	3.2	3.6	2.7
3	占比	2.18%	2.14%	2.14%	2.14%

3　海绵城市设计目标与原则

项目综合考虑气候、水文、地质、地形等环境条件，结合海绵城市建设理念，在明确项目定位及目标的前提下，因地制宜创造性开展系统设计。

3.1　设计目标

作为片区第一个海绵城市建设项目，设计之初即给予其较高定位：

（1）西北湿陷性黄土地区海绵城市建设示范点：探索湿陷性黄土地质条件下海绵城市建设新模式及地下室类海绵型建筑小区建设范例。

（2）排水安全的宜居社区：减少小区雨水径流外排量，综合提高小区排水防涝能力，并降低下游泵站提升和排涝压力。

（3）污染减排的生态社区：减少雨污水直排径流体积，改善出流水质，降低区域雨水径流污染负荷。

根据《沣西新城核心区低影响开发专项研究报告》，本项目设计目标如下：

（1）体积控制目标：年径流总量控制率为84.6%，对应设计降雨量18.9mm。

（2）流量控制目标：排水能力达到3年一遇标准。

（3）径流污染总量控制目标：SS总量去除率不低于60%。

3.2　设计原则

项目设计以问题和需求为导向，在规划目标指引下，遵循因地制宜、系统、经济和创新等原则开展设计。

（1）系统性原则。根据项目面临的突出问题，进行系统化设计，综合实现雨水源头削减、净化、资源化利用以及不同重现期降雨径流安全排放等多重目标。

（2）因地制宜。结合项目条件，科学选用适宜雨水设施，并根据需求进行技术优化；甄选适宜本地气候特征的植物种类进行配置；合理利用地形、管网条件，充分发挥绿色雨水设施、管网等不同设施耦合功能。

（3）成本控制。优选低建设成本、便于运营维护、利于节约水资源的技术措施和材料，合理控制工程投资与造价。

（4）创新性。对选用的各类雨水设施进行结构、功能及布局形式创新与优化，保障其适应本地气候和水文地质特征的同时，降低建设及后期运行维护难度。

4 海绵城市建设工程设计

4.1 设计流程

本方案海绵城市设计时，参照《海绵城市建设技术指南（试行）》（以下简称指南）中的设计流程要求，结合自身特点和需求对设计流程进行了优化调整，具体如下：

1）强化试验研究对设计过程的反馈指导

工程设计中，针对项目区表层土壤下渗性能较差的特点以及地下车库大面积分布的条件，进行了土壤介质配比与换填。分别采用不同换填介质配比组合进行小试、中试试验；通过试验获取渗透、保水性能较好的最优配比方案，并将其反馈到设计中。

2）组织开展关键技术专家论证

针对湿陷性黄土地质构造特点，通过关键技术专家论证方式，形成了"浅层、集中入渗"的技术模式。雨水通过导流设施将不透水下垫面产生的雨水径流传输至避开道路与建筑基础的雨水花园、砾石系统等集中下渗区域。集中下渗设施底部设置蓄水砾石层，并经集水盲管与雨水管线衔接，底部进行防渗处理，从而避免雨水直接下渗导致土层下陷和不均匀沉降，该方式已经在本地其他项目中得到实际验证。

3）建立健全项目审查与方案优化反馈机制

沣西新城建立了项目方案及施工图设计审查与联络的工作机制。由咨询单位和海绵技术中心对项目方案设计和施工图设计进行联合审查，对审查发现的技术问题通过审查意见联络单的形式向设计单位进行反馈，方案和图纸按意见完善后方可进行下一阶段工作。

4.2 设计降雨

4.2.1 体积控制

体积控制是针对年径流总量控制率对应的设计降雨量。本项目年径流总量控制率为84.6%，对应设计降雨量18.9mm（图7），约相当于西咸新区1年一遇1.5h降雨量

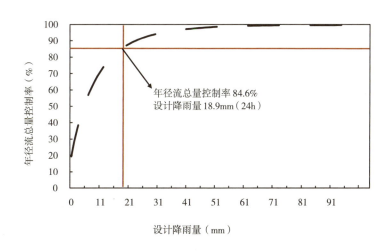

图7 康定和园年径流总量控制率与设计降雨量对应关系曲线

（19.5mm）。在小于该设计降雨条件下，通过各类雨水设施的共同作用，达到设计降雨控制要求，按照《指南》中"容积法"进行计算。

4.2.2 流量控制

本案例中流量控制是指特定重现期和历时的降雨条件下，区域雨水径流能够通过植草沟或管渠等得到有效排除。设计暴雨强度q按西咸新区暴雨强度公式进行计算：

$$q = \frac{2785.833\,(1+1.658\lg P)}{(t+16.813)^{0.9302}}$$

式中　q——设计暴雨强度，L/(s·hm²)；

　　　P——设计重现期，本项目为3年；

　　　t——降雨历时，min，$t = t_1 + t_2$；

　　　t_1——起点集水时间，取10~25min；

　　　t_2——管内雨水流行时间，min。

本方案采用SWMM模型，对沣西新城不同重现期下24h雨型（图8）进行模拟，分析对不同降雨量条件下，设施运行与达标情况。

4.3 总体方案设计

4.3.1 设计径流控制量计算

根据康定和园项目用地类型和规模，参照《指南》中各种下垫面雨量径流系数参考值，结合项目自身特征，采用加权平均法，计算小区综合雨量径流系数。经计算小区综合雨量径流系数为0.50，设计径流控制量1112.1m³。

4.3.2 竖向设计与汇水分区

为了保证设计的各类雨水设施高效发挥控制作用，根据小区用地条件、竖向条件及管网情况，将康定和园整体划分为51个子汇水分区，根据各汇水分区及其规模（图9、表2）对每个子汇水分区进行设计径流控制量计算。

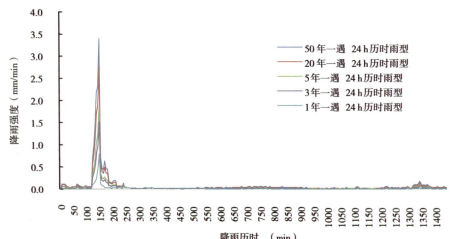

图8　沣西新城不同重现期长历时（24h）降雨雨型

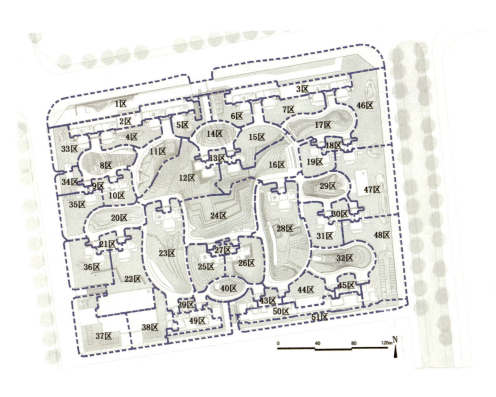

图9 康定和园汇水分区分布图

康定和园汇水分区用地情况表　　　　　　　　　　　　　　　　表2

汇水分区	面积A（m²）	汇水分区	面积A（m²）	汇水分区	面积A（m²）
1区	9937.0	18区	384.8	35区	1804.3
2区	2239.0	19区	1154.9	36区	2331.0
3区	2097.4	20区	3324.2	37区	3100.0
4区	1494.5	21区	430.0	38区	3256.0
5区	1086.6	22区	3721.5	39区	268.6
6区	1264.6	23区	4869.3	40区	2139.4
7区	1610.3	24区	4642.8	41区	2391.0
8区	3306.9	25区	1590.8	42区	542.0
9区	311.8	26区	1770.3	43区	388.1
10区	1012.4	27区	363.4	44区	1375.2
11区	3883.8	28区	5610.4	45区	502.2
12区	3740.0	29区	3189.8	46区	2815.2
13区	376.0	30区	502.2	47区	3351.8
14区	2385.1	31区	1599.3	48区	3292.0
15区	2071.0	32区	4456.8	49区	1087.9
16区	3113.0	33区	1577.0	50区	1918.2
17区	4437.4	34区	758.0	51区	3523.0

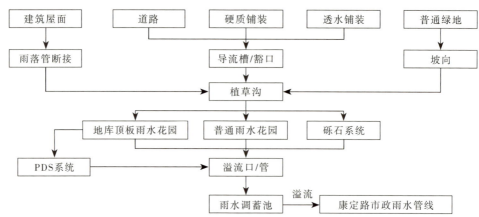

图10 康定和园海绵城市方案技术流程图

4.3.3 设施选择与工艺流程

根据项目片区及自身面临的突出问题和需求，结合湿陷性黄土地质、西北干旱少雨等环境条件，以及地上建筑分布和大面积地下车库等特征，重点选择雨水花园、植草沟、砾石系统、PDS排水系统、透水铺装、雨水池等不同类型设施进行雨水径流的源头滞蓄、净化、削减与资源化利用。

针对不同下垫面条件，分别采取相应辅助措施，对径流雨水进行导流、传输与控制，着力构建不同重现期降雨情形下的"源头减排"、"管渠传输"、"排涝除险"多层级、高耦合雨水综合控制利用系统（图10）。

4.3.4 工程布局

根据康定和园小区各汇水分区计算所需径流控制量和各汇水分区下垫面情况，合理进行低影响开发设施布置。康定和园小区屋顶、硬化道路、透水铺装等下垫面径流通过周边植草沟、雨水花园及砾石系统等设施进行渗、滞、蓄、净，低影响开发设施通过溢流口与雨水管网衔接，部分溢流雨水通过小区管网末端设置的蓄水池进行调蓄回用，超出容纳能力的雨水则进入市政管网（图11）。

图11 康定和园雨水设施及其与管网衔接关系示意图

4.4 分区详细设计

以康定和园内23号子汇水分区为例，进行设施布局与径流控制量计算，对项目总径流控制量、设施总径流控制量及达标情况等进行评估核算。

4.4.1 设施平面布局

23号子汇水区内主要雨水设施为雨水花园和透水铺装。汇水区内建筑雨水经雨落管断接、道路雨水通过路缘石豁口等形式接入雨水花园进行控制，超出雨水花园控制能力的雨水经溢流口接入小区雨水管排入康定路市政雨水管网（图12）。

图12 康定和园23号汇水分区雨水设施平面布置

4.4.2 径流控制量试算

23号子汇水分区用地面积4869.30m²，用地类型包括屋面、路面和绿地（含车库顶板以上绿化），经计算，设计径流控制量33.20m³。但考虑到海绵城市尚属新兴行业，本地施工单位对设施的理解还不够深入，道路、绿化等不同专业施工过程难免会对雨水设施有效容积带来衰减影响，故在本案例中取1.2安全系数，最终确定康定和园23号子汇水分区总径流控制量为39.85m³。

23号子汇水分区采用的雨水设施主要为雨水花园。雨水花园上部临时蓄水高度0.2m，种植介质土厚0.5m，底部砾石厚0.2m，实际径流控制量除包括表层蓄水外，由于种植土进行了换填，渗透性较好，结构层空隙蓄水能力可较好发挥，故考虑了土壤、砾石空隙蓄水能力，经计算23号子汇水分区总径流控制量54m³（表3），满足径流控制量要求。

23号子汇水分区雨水设施径流控制量计算表　　　　表3

编号	设施类型	面积A（m²）	设计参数	设施径流控制量V_x（m³） 算法	数值
1	雨水花园	300.0	蓄水高度0.2m，种植土0.5m，砾石厚0.2m	$V_x=A×$（临时蓄水深度×1+种植介质土厚度×0.2+砾石层厚度×0.3）×容积折减系数	54.00
2	植草沟	0.0	临时蓄水高度0.05m		0.00
3	透水铺装	0.0	仅参与综合雨量径流系数计算		0.00
4	砾石系统	0.0	种植介质土0.5m，砾石厚度0.2m		0.00
			合计		54.00

按照23号子汇水分区设计径流控制量和实际设施径流控制量计算方法，分别计算全部51个子汇水分区设计径流控制量，经计算，康定和园设计总径流控制量为1332.18m³（表4）。

51个子汇水分区设计径流控制量计算表　　表4

编号	屋面（m²）	路面（m²）	硬质铺装（m²）	透水铺装（m²）	绿地（m²）	车库顶板绿化（m²）	设计径流控制量（m³）
1	0.00	0.00	2106.10	5542.00	2288.90	0.00	98.67
2	2239.00	0.00	0.00	0.00	0.00	0.00	45.70
……	……	……	……	……	……	……	……
50	1918.20	0.00	0.00	0.00	0.00	0.00	39.15
51	0.00	0.00	2128.00	1395.00	0.00	0.00	53.68
合计	18954.00	22672.00	11292.50	7417.00	28653.90	29408.80	1332.18

根据康定和园用地条件和雨水设施布局，按照以上23号子汇水分区设施径流控制量计算方法，详细计算了51个子汇水分区内雨水设施径流控制量（表5），除1号和50号、51号子汇水分区外，其余子汇水分区基本可通过分区内绿色雨水设施实现雨水源头消纳，在1号子汇水分区内2个雨水管网末端设置雨水池，通过联动设计，除对1号子汇水分区雨水进行集蓄利用，同时消纳50号和51号以及其余子汇水分区径流雨水，实现区域达标。

51个子汇水分区内雨水设施径流控制量表　　表5

编号	雨水设施规模					设施径流控制量 V_S（m³）	备注
	雨水花园（m²）	透水铺装（m²）	砾石系统（m²）	植草沟（m²）	雨水池（m³）		
1	0.0	5542.0	0.0	400.0	150.00	150.00	达标
……	……	……	……	……	0	……	……
28	60.0	0.0	400.0	0	0	75.60	达标
……	……	……	……	……	0	……	……
51	0.0	1395.0	0.0	0.0	0	0.00	调蓄池控制
合计	5965.0	7417.0	750.0	600.0	0	1363.20	达标

4.5 达标校核

康定和园设计绿色雨水设施总径流控制量1213.2m³，雨水池可控制径流量150m³，可实现总径流控制量约1363.2m³，满足规划控制目标要求。

为进一步进行达标分析与校核，采用SWMM模型对设计降雨（24h，18.9mm）和50年一遇24h降雨进行了模拟分析，核算区域达标情况。

4.5.1 设计降雨控制能力校核

年径流总量控制率指标为多年平均降雨量统计分析基础上形成的，考虑到降雨的随机性（包括逐年降雨的随机性和场降雨的随机性），无法用某一年实际降雨对该指标进行达标验证，本案例采用典型雨型下的设计降雨（24h，18.9mm）进行模

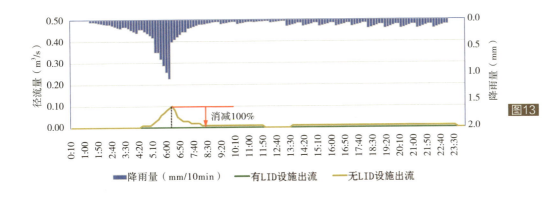

图13 设计降雨（24h，18.9mm）条件下不同开发模式区域径流控制对比图

型模拟，通过验证设计降雨量的达标情况，分析年径流总量控制率达标情况。

结果显示，当24h降雨量不大于18.9mm时，项目的外排径流量为0m³，即该设计达到了设计降雨量目标；若按传统开发模式，即采用硬质不透水铺装、传统高绿地等形式，雨水通过雨水口、雨水管收集传输，区域雨水径流峰值流量q_1=0.1m³/s（图13）。

4.5.2 3年一遇、50年一遇暴雨径流峰值削减能力校核

经模型模拟计算，对于3年一遇降雨，按本方案实施后，由于雨水设施的减排作用，小区外排峰值流量低于传统开发模式下2年一遇的外排峰值流量，即"源头减排+雨水管渠"综合达到3年一遇综合排水设计标准。

现对源头减排控制50年一遇暴雨的径流峰值的效果模拟分析如下。传统开发模式下，康定和园50年一遇24h降雨雨型下，径流峰值流量约为q_1=1.07m³/s。按本设计方案实施，各类雨水设施等发挥作用后，径流峰值流量q_2=0.82m³/s，峰值流量下降0.25m³/s，削峰23%，峰现时间较传统模式滞后约10min（图14）。

4.5.3 水质核算

康定和园海绵建设工程刚刚完工，尚未安装水质、水量监测设备，通过计算对水质控制效果进行核算。本工程所选各类雨水设施对SS去除率参照《指南》取值范围，并结合实地监测情况确定。其中雨水花园和砾石系统对SS去除率以70%计，雨水调蓄池对SS去除率以80%计，经计算本项目每年对SS污染负荷削减率可达到

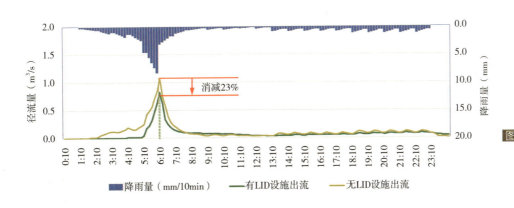

图14 50年一遇24h降雨不同开发模式区域径流控制对比图

64.7%（表6），满足规划指标要求。计算公式如下：

$$设施对SS综合去除率 = \frac{\sum W_i \times \eta_i}{\sum W_i}$$

子汇水区对SS负荷去除率（η_j）= 年径流总量控制率 × 设施对SS综合去除率

$$项目对SS负荷去除率 = \frac{\sum A_j \times \Psi_j \times \eta_j}{\sum A_j \times \Psi_j}$$

式中　W_i——单项雨水设施径流控制量，m³；
　　　η_i——单项雨水设施对SS的平均去除率，%；
　　　A_j——子汇水分区面积，hm²；
　　　η_j——子汇水分区对SS负荷去除率，%；
　　　Ψ_j——子汇水分区综合雨量径流系数。

康定和园雨水设施对径流雨水SS去除情况计算表 表6

地块编号	面积（m²）	雨水设施控制量（m³）			设施对SS综合去除率（%）	对SS负荷去除率（%）
		雨水花园	砾石系统	雨水池		
1	9937.0	0.0	0.0	86.7	80.0	71.4
2	2239.0	0.0	0.0	45.7	80.0	71.4
……	……	……	……	……	……	……
28	5610.4	10.8	64.8	0	70.0	62.5
29	3189.8	63.0	0.0	0	70.0	62.5
……	……	……	……	……	……	……
50	1918.2	0.0	0.0	39.2	80.0	71.4
51	3523.0	0.0	0.0	53.7	80.0	71.4
合计	118398.2					64.7

4.6 典型设施节点设计

4.6.1 雨水花园

屋面雨水经雨落管转输，与道路、硬质铺装径流一并汇入雨水花园（图15）。雨水花园深0.3m，溢流标高0.2m，改良换填种植土厚0.5m，砾石蓄水层厚0.3m，通过雨水花园内植物、土壤和微生物系统进行协同控制，超出控制能力的雨水则通过溢流系统排放。

4.6.2 地下室顶板雨水花园

地下室顶板上方设置渗排型雨水花园，汇入的雨水通过植物、土壤和微生物

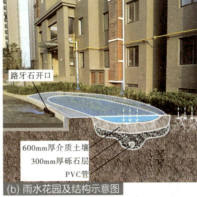

图15 雨水花园示意图

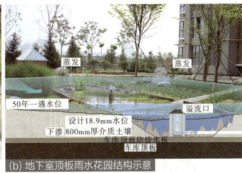

图16 地下室顶板雨水花园示意图

系统调蓄、净化后，经底部渗排管收集并接入溢流口，超标雨水则通过溢流系统排放。将砂、原土、椰糠以按照4：4：2的体积比均匀拌合对土壤进行改良，有效提升雨水花园种植介质的下渗与持水能力，实测稳态下渗速率稳定维持在2.16m/d，满足雨水渗蓄要求；同时椰糠的添加有效提高了土壤持水能力，在满足植物生长要求的同时，降低了浇灌频次（图16）。

4.6.3 地下室顶板PDS防护虹吸排水收集系统

PDS防护虹吸排水收集系统由观察井、观察井盖、集水笼、防渗膜（外包土工布）、虹吸排水管、透气观察管构成。该系统能够将下渗雨水有组织的通过虹吸排水槽排至观察井和集水笼，并通过末端雨水池进行回收利用。PDS系统可实现对地下室顶板零坡度有组织的排水，取消找坡层、保护层、隔离层，代替传统排水过滤层（图17）。

雨水花园下渗雨水通过PDS防护虹吸排水收集系统中的排水片输送至虹吸排水槽；在虹吸排水槽中安装透气管，槽内雨水在空隙、重力和气压作用下快速汇集到出水口，通过管道变径方式使直管形成满流从而形成虹吸，不断被吸入观察井并排入雨水收集系统，在绿化植物浇灌时实现雨水循环利用（图18）。

雨水通过下凹绿地、雨水花园等雨水设施渗、滞、蓄、净后，再经PDS防护虹吸排水收集系统快速收集，经监测，系统出水能够控制在良好水平，有效保障了雨水池入流水质（表7），降低了末端受纳水体外源污染风险。

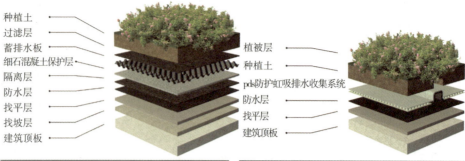

图17 地下室顶板构造示意图（传统做法与PDS防护虹吸排水做法对比）

图18 PDS防护虹吸排水收集系统原理图

PDS防护虹吸排水收集系统水质监测数据　　表7

指标	pH	SS（mg/L）	COD_{Mn}（mg/L）
PDS出水水质	7.09	10	18.1

注：表中PDS出水水质为系统建成后，2016年7月24日降雨过程中，PDS出水从降雨开始至雨停，以5~15min间隔取样混合测定值，为事件算术平均浓度。

4.6.4 滤框式雨水预处理装置+预制混凝土调蓄池

考虑到进入管网的雨水既有各类绿色雨水设施控制（含过滤净化出流和溢流设施出流）之后的出流，亦有部分未经雨水设施控制的下垫面径流汇入，为保障最终进入雨水池的径流水质，在池前设置滤框式雨水预处理装置。雨水通过滤框式预处理装置先期进行漂浮物和粗颗粒物去除，而后进入雨水池储存用于道路浇洒、绿地灌溉（图19）。

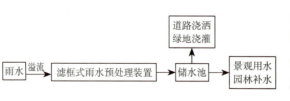

图19 雨水收集处理回用流程图

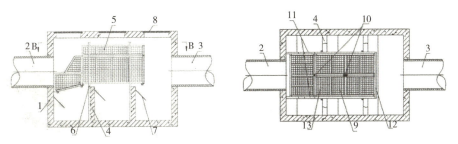

1—井体；2—进水管；3—出水管；4—挡墙；5—滤网；6—滤网框架；7—挡板；8—盖板；
9—滤网单体；10—滤网提手；11—侧边滤网；12—端部滤网；13—底部滤网

图20 滤框式雨水预处理装置构造图

图21 预制混凝土调蓄池现场施工

（1）滤框式雨水预处理装置

滤框式雨水预处理装置体积小（2.1m×1.2m×2.0m），成本低，占用空间少，水头损失小，安装方便，可现场浇筑也可预制安装（图20）。主要结构包括：滤网（拦截并收集漂浮物和砾石颗粒物）、挡墙（拦截泥沙等颗粒物，大于100μm颗粒物整体去除率约为80%）、除油脂介质（去除雨水中油脂）等。

（2）预制混凝土调蓄池

预制混凝土调蓄池分为端节、中间节、端墙三部分，每节长度为1.5m；每排前端拼接一个端节，后端拼接一个端墙，中间节叠加拼接，有效容积150m³（图21）。

4.6.5 砾石系统

针对地下室顶板限制雨水自然下渗，设置砾石系统可通过换填增渗和盲管外接等措施使雨水不在顶板做过长时间停留，保证地下防渗安全。砾石系统构造与雨水花园类似，以雨水下渗、净化为主要目的。结构自上而下分别为800mm厚改良种植

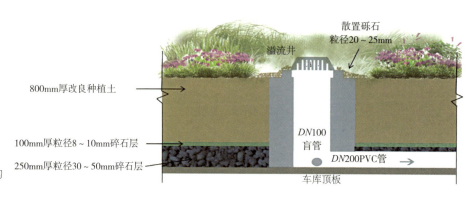

图22 砾石系统剖面结构

土（粗砂、原状土与椰糠按4:4:2配比换填）、100mm厚粒径8～10mm碎石过渡层和250mm厚粒径30～50mm碎石蓄水层；碎石蓄水层中设置导流盲管，盲管接入溢流口与就近雨水井连接；与此同时，种植土中的改良剂椰糠具有较好的保水效果，可提高土壤湿度、降低灌溉频次，满足植物生长需求（图22）。

5 建成效果

5.1 工程造价

项目室外景观与雨水工程总投资1726.43万元，单位面积造价约224.87元/m²，其中海绵城市建设造价867.74万元（包含透水铺装、雨水花园、砾石系统，PDS排水系统、集水排水盲管、溢流井及相关的土方开挖与回填等建设内容），投资单价约113.03元/m²（表8）。

康定和园室外景观工程（含海绵建设工程）造价明细表　　表8

项目	工程内容	单位	数量	造价（万元）	单价（元）
一类费				1375.08	
停车场面积	停车场	m²	1227	627.38	76.98
铺装面积	透水铺装	m²	1430	44.67	312.38
	砂	m²	90	2.00	222.22
	碎石	m²	668	4.40	65.87
	木平台	m²	865	38.35	443.35
	其他	m²	26882	32.98	12.27
绿地面积	雨水花园	m²	10467	233.79	223.36
	生态草沟	m²	815	17.23	211.41
	其他（植物）	m²	24331	136.54	56.12
园路面积（不含碎石路）		m²	784	54.35	693.24

续表

项目	工程内容	单位	数量	造价（万元）	单价（元）
景观设施小品	石笼景墙	个	1	2.08	20800.00
	锈蚀钢板景墙	个	1	2.94	29400.00
	锈蚀钢板挡墙	m	192	2.27	118.23
	石笼+木板坐凳	个	9	0.97	1077.78
	白色混凝土砌块	个	55	3.87	703.64
海绵建设设施	石笼矮墙	m	182	2.27	124.73
	砾石系统	m²	230	23.08	1003.48
	溢流井+井盖	个	59	9.72	1647.46
	盲管+排水管	m	1225	3.79	30.94
	雨水池	m²	150	52.5	3500.00
	新增检查井	个	6	0.99	1650.00
土方（只考虑景观塑造地形的部分）	填方	m³	87913.9	298.51	33.95
	挖方	m³	100173.4	268.52	26.81
照明设施				62.5	
二类费				351.35	
总投资				1726.43	

5.2 直观效果

在项目投资与传统景观做法基本相当的前提下，本工程达到上位规划目标要求，综合实现了雨水资源化利用、涵养地下水、安全排水等多重效益。工程建设完成后，通过地形塑造和植物配置，改善和提升了小区人居环境和景观效果（图23、图24）。

图23 建筑旁雨水花园

图24 地下室顶板雨水花园

图25　溢流口

为有效实现生态雨水设施与雨水管线的合理衔接,在雨水花园内设置溢流井,溢流井与小区内雨水管线相连接,实现雨水的源头蓄排结合。溢流井高出雨水花园底部0.2m,溢流口周边铺设砾石(部分加设了木桩隔篱)对溢流雨水进行净化,防止树叶等较大杂质堵塞雨水口导致过流能力衰减(图25)。

5.3 效益分析

康定和园项目海绵城市建设基本完成,正在建立雨水监测系统,尚无实际监测数据,通过计算分析了工程的各项指标达标情况,工程建设完成后取得如下效果。

(1)小于23.6mm(24h)的降水得到有效控制;50年一遇24h降水峰值流量模拟削减23%,一定程度上降低了下游管网、白马河及末端泵站的排水压力。

(2)年径流总量控制率经测算可达89.3%,对雨水径流污染物(以SS计)的有效削减率可达到64.7%,降低白马河及末端渭河的污染输入贡献。

(3)实现园区雨水原位收集、净化及回用。考虑降雨的随机性,以雨水池年集满20次计,年可收集雨水约3000m^3,在一定程度上可替代常规水源使用,有效节约了水资源。

(4)通过介质土换填、组织雨水浅层集中下渗、PDS防护虹吸排水等措施,有效解决了表层粉质黏土、黏质粉土下渗性能差的问题,同时有效规避了湿陷性黄土地质条件下雨水下渗对建筑物基础及地下构筑物等的不利影响。

(5)作为介质换填改良剂的椰糠有效提高了土壤持水能力和湿度,降低灌溉浇洒频次;各类雨水生物滞留设施的本土化改进,有效降低了植物选配对耐淹时长的要求,一定程度上扩大了雨水设施适用植物的筛选范围。

由于工程设计时技术应用尚存在一定局限，未充分考虑西北地区径流雨水泥沙含量高等实际，施工中在设施进水口处未设预处理设施，虽汲取其他工程教训采取了补救措施，但仍对工程进度和造价造成了不利影响，建议类似项目在设计时予以注意。

设计单位：西安建筑科技大学建筑设计研究院
建设单位：陕西省西咸新区沣西新城管理委员会
管理单位：陕西省西咸新区沣西新城海绵城市技术中心
技术支撑单位：北京雨人润科生态科技有限责任公司、陕西省西咸新区沣西新城海绵城市技术中心、陕西意景园林设计工程有限公司
案例编写人员：邓朝显、何洪昌（主笔）、马越（主笔）、梁行行、俱晨涛、石战航、张哲、姬国强、刘昭、王芳、赵思宇、王江丞、闫咪

2 济南市山东省经济技术开发中心宿舍区改造

项目位置：山东省济南市历下区千佛山西路28号
项目规模：占地面积3.17hm²
竣工时间：2016年4月

1 现状基本情况

山东省经济技术开发中心宿舍位于济南市海绵城市建设试点区域西泺河流域上游，属于山前坡地区域，处于济南促渗保泉强渗漏带边缘。

项目始建于1996年，整体地势东高西低，南高北低，高差约16m，建筑面积29000m²，绿地率25%，共161户，常住人口约515人，属于现状绿化条件较好的小区。

项目占地面积为31699.7m²，其中：硬质屋顶面积为8102.8m²，绿地面积为8839.0m²，不透水铺装面积为13367.2m²，透水铺装面积为981.0m²，水体面积为409.7m²，综合雨量径流系数0.64（图1）。

现状水体为人工湖，使用自来水进行补给。土壤渗透系数K_s=0.095m/d，根据《水利水电工程地质勘察规范》GB 50487—2008，土壤渗透等级为中等透水。

小区采用封闭式管理，有2个出入口与市政道路相连，内部为双向车道，消防通道畅通，无人行道与无障碍体系，通行方式为人车混行。车位全部为地上，地下空间未进行开发。

小区现状无雨水管网，小区绿地、屋面、道路雨水径流以地表漫流的形式，经小区西入口及南侧与千佛山南路交汇处排至市政道路，小区内无雨水口，雨水不进入污水系统。相邻市政道路也无雨水管网，结合海绵城市建设，按照3年一遇的设计标准，对相邻市政道路雨水管网进行建设。

图1 山东省经济技术开发中心宿舍总平面图

2 问题与需求分析

2.1 促渗保泉

小区位于促渗保泉区，应承担源头促渗保泉的主要职责，而小区现状不透水硬化面积大，雨水无法进入绿化带，没有利用良好的土壤渗透条件，无法起到蓄渗补给地下水的作用。

2.2 内涝防治

小区位于济南市海绵城市建设试点区域西泺河流域上游，属于山前坡地区域，由于下游城市内涝防治设施不完善，导致下游平原地形区域易涝点较多，如图2所示，源头减排可一定程度缓解下游内涝风险。小区及相邻千佛山西路道路坡度大，没有雨水管网，雨季时，小区雨水径流排向市政道路，造成道路行洪。

2.3 雨水合理回用

小区没有再生回用水源，现状绿地浇灌和景观水池补水全部使用自来水，每年的水费开支约6万元，雨水资源利用可一定程度减少居民物业费支出。

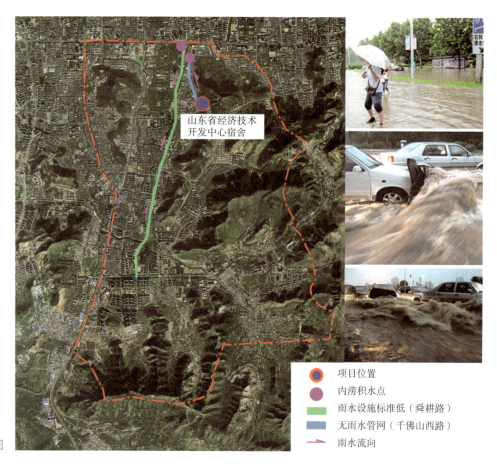

图2 内涝积水点平面图

2.4 其他问题和需求

小区现状部分铺装破损严重、绿化景观效果较差，如图3~图6所示。

3 海绵城市改造目标与原则

3.1 设计目标

3.1.1 体积控制目标

小区位于西泺河流域上游，根据济南市海绵城市专项规划，流域的年径流总量控制率为75%。经过对流域建筑与小区整体调研发现，该流域大部分小区为20世纪90年代的单位宿舍区，普遍存在硬化面积大、绿地率低的问题，而本案例绿地率为25%，在流域中属于整体条件较好的小区，本着连片治理、整体达标的原则，该小区应因地制宜地加大雨水调蓄力度，最大限度地减少雨水外排，起到源头促渗、截流的效果。因此，结合流域整体情况及小区自身可实施性，最终确定该小区的年径流总量控制率为85%。

3.1.2 流量控制目标

为减缓小区内涝、减少马路行洪，设计利用生物滞留设施、蓄水模块等设施控制径流体积，起到延长汇流时间，同时削减径流峰值流量的作用，实现3年一遇暴

图3 不透水铺装面积大
图4 铺装破损严重
图5 地面径流量大
图6 地被植物层缺失

雨，峰值出现时间延长30min。

3.1.3 径流污染总量目标

通过径流体积减排，本小区年SS总量削减率不低于60%。

3.1.4 环境改善目标

项目结合破损路面修复铺设透水铺装，结合植被覆盖率提高建设生物滞留设施，提升绿化品质，从而达到改善小区居民生活环境的目标。

3.2 主要设计原则

结合海绵城市低影响开发的原则，重点考虑绿色优先、重视灰色，地上与地下结合、景观与功能并行的设计原则。

4 海绵城市改造设计

4.1 设计流程

项目首先对设计降雨条件等进行分析，再展开总体方案设计和分区详细设计，设计流程如图7所示。

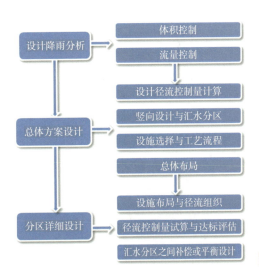

图7 设计流程图

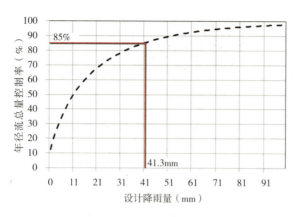

图8 年径流总量控制率与设计降雨量关系图

4.2 设计降雨

4.2.1 体积控制

根据1983～2012年近30年24h的降雨数据统计，年径流总量控制率为85%，对应设计降雨量为41.3mm，如图8所示。根据暴雨强度公式计算，该雨量约为1年一遇1h降雨量（38mm）。

4.2.2 流量控制

本小区排水设计重现期为3年，对应设计暴雨强度公式：

$$q = \frac{1421.48(1+0.932\lg p)}{(t+7.347)^{0.617}}$$

式中　q——设计暴雨强度，L/（s·hm²）；

　　　P——设计重现期，3年；

　　　t——汇流时间，10min。

计算可得，本小区设计暴雨强度为353.1L/（s·hm²），峰值流量0.2m³/s。

4.3 总体方案设计

4.3.1 设计径流控制量计算

1）综合雨量径流系数计算

小区不同下垫面的投影面积，见表1所列。

小区各类下垫面统计表　　　　表1

汇水面类型	硬质屋顶	绿化	水体	不透水铺装	透水铺装	合计
面积（m²）	8102.8	8839.0	409.7	13367.2	981.0	31699.7

根据《海绵城市建设技术指南》（以下简称《指南》），采用加权平均法计算小区综合雨量径流系数。各类下垫面雨量径流系数为：硬质屋面0.85，绿地0.15，水体1.00，不透水铺装0.85，透水铺装0.20，计算得到综合雨量径流系数为0.64。

2）设计总径流控制量计算

利用容积法（详见《指南》）计算出本小区总设计径流控制量为837.9m³。

4.3.2 竖向条件与汇水分区

小区整体地势东高西低，南高北低，高差约16m，道路纵坡为1%~6%。综合分

图9 小区现状竖向及汇水分区图

析本小区地形，依据现状地形标高，经现场核算，共详细划分了27个汇水分区，分区域进行控制，如图9所示。

4.3.3 设施选择与工艺流程

结合项目需求，为更好地实现促渗保泉，解决局部积水问题，结合土壤渗透性能，优先选择以渗透为主的技术，如雨水花园等，根据汇水情况，通过集中与分散相结合的布置方式对雨水进行汇集。针对不透水铺装面积大、局部路面破损等问题，选择透水铺装进行改造。

由于场地纵向坡度大，雨水流速快，对于屋面和道路汇集的雨水通过横向截水沟进行截流，有效地将雨水引入绿地中的调蓄设施。根据项目情况修建雨水收集回用设施，如雨水桶、蓄水模块，用于景观水池补给和绿地浇灌，减少自来水用量。

因小区无雨水管网，超出设计降雨量的雨水径流，通过地表漫流的形式排出小区，进入新建市政雨水管网。工艺流程如图10所示。

4.3.4 总体布局

依据绿色优先、重视灰色，地上与地下结合、景观与功能并行的布置原则，结合业主单位需求，经方案比较，选取综合效益最优的方案完成本小区设计布局，如图11所示。

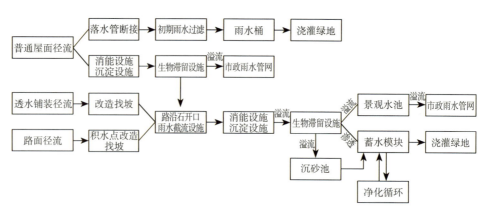

图10 工艺流程图

图11 海绵改造总体布局图

4.4 分区详细设计

4.4.1 设施布局与径流组织

根据各分区设施布局图，计算各类设施的服务面积，明确设施进水口及溢水口位置，保证服务面积内雨水均可经进水口进入设施，且溢流雨水可由溢水口有组织流出。

下面以10号、13号汇水分区为例进行详细解析：

两汇水分区位于小区中上游，下垫面主要由建筑、绿地、不透水铺装、透水铺装等构成。末端的绿地改造为雨水花园与蓄水模块一体的设施对雨水进行调蓄净

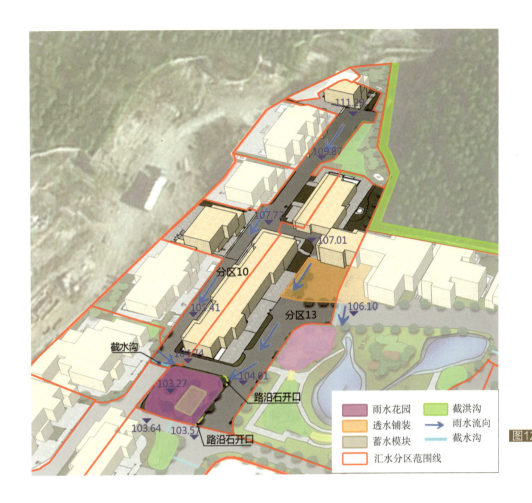

图12 10号和13号汇水分区设施布局与径流组织图

化,由于10号分区绿地空间不足,可利用相邻13号汇水分区内的绿地设施进行联合控制,即两汇水分区产生联动性,故其设施径流控制量均进行一体化计算。

设计中在10号汇水分区末端的道路上设置截水沟,在13号汇水分区与雨水花园连接处的道路设置路沿石开口,以实现分区内雨水均可进入雨水花园。雨水花园最低点设置两级溢流口,雨水花园无法消纳的雨水经一级溢流口进入蓄水模块,蓄水模块满负荷后,雨水径流经二级溢流口进入截水沟,流至下游下沉式绿地内,如图12所示。

4.4.2 径流控制量试算与达标评估

计算汇水分区内各类设施的径流控制量,并以此为基础计算各汇水分区的径流控制总量、可控制降雨量及年径流总量控制率。

如10号、13号汇水分区,根据绿地及现状破损铺装面积、现状大树根系保护要求、渗透速率等制约条件,确定雨水花园265.5m²、透水铺装266.5m²及蓄水模块1个。分别计算径流控制量如下:

(1)雨水花园:依据《指南》要求,考虑其渗透量影响,两汇水分区共265.5m²雨水花园理论径流控制量可达140.7m³,但考虑本小区渗透等级为中级,且施工过程中会有折损等问题,确定计算设计深度为0.3m,雨水花园径流控制量为79.7m³。

（2）透水铺装：依据《指南》，仅参与综合雨量径流系数的计算，其结构内的孔隙容积不再计入总径流控制量。

（3）蓄水模块：蓄水模块服务面积约为700.0m²，且服务范围内有一处现状景观水池，最大用水量约为181.4m³，但结合可开挖面积及深度，确定蓄水模块径流控制量为70.0m³。

汇总各设施可实施性，得出两分区实际径流控制量及年径流总量控制率如表2所示。

10号和13号汇水分区设施规模计算与达标评估表 表2

汇水分区编号	汇水分区面积（m²）	综合雨量径流系数	设施类型	占地面积（m²）	数量（个）	可实施径流控制容积（m³）	可控制降雨量（mm）	年径流总量控制率（%）
10、13	4805.4	0.72	雨水花园	265.5	—	79.7	43.3	86.1
			透水铺装	266.5	—	0		
			蓄水模块	1	1	70.0		
			合计			149.7		

利用上述方法对各汇水分区径流控制量进行计算，并进行达标评估，如表3所示，得到小区年径流总量控制率为86.6%，达到设计目标。

各汇水分区达标评估表 表3

分区编号	汇水面积（m²）	设计径流控制量（m³）	径流控制量（m³）	年径流总量控制率（%）	分区编号	汇水面积（m²）	设计径流控制量（m³）	径流控制量（m³）	年径流总量控制率（%）
1	752.9	25.2	24.3	84.1	16	1233.2	39.6	22.3	70
2	655.0	22.3	22.3	85	17	433.2	6.9	7.7	87.5
……	……	……	……	……	……	……	……	……	……
10、13*	4805.4	142.8	149.7	86.1	25	1845.0	52.0	57.7	87.3
11	960.5	23.0	25.4	87.1	26	2249.0	57.3	51.8	82.7
12	1253.5	32.0	29.6	83.2	27	798.6	26.3	44.0	98.2
14	663.5	20.7	20.9	85.2	合计	31699.7	837.9	892.0	86.6（加权平均值）
15	446.4	7.8	9.4	89					

*：10号和13号汇水分区进行联动设计，表中表示两分区汇总后数据。

4.4.3 汇水分区之间补偿设计

如4.4.1所述,对于10号及13号两汇水分区,10号分区无法消纳的雨水可进入13号分区的绿地进行调蓄,两者联动后年径流总量控制率为86.1%。

4.4.4 峰现时间控制目标校核

根据暴雨强度公式和设计降雨量,估算径流体积控制对峰现时间的控制效果,计算公式如下:

$$H' = T \times \frac{1421.48\,(1+0.932\lg p)}{167 \times (T+7.347)^{0.617}}$$

式中　H'——T历时内最大平均降雨量,mm;

　　　T——降雨历时,min。

经计算,对于3年一遇重现期的设计暴雨,通过体积控制(设计雨量为41.3mm)可实现峰现时间延后超过30min。

4.5 设施节点设计

如图12所示,该区域地势东高西低,高差约3m,道路纵坡约2%~3%,经过勘探,此处绿地下方全部为岩石层,周边车行道路环绕,路基全部碾压夯实,导致雨水下渗空间受阻,因此,结合场地尺度关系修建了雨水花园,使用级配碎石、渗水土工布、砂砾、种植土进行换填,建设径流控制量79.7m³的雨水花园,根据服务范围内绿地浇灌用水量,在地下修建了70m³的蓄水模块,如图13所示。

本地块改造充分利用绿地,建设绿色低影响开发设施,并结合场地目标统筹布局、建设灰色设施(蓄水模块),将收集的雨水回用于周边绿地的浇灌。雨水通过截水沟进入雨水花园,将多个相邻的雨水花园通过植草沟串联,当雨水到达末端

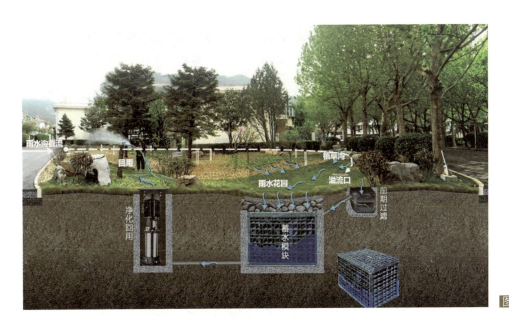

图13　节点设计示意图

图14 下沉式绿地施工中

图15 蓄水模块拼接现场

时，溢流进入蓄水模块，蓄水模块饱和后雨水溢流进入下游生物滞留设施，超过设施径流控制量的雨水，通过地表漫流排入市政雨水管网。

4.6 施工过程

项目严格按照设计图纸进行施工，并对地下工程的施工全过程保留影像资料（图14、图15）。

5 建成效果

5.1 项目经验

该项目海绵投资工程造价共计297万元，折合每平方米造价约94元，最终达到的改造目标为年径流总量控制率86.6%。为了能让广大百姓所接受，本项目通过媒体、业主、居民代表等多方渠道进行了宣传，并且在设计阶段广泛征求了相关意见，通过海绵城市改造，在达到源头治理、促渗保泉的同时，也解决了小区自身存在的部分问题，受到居民一致好评。

5.2 效益分析

小区竣工后，对于居民的生活环境起到了良好的改善效果，结合海绵城市改造，清理了小区所有的卫生死角并提升了绿化效果，消除了所有的道路积水点并实现了雨水资源收集回用（图16～图18）。经过计算，项目效益分析详见表4。

图16 下沉式绿地相关区域改造后效果

图17 雨水桶及生物滞留设施改造后效果

图18 雨水花园及相关区域改造后效果

经过2016年一年雨季的考验,该项目海绵城市改造的效果得到了业主单位和居民的充分认可,并赠送锦旗。

效益分析表　　　　　　　　　　　　　　　　　　表4

	改造前	改造后
年雨水外排量（m³）	21464	2636
年回用水量（m³）	0	4191
年绿化灌溉用水量（m³）	5853	1662
年绿化灌溉水费（元）	55948	13463

设计单位：山东同圆设计集团有限公司

　　　　　郑毅、刘凯、于静、邢照雨、韩京森、李宁、闫俊、鹿群、王柯

管理单位：济南市城乡建设委员会

　　　　　蒋向波、季良、张启东、张波、郑相根

建设单位：济南市历下区住房和城市建设局

　　　　　王锐、李贵强、丁威

技术支撑单位：北京建筑大学

　　　　　　　杜晓丽、宫永伟、王建龙、李俊奇

01 源头减排 / 039

3 萍乡市建设局与总工会小区联动减排

项目位置：江西萍乡市海绵城市示范区蚂蝗河流域跃进北路东侧
项目规模：市建设局占地面积9688m²，市总工会占地面积2826m²
竣工时间：2015年12月底

1 项目基本情况

萍乡市海绵城市示范区32.98km²，包括新老城区两部分，老城区面积12km²，老城区改造是萍乡海绵城市建设的难点，其中老城区建筑小区改造更是难中之难。市建设局和市总工会改造项目位于萍乡市海绵城市示范区西侧（图1），改造工程于2015年8月启动，2015年12月底完工，是萍乡市老城区首批老旧小区改造的源头减排典型工程。

市建设局占地面积9688m²，建筑占地面积1660m²，水面面积约1187m²，建筑密度17.1%，绿化率42%。空间上与市总工会相邻（图2），市总工会占地面积2826m²，建筑占地面积867m²，绿化率28%。

图1 市建设局、市总工会项目在示范区位置图
图2 市建设局、市总工会位置关系图

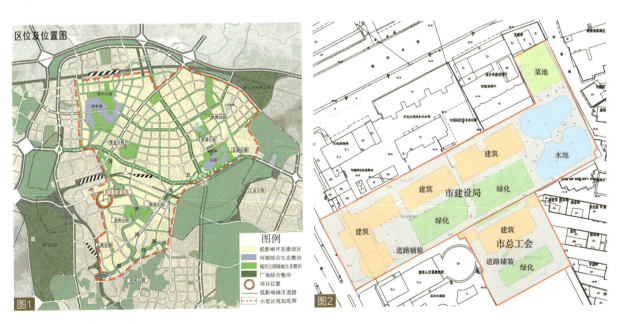

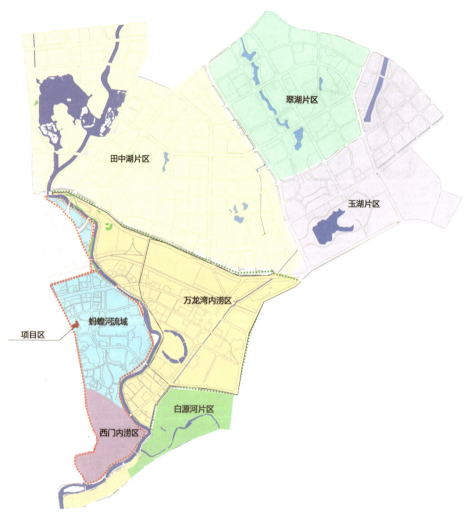

图3 萍乡海绵城市示范区汇水片区划分图

萍乡市海绵城市示范区按照汇水分区划分为7个片区，其中老城区3个片区，分别为蚂蝗河流域、万龙湾内涝区、西门内涝区，开发区3个片区，分别为玉湖片区、翠湖片区、田中湖片区，安源城区1个片区，为白源河片区（图3）。市建设局、市总工会项目位于萍乡市海绵城市示范区老城区蚂蝗河流域，该流域地处萍水河以西，流域面积2.42km²。流域所属气候为亚热带湿润季风气候，四季分明，雨量充沛，多年平均降水量为1600mm，降雨集中在3~7月，短历时暴雨频发。流域内土壤0~100cm多为红壤，现状多为壤黏土或砂黏土，渗透性较差。

2 问题与需求分析

由于项目所在流域内建筑布局紧凑，基础设施极为薄弱，布局合理性较差，城市建设未考虑雨水径流、面源污染控制等内容，导致蚂蝗河流域和项目区均存在内涝积水、面源污染等突出问题，亟待解决提升流域和项目区的水安全、水生态、水环境、水资源等问题。

2.1 所在流域问题

项目所在蚂蝗河流域的现状蚂蝗河已覆盖为合流暗渠，核心问题是合流制溢流污染，同时在山下路区域有较严重的内涝积水问题。

2.1.1 蚂蝗河流域合流制溢流污染问题严重

流域内排水体制多为合流制，雨、污水经市政管网汇至蚂蝗河合流制暗渠，在萍水河截污排放口处进入萍水河河底西侧的污水截流干管（雨水流向见图4），截流干管收集的污水最终送至谢家滩污水处理厂。但由于蚂蝗河流域合流制污水截流倍数偏低，片区面源污染控制率低，大量污染物汇入蚂蝗河（图5）。

图4 项目与蚂蝗河流域位置关系和雨水排向图

图5 蚂蝗河入萍水河出水口现状

蚂蝗河流域范围内城市建设布局紧凑，各项城市建设用地已基本完成开发利用，但由于缺乏合理规划，城市建设在雨水径流、面源污染控制方面仍存在诸多问题。现状建筑和小区、公园广场的屋面、路面基本为不透水硬化地面，径流系数大，汇流时间短；其次，项目区非绿地面积占比达92.69%，绿地面积仅17.7hm²，占比不到8%，绿化率低，且缺乏有效的调蓄设施，均未设置合理的净化措施，合流制管道排水携带大量的污染物溢流至萍水河，进一步加剧了萍水河的水质污染状况。

2.1.2 蚂蝗河流域内涝积水问题

山下路区域有较严重的内涝积水问题。30年一遇暴雨情况下蚂蝗河流域分布积水点8个，积水量1.8万m³，积水面积3.19hm²（图6）。山下路内涝积水点主要位于山下路南侧虎形村，西起朝阳路，东至金典小区南门东侧80m处，南北由虎形巷和山下路围成的近似矩形区域，总面积约6.48hm²，积水频次较高，年均10~15次，且由于现状管渠为雨污合流管渠（明渠），导致积水中掺混生活污水和生活垃圾，严重

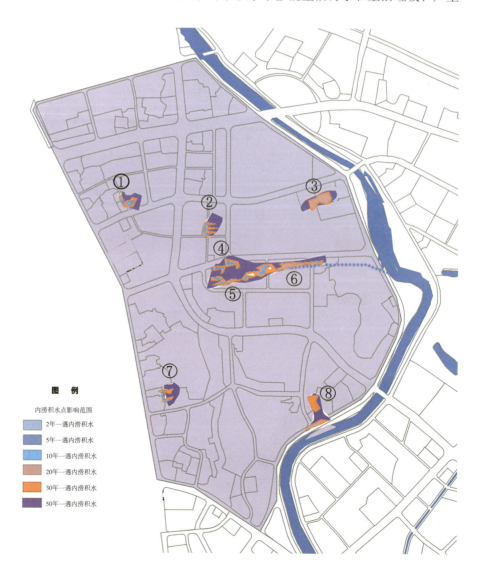

图6 蚂蝗河流域不同重现期下内涝积水影响范围分布图

影响片区居民出行和生活环境。

2.2 项目区主要问题

（1）径流总量控制率低，暴雨时多次出现积水问题。市建设局、市总工会项目区大面积的非透水地面覆盖，产流系数高，暴雨时易形成大量雨水径流，对原本排水能力极弱的合流制管网造成极大的排水压力，小区内常因下雨且排水不畅造成局部低洼积水严重，下雨时极易对居民出行造成影响；原绿地稍高于地面，绿地未充分发挥其雨水渗、滞、蓄的功能，场地的自身雨水调蓄能力极为有限，同时也对蚂蝗河流域内涝增加了一定压力（图7）。

（2）径流面源污染控制率低，景观水体水质差。由于项目区基础设施薄弱老旧失修，原为雨污合流，且存在管网淤泥堵塞、盖板塌陷等状况，导致项目区携带大量的污染物排入下游管网；在建设局东北侧分布一处景观水池，由于该水池未设置雨水进、出水口，不能承接周边的雨水，形成一潭死水，尤其在夏季极易导致水体发绿发臭，水体污染较为严重。项目区雨污水均汇入蚂蝗河合流管（图8）。

图7 萍乡市建设局、总工会项目绿地、地面原状

图8 萍乡市建设局总工会项目景观水池原状

（3）景观生态性、功能性较差。原有绿地植被多为单一乔木加草坪，未构建丰富的乔、灌、草植物层次，景观品质有待提高。闲置废弃菜地杂草丛生，未得到充分利用。多处地面铺装破损，垃圾随意堆放。

3 建设目标与设计原则

3.1 设计目标

通过构建项目所在蚂蝗河流域的径流控制和水质控制模型，在保证流域整体控制指标的要求下，结合流域内各项目的现状进行指标分解落实到各个源头削减工程，从而确定市建设局、市总工会的控制目标。

根据蚂蝗河流域数字化模型确认的源头削减工程指标分解，确定市建设局径流总量控制率为75%，径流污染颗粒悬浮物SS去除率需达到65%以上；市总工会径流总量控制率为71%，SS削减率需达到59%以上。

3.2 设计原则

项目区存在径流控制率低、径流污染控制率低、水生态有待提高等问题，方案设计基于项目区问题为导向，遵循场地现状，避免大拆大建，结合低影响开发设施设计有效利用现有绿地和景观水池基础上实现海绵化改造。

4 海绵设计

4.1 设计流程

遵循按照汇水分区核算各个分区的径流控制量和设施规模，通过雨水转输设施（植草沟、排水管等）实现相邻汇水分区间转输调配，采用低影响开发设施与管网改造相结合的方式，共同组成完整的工程技术体系，全面改善提升项目区水安全、水环境、水生态状况，满足项目区居民的使用需求。

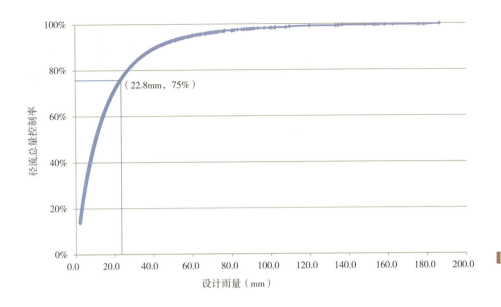

图9 萍乡市径流总量控制率—设计雨量曲线

4.2 设计降雨

市建设局径流总量控制率为75%，径流污染颗粒悬浮物SS去除率需达到65%以上。市总工会径流总量控制率为71%，SS削减率需达到59%以上。考虑将市建设局和市总工会作为一个整体进行设计，项目最终出水水量和水质均由市建设局景观水体溢流，因此按照两区较高标准进行设计，综合确定项目区实现整体75%径流总量控制率，SS去除率需达到65%以上。使用萍乡市气象局提供的连续30年逐日降雨数据绘制萍乡市径流总量控制率—设计雨量曲线（图9），因此市建设局、市总工会项目区径流总量控制75%对应的设计降雨量为22.8mm，接近0.5年一遇1h降雨量（25mm）。

4.3 总体方案设计

4.3.1 竖向设计与汇水分区

由于市总工会整体竖向坡度较陡，绿地覆盖率较低，且多分布在高处，不透水路面和屋面主要分布在低处，无法通过自身绿地消纳区域的雨水径流。考虑市总工会地块整体坡向市建设局，且市建设局具有较高的绿地覆盖率和水面覆盖率，因此将市建设局和市总工会两个项目作为一个整体进行考虑。将市总工会调蓄能力外的雨水径流作为客水引入市建设局，对市建设局的绿地实施低影响开发设施改造，对径流水质进行净化，最后引入现状景观水池，实现景观水池的雨水净化、调蓄和循环利用。

按照竖向和排水组织关系共划分为10个排水分区。排水方向整体是四周建筑排向中间绿地，经中间绿地自西南向东北处的水池排放（图10）。

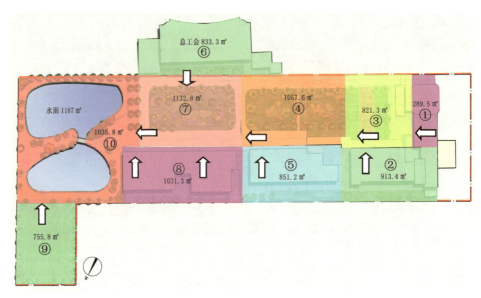

图10 市建设局与市总工会排水分区与径流组织图

4.3.2 设计径流控制量计算

对项目区实施现状地块的用地类型及用地构成进行径流产流模拟计算，采用容积法计算项目区内的径流量，即为设计径流控制量。计算方法：

综合雨量径流系数=∑（屋顶×屋顶雨量径流系数+绿地×绿地雨量径流系数+水面×水面雨量径流系数+路面×路面雨量径流系数）/汇水面积　　（1）

设计径流控制量=∑汇水面积×综合雨量径流系数×设计降雨量/1000　　（2）

经计算，项目区共需设计径流控制量147.75m³。

4.3.3 设施选择与技术流程

将建筑物周边现有边沟进行清理找坡，屋面雨水、路面雨水及绿地雨水通过雨水收集引入到生物滞留池和雨水花园中进行水质净化，并通过植草沟将雨水引入现有水池中，利用循环泵将雨水再次引入生物滞留池中进行水质循环净化；当水池雨水超过设计水位时，多余水量通过溢流管道排入市政管网（图11）。

4.3.4 总体布局

根据项目区设计径流控制量、场地现状确定项目区低影响开发设施与径流组织设计方案设计：通过低影响开发设施的设计实现雨水的调蓄、净化提升，达到项目区22.8mm降雨滞留在项目区内，径流污染中SS削减率65%以上。最后将净化的雨水

图11 萍乡市建设局、总工会项目区设施选择和设计流程图

作为活水资源，集蓄至现有水池，并通过循环系统让水流动起来，将原本的一潭死水变成水丰、水清、水活的景观水体。按照水池水体夏季10d更新一次，其他季节15d更新一次，日循环水量为3.96~5.94m^3。同时将总工会6号汇水分区雨水径流通过线形雨水沟排入市建设局消纳，通过汇水分区整体协调实现客水消纳，减少总工会的径流控制目标压力（图12、图13）。

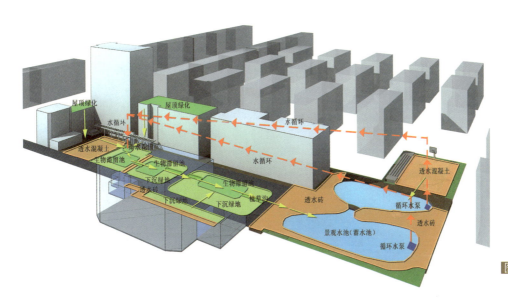

图12 改造后场地内径流示意图

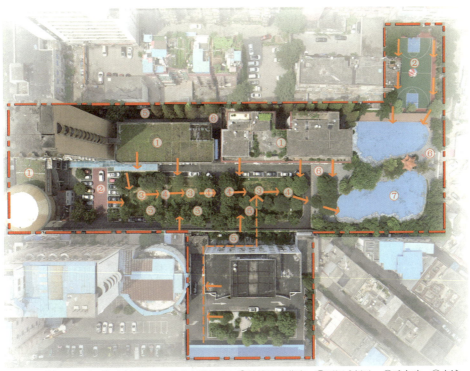

图13 改造后项目区全景照片

图例：①屋顶花园；②透水混凝土；③生态滞留池；④转输型植草沟；⑤下沉式绿地；⑥透水砖；⑦水域

4.4 分区详细设计

4.4.1 设施布局与径流组织

将硬化、破损的铺装改造为透水、舒适、生态的透水铺装，结合绿化屋顶改造并将建筑物雨水管断接，将路面雨水及屋面雨水引入位于前端的净化前置池——雨水花园对雨水进行初期净化后，溢流至生物滞留池，3个生物滞留池通过植草沟依循自然地形转输，最终汇入景观水池中作为景观水体调蓄，并作为市建设局绿化浇灌用水。为了保证景观水池水质，每天利用循环泵将雨水回送至生物滞留池进行循环净化；当水池雨水超过溢流容量（水池常水位95.2m，溢流水位95.6m）时，多余水量通过溢流管井排入市政管网（图14、图15）。

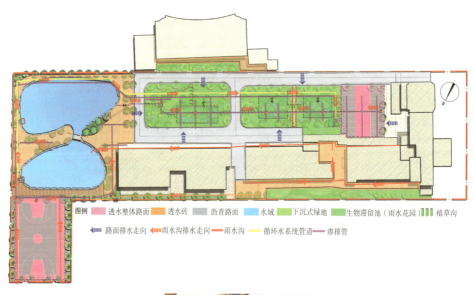

图14 市建设局、总工会各分区海绵城市水流流向和设施布置图

①—原有的绿化屋顶
②—设线形雨水沟，地表雨水经雨水沟进入渗排管后排入LID设施
③—绿化屋顶雨落管断接后经雨水转接管接入LID设施
④—雨水转接管经进水口接入
⑤—LID设施，经前置塘雨水花园后接入生物滞留池

图15 径流组织流向图

4.4.2 径流控制量试算与达标评估

按照式1、式2计算10个汇水分区综合雨量径流系数和设计径流控制量，见表1所列。

市建设局、总工会各汇水分区径流控制率计算　　　　　　　　　　表1

分区	用地类型（m²）						综合雨量径流系数	汇水分区面积（m²）	设计径流控制量（m³）
	非绿化屋面	绿化屋顶	绿地	水面	非透水路面	半透水路面			
雨量径流系数取值	0.8	0.55①	0.15	1.00②	0.8	0.55③			
1	246.08	0	0	0	39.92	3.41	0.8	289.41	5.26
2	408.76	192.36	141.43	0	170.95	0	0.65	913.5	13.47
3	0	0	41.14	0	717.67	62.42	0.75	821.23	14.01
4	0	0	559.96	0	477.75	20.61	0.45	1058.32	10.89
5	334.17	117.41	211.37	0	188.24	0	0.6	851.19	11.72
6	631.6	0	99.86	0	99.89	0	0.72	831.35	13.68
7	0	0	532.03	0	568.52	30.27	0.49	1130.82	12.57
8	728.43	0	0	0	303.19	0	0.8	1031.62	18.82
9	0	0	756.8	0	0	0	0.15	756.8	2.59
10	10.06	0	37.91	1187.7	869.3	118.54	0.88	2223.51	44.74
合计	2359.1	309.77	2380.5	1187.7	3435.43	235.25	0.65	9907.75	147.75

①市建设局原有345.4m²的绿化屋顶，因该绿化屋顶垫层标准较低，不满足规范要求的绿化屋顶设计标准，因此雨量径流系数取值较规范取值高，结合场地降雨特征和绿化屋顶做法，雨量径流系数取为0.55。
②水面的雨量径流系数取为1.00，有控制能力的水面另计，场地有控制能力的水面为景观水体，位于10号汇水分区，现有水池径流控制量为59.40m³。
③半透水路面：面层为透水砖和石板拼接做法，垫层为混凝土，且年久堵塞严重，其雨量径流系数取为0.55。

根据总体设计方案将海绵设施规模按汇水分区进行统计其径流控制量，见表2所列，将各个汇水分区的设计径流控制量与各分区的海绵设施径流控制量进行对比。受分区用地类型和现状条件限制，分区1、2、3、5、6、8、9七个分区海绵设施径流控制量不能满足控制要求。因此需要分区之间整体协调，通过植草沟、排水沟等设施转输在相邻分区消纳，实现项目区的整体协调，最终达到项目区内75%的径流总量控制率和65%的SS削减率要求，其中植草沟不计入径流控制量（图16）。

市建设局、总工会达标水文计算表　　　　表2

汇水分区	绿化屋顶 规模（m²）	绿化屋顶 径流控制量（m³）①	生物滞留池 规模（m²）	生物滞留池 径流控制量（m³）②	雨水花园 规模（m²）	雨水花园 径流控制量（m³）②	下沉式绿地 规模（m²）	下沉式绿地 径流控制量（m³）②	设施合计 径流控制量（m³）	设计径流控制量（m³）	调蓄盈亏（m³）③
1	0.00	0.00	0.00	0.00	0.00	0.00	0.00	0.00	0.00	5.26	5.26
2	192.36	3.85	0.00	0.00	0.00	0.00	0.00	0.00	3.85	13.47	9.62
3	0.00	0.00	0.00	0.00	7.00	0.35	0.00	0.00	0.35	14.01	13.66
4	0.00	0.00	215.67	32.35	0.00	0.00	344.29	17.21	49.57	10.89	-38.68
5	117.41	2.35	0.00	0.00	14.00	0.70	0.00	0.00	3.05	11.72	8.67
6	0.00	0.00	0.00	0.00	0.00	0.00	52.40	2.62	2.62	13.68	11.06
7	0.00	0.00	116.13	17.42	0.00	0.00	307.01	15.35	32.77	12.57	-20.20
8	0.00	0.00	0.00	0.00	0.00	0.00	0.00	0.00	0.00	18.82	18.82
9	0.00	0.00	0.00	0.00	0.00	0.00	0.00	0.00	0.00	2.59	2.59
10	0.00	0.00	0.00	0.00	0.00	0.00	0.00	0.00	59.40（水池）	44.74	-14.66
合计	309.77	6.20	331.80	49.77	14.00	0.70	710.70	35.54	151.60	147.75	-3.85

①绿色屋顶径流控制量按照容积法计算：$V=10H\varphi F$，其中V——设计径流控制量（m³），H——设计降雨量（mm），φ——综合雨量径流系数。

②生物滞留池、雨水花园、下沉式绿地按照渗透型主要功能的设施进行计算：$V_s=V-W_p$，其中，V_s——设施的有效径流控制量（m³），V——设施进水量（m³），按照容积法计算，W_p——渗透量（m³），$W_p=K \cdot J \cdot A_s \cdot T_s$，$K$为土壤渗透系数（m/s），$J$为水力坡度，取1，$A_s$为有效渗透面积（m²），$T_s$为渗透时间，取2h。

③调蓄盈亏=设计径流控制量-设施合计径流控制量，其中正值为超过自身径流控制量的水量，负值为尚富余的径流控制量。

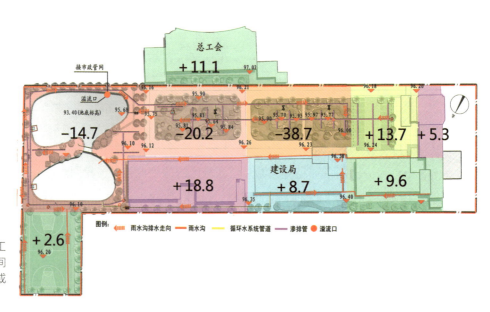

图16　市建设局、总工会汇水分区之间径流控制补偿或平衡设计图

方案改造增加了大量透水铺装后，各汇水分区的径流量减少，之后产生的径流水量在绿地中的海绵设施中进行调蓄，其径流控制量为151.60m³，用式（2）反算得到设计降雨量22.9mm，相当于75%径流总量控制率，根据各种设施的污染物去除效果评估其SS综合削减率为71%，计算过程见表3所列。

市建设局、总工会径流水文达标评估　　　　表3

设施	生物滞留池	雨水花园	下沉式绿地	透水铺装	透水混凝土整体路面	传输型植草沟	调蓄水面
规模	331.8m²	14m²	703.7m²	1218m²	1035.4m²	32.9m	
径流控制量	49.77m³	0.7m³	35.54m³	0	0	0.00m³	59.4m³
SS削减量	90%	80%	—	85%	85%	40%	—
SS削减量	根据《海绵城市建设技术指南》各种低影响开发设施去除率计算得到SS去除率为71%						
合计	151.60m³（反算相当于22.9mm设计降雨量，即实现市建设局范围内的75%径流总量控制率），其SS削减率能达到71%以上						

4.5 设施节点设计

雨水花园配合卵石过滤措施对进入的雨水径流进行初期拦截过滤，再通过自然溢流至生物滞留池，雨水花园积水时间比生物滞留池短，植物以水旱两生的、植物根系较发达的鸢尾为主。生物滞留池承接雨水花园初期净化后溢流的雨水，因积水时间比雨水花园长，植物以净化、耐涝的多种水生植物配置而成（图17）。

图17　雨水花园设施做法

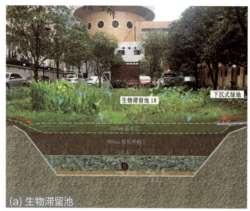

图18 生物滞留池、透水铺装剖面示意图

项目受萍乡当地土壤限制，渗透能力有限，生物滞留池和雨水花园等低影响开发设施的下渗能力不足，通过反复试验获取了土壤改良的有效手段，采用种植土掺5%~8%的黄砂进行回填的做法，渗透效果较好（图18）。

5 建设效果

5.1 投资情况

市建设局、市总工会海绵城市设施改造投资174.53万元，由于项目区面积小，海绵化设施改造覆盖率较高，因此单位面积海绵设施投资偏高，单位面积投资为139元/m^2（表4）。

市建设局、市总工会建设投资表　　　　表4

序号	工程项目	单位	数量	单价（元）	金额（万元）
1	生物滞留池	m^2	331.8	1250	41.48
2	下沉式绿地	m^2	603.7	332	20.04
3	植草沟	m	32.9	215	0.71
4	透水砖	m^2	1118	358	40.02
5	透水混凝土	m^2	1035.4	490	50.73
6	渗排管（DN200）	m	60	220	1.32
7	渗排管（DN150）	m	300	180	5.40
8	明沟找坡及清理	m	423.5	350	14.82
9	总计				174.53

5.2 建成效果

景观水池通过补水、活水措施，水量得到了明显保障，池内水体水质明显改善。池边透水铺装改造后，生态性、舒适性明显提升。篮球场改造后，为社区增加了一处良好的休闲建设场所，成为小区年轻居民业余休闲最受欢迎的场所（图19~图22）。

图19　景观水池改造前后对比

图20　透水铺装改造前后对比

图21　水篮球场改造前后对比

图22 生物滞留设施改造前后对比
(a) 改造前
(b) 改造后

5.3 监测效果评估

为了系统性评估市建设局、总工会的海绵化建设效果，在项目海绵设施的出水处，分别安装了2台流量计、1台浊度仪、2台液位计（其中一台用于与另一台作对比分析），建设局小区屋顶安装1台雨量计，对项目区的径流总量控制率和径流污染中SS进行实时在线监测（图23）。

监测数据评估：项目区雨水最终通过景观水池溢流口溢流至市政管网，因此在景观水池设施出水口处安装了流量计用来监测项目区径流控制过程。以7月18日降雨事件作为场降雨进行评估（图24和图25），根据项目区出口流量计和雨量计监测数据评估该项目年径流总量控制和径流污染SS控制效果。该日累积降雨量

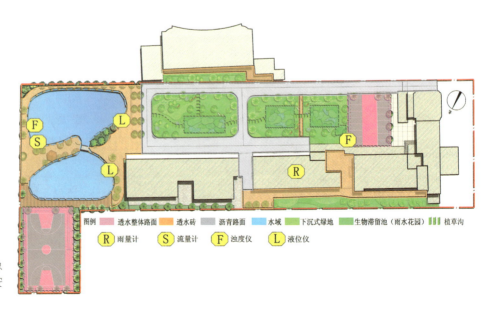

图23 市建设局、市总工会监测设施安装情况分布图

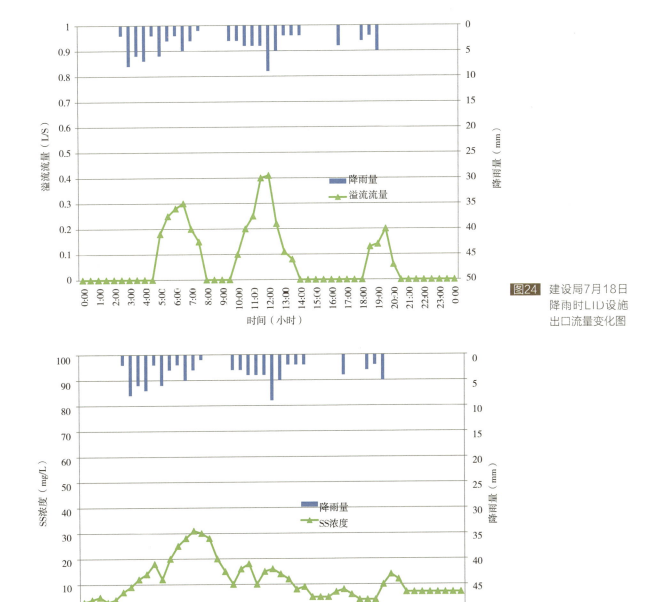

图24 建设局7月18日降雨时LID设施出口流量变化图

图25 建设局7月18日降雨时LID设施浊度仪变化图

为96.8mm，经统计当累积降雨量达到26.2mm时发生了小流量溢流，由图9可知，设计降雨量为26.2mm，对应径流总量控制率为79%。项目区出口处SS监测最高浓度为28.3mg/L，平均浓度为10.2mg/L。由于项目区实施前没有SS浓度监测数据，采用距离最近，位于朝阳南路海璐烟酒行门口（周边项目尚未启动）浊度仪数据作为改造前参考值，其平均浓度为41.0mg/L，因此评估得到项目区SS去除率达到了74.9%。

综上，根据场降雨监测评估，项目区径流总量控制率和径流污染SS控制率均达到了蚂蝗河流域源头减排的控制要求和项目区设计控制要求。

设计单位：江西省萍乡市建筑设计院、北京清控人居环境研究院有限公司

管理单位：萍乡市建设局、萍乡市总工会

建设单位：萍乡市海绵办

案例编写人员：郭迎新、刘胜、程彩霞、杨进辉、胡梅梅、李鹏、王啟文、张玉

4 迁安市君和广场新小区建设

项目位置：君和广场位于河北省迁安市燕山大路南段路西

项目规模：君和广场用地总面积24.4hm²，其中一期建设面积13.3hm²

一期住宅区竣工时间：2016年10月

1 项目基本情况

君和广场小区一期海绵城市改造项目位于河北省迁安市海绵城市试点建设示范区的西南部，西侧和南侧紧邻滨湖东路，北临惠昌大街，东侧为龙形水系公园，公园有大面积绿地，君和广场雨水可回用为公园的灌溉水（图1）。君和广场小区一期建设用地面积13.3hm²，一期住宅区建有12栋单体建筑，共2073户，常住人口约

图1　君和广场区位

6634人。具有商住混合、建筑密度高、硬化铺装面积大等特点。

1.1 项目所在汇水分区

君和广场小区一期位于迁安市海绵城市建设试点区的Ⅴ号汇水分区（图2），根据《迁安市海绵城市建设试点区建设专项规划（2015~2017年）》（以下简称《规划》），Ⅴ号汇水分区年径流总量控制率为78%。

1.2 竖向

场地整体南高北低，整体较为平坦，最低点位于东北角，场地高于周边市政路（图3）。

图2　项目所在汇水分区

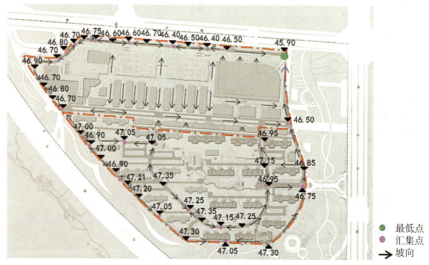

图3　场地竖向分析

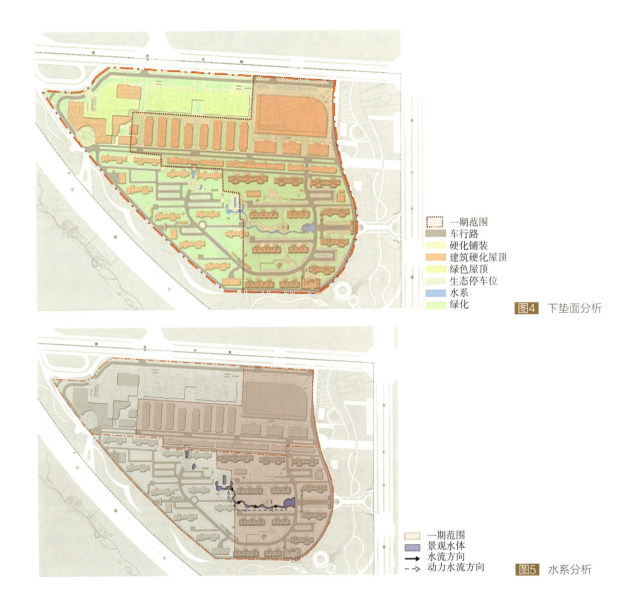

图4 下垫面分析

图5 水系分析

1.3 下垫面

君和广场小区一期，整个场地下垫面分为硬质铺装、硬化屋面、水系及绿地，绿地主要集中在住宅区。商业区以硬质铺装为主，绿地较少且呈长条状分散布置，绿地率仅为19%；住宅区绿地面积较大，绿地率为35%，但大部分绿地位于消防通道区域及地下车库顶板上方（图4）。

现状场地中的景观水系位于住宅区的中心区域，通过竖向由西向东输送水流，在东侧低点利用动力装置通过管线将水体转输到西侧相对高点，形成循环水系（图5）。

1.4 土壤渗透性能

经勘探，君和广场小区共分为4个地质结构层：第一层为杂填土及耕土；第二层为细砂；第三层为长石、石英组成的卵石；第四层为岩浆岩及变质岩碎块组成的卵石，平均土壤渗透系数约为$K_s=0.2m/d$，根据《水利水电工程地质勘察规范》GB 50487——2008，渗透等级为中等透水。

1.5 管网情况

现状为雨污分流制，君和广场小区内共有3个雨水排放口，其中2个位于君和广场小区一期，均位于商业区北侧（图6）。

1.6 道路情况

君和广场小区一期共有3个出入口：住宅区2个，商业区1个。住宅区有2条环形车行道，通过道路分支连通建筑；商业区外围设置车行道（图7）。

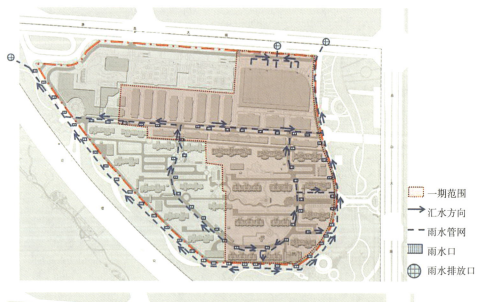

图6 地下管线分析

图7 道路分析

图8 地下空间分析

1.7 地下空间

君和广场小区一期共有3个地下车库，1个位于商业区，2个位于住宅区，面积总计2.5hm²，车库覆土深度约为1.0m（图8）。

2 问题与需求分析

2.1 雨水径流污染削减

君和广场小区属于三里河流域，地表硬化率高，径流污染严重，增加了三里河的污染负荷。参考相关文献，京津冀地区住宅小区雨水径流主要污染物固体悬浮物（SS）浓度基本在200~700mg/L之间，平均值约为430mg/L。

2.2 雨水资源利用

君和广场小区一期没有再生回用水源，现状绿地浇灌和景观水系补给全部使用自来水，并未做到雨水资源的有效利用，应将雨水在径流的各个环节进行滞蓄并就近利用，供给绿地灌溉及景观水系，实现本区域雨水的径流控制及雨水的合理利用。

2.3 住区人居环境提升

君和广场存在商住混合、高密度、硬化面积大、商业区雨水控制能力不足等问题。君和广场小区海绵改造将全面提升小区的人居环境质量。

3 海绵城市改造目标与原则

3.1 设计目标

（1）年径流总量控制目标：根据《规划》，君和广场小区一期年径流总量控制率住宅区目标须达到82%，商业区目标须达到80%。

（2）污染物削减目标：根据《规划》，径流污染控制率（以SS计）达到50%，通过自身污染物的削减，降低对三里河河道的影响。

（3）住区人居环境提升目标：通过低影响开发设施的建设，提升君和广场小区的人居环境质量。

3.2 设计原则

（1）场地空间：不改变原方案的规划指标、功能分区及游线。

（2）交通方面：不改变原方案中停车位的平面布置及数量，不改变车行道及消防通道，不影响其通行功能。

（3）管网方面：管线的排水方向未进行任何改造，场地内的地下车库范围内，不设置下渗型的低影响开发设施，不对地下车库的结构造成影响，场地内所有给水管线上方未设置任何下渗型的低影响开发设施，避免冬季管线冻胀现象。

（4）建筑方面：方案中所有低影响开发设施均布置在建筑3m以外，不对建筑的结构及安全造成影响。

4 海绵设计

4.1 设计流程

设计流程如图9所示。

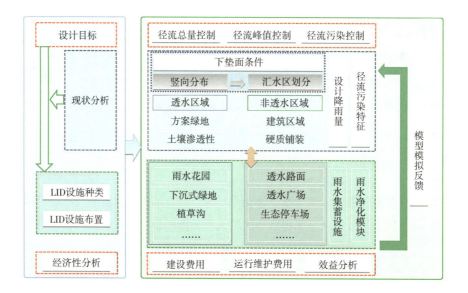

图9 设计流程图

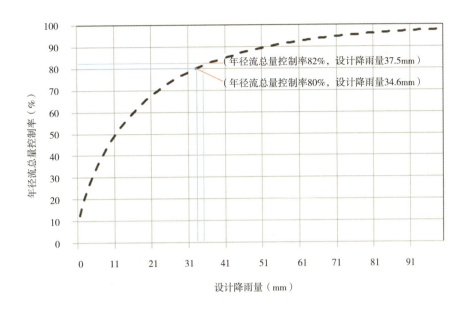

图10 年径流总量控制率及其对应的设计降雨量

4.2 年径流总量控制率及设计降雨量

君和广场小区一期住宅区年径流总量控制率为82%,设计降雨量为37.5mm;商业区年径流总量控制率为80%,设计降雨量为34.6mm(图10),接近迁安市1年一遇2h降雨量39.51mm。

迁安市暴雨强度公式为:

$$q = \frac{1715.984 \times (1+0.997\lg P)}{(t+8.095)^{0.709}}$$

式中 q——设计暴雨强度[L/(s·hm^2)];
P——设计重现期(年);
t——降雨历时(min)。

不同重现期短历时雨型见表1。

短历时(2h)芝加哥雨型分配(r=0.4) 表1

重现期	各时刻降雨量(mm)													总计
	0:00	0:10	0:20	0:30	0:40	0:50	1:00	1:10	1:20	1:30	1:40	1:50	2:00	
1年一遇	0.0	1.2	1.5	2.0	3.3	11.4	7.9	3.7	2.5	1.9	1.6	1.3	1.2	39.5
2年一遇	0.0	1.6	2.0	2.6	4.4	14.8	10.3	4.8	3.2	2.5	2.0	1.7	1.5	51.4
3年一遇	0.0	2.1	2.6	3.4	5.7	19.3	13.5	6.3	4.2	3.2	2.7	2.3	2.0	67.1

4.3 总体方案设计

4.3.1 汇水分区

根据场地汇水方向及雨水管网分布,将君和广场分为9个汇水分区,其中住宅区为1~5区,商业区为6~9区,参考《海绵城市建设技术指南——低影响开发雨水系统构建(试行)》(后简称《指南》)公式(4-1)进行计算,设计径流控制量共6255m³(图11、表2)。

图11 设计汇水分区

汇水分区面积 表2

	汇水分区	总面积(hm²)	综合雨量径流系数	设计径流控制量(m³)
住宅区	1	3.9	0.70	1023
	2	2.1	0.57	452
	3	1.8	0.60	403
	4	2.2	0.56	463
	5	2.2	0.67	556
	小计	12.2	0.63	2896
商业区	6	3.0	0.80	827
	7	2.5	0.76	657
	8	4.3	0.74	1104
	9	2.4	0.93	770
	小计	12.2	0.80	3358
	总计	24.4	—	6255

4.3.2 设施选择与工艺流程

君和广场低影响开发设施布局从景观设计、建筑布局、市政设施等系统考虑，结合场地竖向及周围区域雨水设施的衔接需求，住宅区内公共绿地避让消防通道及地下车库顶板区域，其他区域设计成下沉式绿地、雨水花园等设施。采用植草沟、景观水系及管线输送、消纳、滞留雨水径流。东入口轴线人行道的铺装路面采用透水铺装。考虑住宅区景观水系回补水及商业区东侧龙形水系公园的灌溉需求，住宅区设一雨水模块，商业区在东侧龙形水系公园内设一调蓄池（图12）。

4.3.3 总体布局

经过设计改造后，不改变原场地的竖向及管网排水方向，低影响开发设施布置如图13所示，屋面及铺装雨水优先进入下沉式绿地、雨水花园、生物滞留带等设施，每个调蓄设施均设置溢流口，超出设计降雨量对应的径流控制量的雨水，通过溢流口以溢流形式有组织地利用管网在场地东北侧及西北侧3个外排点排放至市政雨水管网。低影响开发设施结合景观设计如图14所示。

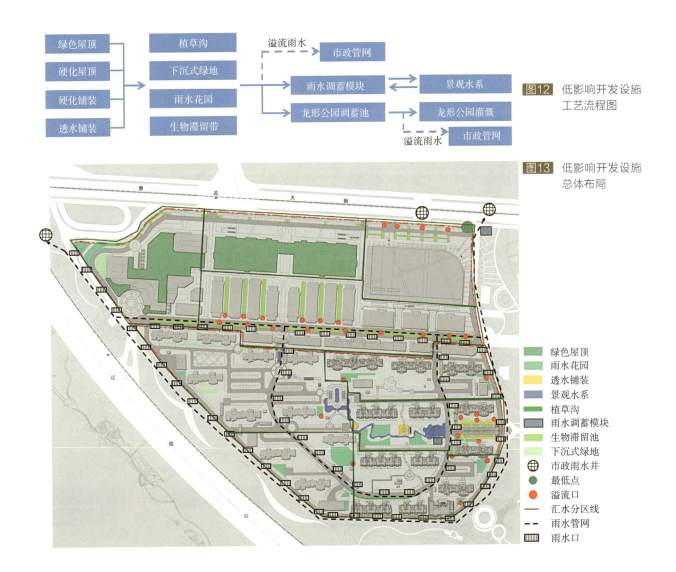

图12 低影响开发设施工艺流程图

图13 低影响开发设施总体布局

图14 结合景观总体设计方案

①下沉式绿地
②雨水花园
③绿色屋顶
④车行路
⑤透水铺装
⑥生态停车位
⑦生物滞留带
⑧植草沟
⑨景观水系

4.4 分区详细设计

4.4.1 设施布局与径流组织

由于住宅区及商业区的现状条件不同，形成2个不同的雨水系统（图15、图16）。商业区雨水径流部分汇入生物滞留带、下沉式绿地、雨水花园等低影响开发设施，部分经上述设施初步净化后进入龙形水系公园调蓄池，溢流雨水排放至市政管网。住宅区雨水径流部分汇入生物滞留带、下沉式绿地、雨水花园、植草沟等低影响开发设施，部分经上述设施初步净化后进入雨水模块，补给景观水系用水，溢流雨水排放至市政管网。

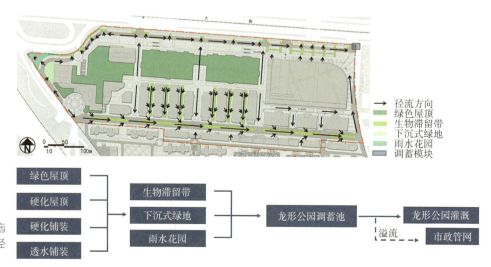

图15 低影响开发设施径流组织路径（商业区）

图16 低影响开发设施径流组织路径（住宅区）

4.4.2 汇水分区详细设计

（1）汇水分区4

①基本情况：汇水分区4作为一个独立的汇水分区，下垫面包含建筑屋顶、硬质铺装、绿地、水体，整体地势较为平坦，水体东侧假山喷泉位置为相对低点，通过动力设施形成水系循环系统，现阶段使用自来水进行补水。

②主要问题：假山喷泉及东入口轴线已经施工完毕，对海绵改造工作造成一定阻碍。

③改造方法：经过现场实地调研，东入口轴线处道路内侧设置截水沟，最小化道路破拆量，将路面雨水收集并进行转输，西侧景观水体周边设计雨水花园，实现雨水的初期净化，水量饱和后，以溢流形式为景观水体进行补水，同时在此区域设置雨水调蓄模块，用于景观水体的供水，实现雨水资源回用（图17）。

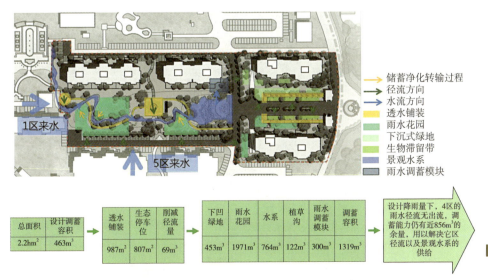

图17 汇水分区4水力设计

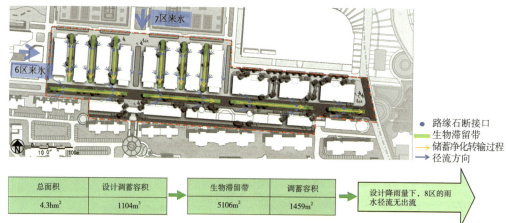

图18 汇水分区8水力设计

总面积 4.3hm² → 设计调蓄容积 1104m³ → 生物滞留带 5106m² → 调蓄容积 1459m² → 设计降雨量下，8区的雨水径流无出流

（2）汇水分区8

基本情况：汇水分区8位于商业区，下垫面包括建筑屋顶、硬质铺装及绿地，地势相对平整，东侧为相对低点。

主要问题：绿地面积小且呈长条状分布，地下管线较多。

改造方法：在绿地最大化利用的情况下，利用地势将现状绿地设计为连续型生物滞留带，实现雨水的连续净化，避开管线区域，对设施区域进行土壤改良，加大雨水的下渗量（图18）。

4.4.2 径流控制量试算与达标估算

计算各汇水分区内各类设施的实际径流控制量，并以此求得各汇水分区的实际径流控制量为5459m³（表3），此外君和广场商业区将收集843m³的雨水汇入龙形水系公园雨水调蓄池，以补充其市政浇灌用水。君和广场共计实现雨水利用6302m³，能够实现设计径流控制量6255m³的目标。

低影响开发设施设计分区雨水径流控制量统计　　　　表3

汇水分区		海绵设施改造								径流控制量（m³）
		透水铺装（m²）	绿色屋顶（m²）	生态停车位（m²）	下沉式绿地（m²）	雨水花园（m²）	生物滞留带（m²）	雨水调蓄模块（m³）	水系（m²）	植草沟（m²）	
住宅区	1	0	0	4962	504	206	0	0	306	230	428
	2	0	0	1542	91	572	0	0	0	172	291
	3	0	0	2134	0	1355	0	0	0	88	528
	4	987	0	807	453	1971	0	300	764	122	1319
	5	0	0	1161	0	750	0	0	0	365	378
	小计	987	0	10606	1048	4855	0	300	1070	976	2944

续表

汇水分区		海绵设施改造									径流控制量（m³）
		透水铺装（m²）	绿色屋顶（m²）	生态停车位（m²）	下沉式绿地（m²）	雨水花园（m²）	生物滞留带（m²）	雨水调蓄模块（m³）	水系（m²）	植草沟（m²）	
商业区	6	0	6446	841	0	566	441	0	0	0	456
	7	0	11388	1034	0	0	171	0	0	0	289
	8	0	0	0	0	0	5106	0	0	0	1459
	9	0	0	2090	0	0	924	0	0	0	311
	小计	0	17834	3964	0	566	6642	0	0	0	2515
合计		987	17834	14570	1048	5421	6642	300	1070	976	5459

4.4.3 汇水分区平衡设计

汇水分区调蓄能力达标的径流雨水在本区内消纳，如果有富余的调蓄能力且场地允许，可考虑承接周边汇水分区的汇水；调蓄能力不达标的，需将部分径流雨水汇集后，通过植草沟等转输设施排至其他汇水分区进行调蓄。通过合理布置低影响开发设施，经计算住宅区可自身消纳地块径流，商业区有多余水量843m³引入东侧龙形水系公园调蓄池进行控制。各汇水分区雨水消纳、径流组织关系如图19所示，通过上述方法求得各汇水分区数据，汇总为表4。

图19 汇水分区平衡设计

分区雨水径流量 表4

汇水分区		设计径流控制量（m³）	低影响开发设施实际径流控制量（m³）	是否外流（m³）
住宅区	1	1023	428	595
	2	452	291	161
	3	403	528	-125
	4	463	1319	-856
	5	556	378	178
	小计	2896	2944	-48
商业区	6	827	456	371
	7	657	289	368
	8	1104	1459	-355
	9	770	311	459
	小计	3358	2515	843

在君和广场的9个汇水分区中，能消纳本区域径流并帮助其他区解决部分雨水径流的汇水分区为：汇水分区3、汇水分区4及汇水分区8。自身控制能力不足需外排至其他区域的汇水分区为：汇水分区1、汇水分区2、汇水分区5、汇水分区6、汇水分区7及汇水分区9。

汇水分区间通过以下3种方式进行雨水径流的转输。

1）植草沟结合管线

汇水分区间采用此转输方式的为汇水分区2至汇水分区4，汇水分区5至汇水分区3，汇水分区5至汇水分区4（图20）。

此转输方式只存在于住宅区，路面及铺装径流优先进入低影响开发设施，自身区域不能消纳的水量进入植草沟转输至其他区域，道路及硬质铺装等不能设置植草沟的区域通过设置连通管的形式转输雨水（图21）。

2）管线

汇水分区间采用此转输方式的为汇水分区1至汇水分区4，汇水分区7至区域外龙形水系公园调蓄池，汇水分区9至区域外龙形水系公园调蓄池（图22）。

此转输方式利用现状雨水口及现状管线的导水方向，在区域的外排口新增雨水管线将雨水转输至区域外调蓄池。

3）生物滞留带结合管线

汇水分区间采用此转输方式的为汇水分区6至汇水分区8（图23）。

此转输方式位于商业区，将现状的连续条状绿地设计为连续型生物滞留带，利用竖向实现汇水分区6至汇水分区8的雨水径流转输（图24）。

01 源头减排 / 071

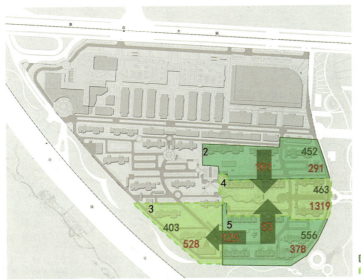

图20 植草沟结合管线转输汇水分区

区域水流方向
452 现状径流量（m³）
291 设计区域雨水消纳量（m³）
161 实际雨水汇流量（m³）
需要外排的区域
承接其他雨水的区域

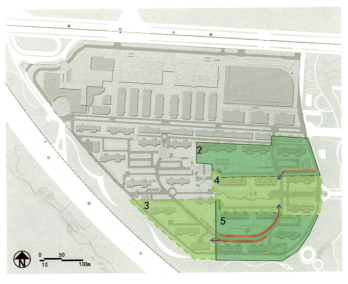

图21 植草沟结合管线转输平面图

连通管导水方向
植草沟
需要外排的区域
承接其他雨水的区域

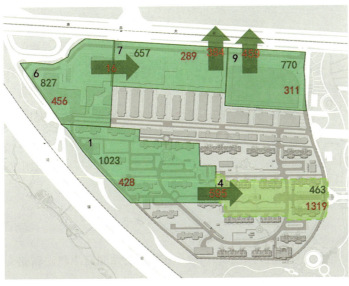

图22 管线转输汇水分区

区域水流方向
452 现状径流量（m³）
291 设计区域雨水消纳量（m³）
161 实际雨水汇流量（m³）
需要外排的区域
承接其他雨水的区域

图23 生物滞留带转输汇水分区

图24 生物滞留带结合管线转输平面图

4.5 监测方案

根据排水管网、小区低影响开发设施分布情况，分析各要素间关联特点，合理地选择监测区段，初步制定监测点方案；然后结合现场勘查，确定满足监测设备安装要求的监测点，并在选定的监测点安装液位、流量、水质等监测设备。本小区在设计地块的外排口实行监测，对于部分雨水花园、雨水调蓄模块等实行设施监测，一期工程形成完整监测体系，指导后续工程（图25）。

4.6 设施节点设计

（1）雨水花园

地表径流优先进入雨水花园，进行雨水的初级净化，当径流量较大时，以溢流形式通过旱溪为景观水系进行补水（图26）。

图25 监测布点

图26 雨水花园做法

（2）下沉式绿地

下沉式绿地做法如图27所示。

（3）植草沟

植草沟做法如图28所示。

（4）透水铺装透水铺装如图29所示。

（5）生态停车位

生态停车位做法如图30所示。

（6）雨水调蓄模块

雨水调蓄模块做法如图31所示。

图27 下沉式绿地做法
图28 植草沟做法

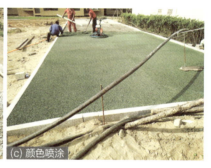

图29 透水铺装做法

图30 生态停车位做法

图31 雨水调蓄模块做法

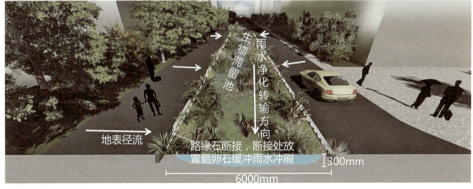

图32 生物滞留带做法

（7）生物滞留带

生物滞留带做法如图32所示。

5 建成效果

5.1 工程投资

整个君和广场项目工程造价共计6364.9万元，其中景观部分为4852.7万元，海绵部分为1512.2万元。因为为在建项目，不包括已经建成部分（包括一期住宅车行道、一期商业铺装、东入口假山跌水、一期灌溉及景观电气部分）。海绵部分折合每平方米造价约62元，相比其他项目单价较低。最终达到的改造目标为年径流总量控制率商业区80%，住宅区82%。设施单价见《指南》附录3。

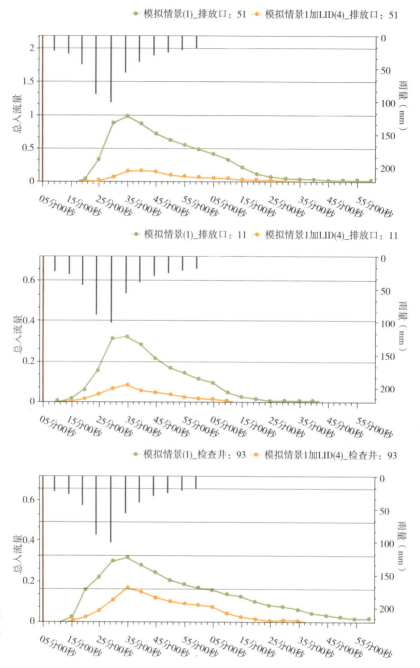

图33 规划区域雨水排放口1年一遇1h模拟曲线图

5.2 模型达标校核

DigitalWater 2.0是基于SWMM和GIS技术的可视化建模与动态模拟评估工具，可模拟雨水花园、雨水桶、渗渠、透水铺装等多种LID设施。基于DigitalWater Simulating 2.0，采用当地暴雨公式，以芝加哥雨型分配1年一遇1h、1年一遇2h、2年一遇2h和5年一遇2h的降雨量，以原规划方案和LID改造后的方案为模型情景模拟。其3个排放口模拟曲线如图33所示（以1年一遇1h降雨条件为例）。

对整体区域进行径流控制效果分析，各重现期下的模拟效果评估见表5所列，可以看出，不同重现期设计降雨下海绵设施控制雨量大于设计降雨量34.6mm，达到设计标准。

各重现期模拟效果评估表 表5

总体水量平衡计算	单位	1年一遇1h	1年一遇2h	2年一遇2h	5年一遇2h
降雨	mm	39.66	51.22	60.58	72.95
降雨总量	m³	9690.7	12515.3	14802.4	17824.9
现状出流总量	m³	7268.0	9386.5	11693.9	14438.2
规划后出流总量	m³	872.2	3754.6	6068.9	9268.9
控制降雨量	mm	36.09	35.7	35.2	34.9

参考《指南》对场地主要污染物SS去除率进行评估，低影响开发设施的SS平均去除率按75%计，可实现年均SS总量削减率50%的设计目标。

5.3 效果对比

下沉式绿地、雨水花园、生态停车场改造前后实景对比如图34~图36所示。

图34 下沉式绿地改造前后实景对比

图35 雨水花园改造前后实景对比

图36 生态停车场改造前后实景对比

设计单位：北京清控人居环境研究院

设计人员：王欣、潘立爽、薛祥山、马静惠、李明坤、刘迎君、曲直、张静怡、马姗姗

管理单位：迁安市住建局、迁安市规划局

建设单位：迁安市海安投资有限公司

技术支撑单位：北京清华同衡规划设计研究院

5 昆山杜克大学校区低影响开发

项目位置：昆山市西部地区
项目规模：14.7hm²
竣工时间：2015年10月

1 现状基本情况

1.1 项目与所在排水分区的关系

昆山杜克大学位于昆山市传是路南，武汉大学路东，项目所在排水片区属昆山庙泾圩片区，为低洼圩区，由庙泾河、张家港、新师姑泾和傀儡湖外堤等围合而成，圩区内现状总水面面积62.6hm²，水面率6.70%（图1）。

庙泾圩通过闸站将圩内河道与圩外河道分开，形成相对独立的排水片区，汛期通过排涝泵站抽排。项目所在地周围地势平坦，项目整体为独立的开发地块，不承担周边客水。

1.2 项目场地基本情况

（1）场地竖向及下垫面分析

项目整体场地平整，竖向差异不明显。项目总面积为14.7hm²，其中绿

图1 昆山杜克大学项目区位图

化面积为4.9hm^2，屋顶面积为2.3hm^2，水面面积为1.9hm^2，硬质地面面积5.6hm^2。

（2）土壤渗透性情况及地下水位

土壤自上而下依次为素填土、耕填土、粉质黏土、淤泥质粉质黏土、黏土、粉质黏土等，饱和渗透系数约为10^{-3}m/d，土壤渗透性能差。地下水位埋深约为1~1.5m。

（3）雨污分流及地下管网情况

项目采用雨污分流制，屋面及广场雨水经过收集进入中央水池，通过雨水处理系统循环净化后进行回用，路面雨水通过源头处理设施净化后排入市政雨水管道。

（4）交通组织

校园设有地面停车场，可利用周边绿化带设置生物滞留池，削减径流量和径流污染。

（5）地下空间开发

项目主要结合建筑进行地下空间开发利用，室外场地下未进行地下空间建设。

（6）水体及补水来源

项目中设有大型水景水面，共有水面面积1.9hm^2，补水水源采用净化后雨水进行补给。

2 问题与需求分析

2.1 区域问题对本项目的要求

由于存在部分点源污染，庙泾圩东部部分水体受到一定程度污染；圈圩设闸造成圩区内水循环速度慢，水动力不足，随着建设强度的逐步增加，径流污染将逐渐加重，圩区内水环境保护压力将进一步增大。同时，由于临近饮用水水源地傀儡湖，水质问题较为敏感，对区域水环境保护需提出更高的要求。

根据区域的问题分析，本项目雨水系统设计应以水环境保护为核心目标，通过绿色基础设施实现雨水径流在源头、过程和末端的全过程治理，削减径流污染。

2.2 项目问题及需求分析

径流污染控制：随着下垫面的硬化以及人流活动的加剧，径流污染对圩区水环境质量的影响将逐渐增大，如何净化雨水水质、削减径流污染将是项目需要解决的主要问题。

径流总量及流量控制：作为新开发建设项目，需严格遵循海绵城市建设理念，加强径流总量控制，维持场地开发前后水文特征不变，同时削减径流峰值流量，缓解区域排涝压力。

雨水资源利用：杜克大学提倡生态、低碳理念，校园绿地面积较大，水面设置较多，绿地浇洒水源、水景水质的保持和景观水源补给是项目设计需要重点考虑的问题。

3 雨水系统建设目标与原则

3.1 设计目标

昆山杜克大学项目设计始于2010年，项目按照美国绿色建筑认证LEED（Leadership in Energy and Environmental Design）标准进行设计施工，LEED v3.0中关于雨水设计的要求是其可持续场地指标中的一部分，主要对应雨水水量控制和雨水水质控制两部分，具体设计目标要求如下：

雨水水量：当开发前场地不透水面积所占比例小于50%时，实施雨水管理方案，在应对1年一遇和2年一遇24h的降雨时，确保开发后排放的雨水峰值流量和径流总量不超过开发前。

雨水水质：实施雨水管理方案，减少不透水铺装、促进渗透，利用适用的低影响开发措施收集处理90%年均降雨所产生的径流，去除项目开发后90%年平均径流中80%的TSS。

3.2 设计原则

（1）集中与分散相结合的原则。结合中央景观水池设置集中型处理设施，结合分散的附属绿地设置分散型处理设施，通过集中与分散相结合，构建校园海绵雨水系统。

（2）采用低影响开发的原则。通过生物滞留池、人工湿地、植草沟等低影响开发设施，实现雨水的渗透、滞蓄与净化，降低项目开发对水文状况的干扰。

（3）先绿色后灰色、先地上后地下的原则。雨水径流组织优先通过地上绿色基础设施对雨水进行渗透、滞蓄、净化，多余雨水再通过地下管网进行排放。

（4）提高雨水资源化利用的原则。充分利用绿色设施的净化作用，将净化后的雨水储存后用于项目内景观补水及绿地浇洒用水。

4 海绵设计

4.1 设计流程

项目设计流程如图2所示。

4.2 设计降雨

4.2.1 LEED设计标准——1年一遇、2年一遇24h降雨

昆山属亚热带南部季风气候区，四季分明，雨量充沛。根据昆山近30

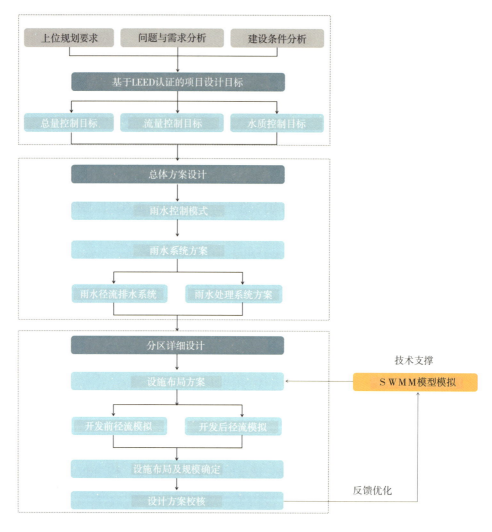

图2 设计流程图

年（1986~2015年）气象资料统计，年平均降雨量为1133.3mm，年平均蒸发量822.2mm，最大年降水量达1522.4mm，降雨呈明显季节性特征，集中在6~8月。

根据《昆山市城市排水（雨水）防涝综合规划》和《昆山市防洪及水资源综合规划》成果，采用花桥雨量站1985~2015年最大24h雨量系列资料，利用矩法估计频率曲线参数，采用计算机绘制昆山最大1日皮尔逊Ⅲ型曲线，由频率曲线查得1年一遇（频率取99.99%）、2年一遇（频率取50%）设计雨量分别为43.6mm、90.3mm。根据1995年典型降雨进行同频率缩放，得到设计降雨如图3、图4所示。

4.2.2 设计降雨量与年径流总量控制率对应关系

对昆山市近30年（1986~2015年）降雨进行统计分析，得出年径流总量控制率与设计降雨量对应关系，如图5所示。

4.3 总体设计方案

4.3.1 雨水控制模式

项目开发建设前，场地大部分为农田，不透水面积比率远小于50%。项目的建

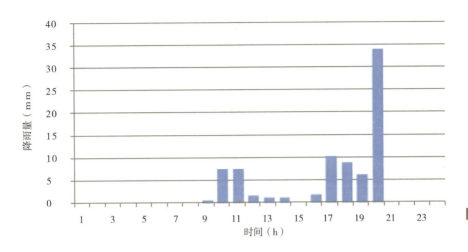

图3 昆山市2年一遇设计降雨时程分配图

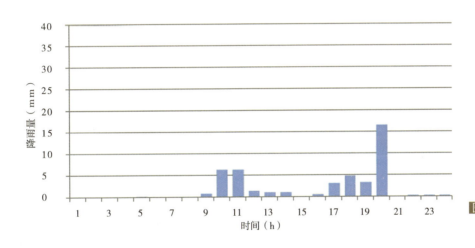

图4 昆山市1年一遇设计降雨时程分配图

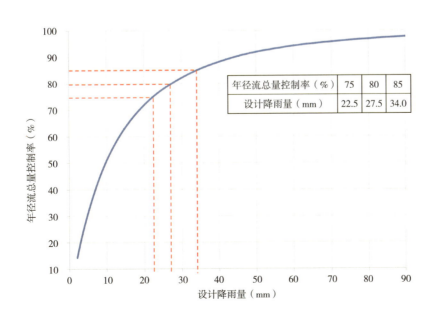

图5 昆山市年径流总量控制率与设计降雨量对应关系图

设对原有场地有很大影响，因减少了大量透水地面面积，径流排放量将势必增加。根据LEED雨水管理相关目标，在1年一遇和2年一遇24h的降雨条件下，开发后排放的雨水流量和总量不超过开发前。因此，项目设计采用设置雨水收集、处理、回用系统的集中型处理方式和利用附属绿地设置源头处理设施的分散型处理方式。

（1）集中型处理方式

结合区域土方平衡及景观效果营造，在场地的中心位置设计打造一处景观水池。将中心景观水池作为调蓄雨水的调蓄池，收集中心景观水池周边建筑屋面及场地雨水，并以中心景观水池为调节主体建立循环体，打造如"海绵"般可调节水体、调节空间、调节景观、最小化外排雨水的海绵系统。中心景观水池水位变化如图6所示。

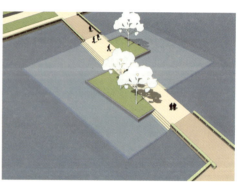

图6 中心景观水池水位变化示意图

（2）分散型处理方式

除采用上述以末端集中处理为核心的雨水处理、循环利用系统外，在项目设计时，同样利用绿色屋顶、透水铺装、生物滞留池（带）等源头削减措施来降低路面、停车场区域的径流量，削减径流污染。

4.3.2 汇水分区划分

按照场地竖向设计、功能布局、建筑设计及径流污染情况划分排水分区，总体上将校园分为A、B两大排水分区，如图7所示。

4.3.3 工艺选择

（1）A区雨水系统运行流程

A区域雨水经过生物滞留池（雨水花园）净化、雨水井弃流后进入中心水池，经雨水处理系统循环净化后供校园内绿化灌溉和水景补水（图8）。

（2）B区雨水系统运行流程

B区主要为沥青路面及停车场区域，径流污染较为严重，通过生物滞留池（雨水花园）处理后排放入市政雨水管道（图9）。

4.3.4 总体方案及布局

（1）校园排水系统设计

与传统设计不同，本项目雨水管道设计与校园整体水系统设计相结合，将灰色

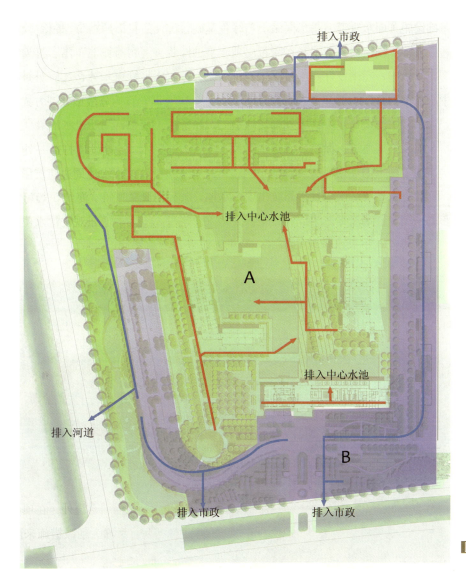

图7 昆山杜克大学校区排水分区图

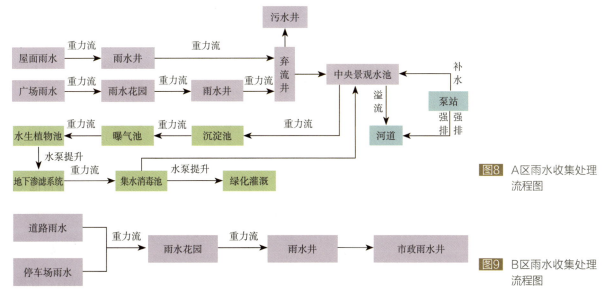

图8 A区雨水收集处理流程图

图9 B区雨水收集处理流程图

基础设施（雨水管道、雨水泵站）与绿色基础设施（生物滞留池、绿色屋顶、可渗透铺装等）相衔接，雨水经过绿色屋顶、渗透铺装、生物滞留池（雨水花园）等源头减排措施，超出设计降雨量时，通过溢流口进入雨水管道系统，之后一部分排入中心水池调蓄，一部分进入市政管网。

中心水池设计水位高于外围河道水位，在暴雨过程中，当超过水池最高水位时可溢流至外围河道，保障校园排水安全（图10）。

（2）雨水循环处理系统设计

杜克大学校区雨水处理系统由中心水池、沉淀池、曝气池、水生植物塘、地下渗滤系统和清水消毒池组成。

收集进入中央水景池的雨水，经重力流进入场地西侧的湿塘，通过沉淀、曝

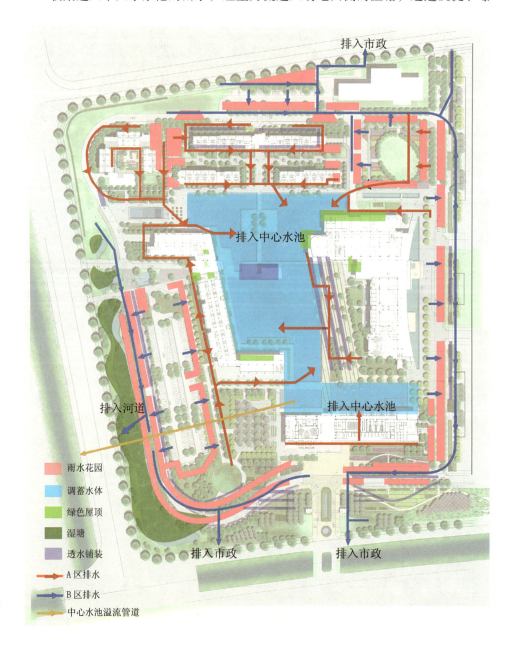

图10 校园排水系统示意图

气、植物吸收等处理环节后,最终进入以微生物为媒介基础的地下渗滤系统,经地下渗滤系统进一步处理后,雨水以流水瀑布的形式进入清水花园,可供人观赏和接触,最后再流入中心水池(图11)。

①中心水池

中心水池(湿塘)为杜克大学最主要的雨水收集处理构筑物。通过水位变化来收集雨水,平均水深在1.0~1.5m之间变化。雨水储存于水池中,通过自身及水处理系统进行净化能去除掉所收集雨水的大部分污染物。

②沉淀池

沉淀池(前置塘)水力停留时间约1.8d,主要作用是将来水中颗粒较大的污染物质沉淀下来减轻后续水处理设施的压力。

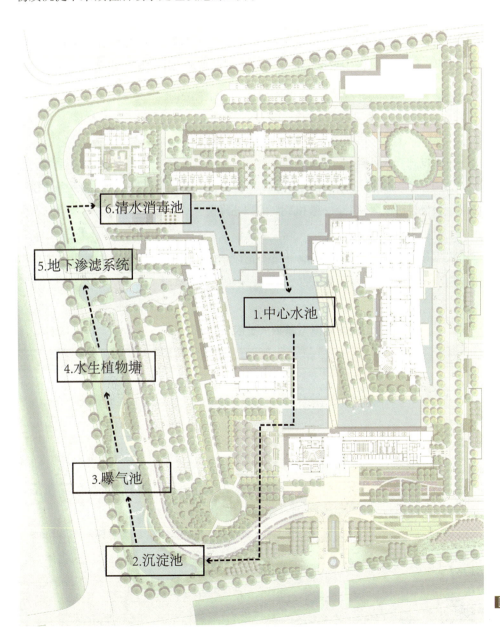

图11 雨水处理系统流程示意图

③曝气池

曝气池设计水力停留时间12h，设置各类喷泉充氧，使水体的含氧量增加，有利于污染物的氧化分解。

④水生植物塘

水生植物塘（雨水湿地）设计水力停留时间2d。塘内种植沉水植物和挺水植物，通过植物吸收、微生物分解等作用去除掉一部分污染物质。

⑤地下渗滤系统

地下渗滤系统（垂直流人工湿地）底部铺设防水土工布，中间铺设特殊配比的填料，填料上覆土0.2m，其上种植草坪。通过地下渗滤系统的物理、生化等共同作用去除绝大部分污染物质。

⑥清水消毒池

水力停留时间约12min，内设浸入式紫外线消毒器GWT150两套，提升泵3台，1台供灌溉系统，另2台供水循环，主要起杀菌和雨水回用的提升作用。

4.4 分区详细设计

4.4.1 LEED标准设计计算

（1）设施规模计算

运用SWMM模型进行设施规模计算，确定满足LEED水量控制要求所需的径流控制量，设计降雨采用1年一遇和2年一遇24h降雨。

①模型参数设置

根据地勘资料及建设后场地下垫面建设情况，并参考模型用户手册中的典型值，模型参数设置见表1所列。

项目建设前后模型参数一览表　　　　　表1

项目		开发前	开发后
面积		根据各分区集水区面积	
特征宽度		地表径流的径流宽度，子汇水区面积除以平均最大地表漫流长度	
集水区坡度		集水区的地面整体坡度0.8%	
不透水面积比率		0.1	A片区0.76，B片区0.56
不渗透地表曼宁系数		0.012	
透水地表曼宁系数		0.15	
洼地存储		不透水区洼地蓄存3mm，透水区洼地蓄存5mm	
降雨初损		无	绿色屋顶初损20mm，透水铺装初损45mm
Horton下渗模型	最大渗透系数	最大下渗速率25mm/h	
	最小渗透系数	最小下渗速率0.1mm/h	
	衰减常数	$4h^{-1}$，一般在2~7之间	
	土壤干燥时间	7d，一般在2~14之间	

②开发前径流总量及峰值流量计算

项目开发建设前,场地大部分为耕田,雨水外排量小。模型计算结果见表2所列。

项目开发前雨水径流计算一览表 表2

重现期	径流总量（m³）	径流峰值（L/s）
1年一遇	816	110
2年一遇	3744	500

开发前,2年一遇24h设计降雨产生的径流总量为3744m³,1年一遇24h设计降雨产生的径流总量为816m³。

③开发后径流总量及径流控制量初算

参照景观总平面图,分别对A、B汇水片区进行模型模拟。为确定设施径流控制量,模型只考虑采用渗透类低影响开发技术后的雨水径流模拟,场地内绿色屋顶面积1325m²,透水铺装面积1850m²,设施位置如图10所示。模型参数设置见表1所列。

模型计算结果见表3所列。

项目建设后雨水计算初步结果 表3

重现期	径流总量（m³）		
	A	B	合计
1年一遇	3040	1947	4987
2年一遇	6029	4296	10325

由上述计算可知,若要满足场地在1年一遇和2年一遇24h的降雨条件下,开发后排放的雨水径流总量不超过开发前,径流控制量需为6581m³。

④设施规模确定

A片区主要通过中心水池调蓄,水面面积1.94hm²,设计水深浮动范围为1.0~1.5m,设计调蓄深度达到0.5m,径流控制量为9700m³,可满足2年一遇降雨不外排。

在A片区满足2年一遇降雨不外排的条件下,B片区径流外排量小于开发前场地总外排量即满足水量控制目标要求,经核算B区1年一遇降雨和2年一遇降雨条件下径流总量差值得出B区径流控制量需为1131m³（1年一遇降雨条件下开发前后径流总量差值）。

将B片区分为4个汇水片区（图12）,根据汇水片区特征、面积及生物滞留池设施布局计算所需设施规模见表4所列。

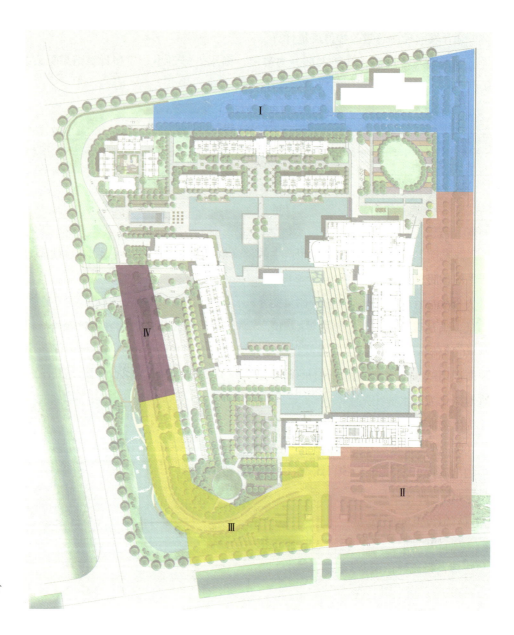

图12 B区域雨水分区图

B区域生物滞留池（带）设施规模一览表　　　　表4

分区	面积（m²）	生物滞留池（带）面积（m²）	生物滞留池（带）径流控制量（m³）	设计要素
Ⅰ	16831	1983	436	
Ⅱ	14537	1323	291	调蓄高度为0.10m，填料层厚度为0.8m，按照孔隙率15%，则填料层的空间容积为0.12m
Ⅲ	6380	796	175	
Ⅳ	7840	1217	267	
合计	45588	5319	1169	

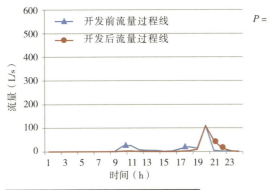 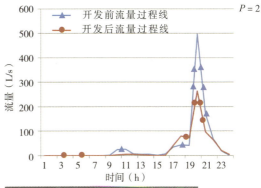

(a) 1年一遇降雨条件下开发前后流量过程线　　(b) 2年一遇降雨条件下开发前后流量过程线

图13 开发前后1年一遇（a）和2年一遇（b）降雨流量过程线对比图

根据设施规模计算，A区域可实现2年一遇降雨径流不外排，B区域径流控制量为1169m³，2年一遇和1年一遇降雨条件下，场地开发后径流总量小于开发前外排量，满足设计目标要求。

（2）流量目标设计校核

运用SWMM模型校核A、B片区经过低影响开发后的峰值流量变化。中央景观水池概化为雨水桶（蓄水池），蓄水高度500mm，设施面积19400m²。生物滞留池概化为生物滞留网格，主要参数如下：蓄水深度100mm，土壤层800mm，土壤层导水率100mm/h，蓄水层250mm，孔隙比30%，导水率为0，暗渠排水系数根据生物滞留池的出流特点设为20，暗渠排水指数0.5。结果如图13所示。

1年一遇、2年一遇设计雨量分别为43.6mm、90.3mm，峰值系数偏大，不利于径流峰值流量的控制。

项目开发前，下垫面主要为农田绿地，在1年一遇降雨条件下，通过绿地渗透和注蓄，径流峰值流量为110L/s；随着2年一遇降雨总量和峰值雨量的提升，由于自然渗透逐渐饱和以及注蓄量的占用，径流峰值显著上升至497L/s。

项目经过低影响开发后，A区通过中央景观水池调蓄可以实现2年一遇降雨不外排，因此外排流量主要由B区产生。1年一遇降雨条件下，B区雨水通过生物滞留池滞蓄后，径流峰值为108L/s；2年一遇降雨条件下，B区雨水径流峰值上升为264L/s。

由图13可知，项目经过低影响开发后，1年一遇、2年一遇降雨条件下，场地径流峰值均未增大，满足流量设计目标要求。

（3）水质目标设计校核

通过年径流总量控制率核算来校核雨水径流污染的去除效果。校核计算公式如下：

$$V=10H\varphi F$$

式中　V——设计径流控制量，m³；

　　　H——设计降雨量，mm；

φ——综合雨量径流系数；

F——汇水面积，hm^2。

根据所确定的设施规模，A区径流控制量为9700m^3，B区径流控制量为1169m^3（表5、表6）。

综合雨量径流系数计算表　　　　　　　　　　　表5

分类	雨量径流系数	A区	B区
屋面（m^2）	0.85	25550.2	—
广场、道路（m^2）	0.85	16414	36988
水面（m^2）	1	19379.8	—
绿化（m^2）	0.15	18786	29656
综合雨量径流系数		0.72	0.54

设计降雨量计算一览表　　　　　　　　　　　表6

分区	面积（hm^2）	综合雨量径流系数	径流控制量（m^3）	设计降雨量（mm）	年径流总量控制率
A	8.01	0.72	9700	168	99%
B	6.66	0.54	1169	32.5	83%
合计	14.67	—	10869	—	92%

A区、B区可控制的设计降雨量分别为168mm和32.5mm，根据图5可知，A区年径流总量控制率大于99%，B区年径流总量控制率为83%，经面积加权计算得项目年径流总量控制率大于92%。

A区采用的污染物控制措施主要有屋顶花园、生物滞留池、初期雨水弃流设施和沉淀池、植物塘、地下渗滤系统等组成的雨水处理系统，绿色屋顶对TSS的去除率约为70%~80%，生物滞留池对TSS的去除率约为80%~95%，初期雨水弃流设施对TSS的去除率约为40%~60%，雨水处理系统对TSS的去除率达90%以上，通过综合分析，A区措施组合对TSS的去除率在90%以上。B区采用的污染物控制措施主要为生物滞留池，生物滞留池对TSS平均去除率达80%以上。

A、B区域所采用低影响开发设施TSS去除率均超过80%，故方案设计可实现处理90%年均降雨所产生的径流，去除项目开发后90%年平均径流中80%的TSS。

4.4.2 海绵城市设计验证

本项目根据LEED标准中雨水控制要求进行了方案设计，在确定设施布局及规模之后，采用《海绵城市建设技术指南——低影响开发雨水系统构建（试行）》中推荐的容积法进行年径流总量控制率的校核。经计算，项目年径流总量控制率大于92%，对应设计降雨量为50.5mm，相当于昆山市2年一遇1h降雨量。

4.5 设施节点设计

4.5.1 介质层及填料配比

生物滞留池（带）自上而下分别为：景观植被层（蓄水层）、覆盖层、种植土壤层（现场测试渗透速率为100mm/h）、砂层、无纺布和砾石层，砾石层设置排水盲管，底层敷设防渗土工膜（图14）。

4.5.2 植物配选

结合昆山生态环境进行植物配选，并优选本地净化能力强、景观效果好和便于维护的植物。

（1）绿色屋顶

绿色屋顶植物种植选用景天类植物，如三七景天、胭脂红景天等（图15）。

（2）生物滞留池

生物滞留池植物种植选用半水生植物，如旱伞草、千屈菜、矮蒲苇等（图16）。

图14 生物滞留池（带）断面图

图15 绿色屋顶植物种植图

图16 生物滞留池植物种植图

图17 沉水植物种植图

图18 挺水植物种植图

（3）水生植物塘、中央景观水池

水生植物塘、中央景观水池水生植物种植多采用苦草、马来眼子菜、轮叶黑藻等沉水植物，以及千屈菜、旱伞草、再力花和睡莲等挺水植物（图17，图18）。

4.6 施工过程及要点

（1）绿色屋顶

施工过程：对屋顶进行找坡，防止出现积水，安装排水板，用无纺布覆盖，使用轻质土回填，整平后进行植物栽植。

关键要点：应选用防根穿刺的防水材料，找坡选用轻质材料，减轻屋面荷载，轻质土混合料搅拌均匀。

注意事项：轻质土回填前做好排水沟及虹吸口覆盖保护，防止土及其他东西落到排水沟及虹吸口，造成管道堵塞。

（2）生物滞留池（带）

施工过程：开挖沟槽，碎石铺设，盲管敷设，滤料碎石回填，无纺布覆盖，中粗砂垫层，混合料回填植物栽植。

关键要点：沟槽开挖的截面形状尽量采用倒梯形，这样便于快速收集雨水；混合料要经过多次搅拌，保证混合均匀，拌和好后进行回填，确保既能起到滤水作用又能起到蓄水滞留作用。

注意事项：混合填料在回填前做蓄水和滤水实验，确定设计提供的配合比是否合理，以便达到最好的蓄水、滤水效果，保持长期的有效性。

（3）沉淀池、水生植物塘

施工过程：开挖土方，塘底平整夯实，清除垃圾、树根等杂质，回填黄砂进行找平，铺设无纺布、HDPE膜、防水毯、土方回填，人工夯实，种植水生植物。

关键要点：沉淀池、曝气池及水生植物塘是一个整体，沉淀池的底标高要低于曝气池和水生植物塘的底标高50~100cm。

注意事项：清理杂质时注意不要留有芦苇根，防止对防水层造成破坏；在回填土时不能采用机械回填，需采用人工回填，防止对防水层造成破坏；在地下水位较高时，防水层应设置溢流管，防止地下水位高时将防水层拱起。防水施工过程中，注意天气预报，尽量避开雨天施工。

5 建成效果

5.1 投资估算

与传统景观室外工程相比，昆山杜克大学实施一系列海绵设施之后，工程总投资共新增577万元，折合单位面积新增工程投资约为40元/m^2。

在传统景观工程投资基础上，主要海绵设施单位面积增加的造价为：屋顶花园263元/m^2，中央水池114元/m^2，生物滞留池（带）257元/m^2，湿地70元/m^2，渗滤系统657元/m^2。以生物滞留池（带）为例，杜克大学绿化景观单位面积造价约为180元/m^2，采用生物滞留池（带）后单位面积造价约为437元/m^2，单位设施面积造价

图19 杜克大学校园鸟瞰实景图

增加257元/m²。

5.2 实际效果

建成的杜克大学校园是昆山庙泾圩中一个巨大的海绵体，在整个区域中成为改善水质、缓解雨水径流的生态细胞。2015年昆山杜克大学校园正式建成启用，其海绵技术结合景观的设计得到中外师生和参观者的赞赏，成为这个高规格大学品牌和特色的一部分（图19~图21）。

图20 杜克大学校园雨水处理系统实景图

图21 杜克大学校园海绵设施实景图

5.3 监测效果

昆山杜克大学通过校园内绿色屋顶、生物滞留池以及雨水处理系统、中央景观池对降雨进行滞蓄及循环处理净化，经过1~2年的调试运行，能保证稳定的去除效果。

项目进行了跟踪运行监测，3处采样点位于A区中央景观水池（图22），经过监测分析，昆山杜克大学采样点数据均达到并优于地表水Ⅳ类水水质标准，且大部分指标均已达到Ⅲ类水水质标准（表7）。

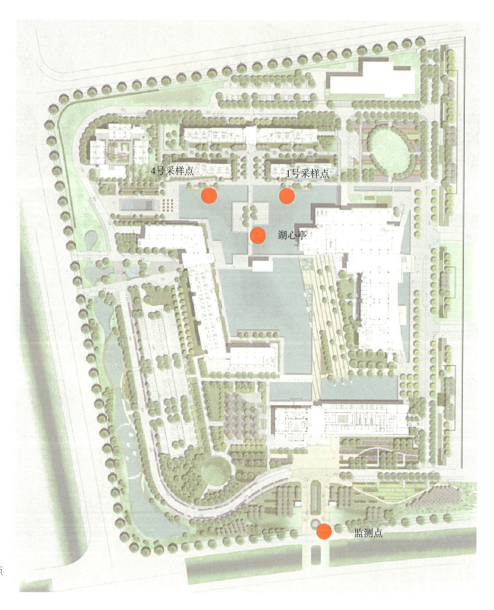

图22 项目运行监测点分布

监测结果部分数据一览表　　　　　　　　　　表7

位置	氨氮	TN	TP	COD_{Mn}
湖心亭	0.128	0.312	0.03	3.0
4号采样点	0.069	0.332	0.01	2.5
1号采样点	0.105	0.252	0.01	2.6

6　项目总结

昆山杜克大学校园设计将生态与低碳更深层次的文化内涵注入学校建设，与海绵城市理念高度契合。校园建设获得两项LEED金奖和三项LEED银奖，并获得国内绿色建筑二星认证，达到了校园海绵城市建设的要求。

6.1 项目特点

（1）多样化的海绵设计：杜克大学方案设计以中央景观水池为调节主体建立循环系统，实现雨水多层次、多途径的下渗、收集、处理、利用，并将景观功能与水处理系统相结合，成为如"海绵"般能够调节水资源、调节空间、调节景观的大系统。

（2）高效的动态景观：校园景观设计模拟了自然的潮汐变化，以中央景观水池为主体，通过水位变化影响空间，丰富景观内容。经过水量平衡计算，将收集的雨水在系统中反复循环，在控制水质的同时，做到系统高效节能。整个水处理系统近3万m^3的水池，仅需要60m^3/h的循环流量即可确保中央景观水池的水质达到地表水Ⅳ类标准，循环系统的运行功率仅为8~17kW。

（3）生态化的水处理：杜克大学的雨水处理系统根据各环节的水文环境特点种植了大量的水生植物，并投入了有利于整个生态系统平衡的水生动物，形成了稳定的生态系统。校园内水处理仅通过生物和物理处理方式对雨水进行处理，实现了雨水生态化处理的目的。

6.2 技术总结

昆山杜克大学项目按照美国绿色建筑认证LEED v3.0标准进行设计，通过源头分散滞蓄设施和末端集中调蓄设施相结合，较好地实现了LEED可持续场地指标中对雨水水量控制和雨水水质控制两部分要求。将本项目基于LEED标准的设计结论与海绵城市建设要求进行对比分析，可得出如下结论：

（1）按LEED标准中2年一遇24h降雨，开发后排放的雨水总量不超过开发前进行设计，项目径流控制量需为6581m^3；按海绵城市建设要求，对应设计降雨量为70.1mm，相当于年径流总量控制率约为95%。

（2）LEED标准中关于2年一遇 24h降雨、开发后排放的雨水峰值流量不超过开发前的要求，对于缓解片区防涝压力具有一定意义。

（3）为满足LEED标准关于雨水排放流量和总量的控制要求，应尽可能加强渗透，但由于昆山土壤渗透性能极差，因此在项目设计中通常需设置具有较大调蓄空间的雨水收集池（塘）。

6.3 效益分析

昆山杜克大学通过海绵城市技术的运用，取得良好的生态、景观效果，实现社会、经济、环境效益最大化。

经济效益：通过海绵城市建设，减少了周边管网、河道的负担，为整个地区环境品质的提升提供了无形的经济价值；用较低的成本，实现雨水回用，年节约灌溉用水3.5万t，折合自来水费用12.25万元，创造了雨水的经济价值。

生态效益：项目最终实现了年径流总量控制率目标，实现了近乎优于开发前的雨水径流控制，通过系列措施保持地区地下水位稳定与良性循环，为鸟类、两栖类、小型哺乳类等野生动物提供良好的栖息环境。

环境效益：通过海绵城市技术措施的组合运用，形成了错落有致的滨水景观，美化了校园的景观；通过生物滞留池、雨水处理系统等技术有效控制雨水径流污染，实现了降雨的净化，保障了中央景观水池良好的水质，为在校师生提供了安全舒适的环境。

社会效益：昆山杜克大学通过政府全方位的宣传，达到让昆山市民了解海绵城市、认知海绵城市、认同海绵城市的效果，推动了昆山一批海绵城市的建设实施，实现了良好的示范作用及社会反响。

建设单位：昆山阳澄湖科技园有限公司

设计单位：未来都市设计有限公司、苏州合展设计营造有限公司

技术支持：美国兰德设计、江苏省城市规划设计研究院

图片提供：昆山杜克大学

案例编写人员：周继春、曹万春、范晓玲、冯博、王世群、李澄、时会来、夏伟、庞会涛、赵伟峰

6 济南市鲁能领秀城十区促渗保泉改造

项目位置：济南市市中区鲁能片区领秀城十区
项目规模：4.98hm²
竣工时间：2016年7月

1 现状基本情况

1.1 排水分区与整体竖向条件

鲁能片区占地333.5万m²，总建筑面积420万m²，于2005年开工建设，2007年第一批交付使用，建成时间较短，配套设施齐全。片区位于济南市市中区二环南路以南，省道103以东，融汇爱都以北，南靠鳌子山，舜耕路南延位于片区内部。其中，鲁能领秀城十区地处鲁能片区西北角，小区面积为4.98hm²，共有4528人（1132户）。

小区位于济南市海绵城市试点区兴济河流域的上游。流域东南两侧均为山地，西北处为流域最低点，最大高差约350m（图1）。

图1 流域竖向及小区位置图

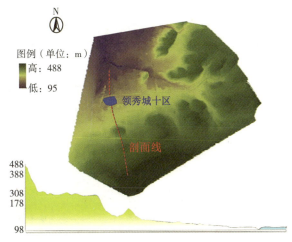
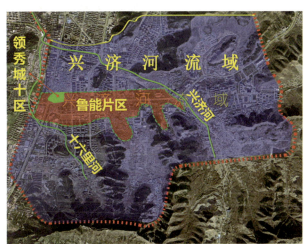

小区四周设有围墙，周边均为市政道路，无客水进入。雨水收集后通过地下管网汇入周边市政道路排水系统，最后转输至小区西部的十六里河（为兴济河支流）。小区地处济南市南部森林保护区边缘，紧邻兴隆—土屋村强渗漏保护区。

1.2 下垫面情况

鲁能领秀城十区总面积为49789m²，其中建筑屋面面积7630m²，沥青路面面积5971m²，绿化面积为31432m²，硬质铺装地面面积为4756m²。经计算，小区现状下垫面综合雨量径流系数为0.41。

1.3 土壤渗透情况

经勘探，小区内土壤渗透系数K_s=0.86m/d，小区内渗透性等级为中等透水。

1.4 地下管网及雨污分流情况

小区现状地下管网完善，配套设施齐全；排水系统为雨污分流。

1.5 交通及地下空间开发情况

小区院内不允许地上停车，车辆均放置于地下车库；小区存在地下车库3处，库顶覆土约2m，各车库相互独立，地下空间开发较大，具体位置如图2所示。

图2　小区下垫面分布图

图3 现状绿地

1.6 景观现状分析

小区绿地面积较大，但现状景观品质较差，小区南端黄土裸露较为严重（图3）。

2 问题及需求分析

（1）源头减排、增渗保泉。实施海绵城市工程，增加雨水下渗，提高地下水补给量，维持泉水喷涌。

（2）小区积水点整治。小区西南门北侧雨期积水面积约75m²，深度约6~10cm。对积水点区域的雨水管道清淤疏浚，结合源头减排，综合消除积水安全隐患。

（3）因地制宜，合理设计，保证小区地下车库、地下室的使用安全。

（4）改造小区生活环境，提高景观品质，修复破损的基础设施。

3 海绵城市改造目标与原则

3.1 设计目标

3.1.1 体积控制目标

鲁能领秀城十区位于济南市排水分区的兴济河流域，该流域规划年径流总量控制率为75%。上位规划确定鲁能片区年径流总量控制率为85%。本小区绿地率为63%，下垫面条件较好，同时紧邻兴隆—土屋村强渗漏带，综合确定小区年径流总量控制率为85%。

3.1.2 其他目标

结合海绵设施改造同步修复小区基础设施，提高小区环境品质。

3.2 主要设计原则

（1）以问题和目标为导向，实施源头减排，实现85%的年径流总量控制目标。

同时,消除积水点安全隐患,保证排水安全。

(2)按照"1+N"战略,海绵改造的同时,修复破损路面,美化社区环境。

4 海绵设计

4.1 设计流程

设计流程如图4所示。

4.2 设计降雨

济南市年平均降水量665.7mm,其中,雨季月平均降水量194.9mm,非雨季月平均降水量9.0mm,降雨时间分布不均匀,设计降雨条件如下:

4.2.1 体积控制

小区年径流总量控制率85%,对应的设计降雨量41.3mm,约为1年一遇1h降雨量(38mm)(图5)。

4.2.2 流量控制

济南市暴雨强度公式为:

$$q = \frac{1421.48 \times (1 + 0.932 \lg P)}{(t + 7.347)^{0.617}}$$

式中　q——设计暴雨强度,L/(s·hm^2);

　　　P——设计重现期,3年;

　　　t——汇流时间,10min。

计算可得,小区设计暴雨强度为353L/(s·hm^2)。

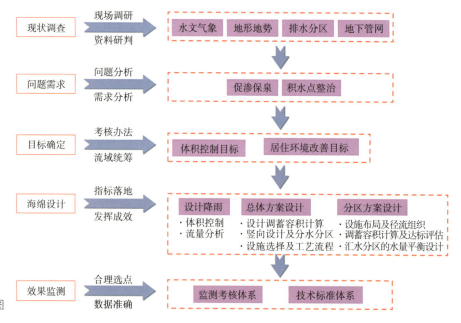

图4　设计流程图

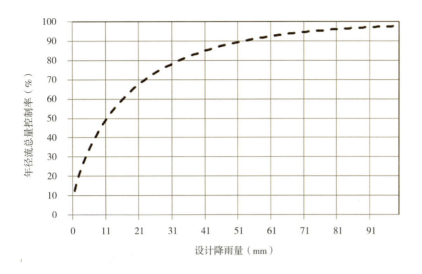

图5 年径流总量控制率与设计降雨量关系（1983~2012年）

4.3 总体方案设计

4.3.1 设计径流控制量计算

依据划分的汇水分区及其下垫面情况，利用容积法（详见《海绵城市建设技术指南（试行）》（以下简称指南）第四章 第八节"容积法"）计算汇水分区设计径流控制量。

运用汇水面积加权平均法计算小区的综合雨量径流系数，各下垫面径流系数ϕ的选择参照指南。计算结果见表1所列。

小区综合雨量径流系数计算表　　　　　　　　　表1

总面积（m²）	下垫面类型	面积（m²）	雨量径流系数	综合雨量径流系数
49789	建筑屋面	7630	0.85	0.40
	小区绿地	31432	0.15	
	沥青路面	5971	0.90	
	花砖路面	3655	0.8	
	透水铺装	1101	0.25	

鲁能领秀城十区年径流总量控制率为85%，设计降雨量为41.3mm，综合雨量径流系数为0.40，设计径流控制量816.6m³。

4.3.2 竖向设计与汇水分区

小区共有4处雨水排出口，分别位于小区3个出入口（东门、南门、西南门）以及1号楼西北角处，根据小区竖向及道路汇水方向，将小区划分为4个汇水分区，其中：A区位于小区西南角，汇水面积23676m²；B区位于小区东南角，汇水面积7875m²；C区位于小区东北侧，汇水面积10979m²；D区位于小区北侧，汇水面积7259m²（图6）。

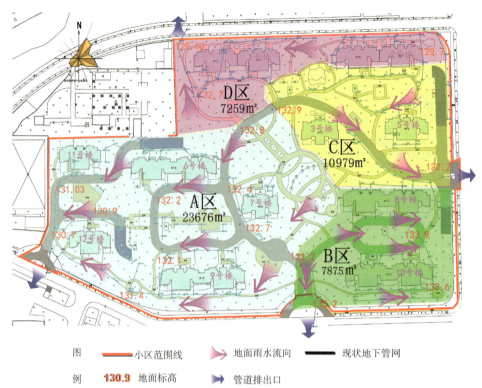

图6 小区汇水区域划分及排水流向图

图例　　—— 小区范围线　　➔ 地面雨水流向　　━━ 现状地下管网
　　　　130.9 地面标高　　➔ 管道排出口

4.3.3 设施选择与工艺流程

（1）以蓄促渗，促渗减排

小区紧邻兴隆—土屋村强渗漏带，渗透效果较好，技术选择以渗为主，适当增加渗蓄设施，强化渗水效果，增加径流控制量。主要技术措施有下沉式绿地、坡地台地、"渗水模块＋植草沟"组合设施等，对于超出设计降雨量对应的径流控制量的雨水径流，通过溢流口与小区地下管网衔接。

（2）因地制宜，保证地下空间安全

地下车库及地下室范围内区域，应做好防渗措施，保证地下空间排水安全。如车库顶板增加防水土工布及灰土层；超过车库覆土消纳能力的过量雨水，采取导流措施及时排至周边区域处置（图7）。

4.3.4 总体布局

依据以蓄促渗、因地制宜的布置原则，结合业主单位需求，经方案比较，选取综合效果最优的方案完成本小区设计布局。同时，解决积水点区域的雨水管道淤堵问题，消除积水安全隐患（图8）。

4.4 分区详细设计

4.4.1 设施布局与径流控制

4个汇水分区排水系统相对独立，采取的海绵措施之间无径流交叉关系，现选取B区汇水分区进行海绵措施达标评估计算（图9、图10）。

01 源头减排

图7 工艺流程图

图8 小区海绵措施布局总图

图9 B区海绵措施布局及径流组织图

图10 B区海绵设施规模图

4.4.2 径流控制量试算与达标评估

B汇水分区设施规模计算与达标评估表　　　　　　　　　　　　　　　表2

		汇水面种类	建筑屋顶	绿地	沥青道路	硬质铺装	透水铺装
设计径流控制量计算		面积（m²）	1350	4620	1568	337	0
		雨量径流系数	0.85	0.15	0.9	0.8	0.25
		设计径流控制量（m³）	145.4				
海绵设施实际径流控制量计算	下沉式绿地	下沉面积（m²）	641				
		下沉深度（cm）	20				
		设施实际汇水面积（m²）及其设计径流量（m³）		汇水面积（m²）	设计径流控制量（m³）		
			建筑屋顶	1013	35.56	合计：126.1	
			绿地	4088	25.33		
			沥青道路	1456	54.12		
			硬质铺装	337	11.13		
		设施实际径流控制量（m³）	128.2				
	坡地台地	面积（m²）	156				
		每阶梯下沉深度（cm）	20				
		下沉深度折减系数	0.25				
		设施实际汇水面积（m²）及其设计径流量（m³）		汇水面积（m²）	设计径流控制量（m³）		
			绿地	532	3.3	合计：3.3	
		设施实际径流控制量（m³）	7.8				
	渗水模块	容积（m³）	4.0				
		个数	4.0				
		设施实际汇水面积（m²）及其设计径流量（m³）		汇水面积（m²）	设计径流控制量（m³）		
			建筑屋顶	337	11.83	合计：16.0	
			沥青道路	112	4.16		
		设施实际径流控制量（m³）	16.0				
合计			152.0m³				

通过计算可知，B区的实际径流控制量满足设计要求（表2），同理，可对其他3个分区进行海绵措施达标评估计算。

经过加权平均计算，小区实际年径流总量控制率为88.4%，满足控制率指标要求（表3）。因小区紧邻兴隆—土屋村强渗漏带，渗透效果较好，为实现流域整体达标的目的，小区适当增加了渗蓄设施，强化了渗水效果，所以实际径流控制量要大于目标径流控制量。

各汇水分区径流控制量及年径流总量控制率达标评估汇总表　　　　　表3

分区	面积（m²）	综合雨量径流系数	设计径流控制量（m³）	实际径流控制量（m³）	实际年径流总量控制率（%）
A区	23676	0.42	406.7	451.3	86.7
B区	7875	0.45	145.4	152.0	85.9
C区	10979	0.37	168.2	195.5	88.1
D区	7259	0.32	96.3	255.0	97
合计	49789	0.40	816.6	1053.8	

4.5 设施节点设计

4.5.1 坡地台地

将小区北端的绿化带坡地，改造成阶梯式坡地台地，减缓雨水流速，增强蓄水能力。每个阶梯绿地平均下沉深度20cm，每级台地末端插围木桩，同时围木桩之间不能留有缝隙，桩高出台地15cm，插入地面下1.0m，并在坡地绿地末端设置阻水型路缘石（图11）。

4.5.2 "渗水模块+植草沟"组合设施

小区南端（地下车库范围外）部分植草沟采用"渗水模块+植草沟"组合设施，使植草沟除了转输雨水功能之外，还具备一定的调蓄能力，增大了小区海绵措施整体径流控制量（图12）。

4.6 施工过程及要点

（1）成品采购的设施，应在厂家的指导下完成安装。

（2）下沉式绿地下凹深度是指种植后绿化顶面与周边地坪的高差，施工时应严格控制。

（3）绿化内雨水必须有进有出，车库顶板绿化根据设计做好防水。

（4）建筑周边的散水应做沥青玛琋脂勾缝。

（5）施工单位应严格按照施工工艺及质量检查验收标准进行施工（图13、图14）。

图11 坡地台地大样图
图12 "渗水模块+植草沟"组合设施大样图

图11

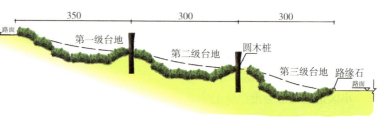

图12

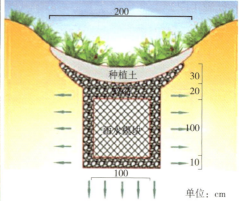

图13 施工透水铺装
图14 雨落管断接

5 建成效果

鲁能领秀城十区经过海绵城市措施改造后,实现了85%的年径流总量控制率目标,消除了小区积水点,修复了破损路面,使社区环境得到进一步美化。鲁能领秀城十区在济南市海绵城市试点区域改造工程中,起到了典型示范、以点带面的作用,带动周边建筑小区的海绵升级改造,积极推动了济南市整体的海绵城市改造。

5.1 投资情况

小区总投资为460万,单位面积投资为92.4元/m²。其中下沉式绿地200元/m²,雨水花园500元/m²,透水花砖铺装250元/m²,U形排水沟1600元/m,雨落管断接200元/个等。

5.2 改造前后对比

小区现状高绿地改造为具有调蓄道路雨水能力的下沉式绿地(图15)。

小区道路的部分沿线绿地改造为具有雨水转输能力的植草沟(图16)。

小区北侧现状斜坡改造为坡地台地,增加圆木桩等挡水措施,保证调蓄的雨水不外溢(图17)。

(a) 改造前　　(b) 改造后　　图15 下沉式绿地

图16 植草沟

图17 坡地台地

小区所有的入地雨落管均截断改造,保证雨水优先进入周边的下沉式绿地等调蓄措施(图18)。

通过疏通西南门北侧积水区域地下雨水管道(清淤D400雨水管道34.0m),以及上游雨水源头减排,解决了该区域雨期积水问题(图19)。

图18 雨落管

图19 积水点改造

5.3 项目成果借鉴

小区为鲁能片区第一个海绵城市改造小区,通过建成后调蓄效果分析及小区土壤渗透性研究(土壤渗透系数K_s=0.86m/d,渗透性比较大),下沉式绿地等地上设施可满足下渗要求,在片区其他小区的海绵改造中,均借鉴本项目成果,遵循先地上后地下,先绿色后灰色的原则实施改造,达到促渗保泉的目标。

设计单位:济南城建集团有限公司
　　　　　李文猛、工琰、张清泉、谷峰、王日醒、杨进
管理单位:济南市城乡建设委员会
建设单位:济南泉兴建设投资运营有限公司
技术支撑单位:北京建筑大学

7 南宁市五象山庄酒店区域海绵城市建设

项目位置：位于广西南宁市五象新区
项目规模：用地面积17.5hm²，总建筑面积5.3hm²
竣工时间：2015年5月

1 项目基本情况

1.1 项目位置与所在排水分区（试点区）的关系

本项目位于南宁市五象新区核心地带，北靠秋月路，南接玉洞大道，西毗玉象路，东邻五象湖，地处邕江南侧良庆河流域，是南宁市海绵城市总体规划试点区域的重要项目（图1、图2）。项目仅南侧玉洞大道预留有市政雨水接口，接口管径 $DN600$，且为市政管网起端，埋深较浅。项目东侧五象湖为南宁市人工湖，于2013年6月经过两次蓄水后，达到设计蓄水标高86.00m，五象湖是良庆河水系的一部分，由邕江补水。周边流域水体水质均为Ⅳ类或Ⅴ类。

图1 五象山庄工程实景图

图2 项目位置与流域关系图（引自南宁海绵城市总体规划）

1.2 竖向及下垫面情况

本项目建设前下垫面特征为高低起伏的荒地，低洼处雨后时常发生积水。原场地地形高差较大，山坡处有部分野生毛竹和乔木等植被覆盖，山顶高处有局部农田，靠近五象湖方向有自然水塘。本项目总图面积指标见表1所列，场地开发前情况如图3所示。

项目面积指标表　　　　　　　　　　　　　　　　　　　　表1

指标名称	指标值（hm²）	指标名称	指标值（hm²）	指标名称	指标值（hm²）
总用地面积	17.5	停车场面积	0.73	未开发用地面积	0.42
建筑占地面积	1.9	绿地面积	7.87	围墙\退线及其他	0.34
道路广场面积	2.2	水系面积	1.41	实际计算总用地面积	16.73

1.3 地质及土壤情况

据《项目工程详勘报告》，本项目以第四系溶余堆积黏土、粉质黏土为主（图4）。场地土壤渗透系数K_s约为$5.79 \times 10^{-6} \sim 4.05 \times 10^{-8}$m/d，介于粉土与粉质黏土之间，渗透能力较弱。场地内测得稳定水位埋深为2.3~20.0m，标高为75.0~92.0m，地下水位变化幅度为3.0~5.0m。勘察未发现不良地质现象，场地周边无地表水和地下水污染源。

1.4 市政雨污分流及地下管网情况

本项目周边市政路设有雨水、污水分流管线及接口。东侧五象湖地势低于项目用地，本地块不存在其他客水进入本区域的情况。

图3 场地开发前情况图（低洼处的自然水塘）

图4 开发前地质及地下水位图（引自2013年6月《项目工程详勘报告》）

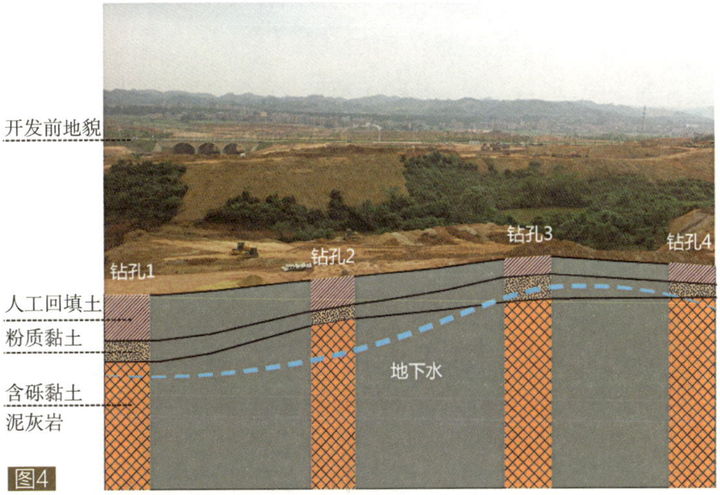

2 问题与需求分析

（1）原始地形起伏较大，地形条件较复杂，场地内有天然低洼处形成的水塘，合理利用可作为调蓄空间。场地内山丘较多，平整难度大，土方工程投资高。

（2）市政预留的雨水接口方向单一，接口能力不足；若场地内采用管网排水，大部分区域雨水难以重力排至周边市政雨水接口。

（3）项目东侧五象湖为南宁市重点水体景观，本项目未经控制的径流雨水不宜直接排至五象湖，直接排放易造成水体污染。

3 海绵城市建设目标与原则

3.1 设计目标

设计目标如表2所列。

海绵城市控制目标表　　　　　　　　　表2

目标	名称	控制值	备注
体积控制目标	年径流总量控制率	规划目标≥70%	项目实际设计目标≥80%
流量控制目标	设计重现期	5年	—
内涝控制目标	内涝重现期	50年	—
径流污染总量目标	径流污染控制率（SS）	≥50%	—
其他	用地内尽量保持水土，不作高强度开发；绿化控制率≥41%；建设绿色二星级建筑，雨水资源化利用，恢复开发前生态环境		

3.2 设计原则

（1）充分结合原有地形地貌，依坡就势进行平面布置及竖向设计，减少土方平整以节约投资。

（2）项目开发尽量维持区域水文生态环境，减少对五象湖和市政管网的影响。

（3）自然地应用多项措施，实现项目内涝防治、径流污染控制、雨水资源化利用、恢复自然生态环境等多个目标，做到建筑、景观、交通、雨水等方面的完美融合。

4 海绵城市设计

4.1 项目设计流程

项目设计流程如图5所示。

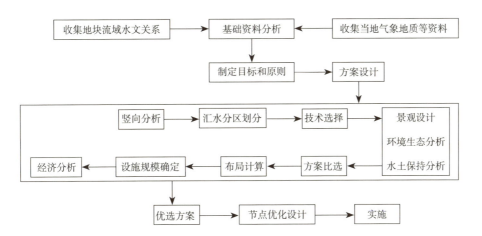

图5 设计流程图

4.2 设计降雨

4.2.1 体积控制计算

年径流总量控制率与设计降雨量关系如图6所示。

本项目设计控制的降雨量34.6mm接近0.33年一遇的1h降雨量（37mm）。

4.2.2 流量控制计算

雨水设计径流总量计算：

$$W=10\varphi_c h_y F$$

式中　W——雨水设计径流总量，m³；

　　　φ_c——雨量径流系数；

　　　h_y——设计降雨厚度，mm；

　　　F——汇水面积，hm²。

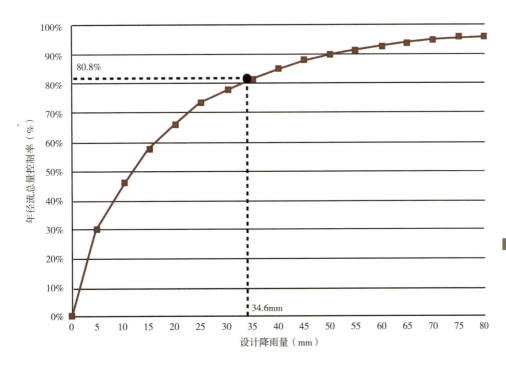

图6 年径流总量控制率及对应设计降雨量关系图（引自南宁市海绵城市总体规划说明书及南宁海绵城市设计导则）

设计暴雨强度公式：

$$q = \frac{4306.586(1 + 0.516\lg P)}{(t + 15.293)^{0.793}}$$

式中　q——设计暴雨强度，L/(s·hm^2)；

　　　P——设计重现期，年；

　　　t——降雨历时，min。

4.3 总体方案设计

4.3.1 设计径流控制量计算

本项目设计阶段径流系数计算见表3。

设计阶段径流系数计算表　　表3

项目	雨量径流系数	流量径流系数	分项面积（m^2）
绿化屋顶	0.4	0.4	10459.9
硬屋顶	0.9	0.95	8689.06
沥青路面及广场	0.55	0.65	22192.97
绿地	0.15	0.2	104599
水面	1	1	14059.93
透水铺装	0.3	0.45	10275
加权计算径流系数	0.34	0.40	—

（引自规范《建筑与小区雨水利用工程技术规范》GB 50400—2006）

本项目绿化面积大且绿化率高，绿化径流系数取规范低值；硬屋顶及沥青路面面积相对较少，相对权值较低，径流系数取规范高值；透水铺装考虑未来堵塞问题径流系数取高值。设计年径流总控制量计算见表4所列。

设计年径流总控制量计算表　　表4

项目	汇水分区1	汇水分区2	汇水分区3	合计
面积（hm^2）	12.12	4.96	0.42	17.5
设计径流控制量（m^3）	1378.72	564.28	—	1942.99

（引自《南宁海绵城市规划设计标准》）

4.3.2 竖向设计与汇水分区分析

本项目竖向条件如图7所示，场地汇水分区及径流组织如图8所示。

4.3.3 设施选择与工艺流程

根据现状条件进行分析，拟定以下两种方案：一是通过土方平整使场地竖向满足雨水排水要求的传统方案A，二是采用低影响开发（LID）的方案B，2种方案对比见表5所列。

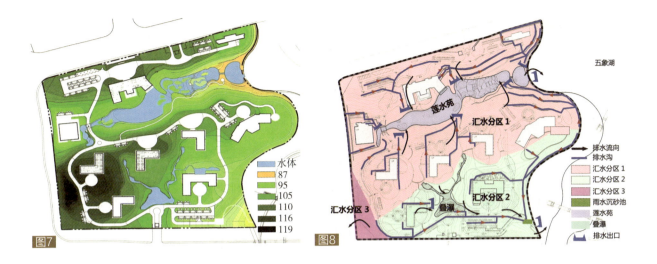

图7 地势竖向条件图（引自项目地勘资料及GIS数据分析）

图8 场地汇水分区及径流组织示意图

项目方案对比表　　　　表5

编号	特点	评价
传统方案A	整个场地平整至95m标高，建筑物采用统一正负零。雨水重力排至四周市政雨水管道	项目总体土方工程大，工程投资高
低影响开发LID方案B	采用低影响开发LID策略，随坡就势，高点布置建筑物，原低洼处水塘改造为莲水苑。采用地面排水沟形式，将雨水汇集至水体	维持原有生态环境，最大程度降低项目开发强度，减少工程投资

综合比较低影响开发LID方案B优于方案A。在方案B的基础上，通过设置透水铺装地面、渗透排水沟、植草砖停车位、屋顶绿化等措施，解决场地雨水排放的径流控制问题。选用的各项措施结合建筑景观规划进行综合设计。场地建筑开发与景观的关联分析如图9所示。

设计方案不破坏原有生态空间，将地形低洼地打造成"莲水苑"，营造新的生态水系和景观并形成新的城市天然海绵体。项目生态空间布局如图10所示。

针对本项目的特点，项目中的未开发区域维持水土原貌不变，开发区域则通过设置坡地植被，用超高的植被覆盖延长雨水产流过程，削减雨水地面冲刷。根据总平面等高线布置，分级设置挡土墙进行径流控制，挡土墙下方设置排水沟及排水孔，保证边坡稳定性；小雨持水，大雨通过挡土墙和排水沟组织排放。水土保持及雨水分级控制如图11所示。

本项目将低洼水塘改造为莲水苑，使场地大部分雨水自流排至莲水苑，进行集蓄、净化和利用。莲水苑控制点标高及循环示意如图12，莲水苑海绵城市工艺设施选择如图13所示，各汇水分区设施选择工艺流程如图14所示。

4.4 总体布局

本项目雨水海绵城市设计的总体布局和排水方向如图15所示。

图9 场地建筑开发与景观的关联分析图

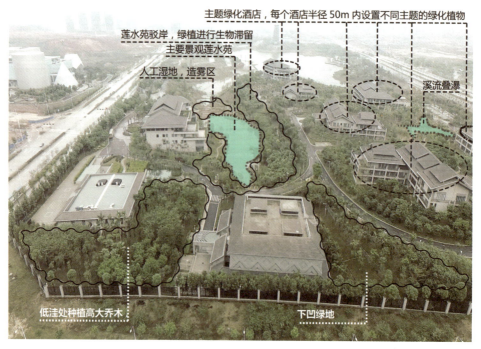

图10 室外生态空间布局图

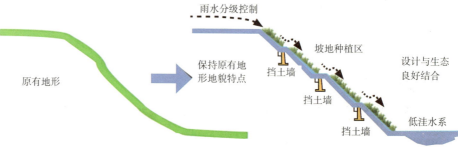

图11 水土保持及雨水分级控制示意图

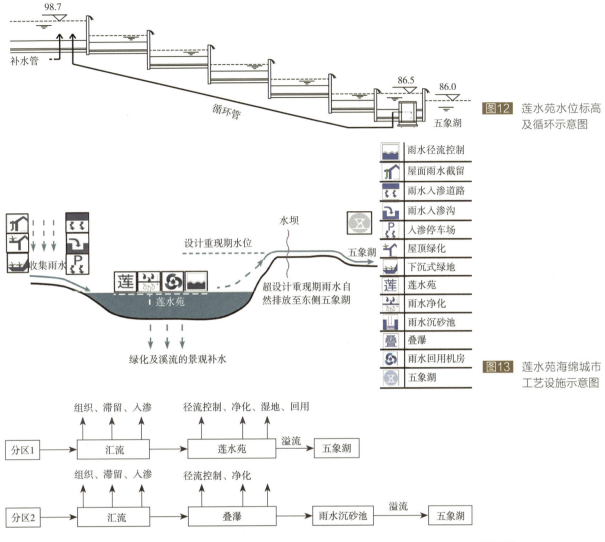

图12 莲水苑水位标高及循环示意图

图13 莲水苑海绵城市工艺设施示意图

图14 各分区工艺流程示意图

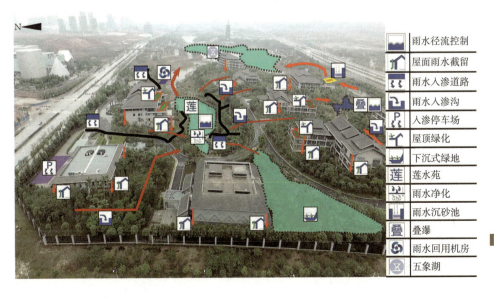

图15 雨水海绵城市设计的总体布局和排水方向示意图

4.4.1 各分区详细设计

4.4.2 设施布局与各汇水分区径流组织

本项目无室外雨水管网,地面排水经绿化生物滞留、雨水渗透、排水沟、沉砂池等措施,最终排至五象湖。设施布局如图16所示。

4.4.3 汇水分区径流控制量试算及达标评估计算

汇水分区径流控制量试算及达标评估计算见表6所列。

汇水分区径流控制量试算及达标评估计算表　　　表6

项目	汇水分区1	汇水分区2	3区合计
面积（hm²）	12.12	4.96	17.08
设计径流控制量（m³）	1378.72	564.28	1942.99
设施实际径流控制量（m³）	2530.79	246.70	2554.79
项目实际年径流总量控制率（%）	92.84	51.54	—
加权后项目实际总体年径流总量控制率（%）		80.84	

4.4.4 汇水分区之间补偿计算及平衡设计

本项目汇水分区2的雨水径流控制量计算需要564.28m³,因土方挖深原因,实际设置容积为246.70m³,不足部分由汇水分区1的莲水苑水体平衡,加权计算本项目总体年径流总量控制率数值满足目标的要求。本项目径流组织与各区径流控制水量平衡如图17所示。

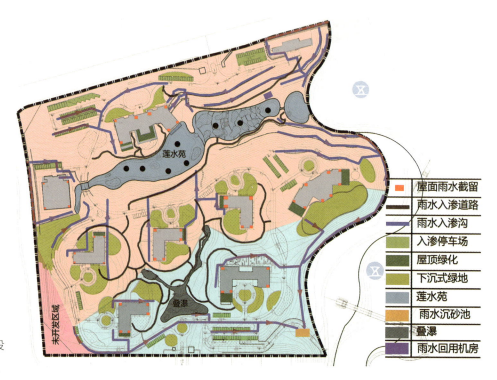

图16　海绵城市设计设施布局图

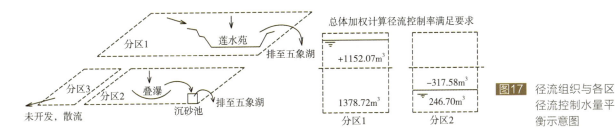

图17 径流组织与各区径流控制水量平衡示意图

莲水苑冬夏季及全年储存水量计算见表7所列。

莲水苑冬夏季及全年储存水量计算表 表7

夏季按最大月降雨量核算			
汇水分区1面积（h m²）	12.12	月最大降雨量（mm）	241.70
水系月蒸发量（m³）	2156.23	水位增加值（mm）	420
冬季按最小月降雨量核算			
汇水分区1面积（h m²）	12.12	月最小降雨量（mm）	23.3
月蒸发量（m³）	1728.53	水位降落值（mm）	20
月雨水回用水量（m³）	2520.2	雨水回用占用水位高度（mm）	200
全年水位降落值（mm）	41	实际莲水苑调节水位（mm）	200

项目的年径流总量控制率80.84%，根据各项海绵城市措施的典型污染去除率，估算本项目的海绵城市措施污染物去除率（以SS计%）可达62%。根据《民用建筑节水设计规范》计算本项目年用水量合计78076.7m³，非传统水源用水量29166.9m³，雨水利用率为37.36%。

4.4.5 溢流设施核算及内涝分析

本项目超设计重现期的雨水均溢流排至五象湖。五象湖常水位86.0m，低于莲水苑最低水位标高约0.5m，经核算在超过设计重现期情况下，五象湖水位低于场地内低点的水体水位。在内涝重现期50年的情况下，五象湖水位最高提高0.42m，场地内建筑物及道路地坪均高于水体标高，五象湖上游至邕江出水口的河道水位高差约20m，故场地内建筑、道路及五象湖水域均无内涝风险（图18）。

图18 雨水溢流及内涝水位示意图

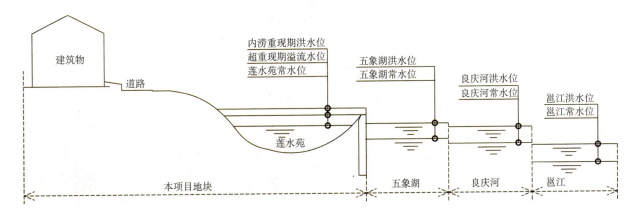

4.5 设施节点设计

4.5.1 雨水渗透设施

场地内设置透水人行道路（图19）、透水排水沟（图20）、透水砖停车场（图21）等雨水渗透设施，将雨水部分渗透至土壤。

4.5.2 屋顶绿化、下沉绿地及屋顶雨水排放

结合岭南建筑的坡屋顶风格，在适合的位置设置屋顶绿化，同时也作为部分客房的私有绿化屋顶空间（图22）。项目利用车行道路边设置多处下沉式绿地（图23），用于雨水源头削减和初期污染物生物滞留。屋面雨水排放采用外排形式，结合自然景观在立管排放口设置雨水簸箕和卵石铺砌，实现初步雨水弃流净化功能（图24）。

4.5.3 雨水处理及回用

本项目在莲水苑岸边建设地下雨水回用机房，将雨水经过进一步混凝、过滤处理后，用于绿地喷灌用水（图25）。机房同时设置循环泵，用于莲水苑水系循环及补水。

4.5.4 生物滞留措施

利用场地景观环境形成区域生物滞留带，雨水流经莲水苑驳岸等区域自然净

图19 透水人行道实景
图20 入渗排水沟实景
图21 透水停车场实景
图22 屋顶绿化实景图

图23 下沉式绿地
图24 屋顶雨水排水

图25 室外绿化管网布置图

化,既能够涵养水土,又能够营造局部生态环境(图26~图28)。

4.5.5 莲水苑叠瀑水质净化

采用流水不腐、曝气充氧和微生物净化等技术对莲水苑叠瀑水体进行净化处理。在水底设置生物毯、水生植物和超大功率推流曝气机对水体进行强化处理。在保证水流动的同时,再定期向水体内投加微生物菌剂、生态控藻素,强化处理效果(图29)。

4.5.6 雨水沉砂池

汇水分区2的地面雨水,经地面渗透沟渗透及叠瀑径流控制后,最终经雨水沉砂池排放至五象湖。雨水沉砂池兼顾雨水径流控制和初期雨水沉淀作用。由于场地挖深不宜过深的限制,雨水沉砂池容积偏小,径流控制量不足部分由莲水苑平衡(图30)。

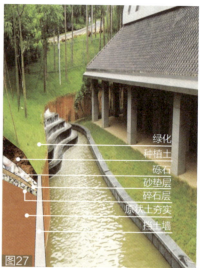

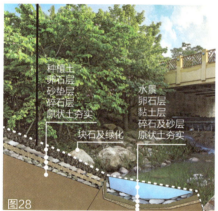

图26　莲水苑驳岸做法示意图

图27　挡土墙生物滞留示意图

图28　水系生物滞留示意图

图29　雨水净化技术措施图

图30　雨水排放及沉砂池示意图

图31 多种形式的场地排水沟图

图32 莲水苑施工及调试过程图

4.5.7 雨水排放

本项目雨水基本未排放至市政雨水管网,而是经雨水沟收集排至莲水苑储存利用,当水位超出设计最高水位时,雨水溢流排至五象湖(场地内排水沟见图31)。

4.5.8 施工过程及要点

本项目施工历时约1年半,所有海绵城市措施均与项目同步实施,各项海绵城市具体节点施工均严格按照做法和施工工序进行,建设过程未对周边环境和水文造成影响。本项目以莲水苑为关键施工节点,具体施工和调试过程如图32所示。

5 建成效果

5.1 投资情况

五象山庄工程建成后,达到了山水相依、环境和谐的目标。工程贯彻"建设园林生态五象新区"理念，作为五象新区的标杆项目，起到了良好的示范作用。海绵设施工程投资见表8所列。

海绵设施工程投资表 表8

设施名称	设施规模	单位造价（元）	投资估值（万元）
透水铺装	10275.0m²	120	123
绿色屋顶	10459.0m²	200	209
下沉式绿地	16212.0m²	40	65
生物滞留设施	3242.4m²	500	162
生态水系	12653.9m²	400	595
渗透式雨水沟	1000.0m	2000	200
雨水沉砂池	24m³	2000	5
水体净化设施	3796.18m³	170	76
雨水回用机房	—	—	50
小计			1485万元
其他费用			348万元
海绵城市措施增量投资合计			1833万元
海绵城市措施增量投资单方造价指标			107.3元/m²

注：工程投资中未计入土方工程及室外绿化管网、室外灌木及绿植等内容。

5.2 海绵城市措施实测数据

项目投入运行后对莲水苑水质进行了检测，实测水质达到地表水Ⅲ类水质标准，优于五象湖Ⅳ～Ⅴ类水体，保证了景观效果的同时，为绿地喷灌系统提供保障水源。监测水质情况见表9、表10所列。莲水苑水质处理效果对比如图33所示。

实测水质项目表 表9

监测点位	莲水苑、五象湖	监测频率	1d
监测项目	溶解氧（DO）、高锰酸钾指数（$KMnO_4$）、化学需氧量（COD）、生化需氧量（BOD_5）	监测日期	2015.10.22～2015.10.27
天气状况	晴，气温30.5～31.0℃，水温26.5～27.0℃		
样品状况	莲水苑 水样呈清澈、无色、无异味；五象湖水样呈稍浑，浅黄色，无异味		

实测水质监测数据表 表10

项目	溶解氧 DO（mg/L）	化学需氧量 COD（mg/L）	生活需氧量 BOD_5（mg/L）	高锰酸钾指数 $KMNO_4$（mg/L）
莲水苑	6.4	12	1.6	1.5
五象湖	6.0	24	3.1	4.0

(a) 处理前　　(b) 处理后

图33 莲水苑水质处理对比图（2015年10月22日）

(a) 建设前　　(b) 建设后

图34 海绵城市措施实施前后对比图

5.3 海绵城市建设效果对比及设计目标反馈

本项目的各项海绵城市措施均融入了园区景观，采取的工程措施不生搬硬套，而是因地制宜、顺势而为。总结本项目的海绵城市设计和实践，实现了项目开发之初的目标，达到了理想的效果，海绵城市措施实施效果对比如图34所示。

项目投入运行以来，社会效益和经济效益明显。经历了台风等极端天气的考验，海绵城市设施运行效果良好，未发生积水和内涝等事件。雨水处理后回用也为项目节省了运行成本，创造了经济效益。

设计单位：中国中元国际工程有限公司

管理单位：南宁市海绵城市与水城建设领导小组办公室

建设单位：南宁威宁资产经营有限责任公司

技术支撑单位：中国中元国际工程有限公司

案例编写人员：李会涛、王玉玲、张勇、王欢、黄晓家、王斌、黎军、邓安林

8 厦门市洋唐居住区海绵城市建设

项目位置：厦门市翔安区

项目规模：62.87hm²

竣工时间：A02、A07、A09、A11、B05地块已竣工，B13、B17、B11、B15地块正在建设中，A03、A04、B02、B04、B08地块及村庄已开展建设前期相关工作。

洋唐居住区位于厦门市翔安新城核心区，住宅约11000套，拟建成以公共租赁房、保障性住房为主，限价商品房、人才住房、拆迁安置房为辅，配置文化教育、片区公园等设施的综合性社区。2015年洋唐居住区成为翔安新城海绵试点区域的先行区，结合海绵城市理念对其进行升级改造，打造绿色"海绵社区"（图1）。

图1　洋唐居住区总平面图

图2 洋唐居住区区位图

1 现状基本情况

1.1 区位分析

厦门海绵城市试点区包括海沧马銮湾新城片区和翔安新城片区，其中翔安新城位于翔安区南部，南临两岸新兴产业和现代服务业合作示范区，北至翔安文教区，西接刘五店，东临九溪，总用地为15.4km²。片区为沿海丘陵地形，地形高低起伏，总体地势由内陆向沿海方向缓缓倾斜下降，区内水网复杂，冲沟、水塘密布。

洋唐居住区位于新城核心区内，上游无客水汇入，防洪压力较小（图2）。

1.2 竖向条件分析

洋唐居住区整体标高自西北向东南逐渐降低，地块内最高点高程33m，最低点高程22m，在地块东南部现状有2处水塘（图3）。

1.3 土壤渗透性及地下水位分析

根据区域下垫面下渗能力研究，洋唐居住区所处区域土质基本为黏土，其渗透系数小于0.005m/d，渗透性较差。所

图3 洋唐居住区高程

处区域大部分是冲洪积层潜水，属弱水区，埋深2~5m，属淡水。

1.4 现状排水分析

本项目所在区域排水体制采用雨污分流体制，排水设施已建设完成。片区周边汇水均进入市政管网后排走，无客水汇入。片区内雨水除下厝路、支一路、后仓港道部分雨水排入公园水体外，其他均由地块排入区内道路雨水系统后进入下游雨水主干管（图4）。

本项目污水经污水管网收集后集中排入位于B15地块内的污水处理站。该污水处理站已建设完成，处理规模为6000m³/d，处理工艺为A²/O+MBR，处理后水质达到《城市污水再生利用—景观环境用水》GB/T 18921—2002中观赏性景观用水水质要求。处理后的尾水主要用于片区内的绿化浇灌、景观补水等（图5）。

1.5 现状建设情况分析

洋唐居住区作为翔安新城首个海绵试点建设项目，项目类型包括建筑小区、学校、市政道路、退线绿地、公园水体等，其规划、设计、建设经验对其他类似居住区海绵建设具有一定的参考价值。由于建设时序原因，片区内各项目建设阶段有所不同，升级改造前其平面分布及建设情况如图6所示。各地块用地性质及下垫面组成情况见表1所列。

图4 现状雨水系统

01 源头减排 / 133

图5 现状污水系统

图6 项目平面分布及建设条件分析

各地块用地性质及不同下垫面面积 表1

项目编号	用地性质	面积（hm²）	屋面面积（hm²）	绿地面积（hm²）	道路、广场面积（hm²）
A02	幼儿园	0.48	0.12	0.17	0.19
A03-A04	社区用地	0.44	0.04	0.15	0.25
A07	小学	3.05	0.42	1.14	1.49
B02	保障房	3.18	0.85	1.14	1.19
B04	保障房	4.68	1.22	1.64	1.82
B05	综合体	2.13	0.80	0.80	0.53
A09	保障房	7.04	1.17	2.68	3.19
A11	保障性住房	5.16	0.59	2.99	1.58
B13	人才房	4.20	0.54	1.68	1.98
B17	安置房	2.00	0.38	0.71	0.91
B08	幼儿园	0.42	0.15	0.04	0.23
B11、B15	鼓锣公园	6.53	0.02	4.58	0.67
—	村庄	4.97	2.98	1.24	0.75

下垫面雨量径流系数取值自《建筑与小区雨水利用工程技术规范》GB 50400—2006，本案例中各下垫面雨量径流系数取值见表2所列。

下垫面雨量径流系数 表2

下垫面种类	雨量径流系数
绿化屋面（基质层厚度≥300mm）	0.35
硬屋面	0.9
硬化路面及广场	0.9
透水铺装地面	0.4
绿地	0.15
地下室覆土绿地（≥500mm）	0.15

1.6 水体及补水来源

本项目内B11、B15地块原来各有一片水体且相互连通（图6），水体面积约8000m²，该现状水体向南延伸至鼓锣片区最终排海。本次设计将该水体保留，并结合周边地势建设成人工湖，人工湖的补水来源主要为片区内污水处理站再生水。

1.7 地下空间开发

本项目以建筑小区为主，建筑小区均对地下空间进行开发，地下空间开发强度

图7 地下空间开发平面图

较大（图7）。地下构筑物顶板覆土较浅，约为0.8~1.2m，各地块地下空间开发比例见表3所列。

各地块地下空间开发比例　　　　　　　　表3

地块编号	地下空间开发比例	地块编号	地下空间开发比例
B02	46%	B05	60%
B04	47%	B13	50%
A09	64%	B17	56%
A11	59%		

2 现状问题及需求分析

（1）本项目土壤基本为黏土，渗透性较差，拟对需下渗的区域原状土进行换填处理。

（2）地下空间开发强度大，覆土较浅，低影响开发设施布置受到一定限制，且下渗的雨水需在一定时间内排空。

（3）部分地块已建成，地下管线众多，需根据实际对其进行避让。

（4）地表径流会对现状水体造成污染，需通过源头减排来控制。

3 海绵城市建设目标

根据《厦门市翔安南部新城试点区海绵城市专项规划》,洋唐居住区位于第8径流控制单元,规划目标年SS总量去除率为45%,年径流总量控制率为75%,内涝防治标准为50年一遇。

本项目设计目标为年SS总量去除率45%,低影响开发设施对SS的平均去除率按65%计,根据年SS总量去除率=年径流总量控制率×低影响开发设施对SS的平均去除率,计算年SS总量去除率45%对应的年径流总量控制率为70%,所以对本项目设计目标进行调整,见表4所列。

洋唐居住区海绵城市设计目标　　表4

年SS总量去除率	年径流总量控制率	内涝防治标准
45%	70%	50年一遇

依据已批复的《厦门市防洪防涝规划》,翔安新城试点区内涝防治标准为50年一遇,即产生50年一遇标准及以下暴雨时:①城市主干道以上道路正常通车,即车行道积水不超过15cm;②其他道路积水不超过25cm,积水范围不超过一个街区,积水时间不大于2h;③学校、医院等敏感区,以及重要、特别重要地区主要出入口道路正常通车,即车行道积水不超过15cm,主要建筑物出入口不积水;④其他小区积水水位低于建筑物出入口,不对人民群众生命财产产生威胁。

4 设计过程

4.1 设计降雨

4.1.1 体积控制

基于年SS总量去除率45%的控制目标,本片区年径流总量控制率为70%,对应的设计降雨量为26.8mm,如图8所示,约为0.33年一遇1h降雨量。

4.1.2 流量控制

根据厦门降雨站1985~2014年降雨资料确定,厦门地区多年平均降雨量为1388mm。厦门24h设计雨型如图9所示。

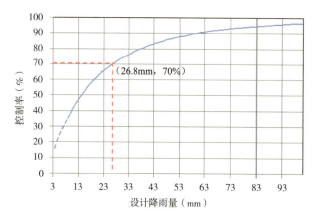

图8 不同设计降雨量对应的年径流总量控制率

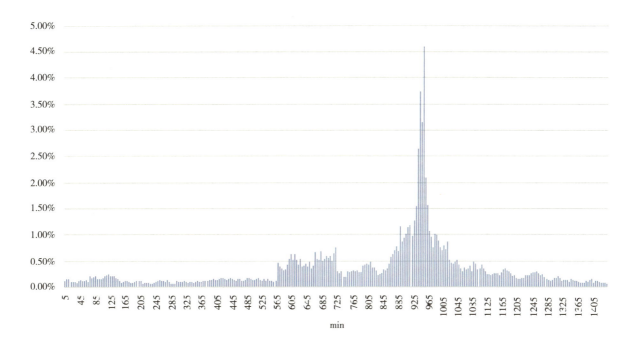

厦门地区常用典型频率降雨量见表5所列。

图9 厦门24h设计雨型

厦门地区典型降雨量资料（mm） 表5

频率 \ 历时	最大24h
1年一遇	—
2年一遇	133.9
5年一遇	194.3
10年一遇	237.7
20年一遇	280.1
50年一遇	335.3

注：表中数据来源于《厦门市城市防涝标准研究》。

4.2 总体设计

4.2.1 综合达标

由于每个地块均被市政道路分隔成一个相对独立的汇水单元，因此各地块自成一区，需分别进行各自的汇水径流计算，超出设计降雨量对应的径流雨水通过溢流设施进入雨水管网，雨水管网设计重现期为3年一遇，超出此设计标准的雨水通过路面行泄通道快速排放。各项目指标最终分解情况见表6所列。

由下表可知，根据年径流总量控制率与面积加权平均计算，平均年径流总量控制率为70.25%，达到设计目标。若要实现片区75%的年径流总量控制率规划目标，还需控制1638.03m³水量，可通过现状水体的调蓄容积来解决。

指标分解表　　　　　　　　　　　　　　　　表6

项目名称	面积（hm²）	综合雨量径流系数	设计年径流总量控制率（%）	设计降雨量（mm）	设计径流控制量（m³）	实际径流控制量（m³）	实际控制降雨量（mm）	实际年径流总量控制率（%）
A02	0.48	0.50	70	26.8	64.06	59.4	24.85	68.20
A03-04	0.44	0.70	70	26.8	82.21	77.48	25.26	68.70
A07	3.05	0.68	70	26.8	553.19	547.88	26.54	70.19
B02	3.18	0.69	70	26.8	588.92	606.78	27.61	71.35
B04	4.68	0.69	70	26.8	864.55	574.9	17.82	57.65
B05	2.13	0.68	70	26.8	385.19	260.16	18.10	58.16
A09	7.04	0.55	70	26.8	1038.12	1244	32.12	75.58
A11	5.16	0.55	70	26.8	764.79	787.75	27.60	71.34
B13	4.20	0.58	70	26.8	652.59	670.055	27.52	71.25
B17	2.00	0.69	70	26.8	367.60	415.36	30.28	73.98
B08	0.42	0.55	70	26.8	61.91	63.92	27.67	71.41
市政道路	18.60	0.52	70	26.8	2591.62	2784.3	28.79	72.56
村庄	4.97	0.70	70	26.8	932.37	953.105	27.40	71.12

4.2.2 保障安全

厦门市翔安南部新城整体地势北高南低，本项目位于新城北部高地，周边市政道路及居住区内道路均已建设完成。根据《翔安新城试点区域海绵城市建设排水防涝综合规划》，在50年一遇设计降雨下，本居住区内部部分道路出现轻微积水但积水深度均在15cm以下，符合规划标准（图10）。

4.2.3 设计思路

根据地块规划目标，结合现状情况及边界条件，按照海绵城市建设理念优化洋

图10 城市内涝风险评估（50年一遇）

图例
最大积水深度（m）
■ 0.05~0.15
■ 0.15~0.3
■ >0.3

唐居住区低影响开发设施空间布局。通过地块/市政道路（源头）→市政管网/湿地（中途）→鼓锣公园水系（末端）这一系统的构建实现指标的落实。洋唐居住区海绵城市系统构建思路如图11所示，海绵城市设计系统如图12所示。

4.2.4 设计方案

（1）建筑小区

建筑小区的海绵设计中需考虑以下影响因素：地下空间开发情况、下垫面土壤渗透能力、既有建筑荷载能力等，本片区建筑小区采用的主要措施包括绿色屋顶、雨水立管断接、增设雨水罐、透水铺装、沿路设植草沟、雨水花园等，具体设计参见4.3节A09地块详细解读。

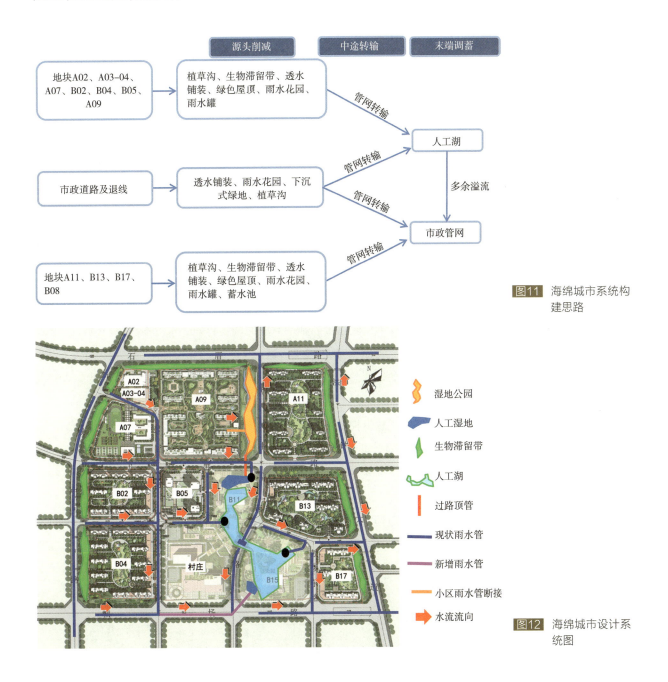

图11 海绵城市系统构建思路

图12 海绵城市设计系统图

（2）市政道路

本片区内市政道路均已建成，本次海绵改造保留现状雨水主管及检查井，对现状雨水口进行选择性封盖，将侧分带改造成下沉式绿地并新设溢流式雨水口，超出设计标准的降雨量通过溢流式雨水口就近接入市政管网。

设计下沉式绿地面层低于机动车道约20cm，车行道雨水通过开口路缘石进入侧分带，经过沉砂池沉淀净化及砾石槽缓冲后流入下沉式绿地。在每个排水单元末端设置溢流式雨水口，将过量雨水溢流排入市政雨水管道系统，溢流式雨水口标高高于下沉式绿地15cm。

（3）湿地公园

将A09地块东侧约50m宽绿化退线改造为小型湿地公园，为周边居民提供休憩场所的同时，将周边汇水收集、净化并转输至下游鼓锣公园。此外，片区内污水处理站尾水通过中水管引至湿地公园上游，经过湿地公园转输、净化后进入鼓锣公园，实现水系统循环。湿地公园在线形布置上采用仿自然溪流蜿蜒曲折的布局形式，延长水流时间，降低水流速度。

（4）鼓锣公园

鼓锣公园位于整个片区中南部，横跨B11、B15两个地块，两地块内各设一个人工湖且相互连通。结合现状水体及周边地势，B11地块湖面积为3500m²，常水位为22.5m，溢流水位为23m，B15地块湖面面积为4500m²，常水位为19m，溢流水位为19.6m，在B15地块人工湖下游设置溢流堰，多余雨水溢流至下游水系。

4.2.5 模拟校核

本片区情况较为复杂，故引入XP Drainage低影响开发模拟软件对本项目的改造进行仿真模拟。由于景观需要并结合现状池塘情况，片区末端人工湖设计调蓄容积较大，足够满足75%年径流总量控制率对应的调蓄容积要求。本次模拟以片区总体规划目标年径流总量控制率75%、2年一遇、5年一遇24h设计降雨过程为降水输入，评估区域改造前后的径流总量控制率、径流峰值削减率和污染物去除效果，结果表明可满足规划目标。

（1）年及场径流总量控制率分析

经模拟分析，洋唐居住区海绵设计方案实施后，在24h设计降雨下的产流、出流和径流总量控制率见表7所列。

厦门24h设计降雨下模型径流结果分析表 表7

设计标准	设计降雨量（mm）	产流量（m³）	出流量（m³）	场降雨径流体积控制率（%）
年径流总量控制率75%	32.0	6494	0	100
2年一遇	133.9	47635	26457	55.5
5年一遇	194.3	73617	51035	40.8

由表7可知，24h 32.0mm降雨无径流外排，即典型场降雨下达到设计降雨量标准及年径流总量控制率目标。随着降雨量增大，场降雨径流控制效果逐渐降低，在5年一遇24小时设计降雨下场降雨径流体积控制率为40.8%。

（2）人工湖水位变化分析

经模拟分析，不同频率设计降雨人工湖水位变化情况见表8所列。其中，人工湖1号指B11地块的人工湖，人工湖2号指B15地块的人工湖，人工湖1号溢流后经过5次跌水与人工湖2号连通。

厦门24小时设计降雨下人工湖最高水位结果统计表　　　　表8

编号	常水位（m）	溢流水位（m）	32mm降雨下最高水位（m）	2年一遇24h降雨下最高水位（m）	5年一遇24h降雨下最高水位（m）
人工湖1号	22.5	23.0	22.61	23.19	23.34
人工湖2号	19.0	19.6	19.19	19.89	20.02

由表8可知，在24小时32mm设计降雨下，人工湖1号和2号均未发生溢流，即在该设计降雨条件下人工湖具有充足的调蓄容积；而在2年一遇24小时设计降雨和5年一遇24小时设计降雨下，人工湖1号和2号的汇集雨水量致使湖体水位上涨，其最高水位均超过溢流水位，发生溢流（图13）。

（3）峰值削减模拟

经模拟分析，洋唐居住区在海绵改造前后的出流峰值过程如表9和图14所示，低影响开发设施在降雨前期的滞蓄消纳效果明显，随着雨峰的到来，其削峰、缓排效果逐渐减弱。

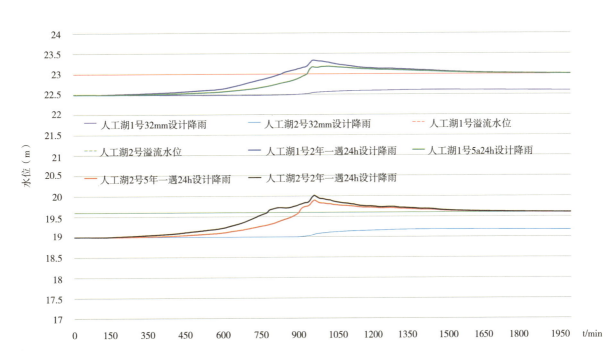

图13 24h32mm设计降雨下人工湖1号、2号水位过程线

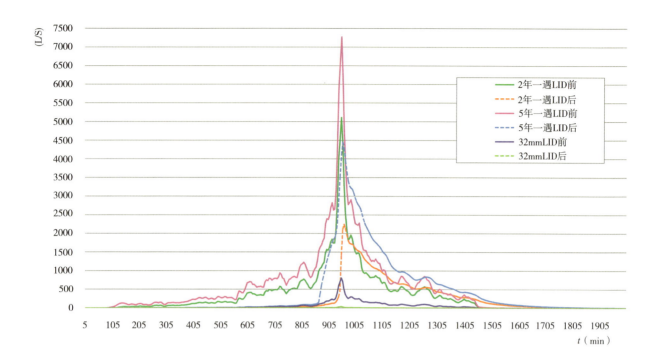

图14 24小时设计降雨下海绵方案前后出流对比结果

厦门24小时设计降雨下海绵方案前后外排峰值削减结果表　　表9

设计标准	设计降雨量（mm）	径流外排峰值削减百分比（%）
年径流总量控制率75%	32.0	95.37
2年一遇	133.9	56.12
5年一遇	194.3	38.79

经模拟，径流峰现时间并无明显延迟，低影响开发设施有较明显的削峰作用，2年一遇24h设计降雨径流外排峰值削减56.12%，5年一遇24h设计降雨径流外排峰值削减38.79%。

（4）面源污染物去除分析

经模拟分析，洋唐居住区雨水在经过低影响开发设施后、进入末端人工湖前在各频率设计降雨下的面源污染物总量去除效果见表10所列。

厦门24小时设计降雨污染物去除率　　表10

设计标准	设计降雨量（mm）	SS去除率（%）	COD去除率（%）
年径流总量控制率75%	32.0	74.3	66.4
2年一遇	133.9	67.3	57.9
5年一遇	194.3	44.5	34.7

经模拟分析，洋唐居住区低影响开发设施在年径流总量控制率75%对应的设计降雨（32.0mm）下的COD和SS污染物浓度变化过程线如图15所示。

图15 24小时32mm设计降雨下区域污染物浓度变化过程线

结果表明，初雨冲刷带来的面源污染负荷较高，随着低影响开发设施的截留、吸附过滤和沉积等综合作用，污染物浓度开始下降；但随着降雨峰值和径流峰值的到来，带来的污染物超出了低影响开发设施的处理能力以及将一些前期沉积的SS搅动致使污染物浓度上升，在径流峰值过后，污染物浓度逐步下降。

（5）水安全（内涝）分析

利用雨水管网、地块内的低影响开发设施、现状下垫面和地块竖向等基础资料，构建水文和水动力一体化的一二维耦合模型，分别模拟分析10年、20年和50年一遇设计暴雨条件下洋唐居住区的内涝情况评估结果见表11所列。50年一遇24小时5分钟设计降雨（包括短历时的峰值部分）的模拟积水范围和水深分布如图16所示。

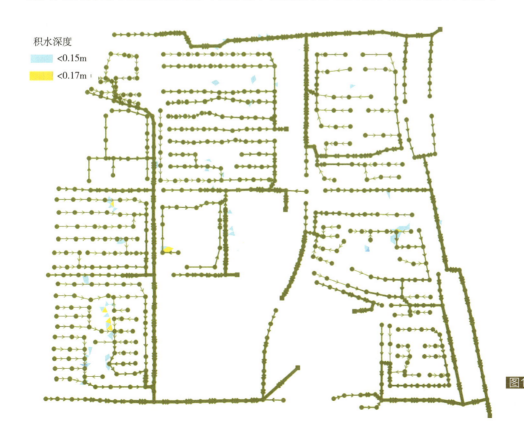

图16 50年一遇的模拟积水范围和水深分布（初次）

内涝评估结果表(初次)　　　　　　　表11

降雨频率	10年一遇	20年一遇	50年一遇
积水情形	无	轻微	轻微
积水深度(m)	—	<0.15	<0.17
积水面积(m^2)	—	约120	约310
积水时间(min)	—	<30	<30

由图16可知,片区内市政道路积水深度小于15cm,满足水安全目标;地块内最大积水深度不超过17cm,低于建筑物出入口高程,满足小区积水水位低于建筑物出入口的目标。但考虑到小区居民出行及生活舒适度,对于积水深度大于15cm的区域增加地面径流排放设施,确保积水深度降至15cm以下,增加设施后的内涝评估结果见表12所列,模拟积水范围和水深分布如图17所示。

优化后内涝评估结果表(优化后)　　　　表12

降雨频率	10年一遇	20年一遇	50年一遇
积水情形	无	轻微	轻微
积水深度(m)	—	<0.10	<0.12
积水面积(m^2)	—	约110	约306
积水时间(min)	—	<30	<30

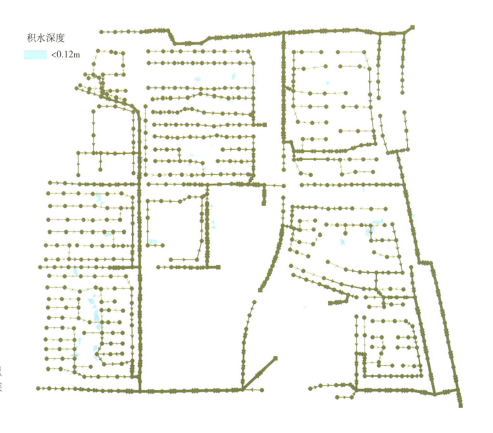

图17　50年一遇的模拟积水范围和水深分布(优化后)

4.3 A09地块详细解读

本片区中各地块采用源头减排措施类似,下面以A09地块为例详述设计方案。

4.3.1 汇水分区的划分及低影响开发设施布局

通过竖向分析将A09地块划分为6个汇水分区,根据每个分区计算径流控制量,并结合景观微地形在适当位置上设置相应低影响开发设施,确保每个分区内部达到设计目标(图18)。

4.3.2 各汇水分区的计算及校核

根据表6,A09地块年径流总量控制率为70%,对应设计降雨量为26.8mm,各汇水分区计算见表13所列。

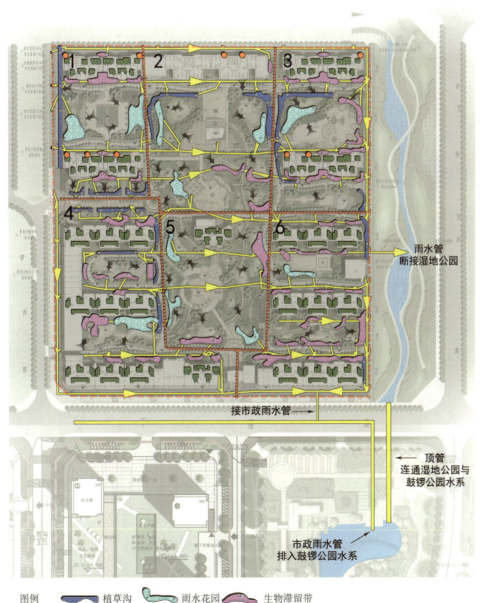

图18 A09地块汇水分区及低影响开发设施布局

A09地块汇水分区计算表　　　　表13

分区一			
综合雨量径流系数	下垫面类型	面积（m²）	雨量径流系数
	硬屋面	1480.5	0.9
	绿化屋面	615.5	0.35
	绿地	2809	0.15
	透水铺装	674	0.4
	硬质铺装	4221	0.9
	合计	9800	0.62
年径流总量控制率（%）	70		
设计降雨量（mm）	26.8		
设计调蓄容积（m³）	161.81		
设施类型	生物滞留带	雨水罐	植草沟	雨水花园	合计
占地面积（m²）	300	—	350	440	—
数量（个）	—	5	—	—	—
实际调蓄容积（m³）	48	6.25	42	105.6	201.85

分区二			
综合雨量径流系数	下垫面类型	面积（m²）	雨量径流系数
	硬屋面	1000.65	0.9
	绿化屋面	411.35	0.35
	绿地	6986	0.15
	透水铺装	584	0.4
	硬质铺装	3801	0.9
	合计	12783	0.45
年径流总量控制率（%）	70		
设计降雨量（mm）	26.8		
设计调蓄容积（m³）	154.02		
设施类型	生物滞留带	雨水罐	植草沟	雨水花园	合计
占地面积（m²）	285	—	300	375	—
数量（个）	—	2	—	—	—
实际调蓄容积（m³）	45.6	2.5	36	90	174.1

分区三			
综合雨量径流系数	下垫面类型	面积（m²）	雨量径流系数
	硬屋面	1630.65	0.9
	绿化屋面	381.35	0.35
	绿地	3625	0.15
	透水铺装	796	0.4
	硬质铺装	3591	0.9
	合计	10024	0.57
年径流总量控制率（%）	70		
设计降雨量（mm）	26.8		
设计调蓄容积（m³）	152.63		
设施类型	生物滞留带	雨水罐	植草沟	雨水花园	合计
占地面积（m²）	510	4	380	220	—
数量（个）	—	4	—	—	—
实际调蓄容积（m³）	81.6	5	45.6	52.8	185

续表

	分区四		
综合雨量径流系数	下垫面类型	面积（m²）	雨量径流系数
	硬屋面	3908.3	0.9
	绿化屋面	1341.7	0.35
	绿地	4194	0.15
	透水铺装	1942	0.4
	硬质铺装	4431	0.9
	合计	15817	0.59
年径流总量控制率（%）	70		
设计降雨量（mm）	26.8		
设计调蓄容积（m³）	251.41		
设施类型	生物滞留带	雨水罐	植草沟	雨水花园	合计
占地面积（m²）	1000	0	440	260	—
数量（个）	—	0	—	—	—
实际调蓄容积（m³）	160	0	52.8	62.4	275.2

	分区五		
综合雨量径流系数	下垫面类型	面积（m²）	雨量径流系数
	硬屋面	318.15	0.9
	绿化屋面	81.85	0.35
	绿地	5162	0.15
	透水铺装	910	0.4
	硬质铺装	2882	0.9
	合计	9354	0.43
年径流总量控制率（%）	70		
设计降雨量（mm）	26.8		
设计调蓄容积（m³）	108.46		
设施类型	生物滞留带	雨水罐	植草沟	雨水花园	合计
占地面积（m²）	360	0	0	295	—
数量（个）	—	0	—	—	—
实际调蓄容积（m³）	57.6	0	0	70.8	128.4

	分区六		
综合雨量径流系数	下垫面类型	面积（m²）	雨量径流系数
	硬屋面	3205.65	0.9
	绿化屋面	470.35	0.35
	绿地	3983	0.15
	透水铺装	511	0.4
	硬质铺装	4420	0.9
	合计	12590	0.62
年径流总量控制率（%）	70		
设计降雨量（mm）	26.8		
设计调蓄容积（m³）	209.83		
设施类型	生物滞留带	雨水罐	植草沟	雨水花园	合计
占地面积（m²）	960	0	410	320	—
数量（个）	—	0	—	—	—
实际调蓄容积（m³）	153.6	0	49.2	76.8	279.6

手算结果表明，A09地块设计目标对应的径流控制总量为1038.12m³，地块低影响开发设施实际径流控制总量为1244m³，满足设计目标要求。经模拟分析，A09地块海绵设计方案实施后，经低影响开发设施消纳滞蓄后的地块产流、出流、场降雨径流体积控制率、面源SS和COD去除率见表14所列。在2年一遇和5年一遇24小时设计降雨的情况下，A09地块低影响开发设施实施后相比实施前的径流峰值分别削减20.3%和9.4%，但峰值延缓效果不明显（图19）。

厦门24小时设计降雨下模型径流结果分析表　　　　　　　　表14

设计标准	设计降雨量（mm）	产流量（m³）	出流量（m³）	场降雨径流体积控制率（%）	SS去除率（%）	COD去除率（%）
年径流总量控制率70%	26.8	836	0	100	77.7	75.7
2年一遇	133.9	8851	5579	49.37	69.40	58.10
5年一遇	194.3	13669	10128	36.66	46.20	34.90

4.3.3 典型节点的设施设计

根据改造前场地实际的空间尺寸及地下开发空间情况来综合考虑各类设施下凹的安全性和舒适度，设计出合适的长宽比、深度和形状，也可适当调整位置，将雨水花园等置于视觉焦点处，在部分节点处设置下沉卵石花园及景观步道等，突出其景观价值。

（1）地下开发空间顶板上部改造

由于小区地下停车场面积占整个小区面积的64%，覆土厚度较小，因此各类低影响开发设施下凹深度均受到一定限制，本次设计采用的下凹有效水深均不超过0.4m。

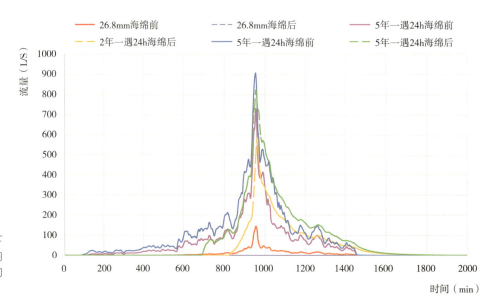

图19　24h设计降雨下A09地块低影响开发设施前后的系统出流过程

图20 小区局部雨水径流透视图

由于土壤渗透性差，对生物滞留带、雨水花园、植草沟等低影响开发设施均进行一定程度的换填，将设施所在处的地下室顶板上的原状土换填为种植土+级配碎石层（内含排水盲管），地下室顶板上增加防渗膜，降雨时雨水可下渗至碎石层后再通过盲管排走，起到"滞"的削峰作用（图20）。盲管设计排空时间不超过24h。

（2）绿色屋顶

由于现状屋面有一定承重要求，因此采用轻质模块作为种植容器，其具有完善的排水、蓄水、隔热、保温等功能，可直接组合，施工方便快捷。植物选择耐旱且易于管理的品种，在充分保证植物能够应对各种生存条件的同时兼顾植物搭配的景观效果。

（3）雨水立管改造

对于无法设置绿色屋顶的区域，优先将雨水立管进行断接改造。屋面雨水通过断接立管及鹅卵石下凹带引流至周边生物滞留带，使其得到充分的滞留与净化，多余雨水通过溢流式雨水口溢流。

建筑物背面雨水立管由于改造空间有限，因此设置占地相对较小的雨水罐，对屋面雨水进行收集并用于浇灌周围绿地。雨水罐尺寸、外形及结构根据建筑外立面要求选择。

(4) 生物滞留带及雨水花园

在建筑物及广场周边设置生物滞留带,收集屋面、路面及周边绿地的雨水,使其得到充分的下渗、滞留及净化,超出设计降雨量对应的径流控制量的雨水,通过溢流口与市政管网衔接。生物滞留带底部低于周边0.3m,内设溢流式雨水口,溢流口标高高于生物滞留带底部0.2m,设置间距为20m。

雨水花园的工作原理与生物滞留带相同。本次雨水花园设置在较大面积的绿地内。雨水花园底部比周边低0.4m,内设溢流式雨水口,溢流口标高高于底部0.3m,设置间距为20m。

5 建设效果

5.1 项目总结

(1)本片区包含项目类项丰富,为翔安新城试点区域海绵城市的一大亮点,展示度较高,已完成项目效果良好。海绵城市建设建安费约8000万元,折合每平方米造价为127元,因此海绵城市建设具有可推广性,主要低影响开发设施造价见表15所列。

主要低影响开发设施造价表　　　　表15

种类	数量	单位造价(元)	总造价(万元)
下沉式绿地(m^2)	4809.6	450	216.43
透水铺装(m^2)	23755.2	300	712.66
雨水罐(1.5m^3)(个)	60	8000	48.00
绿色屋顶(m^2)	26600.4	700	1862.03
生物滞留带(m^2)	42326.8	550	2327.97
雨水花园(m^2)	7132.4	600	427.94
植草沟(m^2)	11096.4	450	499.34
湿地(m^2)	4916.4	1000	491.64
雨水立管断接(项)	1	800000	80.00
管网改造(项)	1	3000000	300.00
人工湖(项)	1	5000000	500.00
景观提升(项)	1	5000000	500.00
合计			7966.01

(2)本片区通过合理的管网组织,将雨水有效地引导进入末端人工湖,充分发挥末端水体的调蓄功能,使之满足片区年径流总量控制率75%的规划目标要求,从系统上平衡海绵建设指标,对同类项目具有一定借鉴作用。

(3)针对地下开发空间强度大、土壤渗透性较差提出了增设排水盲管及土壤换填的措施,为其他类似片区开发提供一定参考依据。

5.2 环境效益分析

通过海绵城市建设实践,实现雨水的自然积存、自然渗透、自然净化和可持续水循环,提高水生态系统的自然修复能力,维护城市良好的生态功能。

5.3 建设实景效果

建设实景如图21所示。

图21 建设实景图

设计单位:厦门市市政工程设计院有限公司

管理单位:厦门市市政园林局

建设单位:厦门兆信工程建设管理有限公司、厦门翔安建设发展有限公司

技术支持单位:厦门市海绵城市工程技术研究中心

案例编写人员:颜小燕、张志谦、郝晓宇、鄢俊斌、龚艺翔、钟翔燕、陈林、徐涛、陈金泉、刘志龙

9 昆山市江南理想小区和康居公园区域建设

项目位置：昆山市西部地区
项目规模：10.4hm²
竣工时间：2016年6月

1 现状基本情况

1.1 项目与所在排水分区的关系

项目位于昆山市中心城区西部地区，所在排水片区属镇东圩，为半高田圩区。镇东圩通过闸站将圩内河道与圩外河道分开，形成相对独立的排水片区，汛期通过排涝泵站抽排。项目所在地周围地势平坦，项目为独立的开发地块，不承担周边客水（图1）。

康居公园由于远离居民区，逐渐被荒废，随着近10年昆山西部区域的开发建设，周边社区增多，需要对原康居公园进行改造升级。本项目以康居公园改造为契机，采用系统化的雨水管理策略，对公园、住宅小区的雨水系统进行了统一规划和管理，充分利用公园作为海绵城市公共空间为周边服务的功能，实现了不同功能片区间系统打造的社区海绵网络（图2）。

图1 康居公园与江南理想项目区位图

图2 项目总平面图

1.2 项目场地基本情况

（1）场地竖向及下垫面分析

项目整体竖向为东北高，西南低，康居公园为区域内的高程低洼处，利于发挥公共开发空间对周边用地雨水的消纳作用。

项目总面积为10.4hm^2，其中绿化面积为5.1hm^2，屋顶和硬质铺装面积为5.2hm^2，水面面积为0.1hm^2。

（2）土壤渗透性情况及地下水位

土壤自上而下依次为素填土、粉质黏土、淤泥质粉质黏土、淤泥质粉土、粉土等，土壤渗透系数约为$17×10^{-3}$m/d，土壤渗透性能较差。地下水位埋深约为1~1.5m。

（3）雨污分流及地下管网情况

项目采用雨污分流制，设计降雨量内雨水经过海绵设施处理后进行回用，过量雨水排入市政雨水管道。

（4）地下空间开发

江南理想为居住小区，建有地下停车场，面积共81624m^2。雨水系统设计时应着重考虑小区庭院布局与海绵设施布局的平面协调，以及地下车库覆土深度限制对海绵设施的竖向影响。

（5）水体及补水来源

项目作为人流量较大的公园和高品质住宅区域，水景设置较多，共有水面面积

0.1hm²，补水水源采用雨水进行补给。

2　问题与需求分析

2.1　区域问题对本项目的要求

镇东圩属于城市新开发建设区域，生态本底条件相对较好，开发强度低，水面率为7.41%，绿地率为28.2%，对现状下垫面进行解析，现状综合雨量径流系数为0.4，现状年径流总量控制率为65%。由于圈圩设闸，造成圩区内水动力不足，水流速度慢，目前圩区内水体水质整体不佳。随着建设强度的逐步增加，径流污染将逐渐加重，圩区内水环境压力将进一步加大。同时，由于临近饮用水水源地傀儡湖，水质问题较为敏感，对区域水环境保护需提出更高的要求。因此，本项目以水环境保护为核心目标，削减径流污染。

2.2　项目问题及需求分析

径流污染控制：随着下垫面的硬化以及人流活动的加剧，径流污染对圩区水环境质量的影响将逐渐增大，如何净化雨水水质、削减径流污染将是项目需要解决的主要问题。

雨水资源利用：康居公园与江南理想作为人流量较大的公园和高品质住宅区域，绿地面积较大，水景设置较多，绿地浇洒水源、水景补水水源及水景水质的保持是项目设计需要重点考虑的问题。

3　雨水系统建设目标与原则

3.1　设计目标

根据上层规划"绿色、宜居"的建设目标要求，拟通过雨水系统整体设计，削减径流污染，实现雨水资源化利用，降低项目开发对水文和水环境的影响。

（1）赋予公园内公共空间及小区内绿地景观更多生态系统服务功能，有效降低雨水径流污染。

（2）通过雨水净化及循环处理利用，水量满足水景补水及绿地浇洒用水要求，水质达到《建筑与小区雨水利用工程技术规范》GB 50400—2006中关于雨水回用的要求。

3.2　设计原则

（1）集中与分散相结合的原则。结合公园公共绿地设置集中型处理设施，结合小区庭院绿地设置分散型处理设施，通过集中与分散相结合，构建不同功能片区间系统打造的社区海绵网络。

（2）采用低影响开发的原则。通过生物滞留池（雨水滞留器或生物过滤池）、人工湿地、植草沟等低影响开发设施，实现雨水的渗透、滞蓄与净化，降低项目开发对水文状况的干扰。

（3）先绿色后灰色、先地上后地下的原则。雨水径流组织优先通过地上绿色基础设施对雨水进行渗透、滞蓄、净化，多余雨水再通过地下管网进行排放。

（4）提高雨水资源化利用的原则。充分利用绿色设施的净化作用，将净化后的雨水储存后用于项目内景观补水及绿地浇洒用水。

4 海绵设计

4.1 设计流程

项目设计流程如图3所示。

4.2 设计降雨

4.2.1 典型年设计降雨

昆山属亚热带南部季风气候区，四季分明，雨量充沛。根据昆山近30年

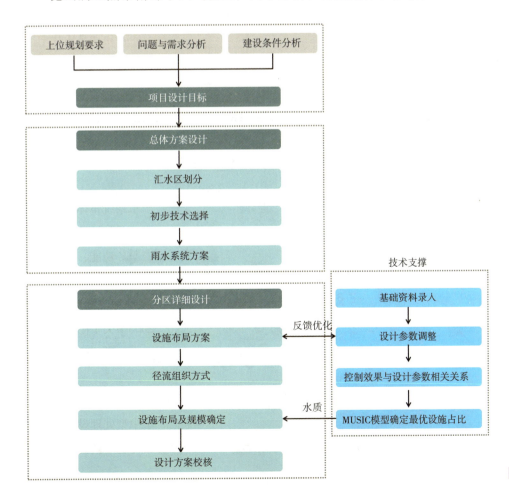

图3 设计流程图

（1986～2015年）气象资料统计，年平均降雨量为1133.3mm，年平均蒸发量822.2mm，最大年降水量达1522.4mm，降雨呈明显季节性特征，集中在6～8月。

项目借鉴澳大利亚水敏性城市设计理念进行设计，通过模型确定设施布局和规模，项目模型采用的设计降雨为昆山市2014年全年6min间隔的降雨数据和日均蒸发数据，如图4所示。

4.2.2 设计降雨量与年径流总量控制率对应关系

参见"昆山杜克大学校区低影响开发"案例4.2.2部分的内容。

4.3 总体设计方案

4.3.1 竖向设计与汇水分区

社区整体高程为东北高，西南低，康居公园为区域内的高程低洼处（图5）。

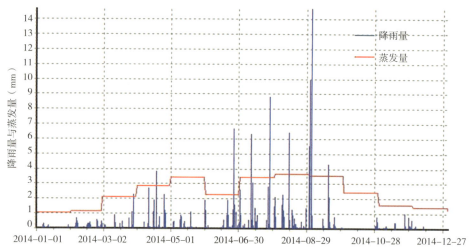

图4 设计降雨及蒸发数据

图5 竖向分析图

根据场地竖向设计及室外设计中起阻水作用的小区围墙、院落围墙、路缘石、排水沟等设施的位置，将项目划分7个汇水分区，如图6所示。

4.3.2 设施选择与工艺流程

（1）设施选择

根据区域和项目的问题及需求分析，以削减径流污染和雨水资源利用为主要目标，应选择植草沟、人工湿地、生物滞留池、蓄水池等具有净化功能和调蓄功能的技术。

根据项目建设条件分析，项目所在区域土壤渗透性较差，地下水位高，原土自然下渗难度较大，应通过介质层填料配比优化措施加强雨水的渗透。

考虑居住小区地下车库覆土限制，在地下车库所在区域应注意海绵城市技术对介质层深度的要求，优先选择利用植物水平净化的人工湿地技术。

综合以上因素，本项目主要采用植草沟、人工湿地、生物滞留池和蓄水池等海绵措施。采用植草沟进行雨水的收集和转输，采用人工湿地和生物滞留池进行雨水的滞蓄、净化处理，采用蓄水池进行雨水的储蓄与资源化利用。

（2）工艺流程

①雨期运行工艺流程

雨天时，场地雨水经植草沟、排水明沟收集转输汇入人工湿地或生物滞留池，净化处理后的雨水收集进入蓄水池进行调蓄，供应水景补水及绿地浇洒用水。超过人工湿地、生物滞留池、蓄水池设计降雨量对应的径流控制量的径流雨水通过溢流口排入市政雨水管网。

图6 汇水分区图

②非雨期运行工艺流程

非雨期时，通过水泵将蓄水池、水景内水体输送至人工湿地、生物滞留池（雨水滞留器）进行循环净化处理以保障水质。

雨水处理系统工艺流程如图7所示。

4.3.3 总体布局

根据区域内主要控制点标高、汇水分区及系统方案来进行设施总体布局（图8）。

4.4 分区详细设计

4.4.1 设施布局与径流组织

根据汇水片区划分，统筹考虑康居公园及江南理想二期的竖向及绿地布局，利用康居公园地势低洼的特点，将江南理想二期西部汇水片区的雨水通过植草沟、管网输送至康居公园北侧人工湿地，经过净化处理后收集进入蓄水池。江南理想二期

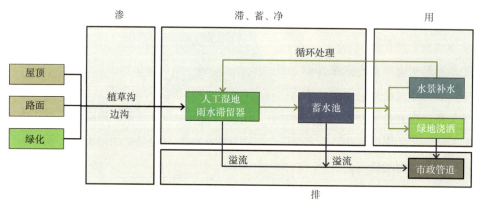

图7 雨水处理系统运行流程图

图8 设施总体布局示意图

中部汇水片区五、汇水片区六的雨水通过小区绿地内设置的人工湿地，经过净化处理后收集进入蓄水池。江南理想二期东部汇水片区雨水通过小区绿地内设置的人工湿地，经过滞蓄、净化后排入市政排水管网。

康居公园内所有地表径流主要排向中央绿地，经排水明沟、生态草沟转输后进入生物滞留池或人工湿地，经过净化处理后收集进入蓄水池。

江南理想一期（汇水片区二、三、四）地势西高东低，形成相对独立的排水片区，雨水经生态草沟转输进入人工湿地，经净化处理后收集入东侧蓄水池（图9）。

4.4.2 设施规模计算

（1）设施规模确定方法

采用MUSIC（Model for Urban Stormwater Improvement Conceptualization）模型进行模拟计算。利用MUSIC模型分析与评估不同的降雨径流管理策略和措施的效果，进而支撑城市雨水系统的合理规划与设计。

结合昆山地区的集水区特征、降雨数据和蒸发数据，通过模型运行可得到生物滞留池、人工湿地的污染物削减及径流控制效能。通过不断修改设计参数（主要为设施面积、滞留高度、渗透系数或湿地常水位深度），重复模拟获得径流量和污染物削减结果可以最终作出大量设计曲线，研究得出生物滞留池、人工湿地中污染物去除效能、径流量控制效果与设施面积占比、蓄滞深度、渗透系数等设计参数的相关关系，据此确定项目中设施的规模及设计参数。

（2）生物滞留池设计研究

生物滞留池主要通过对初期雨水径流的截留及过滤处理，在中、小尺度的应用中实现雨水径流污染的精细化管理及对中小降雨径流峰值的延迟和削减。

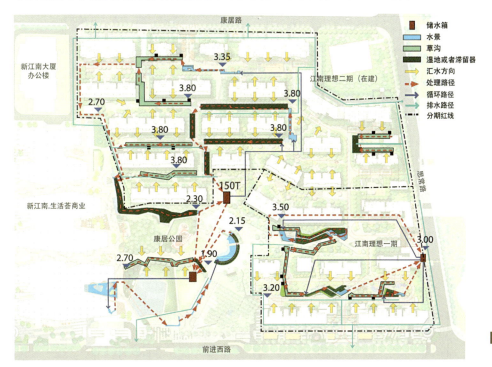

图9 设施布局及地表径流组织示意图

①生物滞留池污染物去除效果研究

研究发现，当过滤层渗透参数HC不变时，生物滞留池水质处理的效率主要取决于设施面积与设施集水区中不透水面积的比值R。如图10和图11所示，处理效果（以TSS或TN计算）存在着边际效应递减现象，即当R增大超过5%后，其去除效率增加的速度不断锐减，R由5%增大到10%时，去除效率（以TN为例）只增加5%，所以曲线拐点宜为R（5%）与处理效率（年SS总量去除率在90%以上，TN去除率在70%以上）的最佳实践取值点。

②生物滞留池径流控制效果研究

如图12所示，当渗透系数达100mm/h时，昆山地区集水区不透水面积5%的生物滞留池渗滤体积的百分比可达80%（渗滤体积百分比表示渗滤处理的径流体积占总降雨量的百分比）。

③生物滞留池设施面积确定结论

综合考虑生物滞留池污染物去除效果、径流控制效果、经济成本等因素后，确

图10 年SS总量去除率与R的关系

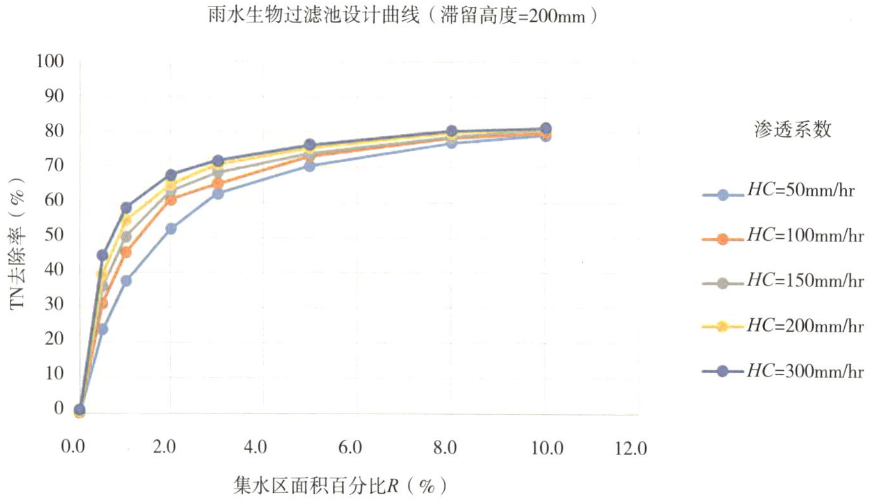

图11 TN去除率与R的关系

定昆山的生物滞留池面积宜为集水区不透水面积的5%，即每100m²不透水地面所需的生物滞留池面积宜为5m²，有条件的地区可适当增加。

（3）人工湿地设计研究

人工湿地作为工程优化的仿生型水处理系统，适于大、中、小各个尺度对集水区雨水径流进行滞留、处理。

①人工湿地污染物去除效果研究

与生物滞留池相似，在同一滞留深度下，人工湿地的处理效率与湿地面积和集水区不透水区域面积的比值R的关系如图13所示。

由图示曲线可知，随着滞留深度及R值的增大，污染物去除效能逐渐升高。当滞留深度为300mm时，昆山地区集水区不透水面积8%的人工湿地面积的年SS总量去除率可以达到70%，TN年去除率达到45%（图14）。

②人工湿地径流控制效果研究

不同的设施面积比率R、滞留深度与径流总量控制的关系如图15所示。根据

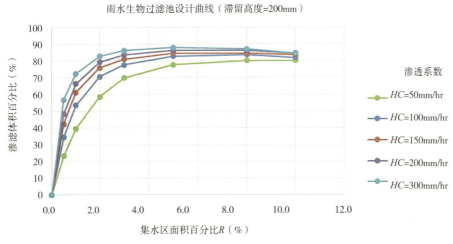

图12 渗滤体积百分比与R的关系

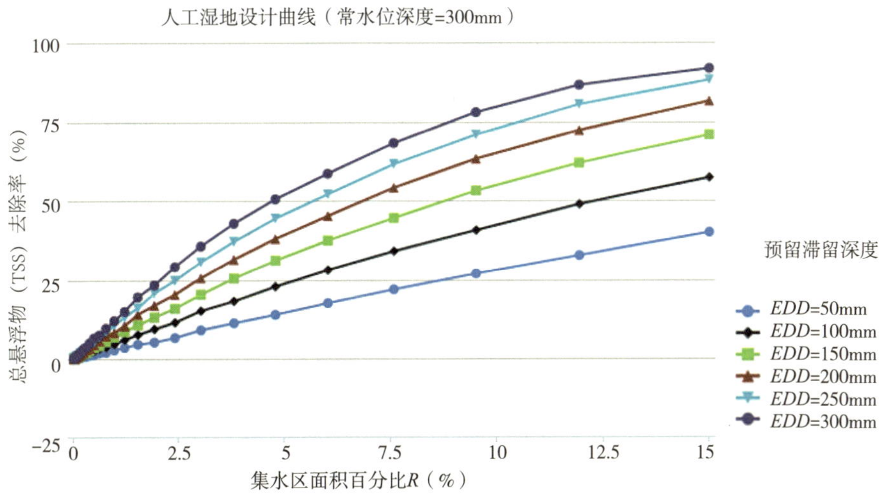

图13 年SS总量去除率与R的关系

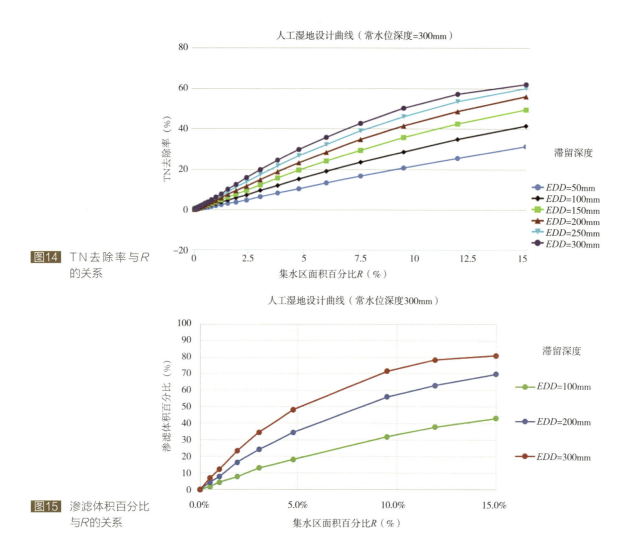

图14 TN去除率与R的关系

图15 渗滤体积百分比与R的关系

模拟曲线成果，昆山地区集水区不透水面积12%的人工湿地渗滤体积百分比可达80%。

③人工湿地设施面积确定结论

根据人工湿地污染物去除效果、径流控制效果与设计参数的关系研究，确定昆山的雨水处理型人工湿地面积宜为集水区不透水地面面积的8%～12%，即每100m² 不透水地面所需的人工湿地面积为8～12m²。

（4）设施规模计算

根据汇水分区、地表径流组织方式，通过模型对设施布局方案进行反馈和优化，在此基础上根据汇水面积确定各汇水分区相关设施的规模。

项目共设置生物滞留池、人工湿地总面积为4619m²。根据项目内水景补水及绿地浇洒用水需求，共设置3座蓄水池，蓄水池总的径流控制量为330m³。具体见表1所列。

设施规模计算表　　　　　　　　　　　　　　　　　表1

汇水区编号	汇水区面积（m²）		生物滞留池、人工湿地面积（m²）	径流控制量（m³）	综合雨量径流系数
	屋顶、铺装	绿化面积			
1	3500	16500	280	56	0.26
2	7794	5196	498	99.6	0.54
3	5040	3364	246	49.2	0.54
4	4070	2713	250	50	0.54
5	15800	13120	2100	420	0.51
6	9252	6168	865	173	0.54
7	6450	4300	380	76	0.54
小计	51906	51361	4619	923.8	0.48
调蓄池	—	—	—	330	—
合计	—	—	—	1253.8	—

注：参考《室外排水设计规范》GB 50014—2006和《建筑与小区雨水利用工程技术规范》GB 50400—2006中关于雨量径流系数的推荐参考值，初步确定屋顶及硬质铺装的雨量径流系数为0.8，绿化面积的雨量径流系数为0.15。

4.4.3 设计校核

由于本项目启动研究和设计之初，《海绵城市建设技术指南（试行）》尚未正式发布，不是按照容积法进行计算，而是按澳大利亚水敏性城市设计理念确定设施规模。因此，本案例用实际设计规模来校核年径流总量控制率，为全市海绵城市建设推进提供依据。

根据雨水汇水分区及径流组织方式，分别计算1号–5号–6号片区、2号–3号–4号片区、7号片区的年径流总量控制率，见表2所列。

年径流总量控制率校核表　　　　　　　　　　　　　表2

汇水区编号	汇水区面积（m²）		绿色设施径流控制量（m³）	蓄水池容积	综合雨量径流系数	年径流总量控制率（%）
	屋顶、铺装	绿化面积				
1号、5号、6号	3500	16500	56	230	0.26	82
	15800	13120	420		0.51	
	9252	6168	173		0.54	
2号、3号、4号	7794	5196	99.6	100	0.54	72
	5040	3364	49.2		0.54	
	4070	2713	50		0.54	
7号	6450	4300	76	—	0.54	55
合计	51906	51361	923.8	330	0.48	76

将上述分区年径流总量控制率进行面积加权，得出项目总体年径流总量控制率约为76%，对应设计降雨量为23.2mm，相当于昆山市1年一遇20min降雨量数值。

4.5 设施节点设计

4.5.1 设施断面

生物滞留池主要通过滤料及植物根系微生物群对雨水进行净化处理,主要有2种设计断面,与断面1相比,断面2在排水层和过渡层之间增加了一层保水层,其主要作用为强化氮的去除(图16、图17)。

人工湿地主要通过植物茎叶上的微生物对雨水进行净化处理(图18)。

4.5.2 填料配比

根据昆山地区气候和土质情况的不同,对生物滞留池的土壤配比进行研究,经过多次调配和检测确定雨水滞留池填料,本次设计采用填料参数如下:

排水层:厚度200mm,3~10mm粒径级配碎石。

保水层(可选):厚度400mm,3~10mm级配碎石与3~10mm木屑均匀混合,碎石和木屑体积比例为13:7。

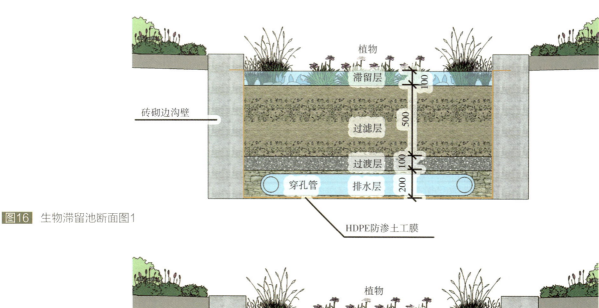

图16 生物滞留池断面图1

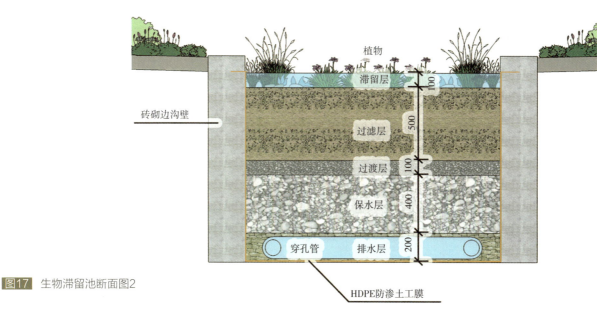

图17 生物滞留池断面图2

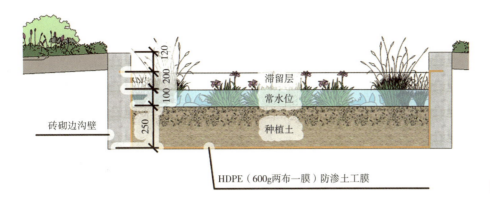

图18 人工湿地断面图

过渡层：厚度100mm，中粗砂（粒径0.1~4mm，2mm过筛率不小于50%）。

过滤层：厚度500mm，级配沙土，渗透率100~200mm/h，有机质含量不小于3%。配比如下，原土：粗砂（1~2mm）：中砂（0.25~1mm）比例为1：1.5：6.95，细木屑掺杂比例为1%（质量比）。

4.5.3 植物配选

在雨水处理系统中，植物扮演着重要的角色。本系统对植物的选配进行了相关研究：人工湿地植物首先满足其生存环境长期有水的限制条件，植物的配选主要比选其净化水质的能力，并参考植物在不同区域光照对其生长的影响；植草沟及生物滞留池区域的植物应选择耐淹又耐旱且根系发达的植物，主要用于维系土壤渗透率，处理和吸收雨水中的氮、磷、重金属等污染物，可优选景观视觉效果较好的植物。经过比选得出符合要求的植物配选如表3、表4所列。

人工湿地植物选择一览表　　　　　　　　　　　　表3

序号	条件	植物配选
1	阳光区（水深0~20cm）	荸荠、菖蒲、大慈姑、芦苇、茭
2	阴影区（水深0~20cm）	泽泻、菹草、穗状狐尾藻、花叶水葱、荸荠

生态草沟/生物滞留池植物选择一览表　　　　　　　表4

序号	种类	植物配选
1	乔木	水松
2	地被	千屈菜、风车草、白茅茅根、二形鳞苔草
3	花	大波斯菊、大花金鸡菊

5 建成效果

5.1 建设效果图

5.1.1 航拍效果

康居公园的改造增强了公园与周边社区的互动联系，在生态和景观方面均有较

图19 康居公园航拍图

大提升（图19）。

5.1.2 雨水滞留设施

雨水滞留设施主要包括生态草沟和生物滞留池，在施工过程中需注意以下细节：生态草沟和生物滞留池（处理段）接壤的部分，需配置卵石区，起到缓冲消能作用；生物滞留池（处理段）为密集植被种植，中间不宜布置大块卵石，仅在边缘放置（图20）。

生物滞留池（处理段）的表面宜为水平面，表层之下还包括过滤介质、过渡介质、排水层，和表层植物群组共同承载雨水处理功能。在过滤介质选配和植物群组筛选时，应经过多次实验，确定可用于净化雨水的低成本本地过滤介质，以及不同条件下的处理型植被搭配组群（图21）。

图20 生态草沟实景图

图21 雨水滞留设施实景图

图22 江南理想住宅区人工湿地实景图

社区雨水系统充分利用设施间的竖向高差,让雨水在不同海绵设施间自然流动,使用人工湿地水平净化而非使用垂直过滤的方式净化雨水,解决地下车库对海绵设施的竖向限制问题、生物滞留池过滤介质需定期更换的维护问题(图22)。

5.2 监测效果

2015年9月至2016年8月开展了16场降雨事件下的水质监测,监测点位1、2、3分别位于康居公园人工湿地进口、人工湿地出口和跌水景观池出口。每次降雨事件的进水、出水均分别根据雨强、出流量得到混合水样2组和瞬时水样约20组,已采集的水样4℃低温保存并及时送至检测公司检测(表5)。

现场降雨监测结果表明:TSS、COD、氨氮、TN、TP等5项水质指标的平均去除率分别达到了47.5%、51.1%、53.4%、31.7%和56.4%(图23、表6)。将监测数据进行收集整理,逐步构建水质数据库,并对模型参数进行率定,掌握不同雨水处理设施的污染物去除效能。

康居公园水质净化监测结果　　　　　表5

检测指标	监测点位		
（mg/L）	1号	2号	3号
TSS	125.8±78.4	59.3±35.6	66.1±35.2
COD	64.6±54.1	40.3±27.5	31.4±9.3
氨氮	1.96±1.1	1.1±0.57	0.91±0.48
TN	3.1±2.7	1.8±1.2	2.1±0.8
TP	0.23±0.12	0.13±0.068	0.10±0.04

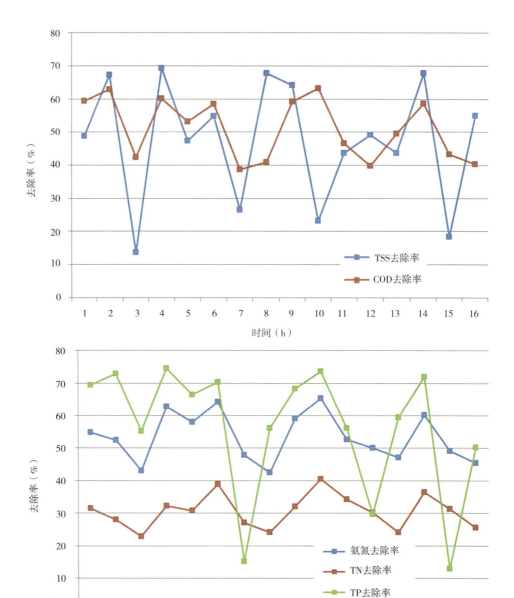

图23　污染物去除效率图

康居公园十六次降雨监测污染物去除效率一览表　　　　表6

分类	TSS去除率（%）	COD去除率（%）	氨氮去除率（%）	TN去除率（%）	TP去除率（%）
1	48.7	59.3	54.9	31.6	69.3
2	67.3	62.8	52.4	28.1	72.8
3	13.6	42.4	43.1	22.9	55.3
4	69.3	60.1	62.7	32.2	74.5
5	47.3	53.2	57.9	30.8	66.4
6	54.8	58.5	64.2	38.9	70.2
7	26.4	38.7	47.8	27.1	15.2
8	67.8	40.8	42.5	24.2	56.2
9	64.1	59.1	59.1	32.1	68.3
10	23.1	63.2	65.3	40.6	73.6
11	43.6	46.6	52.6	34.2	56.1
12	49.2	39.8	50.1	30.3	29.7
13	43.6	49.4	47.2	24.1	59.4
14	67.8	58.7	60.1	36.5	71.9
15	18.3	43.2	49.2	31.4	12.9
16	54.9	40.4	45.5	25.7	50.2

5.3 投资估算

昆山康居公园与江南理想海绵设施工程总投资为460万元，折合单位面积海绵设施工程投资约为44元/m^2，与传统绿化景观工程相比，折合单位面积增加工程投资约29元/m^2，造价没有明显上升，同时具备良好的生态景观效果。主要海绵设施单价为：人工湿地350元/m^2，生物滞留池1型700元/m^2，生物滞留池2型1200元/m^2，蓄水池1500元/m^3，植草沟50元/m^2。

5.4 项目总结

本项目在规划设计前期引入了与海绵城市建设理念高度契合的水敏性城市设计理念，并将公园绿地和建筑小区等多个功能片区进行统一规划设计，充分发挥海绵设施的雨水调蓄净化、景观效果提升、生物多样性提升等系统功能，避免项目破碎化。

建设单位：昆山城市建设投资有限公司

设计单位：艺普得城市设计咨询有限公司

设计策略与技术支持：澳大利亚国家水敏性城市合作研究中心（CRC for Water Sensitive Cities）、江苏省城市规划设计研究院、东南大学—蒙纳仕大学海绵城市联合研究中心

照片提供：昆山城投、艺普得公司

案例编写人员：周继春、曹万春、王世群、冯博、姚健、孙欣、金晓辰、石建刚、马惠中、王健斌、古少平

10 武汉市临江港湾小区改造

项目位置：武汉市青山示范区临江港湾社区
项目规模：6.03hm^2
竣工时间：2016年12月

临江港湾社区位于武汉市青山示范区"棚户区改造示范区"，区域属于亚热带季风气候，地下水位高，土壤以粉质黏土为主，下渗性差。社区主要存在雨污混接、局部渍水、雨水径流污染、景观品质较差等问题，根据下垫面分析和改造条件评估，结合居民的实际诉求，主要任务为：①进行雨污分流改造；②有效控制径流总量，削减面源污染，充分利用雨水资源，并兼顾景观提升。采用绿灰结合的海绵城市建设技术，选用雨水花园、透水铺装、雨水桶、渗管、调蓄模块等"蓄、净、用"为主的措施，实现年径流总量控制率70%，径流污染控制率70%，构建源头减排、控污、回用为先的海绵社区。

1 现状基本情况

临江港湾社区位于武汉市青山示范区"棚户区改造示范区"，社区是青山区21世纪初棚户区改造安居工程的典型社区，始建于2007年，占地面积约6.03hm^2，现有住户2700余户，约8000人。

1.1 区域竖向与排水分析

临江港湾社区位于东沙湖系统上游，社区整体高程北高南低，中间高两侧低，南侧为青山港沉砂池（武钢工业用水水源地，以下简称沉砂池），北侧、东侧、西侧均为市政道路，四周设有围墙，无客水进入；社区北部商铺屋面及门前铺装雨水直接排至北侧临江大道，因此社区汇水范围小于实际面积，为5.49hm^2，如图1所示。社区雨水通过现状雨水管网由北至南排至沉砂池，如图2所示。

图1 武汉市海绵城市建设总体布局图

图2 临江港湾社区排水分析图

1.2 下垫面情况

社区现状建筑密度较大、绿化面积可观，黄土裸露严重，局部铺装破损，海绵改造空间较大、需求强烈，下垫面情况见表1所列。

现状下垫面情况分析表　　　表1

下垫面	面积（m²）	占比（%）
建筑	12498	22.8
道路	11084	20.2
绿化	15188（其中黄土裸露3700）	27.6（6.7）
铺装	16131	29.4
合计	54901	100
综合雨量径流系数	0.634	

1.3 雨污水管网情况

（1）雨污分流情况：社区内部设计采用雨污分流制排水，但现状雨、污水管存在明显的混接现象。

（2）雨水管网情况：社区共3个主要排水口，分别汇入东西两侧市政主干管后，由北向南排入沉砂池。

1.4 土壤渗透情况

根据社区内地质勘探结果，社区土层以杂填土和粉质黏土为主（4m以内），渗透系数7.86~25.04mm/d，土壤下渗性较差；社区地下水位较高，约1.4~2.1m。

1.5 景观现状分析

社区居民中老人及小孩较多，现状活动场地不足，多数居民聚集在树下活动，草坪及绿化多有破坏。社区现有植物配置以本土树种为主，整体植物搭配较单一。

1.6 交通情况及其他

现状车行道为沥青路面，平均宽6m，布局较清晰合理，车行道环绕整个社区，形成"西进东出"的行车格局；现状人行道整体布局较为凌乱。

社区目前无地下车库，地面停车位不足；地下管网错综复杂。

2 问题需求分析

（1）削减污染需求：临江港湾社区所属的东沙湖系统河湖水网丰富，下游受纳水体为东湖，水质管理目标为Ⅲ类，但由于区域雨污水管网混接、面源污染导致水体受到污染，汇水范围内存在黑臭水体。社区位于汇水区源头，需进行管网混错接改造及下垫面改造，截流点源污染，削减径流污染。

（2）消除渍涝点需求：临江港湾社区紧邻沉砂池，外部排水条件良好，市政雨水管道未对社区造成顶托，除局部缺乏雨水管道的地方有积水之外，其余区域现状基本能达到有效应对50年一遇暴雨的标准。需采用源头减排、管网提标及地表有组织排水相结合的措施，消除渍涝点（图3）。

图3 社区排水现状平面图

图4 社区黄土裸露现状图

（3）雨水回用需求：临江港湾社区道路及绿化浇洒用水量较大，回用收集雨水在实现雨水资源化利用的同时也可促进源头减排。

（4）改善环境需求：临江港湾社区属于棚改还建老旧社区，现状景观品质较差，部分黄土裸露，有全面优化社区格局、改善生活环境、提升景观品质的需求（图4）。

3 海绵城市改造目标与原则

3.1 设计目标

3.1.1 体积控制目标

根据《武汉市青山示范区年径流总量控制规划》，进行指标的三级分解、四级控制。综合街区海绵设施建设或改造难度、内涝风险等因素，确定临江港湾社区年径流总量控制率为70%。

3.1.2 流量控制目标

根据《武汉市中心城区排水防涝专项规划（2012~2030）》要求，临江港湾社区属于内涝中风险区，社区内管渠设计标准为$P=2$年，设计内涝防治标准为有效应对50年一遇暴雨（日降雨303mm），如图5所示。

3.1.3 径流污染控制目标

临江港湾社区位于水质目标为Ⅲ类的湖泊汇水区，根据《武汉市海绵城市规划

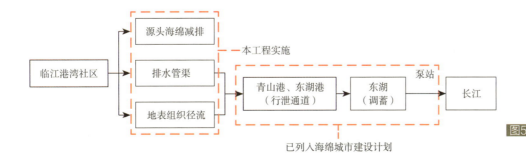

图5 临江港湾社区排水组织示意图

设计导则》，径流污染削减率为70%（以SS计）。

3.1.4 其他目标

污水收集率：根据《武汉市主城区污水收集与处理专项规划》，临江港湾社区属于落步嘴污水处理系统，规划排水体制为雨污分流制，污水收集率达到100%。

雨水资源化利用率：根据《武汉市海绵城市规划设计导则》，改造建筑与小区项目，雨水资源化利用率应达到25%以上。

环境综合改善：海绵改造完成后，社区环境整体得到提升，居民生活更加便利、舒适。

根据上位规划要求，并结合工程实际，确定详细设计目标，见表2所列。

临江港湾社区海绵城市建设目标　　　　表2

类别	水生态	水环境		水资源	水安全
指标	年径流总量控制率	径流污染控制率（以TSS计）	污水收集率	雨水资源化利用占比	内涝防治标准
目标	70%	70%	100%	25%	50年一遇

3.2 设计原则

3.2.1 系统构建，目标可达

统筹考虑社区海绵改造作为源头控制工程对系统海绵城市建设的贡献，保证区域海绵城市建设方案满足目标要求。

3.2.2 因地制宜，综合设计

以问题为导向，结合社区地形条件及实际问题，采取合适的海绵改造措施，跨专业、跨学科综合设计。

3.2.3 景观提升，长效维护

用景观化、可视化的表现手法实现海绵设施功能，整体优化社区景观格局；选取易于维护的海绵措施，便于后期运营管理。

3.2.4 精细施工、便民利民

精细化施工，保证海绵设施的有效性；文明施工，降低施工过程对居民生活的影响，争取民众支持和理解。

4 海绵设计

4.1 设计流程

本次海绵改造工程采用地面与地下改造相结合的形式，以问题为导向，因地制宜，解决居民实际诉求，确保达到海绵城市建设目标要求（图6）。

4.2 设计降雨

4.2.1 体积控制

据武汉市气象台1951年至今的资料统计，60多年来，武汉市多年平均降雨量1304.3mm，社区年径流总量控制率为70%，对应设计降雨量24.5mm，根据武汉市暴雨强度公式，相当于1年一遇1h最大平均降雨量（25mm），如图7所示。

4.2.2 流量控制

雨水流量计算：

$$Q = q \cdot \Psi \cdot F$$

式中　Q——雨水设计流量，L/s；

　　　Ψ——径流系数；

　　　F——汇水面积，hm²。

雨水流量采用2000年修编汉口地区暴雨强度公式计算：

$$q = \frac{885[1 + 1.58 \lg P]}{(t + 6.37)^{0.604}}$$

式中　q——设计暴雨强度，L/(s·hm²)；

　　　P——设计重现期，2年；

　　　t——降雨历时，min，$t = t_1 + t_2$，

　　　t_1——地面集水时间，采用t_1=5min；

　　　t_2——管道内流行时间，min。

设计内涝防治标准为有效应对50年一遇暴雨（24h降雨303mm）（图8）。

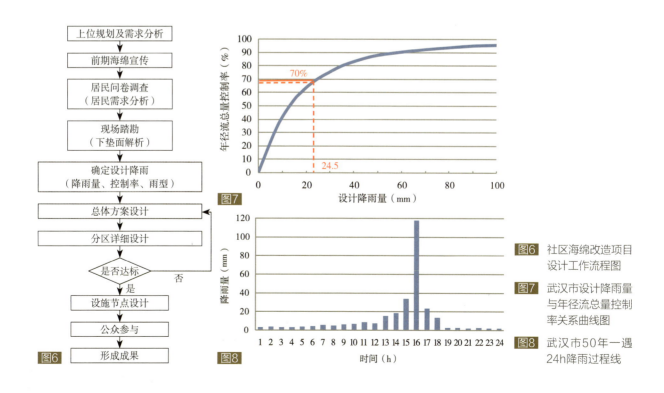

图6　社区海绵改造项目设计工作流程图

图7　武汉市设计降雨量与年径流总量控制率关系曲线图

图8　武汉市50年一遇24h降雨过程线

4.3 总体方案设计

4.3.1 雨污分流设计

对临江港湾社区现状管网进行系统的分析计算后,将现状雨污水管道系统改造(图9、图10):

(1)将错接的污水管断接后接入社区污水管,排入市政污水管收集至污水处理厂;

(2)将错接的雨水口接入社区雨水管;

(3)在缺少雨水管的区域按照P=2a的标准新建雨水管道;

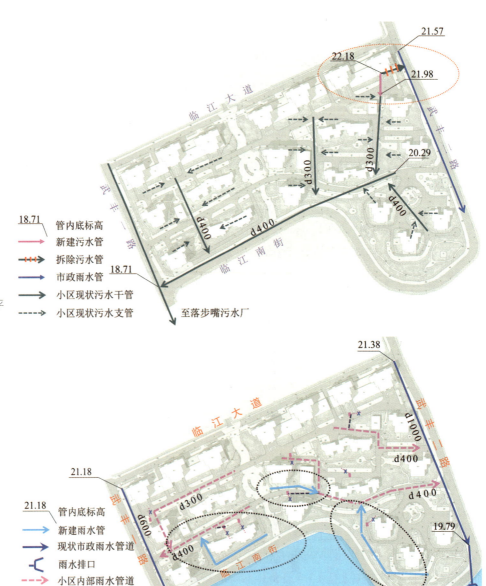

图9 污水系统改造平面图

图10 雨水系统改造平面图

（4）在渍水较严重的西南区，调整场地竖向，暴雨期间雨水可通过地表有组织自东向西排出小区。通过源头减排、新建管渠及地表径流行泄通道相结合有效应对50年一遇暴雨。

（5）对现状淤积的雨、污水管道进行疏通，保证排水畅通。

采用武汉市50年一遇的暴雨对社区的内涝防治能力进行模拟校核（表3、图11）。

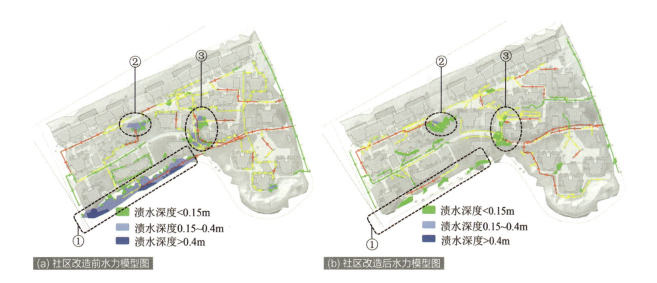

图11 社区改造前后水力模型图

(a) 社区改造前水力模型图

(b) 社区改造后水力模型图

社区改造前后渍水情况对比表　　　　　　　　　　　　　　表3

渍水区域编号	改造前			改造措施	改造后		
	渍水面积（m²）	渍水深度（m）	退去时间（min）		渍水面积（m²）	渍水深度（m）	退去时间（min）
①	2400	>0.4	75	（1）源头减排措施：增设透水铺装、透水停车位、雨水花园、渗管等 （2）新增雨水管道 （3）调整竖向，构建地表径流行泄通道	430	<0.15	<30
②	600	0.15~0.4	30~60	源头减排措施：增设透水汀步、植草沟	500	<0.15	<30
③	850	0.15~0.4	30~60	（1）源头减排措施：增设透水铺装、渗管 （2）新增雨水管道	400	<0.15	<30

4.3.2 径流控制量设计

依据划分的汇水分区图及每个汇水分区的下垫面情况，利用容积法（详见《海绵城市建设技术指南（试行）》）计算汇水分区设计径流控制量。现状综合雨量径流系数及径流控制量见表4所列。

社区现状径流控制量计算表　　　　　表4

汇水面积 （hm²）	现状综合雨量 径流系数	年径流总量 控制率	设计降雨量 （mm）	所需径流控制量 （m³）
5.49	0.634	70%	24.5	852.8

4.3.3 竖向设计及汇水分区

按照地形和现状雨水管道的走向分成3个主要汇水分区，分别为汇水分区A、B、C，其汇水面积依次为2.83hm²、1.06hm²、1.60hm²（图12）。

4.3.4 设施选择与工艺流程

考虑对下游水体及东湖的保护，本工程主要采用控污回用设施，同时兼顾排涝，因地制宜采用绿色、灰色相结合的措施达到设计目标。选用的主要措施有：雨水花园、透水铺装、调蓄模块、雨水桶、路缘石开口及渗管等，工艺流程如图13所示。

4.3.5 总体布局

（1）海绵设施布局

结合社区现状竖向因地制宜设置海绵设施，并合理设计海绵设施与既有地形、管线的高程关系，保证各海绵设施功能的有效性。设计降雨经绿色海绵设施收集后进入调蓄模块进行集中储存、处理及回用，超出设计降雨量的雨水通过溢流口排放至社区雨水管，最终经市政雨水管排入沉砂池（图14）。

（2）雨水回用设计

社区道路和绿化总面积为26271.5m²，取用水定额3.0L/（m²·d），日浇洒用水需求量为78.8m³，社区车辆共450辆，每辆车一周冲洗一次，取用水定额100L/（次·辆），日均用水需求量为6.4m³，故社区日均杂用水需求量为85.2m³。根据深圳市标准指导性技术文件《雨水利用工程技术规范》SZDB/49—2011，考虑雨水储存时间超过5d会

图12　社区高程及排水分区图

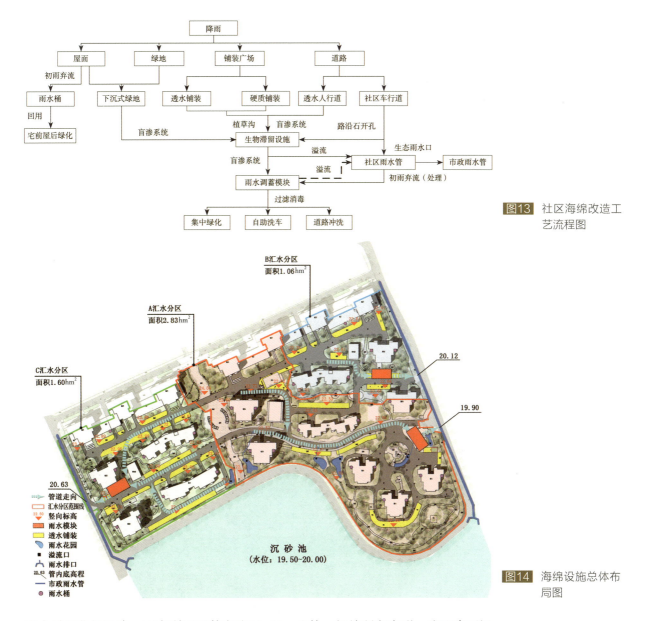

图13 社区海绵改造工艺流程图

图14 海绵设施总体布局图

有水质恶化的风险，雨水利用天数宜取3d~5d；此外，相关研究表明，武汉降雨间隔时间小于5d的降雨事件的年均降雨量占全年平均降雨量的比例超过65%，考虑武汉降雨量较为充足，为充分利用雨水资源，本项目雨水利用天数取5d。

在调蓄模块出口处设置一体式净化设备，沿集中绿化的区域敷设雨水回用管道，雨水经净化处理后用于社区绿化浇洒及道路冲洗，同时设置自助洗车点2处，将雨水处理后供居民洗车；非降雨期间，调蓄模块无法收集足够雨水，采用自来水补水（图15）。

4.4 分区详细设计

4.4.1 设施布局与径流组织——以A汇水分区为例

（1）子汇水区划分

依据现状地形标高及管道走向，合理组织径流路径，将此区域划分为10个子汇

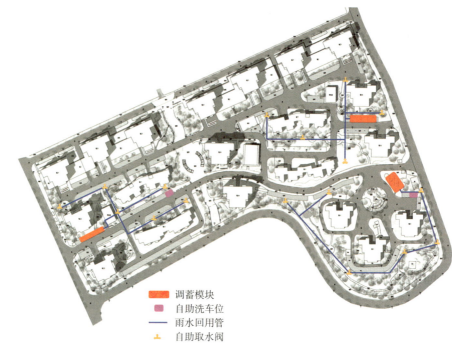

图15 雨水回用平面图

调蓄模块
自助洗车位
雨水回用管
自助取水阀

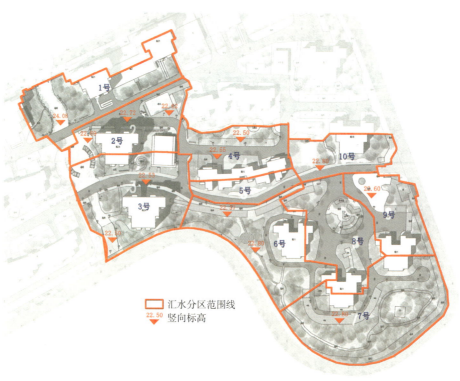

图16 A汇水分区子汇水分区划分图

汇水分区范围线
22.50 竖向标高

水分区（图16）。

（2）相关联子汇水分区（6号、7号）设施布局与径流组织

6号子汇水分区（面积3546m^2）整体地势较为平坦，部分绿化黄土裸露，铺装破损严重。设置雨水桶收集部分屋面雨水；结合现状黄土裸露区域设置雨水花园

165m²，有效收集屋面、园路雨水，实际汇水范围约4130m²；通过竖向的调整，将原高于道路的停车场高程降低，使路面、硬化铺装的雨水可通过地表径流的形式导入透水铺装，透水铺装实际汇水范围约1243m³；雨水花园底部采用渗管收集下渗雨水，溢流口收集超出设计降雨量的雨水，下渗雨水及溢流雨水均汇入社区雨水管。

7号子汇水分区（面积5019m²）中存在微地形，现状绿化大树较多，且高于周边道路及停车场；现状停车场由于转弯半径不足，基本处于凌乱废弃状态，堆放建筑垃圾。将废弃的停车场整体进行透水改造，增大转弯半径，提高停车场利用率；微地形部分雨水通过地表径流汇入透水停车场下渗、净化，透水停车场实际汇水范围为1535m²。

7号子汇水分区地势高于6号子汇水分区，将部分雨水径流通过植草沟引流至6号子汇水分区的雨水花园中进行消纳，7号子汇水分区汇入6号进行消纳的实际面积为584m²（图17）。

（3）A汇水分区设施布局与径流组织

在汇水分区A集中绿化部分布置雨水花园，并调整其周边竖向利于收集雨水；停车位、人行道、活动广场均因地制宜地进行海绵改造。各汇水分区雨水通过海绵设施净化处理后，由管道收集，进入调蓄模块（图18）。

4.4.2 径流控制量计算与达标评估

（1）6号、7号子汇水分区设计径流控制量

统计其下垫面，下垫面雨量径流系数 φ 参照《武汉市海绵城市规划设计导则》，同时综合考虑武汉市土壤下渗情况进行取值。两汇水分区的设计径流控制量，详见表5所列。

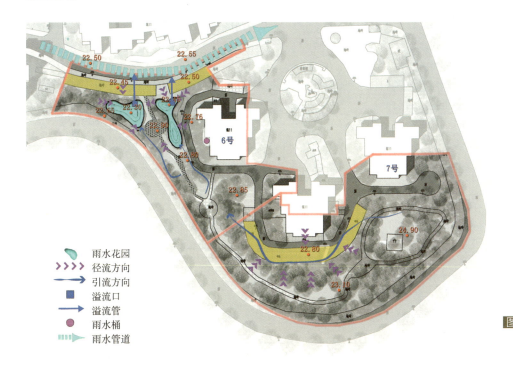

图17 6号、7号汇水分区设施布局与径流分析图

图18 A汇水分区设施布局与径流分析图

6号、7号子汇水分区设计径流控制量计算表　　　表5

下垫面类型	6号汇水分区		7号汇水分区	
	面积（m²）	雨量径流系数	面积（m²）	雨量径流系数
硬质屋顶	350.0	0.90	610.0	0.90
沥青道路	233.8	0.90	234.9	0.90
绿化	1773.0	0.15	2509.5	0.15
透水铺装	480.0	0.25	460.0	0.25
硬质铺装	709.2	0.70	1204.6	0.70
合计	3546.0	$\varphi=0.40$	5019.0	$\varphi=0.42$
设计径流控制量（m³）	34.49		51.33	

（2）6号、7号子汇水分区实际径流控制量

根据计算，6号子汇水分区地面海绵设施最大可实现径流控制量42.24m³，详见表6所列。

6号子汇水分区实际径流控制量统计表　　　表6

地面设施类型	占地面积（m²）	数量（个）	实际径流控制量（m³）
雨水桶	—	1	0.75
透水铺装	940.0	—	0
雨水花园	165	—	41.49
合计	—	—	42.24

注：考虑雨水花园渗透量0.24m³，其中土壤渗透系数$K=17.28$mm/d，下渗时间取2h。

由于场地局限，7号子汇水分区无法设置雨水花园、雨水桶等调蓄设施，仅进行地面渗透铺装改造，6号子汇水分区实际径流控制量在满足自身子汇水分区达标的基础上，消纳7号子汇水分区雨水7.75m³，子汇水分区间形成联动，7号子汇水分区其余雨水通过雨水管网收集至A汇水分区末端地下调蓄设施进行集中储存。

（3）A汇水分区达标分析

根据各子汇水分区内设施实际汇水面积、径流控制量，分别计算10个子汇水分区径流控制缺口或富余，径流控制缺口可先通过各子汇水分区关联平衡，再进入A汇水分区末端地下集中调蓄设施进行补偿，得到区域年径流总量控制率（表7）。

汇水分区A径流控制量设计校核表　　表7

子汇水分区编号	汇水面积（m²）	设计径流控制量（m³）	地面海绵设施实际径流控制量（m³）	缺口（m³）	末端地下调蓄设施容积（m³）	总设计径流控制量（m³）	可控制降雨量（mm）	年径流总量控制率（%）
1	3246.0	42.47	20.61	263.59	270.00	389.91	24.9	70.3
2	2456.0	42.59	0.75					
3	4032.0	58.90	1.50					
4	2289.0	29.82	0.00					
5	1047.0	14.45	0.75					
6、7*	8565	85.82	42.24					
8	2950.0	56.10	18.36					
9	1954.0	30.17	17.35					
10	1746.0	23.18	18.35					
合计	28285.0	383.50	119.91					

*：6号、7号子汇水分区径流相互关联，故合并计算。

A汇水分区雨水经收集净化后，用于绿化浇洒、自助洗车、道路冲洗。经计算，A汇水分区5日杂用水需求量为226.30m³，调蓄缺口263.59m³，综合考虑年径流总量控制目标，取调蓄缺口作为调蓄模块的设计容积。根据场地条件，调蓄模块实际可调蓄容积为270m³。

雨水经调蓄模块处理后应符合生活杂用水水质标准，满足《建筑与小区雨水利用工程技术规范》GB 50400—2006、《城市污水再生利用城市杂用水水质》GB/T 18920—2002的规定。

（4）社区整体达标分析

参照A汇水分区，B、C汇水分区中各子汇水分区雨水通过海绵设施补偿与平衡设计，实现各汇水分区内达标，最终通过加权平均实现临江港湾社区整体达标，指标计算详见表8所列，径流关联性分析如图19所示。

社区海绵改造后设计校核汇总表　　　　表8

	汇水分区A	汇水分区B	汇水分区C	合计
汇水范围（m²）	28285.0	10641.0	15975.0	54901.0
设计径流控制量$V_0=10H\Psi F$（m³）	383.5	166.4	240.9	790.8
实际总径流控制量V（m³）	389.9	167.5	249.8	807.2
超出或仍需径流控制量ΔV（m³）	超出6.4	超出1.1	超出8.9	超出16.4
实际年径流总量控制率（%）	70.3	70.0	70.5	70.3

4.5 设施节点设计

（1）雨水桶：雨水立管下端设置初期雨水弃流设施，将屋面的渣和初雨弃流后再排入雨水桶；单个雨水桶有效蓄水容积为0.75m³，雨水桶应配备溢流和回用通道（图20）。

（2）透水铺装：结构层自上而下为透水砖、透水混凝土、开级配碎石，由于社区内土壤下渗能力差，故设置渗管将下渗雨水进行收集（图21）。

（3）雨水花园：自上而下包括蓄水层、树皮、种植土、砂滤层、级配碎石层，雨水花园高程低于周边地面，雨水通过地表径流汇流其中。设置溢流口将超出设计降雨量的雨水排至社区雨水管网，雨水花园超高0.1m，蓄水层平均有效水深0.25m（图22）。

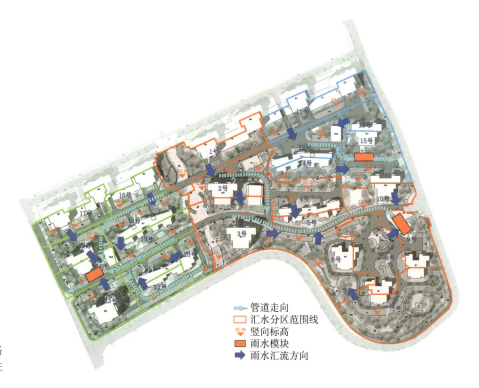

图19　临江港湾社区各片区汇水关联性分析图

图20 雨水桶示意图

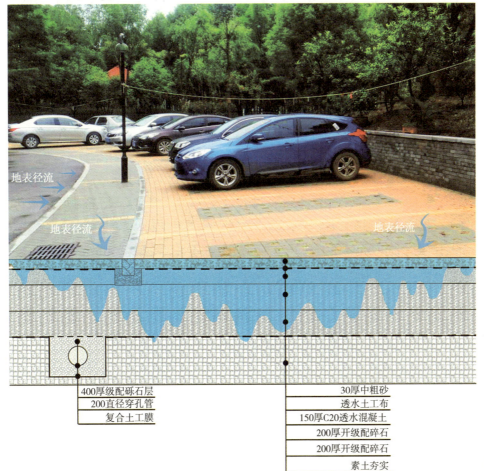

图21 透水铺装径流及结构图

图22 雨水花园径流及结构图

4.6 施工过程及要点

4.6.1 整体竖向控制

海绵城市施工有别于传统市政项目施工,需统筹排水、园林等各专业,严格按照设计控制社区道路、铺装、雨水花园、溢流口及雨水管等竖向关系,精细化施工,确保透水铺装可有效渗滞雨水,雨水花园可有效接纳并蓄净雨水,溢流口可有效排放超出设计降雨量的雨水,调蓄模块可有效收集并回用雨水,形成科学有效的海绵体系。

4.6.2 单项设施施工

(1)雨水花园

雨水花园土层厚度、土壤性能及整体构造应满足设计要求;应覆盖树皮、树叶等对土壤进行保水;选择合适的季节栽种植物,确保其长势良好。

(2)透水铺装

透水砖铺砌应平整、稳固,不应有污染、空鼓、断裂等外观缺陷,不得有翘动现象;由于武汉市地下水位较高,土壤下渗性较差,在透水铺装下设置渗管,将难以下渗的雨水排入外部管道,防止对路基造成影响。

(3)调蓄模块

调蓄模块地基处理应保证其有足够的承载能力,并减少因基础的不均匀沉降

图23 施工现场图

对水池结构的影响；地下水位较高时，施工时应根据当地实际情况采取抗浮措施；PP模块安装时要求每层模块上下、前后、左右方向均要一致。

单项设施施工如图23所示。

5 建成效果

5.1 工程造价

本工程包含雨污水分流制改造工程、下垫面改造及地下调蓄工程。临江港湾社区地下水位高，土质情况复杂，临近长江，采用了土壤换填、基础处理、拉森钢板桩等措施，总投资约1200万元，每平方米投资约200元，关键设施单价详见表9所列。

关键设施单价表　　　　　　　　　　　　　表9

设施名称	结构或组成	综合单价
透水人行道	透水砖、砂层、土工布、透水混凝土、碎石等	410元/m²
透水停车位	透水砖、砂层、土工布、透水混凝土、碎石等	550元/m²
透水混凝土	透水混凝土、砂滤层、碎石、土工布等	580元/m²
雨水花园	蓄水层、树皮、种植土、砂滤层、土工布、土壤处理等	480元/m²
渗管	土工布、砾石层、砂垫层等	380元/m
雨水桶	雨水桶、前置处理设施	2000元/个
调蓄模块	PP模块、支护、土工布（膜）、设备间、清水箱、施工安装指导等	3000元/m³

5.2 改造前后对比

社区节点设计将居民需求与海绵城市理念相结合，形成舒适的海绵化休闲活动空间。

（1）将现状人为踩踏的黄土裸露区域铺砌成汀步、砾石广场，两侧结合细叶芒、花叶美人蕉、花叶鸢尾等植物形成花园式怡人小景，满足居民的休闲需求（图24）。

（2）停车位透水改造的同时，将原来未充分利用的停车位进行合理化设计，从而提高社区停车位利用率，缓解停车难的问题。在集中停车处设置自助洗车位，将收集的雨水经净化处理后用于社区居民洗车（图25）。

（3）社区内部现状缺乏儿童活动区域，南侧低凹积水区域改造成透水混凝土广场，增设儿童活动设施；并在两侧设置雨水花园，使绿地高程低于活动广场，利于周边雨水汇入。儿童活动广场作为海绵城市建设理念的载体和宣传窗口，对社区居民、孩童进行科普教育（图26）。

（4）因地制宜将湿滑破损的人行道进行透水铺装改造，宅前屋后的区域改造将

图24 透水汀步改造前后对比
图25 透水停车场改造前后对比

景观与功能相结合（图27、图28）。

5.3 场降雨监测数据分析

社区内安装监测站点一处，位于A汇水分区排口末端，如图29所示，监测数据

图26 儿童广场改造前后对比

图27 人行道改造前后对比

图28 宅前铺装改造前后对比

图26

图27

图28

图29 监测点位示意图

包括雨量、流量。

以2016年6月24日降雨为例,分析该汇水分区海绵改造措施的效果,具体数据详见表10所列,对于该实际场降雨事件的监测结果,海绵设施达到了设计降雨量要求,即可达到年径流总量控制率目标。

实测降雨量及汇水区排口外排量数据一览表　　　　表10

时间	日降雨量（mm）	汇水区降雨总量（m³）	实测径流外排量（m³/mm）	实际控制降雨量（m³/mm）
2016.6.24	39.5	1117.85	186.6/6.59	931.25/32.91

5.4 模型演算分析

本项目利用InfoWork ICM软件建立临江港湾社区排水系统模型,主要用于年径流总量控制率、年径流污染削减率、峰值削减及区域排水防涝能力的演算和校核。社区管网总长1517m,根据社区排水特点划分汇水区总计64个。

5.4.1 典型年年径流总量控制率与面源污染削减率演算

本文采用典型年（2013年）实测降雨进行模拟计算,实测降雨5min时间间隔降雨序列,总降雨量1188.5mm。但由于典型年降雨的特殊性,不能就此判定社区是否达标。实际工程中应采用30年的连续降雨（min或h为步长）进行模拟分析,方能确定达标与否。

本文参照《分布式城市降雨径流面源污染模拟及预测研究》中社区地表沉积物进行取值,临江港湾社区地表初始污染物质量取值为70kg/hm²,地表沉积物最大累积值为100kg/hm²。

(1) 改造前

对社区现状下垫面进行解析，经模型计算，外排径流总量、峰值流量、污染物总量等结果详见表11所列。年径流总量控制率=1-（15276+26746）/（1188.5×5.49×10000/1000）=35.6%。

模型分析计算表（现状） 表11

出水口	外排径流总量（m³）	峰值流量（m³/s）	SS（kg）	COD_{Cr}（kg）	氨氮（kg）	TP（kg）
西侧	15276	0.24	186.4	550.9	346.5	9.2
东侧	26746	0.33	332	956.5	600.2	16.5
合计	42022	—	518.4	1507.4	946.7	25.7

(2) 改造后

将改造后下垫面及各类海绵设施输入模型，进行计算，外排径流总量、峰值流量、污染物总量等结果详见表12所列，年径流总量控制率=1-18965/（1188.5×5.49×10000/1000）=70.9%，海绵改造工程实施后相对现状污染物削减达70%以上，外排峰值流量不大于现状。

综上，对于实际1年连续降雨，社区现状年径流总量控制率为35.6%；海绵改造后，年径流总量控制率达到70.9%，各类污染物相对削减率均达70%以上。

模型分析计算表（改造后） 表12

出水口	外排径流总量（m³）	峰值流量（m³/s）	SS（kg）	COD_{Cr}（kg）	氨氮（kg）	TP（kg）
西侧	7155	0.24	25.7	69.7	52.5	1.26
东侧	11810	0.149	81	242.5	138.6	3.85
合计	18965	—	106.7	312.2	191.1	5.11
相对现状削减率	—	—	79.4%	79.3%	79.8%	80.1%

5.4.2 峰值削减校核

采用芝加哥雨型，在2年一遇历时3h的设计降雨条件下，通过改造前后对比曲线可以明显看出（图30），改造前峰值流量0.45m³/s，改造后峰值流量0.097m³/s，峰值削减78.4%；改造前出现峰值流量时间在55min，改造后出现峰值流量时间为90min，峰值滞后45min。

5.5 雨水资源化利用率核算

本案例采用"雨水利用量替代的自来水比例"进行雨水资源化利用率核算。

将调蓄模块收集的雨水用于绿化浇洒、道路冲洗及自助洗车，改造后社区

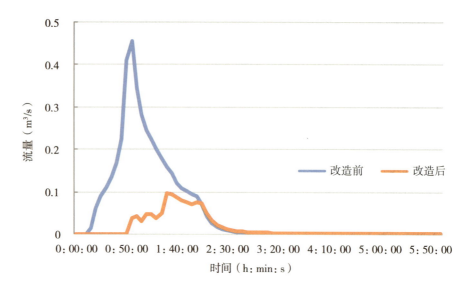

图30 改造前后流量过程曲线对比图

内杂用水总需求量为31113.7m³。按月进行年水量平衡计算，社区年均降雨量为71595.1m³，年径流总量控制率为70%，即年均控制降雨量为50116.56m³；其中社区绿色源头海绵设施控制30077.96m³，模块可收集雨水量为20038.6m³，年均实际雨水利用总量为12944.9m³。

雨水资源利用率=雨水利用总量（12944.9m³）/自来水总需求量为（31113.7m³）=41.6%。

5.6 经济效益分析

本工程通过计算社区改造前与改造后道路及绿地浇洒、维护费用，并考虑自助洗车位收益，初步评估海绵改造经济效益，详见表13所列。

社区海绵改造前后维护费用一览表　　　　表13

		改造前	改造后		
			常规	海绵	合计
开支（万元）	浇洒用水费用	5.70	2.28	0.34	2.62
	绿化养护费用	22.30	21.56	1.10	22.66
	铺装养护费用	—	—	4.67	4.67
	雨水净化费用（加药、电耗、维修等）	—	—	5.33	5.33
	小计	28.00	23.84	11.44	35.28
收益（万元）	自助洗车位			9.36	9.36
需支出费用（万元）		28.00	23.84	2.08	25.92

经计算，雨水回用每年可节约自来水费约3万元，透水铺装、雨水花园及调蓄模块等海绵设施需进行长效管理，在一定程度上增加后期维护费用，综合海绵设

施维护费及自助洗车位收益，社区进行海绵化改造后每年可节约运行管理费用约2万元。

5.7 经验总结

海绵城市是城市建设理念的转变，旨在优先利用生态排水设施，尽最大可能使城市开发建设后水文特征接近开发前。海绵城市建设应贯穿一条主线，抓好两个结合，坚持三个重点，梳理四个关系，实现五项示范（图31）。

（1）老旧社区海绵改造是一个系统工程：强调源头减排系统、城市排水管渠系统及排涝除险系统的耦合，结合地上地下改造措施，统筹上下游关系，协调给排水、园林景观及道路等多专业合作，系统构建海绵社区。

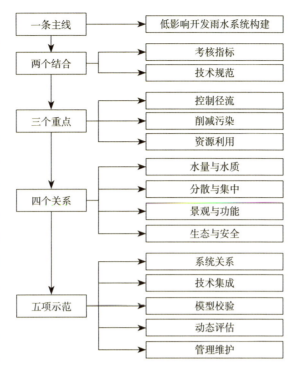

图31 海绵城市建设总体思路

（2）老旧社区海绵改造是一个综合工程：不能为了海绵而海绵、一味追求海绵建设目标，应充分发挥绿地、铺装及水体对雨水的吸纳、滞蓄及缓释作用，协调修复区域水生态系统，改善居民生活环境。

（3）老旧社区海绵改造是一个民生工程：老旧社区海绵改造以问题为导向，切实解决社区现状存在问题，并与其他民生工程同步，使海绵城市建设切实做到亲民利民。

管理单位：武汉市城乡建设委员会
　　　　　武汉市水务局
建设单位：青山区水务局
设计单位：泛华建设集团有限公司湖北设计分公司
案例编写人员：颜二茧、郭亚琼、孙中明、刘剑华、喻俊、张颖新、张建新、
　　　　　　　张敏、徐娜、吴丽梅

11 南宁市石门森林公园及周边小区联动海绵化改造

项目位置：南宁市青秀区
项目规模：87.8hm²
竣工时间：2016年3月

1 现状情况分析

1.1 基本概况

1.1.1 区位特点

石门森林公园项目位于南宁市青秀区，地处民族大道东段南侧，国际会展中心东侧，青秀山风景区北侧，青秀路西侧。该项目处在南宁海绵城市建设试点区域中部，是雨水资源综合利用示范区的重点建设项目。项目区域及在试点区的位置如图1所示。

1.1.2 项目组成

石门森林公园项目含1个公园即石门森林公园，5个小区，分别是凯悦国际、龙曦山庄、倚林佳园、山水方园、右江花园，均为已建成小区。整个项目占地87.8hm²，其中石门森林公园面积63.2hm²。

1.1.3 地形地势

石门森林公园项目为丘陵地貌，地形整体起伏较大，公园东侧、南侧、西侧均有山体。公园最高点位于南部区域，高程为140m，最低点位于西侧边缘陡坡底部，高程为68m。项目区域高程如图2所示。

1.1.4 土壤特性

石门森林公园项目处在膨胀岩土分布区，岩土类型多种多样，主要为填土、第四系冲洪积的黏性土、碎石土以及第三系泥土等。表面天然土层多为黏土和粉质黏土，透水性能差。

图1 项目区域及在试点区的位置

1.1.5 水体水质

项目范围内主要水体为明湖,水面面积2.3hm^2,其水源主要为公园内的泉水和雨水径流。现状明湖水体水质良好,除TN超标外,其他指标均能满足地表Ⅳ水水质标准。

1.2 项目汇水分析

石门森林公园项目是由越秀路、青秀路、会展路及民族大道南侧小区形成的围合区域,公园与5个已建成小区形成一个相对独立的汇水区域,明湖为区域内最低点,除少量山脊线外侧区域,大部分场地雨水径流最终汇入明湖。周边道路雨水均由雨水管网收集,不进入本汇水区域范围。

项目海绵改造前,周边小区的雨水经小区雨水管网收集,直接排入周边市政雨水管网,而经过项目场地竖向分析,除凯悦国际西侧部分径流雨水进入会展路雨水管网外,项目内4个已建成小区径流雨水具备通过雨水管网将雨水汇入石门森林公园的条件。改造后项目雨水汇流方向如图3所示。

2 问题分析

2.1 小区改造难度大,源头减排达标难

石门森林公园周边小区多为入住超过10年的老旧小区,普遍存在建筑密度大、

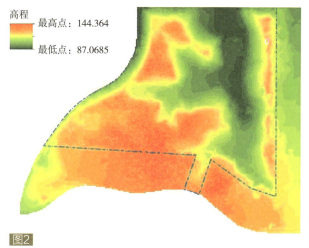

图2 项目区域高程图
图3 石门森林公园项目汇水分析图

绿地率低和不透水铺装率高等问题。经分析计算，凯悦国际、龙曦山庄、山水方园、倚林佳园和右江花园小区综合雨量径流系数分别为0.41、0.59、0.65、0.60和0.53，现状综合雨量径流系数较大。另外，根据现场踏勘发现，小区地下均建有地下停车场，且顶层覆土薄，渗透条件差，雨水源头减排的改造空间有限，很难单独满足《南宁市海绵城市规划设计导则》对建筑与居住小区年径流总量控制率的要求。

2.2 面源污染对明湖水质冲击大

石门森林公园范围内没有污水直排现象，由于小区径流污染减排难度大，小区雨水接入公园后，周边小区雨水汇流带来的污染和公园内路面雨水径流污染将成为明湖水体的主要污染源。根据现状调查发现，公园内路面的雨水没有经过任何净化措施，直接汇集到明湖；周边小区与公园明湖水体之间虽有绿地隔开，但是对雨水的滞留和净化能力有限。夏季高温时，明湖多次出现富营养化现象，如果不对雨水径流污染加以控制，明湖水体水质有持续恶化的趋势。

3 海绵城市建设目标与指标要求

根据南宁市海绵城市试点建设对本片区的功能定位和指标要求，石门森林公园项目海绵城市建设指标如下：

（1）项目年径流总量控制率不小于80%，对应设计降雨量为33.4mm。南宁市年径流总量控制率对应的设计降雨量曲线如图4所示。

（2）项目SS削减率不低于50%。

（3）明湖水质不低于《地表水环境质量标准》GB 3838—2002 Ⅳ类水标准。

（4）雨水资源利用率不低于10%。

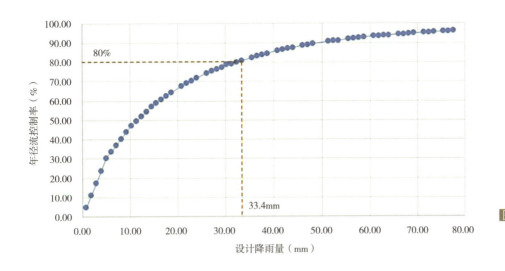

图4 南宁市年径流总量控制率与设计降雨量对应关系曲线

4 海绵城市建设技术思路及总体方案

4.1 技术思路

项目针对小区改造难度大，源头减排达标难的问题，在小区海绵化改造的基础上，将超过小区海绵设施控制能力的径流雨水，转输至石门森林公园进行消纳，以达到项目雨水径流整体控制目标。对转输到石门森林公园的客水，设置雨水花园、旱溪和雨水湿地等海绵设施进行多级净化，并结合明湖的循环净化处理，共同保障明湖水质，最终实现项目海绵建设的目标。技术思路如图5所示。

4.2 总体方案

（1）周边小区与公园径流控制整体平衡

按照生态优先、系统治理的原则，将周边小区与石门森林公园的雨水进行径流

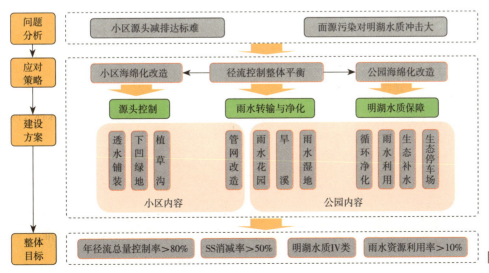

图5 技术思路

控制整体平衡，使整个汇水片区满足年径流总量控制率的要求。项目整体平衡后，各地块的年径流总量控制率如图6和表1所示。

石门森林公园项目径流控制指标表　　　　　　表1

名称	面积（m²）	年径流总量控制率（%）		SS削减率（%）
凯悦国际	137901	70.0		52.5
龙曦山庄	18205		60.0	
山水方园	23647	小区与公园整体平衡：85	55.0	55.3
倚林佳园	50117		50.0	
右江花园	16667		55.0	
石门森林公园	632000	87.0		
合计	878537	83.0		54.0

为保障项目内小区径流雨水能进入公园，达到径流控制整体平衡的目的，需对小区内雨水管网改造，调整雨水管网排水方向，使雨水通过重力流方式进入公园。改造后周边小区雨水径流路径如图7所示。

（2）公园客水调蓄及水体防污染措施

利用明湖本身的容量（现状库容约8万m³）对客水及公园雨水径流进行调蓄，通过湖体溢流口设置的可调节闸门，对湖体水位进行控制，在保证明湖最低水位的前提下，实现汛期和旱季的不同调蓄调度。

小区汇入公园的客水每年可达10.89万m³，为保障明湖水质达标，需要对客水进行有效的净化。主要措施一是在客水接入公园处设置沉砂井，对入园雨水进行初步净化处理；二是充分利用石门森林公园中林地（面积28.6hm²）和草地（面积9.1hm²），设置雨水花园和旱溪等，进一步降低汇入雨水的污染物总量，在进入明湖前基本达到与明湖水质相当的水平。

图6　年径流总量控制率目标图

图7　改造后周边小区雨水径流路径图

5 海绵城市建设详细方案

本项目的海绵城市建设利用石门森林公园空间接纳周边小区客水，并利用生态设施和明湖将引入的客水进行充分净化和调蓄，实现了项目整体径流总量控制的目标。

本项目的海绵城市建设内容包括：小区海绵化改造和石门森林公园海绵化改造。

5.1 小区海绵化改造

公园周边小区有凯悦国际、龙曦山庄、山水方园、倚林佳园、右江花园，均为已建成多年的高密度小区，地下室边界与小区红线重合，进行海绵化改造条件有限。除凯越国际外，均难以满足海绵建设年径流总量控制的目标要求。项目通过小区海绵化改造，在因地制宜地尽量提高小区内雨水蓄滞能力的基础上，充分利用自然地势条件，将小区内不能消纳的雨水径流导向石门森林公园进行净化和调蓄。下面以倚林佳园海绵建设工程为例，介绍本项目中小区海绵化改造的具体做法。

倚林佳园位于南宁市青秀区青秀路及越秀路交汇处，北侧为石门森林公园，南侧为越秀路，西侧为金盛时代，东侧为山水方园。现状有住宅楼共17栋，最高为12层框架结构，项目用地面积为50117.0m²，小区内绿地面积1.89万m²，绿地率31.81%。

经现场踏勘及分析，倚林佳园存在以下问题：小区建筑密度高，可供海绵化改造的地面空间有限；小区缺失雨水径流控制设施，雨水直接排入市政雨水管网。

本小区下垫面包括屋面、绿地、水景和硬质铺装路面等，海绵化改造措施主要为下沉式绿地、植草沟、透水铺装及雨水管网改造。雨水汇水路线如图8所示。

主要做法如下：沿道路两侧布置植草沟，下凹深度为150mm，总面积80m²；将小区内花园改造为下沉式绿地，下凹深度为150mm，总面积200m²；进行人行道透水铺装改造，总面积640m²；改造倚林佳园小区东侧雨水管，将雨水管接入石门森林公园。改造前后雨水流向如图9所示。

经过小区的整体海绵化改造，结合现有调蓄景观水池，总调蓄容积达到340.4m³，可实现年径流总量控制率51%。倚林佳园海绵设施布局如图10所示。

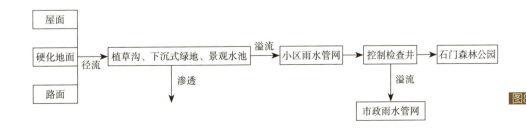

图8 小区雨水汇水路线图

图9 小区雨水流向图

(a) 改造前

(b) 改造后

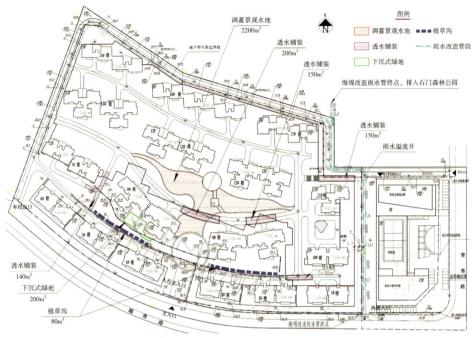

图10 倚林佳园海绵设施布局图

5.2 公园海绵化改造

石门森林公园总面积63.2hm^2，园内林木茂密，环境幽静，森林覆盖率高达80%以上。公园为丘陵地貌，地形起伏较大，东侧、南侧及西侧均有山体。公园海绵化改造主要内容有：雨水径流污染控制、雨水利用系统、生态补水系统和生态停车场。

（1）雨水径流污染控制

公园需要控制的雨水径流污染主要来自两个方面：一是公园内部产生的雨水径流，通过已有集水边沟和新建植草沟、草渠等进入明湖；二是周边小区进入公园的客水，这部分雨水径流是控制的重点。

客水进入公园后，首先经过雨水花园的滞蓄处理，然后通过旱溪进入雨水湿地进一步净化，最终排入明湖，净化流程及径流路径如图11所示。

周边小区客水主要通过2处进入公园：公园南门附近和公园东南角。

在公园南门下设置1号雨水花园，面积为1964m^2。蓄水深度设计为100mm，设置100mm砂层防止砂质壤土流失，设置300mm砾石层便于排水和调蓄，用穿孔管引导溢流雨水下渗至下游管道。小区客水在雨水花园中，通过水生植物净化后通过溢流管进入1号旱溪，如图12所示。

将东南区原有老旧泉眼水池和附近谷地改造为2号雨水花园，面积1776m^2，蓄水深度设计为100mm，设置100mm砂层防止砂质壤土流失，设置300mm砾石层便于排水和调蓄，通过溢流进入2号旱溪，如图13所示。

1号旱溪和2号旱溪主要功能为传输2个雨水花园净化后出水，以及暴雨时雨水

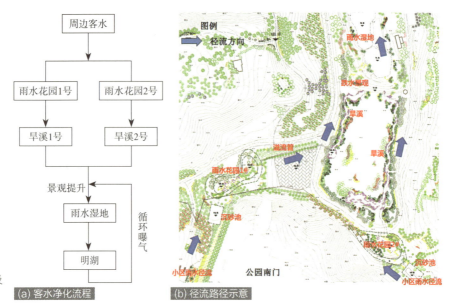

图11 客水净化流程及径流路径图
(a) 客水净化流程　(b) 径流路径示意

图12 1号雨水花园示意图

图13 2号雨水花园示意图

花园的溢流出水。两条旱溪宽度均为2m，深度约0.4m，以溪水植物和鹅卵石打造生态景观，根据微地形适当弯曲以降低流速，两侧配置低矮灌木等景观植物品种，如图14所示。

雨水径流通过旱溪进入雨水湿地系统。雨水湿地系统的设计结合场地高程，充分利用低洼地形，以及北侧陡坎高差，形成梯级处理，对客水进行净化后排入明湖。同时，为保障明湖的水质，采用4台潜水泵（$4 \times 115 m^3/h$）经管道分东西两侧从明湖抽水至湿地上部，经过跌水进入湿地循环净化。雨水湿地面积2062m^2，设计平均水深0.5m，如图15所示。

公园内雨水径流通过新建、改建现有的集水沟，过滤径流中的泥沙，后通过4个雨水口进入明湖，在进入明湖前设置沉砂井，对泥沙进行进一步截流和沉淀，降低泥沙含量，如图16所示。

（2）雨水利用系统

本项目中所有雨水径流汇集至明湖，经明湖调蓄后溢流至下游雨水管网。通过对明湖的调蓄控制，可将项目范围内80%以上的年降雨量存储，作为公园绿化、冲厕及浇洒用水的水源。本项目建设了雨水综合利用系统，实现了从明湖取水、高位调蓄、供水管网和用水终端的自动化控制，如图17所示。

图14 旱溪示意图
图15 雨水湿地示意图
图16 公园内雨水径流处理设施
图17 雨水综合利用系统图

图14

图15

(a) 路边植草沟

(b) 路面雨水排水通道

图16

图17

(3)生态补水系统

明湖来水量包括4个部分,即泉水、周边小区雨水客水、公园自身雨水径流以及湖面收集的降雨。

①泉水:根据监测资料,结合现场调研,测算全年汇入明湖的泉水共计47.30万m^3。

②周边小区客水:根据每个小区的总平面,分别测算综合雨量径流系数,使用面积加权平均后,计算得到可引入公园的水量为10.89万m^3。

③公园自身雨水径流:取公园综合雨量径流系数为0.4,计算得到公园绿地可收集的雨水为21.96万m^3。

④湖面收集的降雨:明湖湖面2.3hm^2,湖面收集降雨2.99万m^3。

每年进入明湖的水量共计83.14万m^3,其中雨水收集量为35.84万m^3。明湖全年蒸发量约为3.27万m^3,园区全年需水量包括绿地浇洒、道路广场浇洒以及公厕用水等23.50万m^3,雨水资源利用率达到20.5%。另外,每年可以向下游民歌湖补水56.37万m^3。

明湖调蓄系统设计最高水位90.30m,设计常水位89.80m,设计最低水位88.80m,现状溢流口水位89.80m,实际水位为89.50m。向民歌湖补水方式为:雨季时,来水量充足,公园自身用水量较少,水位超过溢流口水位时,将自然溢流至民族大道雨水管道;旱季时,来水量不足,公园绿化用水量增大,水位无法达到溢流高度,需要根据景观和生态需水量要求,设定最低水位,在达到最低水位之前,通过泵站或者调蓄池向下游补水。

(4)生态停车场

将原有混凝土停车位改造为植草格停车位,雨水可通过沥青路面下渗,达到雨水入渗、净化的目的。将原状停车场绿化带改造为生物滞留设施,雨水通过路面、停车位进入滞留设施进行滞留、净化,多余的雨水则通过穿孔管排至市政管网。生态停车场平面如图18所示。

图18 生态停车场平面图

6 海绵城市建设显效情况

6.1 径流总量及污染控制

通过小区、公园的海绵化改造，项目整体年径流总量控制率为83.8%，SS削减率为54.5%，满足海绵城市建设的目标要求，见表2所列。

海绵控制指标复核表　　　　　　　　　　表2

名称	面积（m²）	年径流总量控制率（%）		SS削减率	
		目标值	实际值	目标值	实际值
凯悦国际	137901	70%	72.3%	52.5	54.2
龙曦山庄	18205	小区与公园整体平衡：85	61	55.3	55.4
山水方园	23647		55		
倚林佳园	50117		51		
右江花园	16667		58		
石门森林公园	632000		87		
合计	878537	83	83.8	54.0	54.5

通过实际水质对比，项目范围内各小区进入公园的客水通过公园内的相关海绵设施后，水质得到明显改善，如图19所示。

6.2 景观效果提升

通过项目的海绵化改造，系统梳理和组织了公园雨水净化系统，通过植物的合理布局，形成了不同的公园景观特色，石门森林公园景观效果提升明显（图20~图22）。

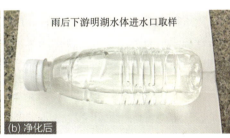

图19 雨水净化前后对比

图20 南门雨水花园对比图

图21 东南角雨水花园对比图

(a) 改造前

(b) 改造后

图22 雨水湿地改造对比图

(a) 改造前

(b) 改造后

7 总结

项目范围内的既有小区、公园绿地作为整体进行海绵化改造，充分发挥协调机制作用，将不同单位、不同权属、不同类型的地块连成一个项目因地制宜进行方案设计。利用自然地形竖向条件，合理组织和引导雨水径流，在小区、公园内雨水径流路径上的不同节点根据建设条件设置绿地、旱溪、雨水花园、雨水湿地等生态净化设施，削减雨水径流污染，保障明湖水质。利用明湖的自然积存功能，建立公园内的雨水回用系统，提高雨水综合利用率，公园内绿化浇灌的用水需求。利用公园原有良好的生态本底，营造优美的景观和自然生态环境，项目达到了海绵城市建设的效果。

设计单位：中国城市规划设计研究院，南宁市古今园林规划设计院，华蓝设计（集团）有限公司

管理单位：南宁市海绵城市与水城建设工作领导小组办公室

建设单位：南宁市石门森林公园，南宁市青秀区住建局

技术支撑单位：中国建筑设计院有限公司

案例编写人员：张春洋、王家卓、韦护、赵叶华、符恩、刘东、姚茜茜、赵昕、尹文超、刘永旺

广场道路

12 池州市齐山大道及周边区域排涝除险改造

项目位置：安徽省池州市月亮湖湿地
项目规模：道路全长3.9km，外围汇水区73hm²
竣工时间：2016年4月

1 现状基本情况

1.1 背景介绍

池州市是国家第一批海绵城市建设16个试点城市之一，城市具有较为优越的自然本底和建设基础。池州市海绵城市建设选取中心城核心区域18.5km²作为试点区域，其中老城区10.68km²，天堂湖新区7.82km²（图1）。总体上，试点区年径流总量控制率为72%，对应设计降雨量24.2mm，年SS总量去除率40%。本项目位于池州主城区南侧，以齐山大道连接整个研究区域，项目周边为池州市重要的湿地自然保护区及候鸟栖息地，齐山大道贯穿其中，是城市南部地区和主城区重要的城市干道之一。本项目以海绵城市改造为契机，在充分研究区域水问题的基础上，结合区域水系改造计划，以系统性思路解决场地及周边的水问题，在满足海绵城市改造目标的同时，最大限度降低对周边生态湿地的影响。

该区域现状地表水体污染情况较为复杂，根据上位规划以及区域水系改造计划（图2），该区域的海绵城市改造分为4个主要实施项目：项目一，截污控污，通过管网排查与截污工程，保障旱季雨水口无污水直排入湿地；项目二，径流控制，结合上游地块海绵城市改造与齐山大道道路改造，控制周边雨水径流污染，同期解决齐山大道铁路桥底的内涝问题；项目三，内源治理，对南湖、月亮湖等重要水体进行清淤、底泥改良以及生态处理（已纳入水环境PPP项目）；项目四，增强水动力，通过尾水湿地处理提标后的污水处理厂一级A出水，并将处理后尾水回补至南湖湿地，作为枯水季节补水水源。

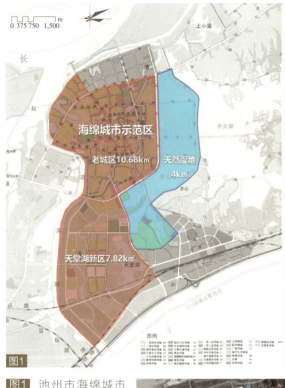

图1 池州市海绵城市建设范围及齐山大道周边情况

图2 池州市湿地区域水系改造计划

图3 现状道路及周边小区

1.1.1 齐山大道及周边区域情况

齐山大道设计路段全长约3.9km，道路红线范围约60m，本次改造工程包含全路段。作为池州市海绵城市试点建设的首批示范项目之一，本项目在改造城市基础道路，解决自身及周边住宅小区雨水径流污染问题的基础上，同时还统筹考虑片区水系的生态可持续性以及两侧湿地的生态保护。齐山大道东临月亮湖候鸟栖息地，西临南湖湿地，生态基底优越。其中月亮湖主要水源为平天湖，湖水主要指标基本达到地表Ⅲ类水的水质要求。南湖则由于水动力弱，缺少维护与清淤，以及周边污水错接散排，导致湖水中氧化还原电位和溶解氧等指标接近重度黑臭，且富营养化情况明显。两个湿地水环境与水质变迁的情况是池州优越的山水条件随城市开发逐步受到破坏和干扰的缩影（图3~图5）。

图4 现状道路东侧月亮湖与西侧南湖

图5 齐山大道与周边湿地

近年来，随着水体周边城市开发，齐山大道市政雨水管网所承接的上游住宅小区、城市道路径流不断增加，道路两侧的建筑小区、公园、陵阳大道等外部地块的汇水对湿地的影响也愈加严重。

齐山大道实际汇水来源主要包括3类汇流（图6）：

（1）齐山大道道路本身产生的雨水径流；

（2）齐山大道地下市政管网汇集的约73hm²上游地块的雨水径流；

（3）齐山公园、陵阳大道及铁路桥暴雨期间由于地面坡度形成的大量客水径流，汇水范围约9.9hm²。

1.1.2 现状设计条件分析

齐山大道道路竖向缓坡路段和陡坡路段并存。缓坡路段为道路现状坡度小，易形成局部小范围积水，缓坡区域道路纵坡为1%左右，道路横坡约为1.5%；陡坡路段为道路纵坡大，最低点无排水出口，管渠排水能力有限，降雨时易形成严重积水点，陡坡区域道路纵坡为4%~5%，道路横坡约为1.5%（图7）。

图6 项目汇水范围

图7 齐山大道道路竖向分析图

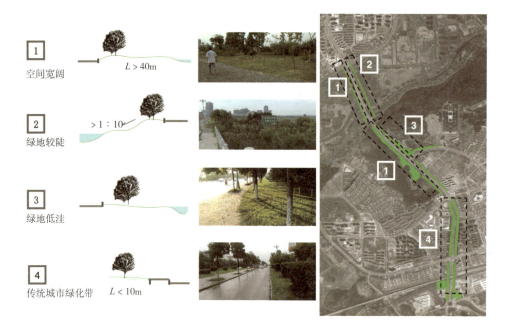

图8 场地绿地空间分析图

结合现场地勘资料，齐山大道周边土壤类型以黄土为主，渗透系数在 $1\sim2\times10^{-6}$m/s之间。基于场地踏勘分析，项目周边空间条件主要可分为5类：①绿地空间开阔，道路与水面距离超过40m，且绿地坡度平缓；②绿地坡度较大，易造成水土冲蚀，需要考虑分级缓冲滞留设施；③绿地空间低洼且树木相对较少，适宜作为低影响开发设施用地；④传统绿化带形式绿地空间较为狭窄，主要可利用空间为绿化带或树池（图8）。

2 问题与需求分析

2.1 径流污染

场地内的雨水径流污染对周边湿地影响较大，通过对池州市部分市政道路径流水质污染进行检测，道路径流中污染物水平见表1所列。本项目改造前，估算道路全年排入两侧湿地的雨水径流总量约56.94万m³，经计算得出全年排入湿地内径流污染负荷总量见表1。

项目汇水片区全年平均径流污染负荷　　　　表1

污染物	COD	TN	TP	SS
径流污染物浓度（mg/L）	29~368	0.3~2.4	0.02~0.25	28~342
全年污染物负荷总量（t/年）	113.03	0.77	0.076	105.6

2.2 排水内涝

由于陵阳大道与铁路桥周边区域客水通过地表漫流形式排至齐山大道，原有

图9 道路竖向与积水点位置示意图

图10 积水点四、积水点五的历史照片

市政排水管网设计标准不足3年一遇,暴雨时造成局部内涝严重。齐山大道道路低洼处主要积水点有5处(图9),其中积水点一、二是由于道路竖向局部低洼造成的小范围积水;积水点三是由于道路横坡偏小,加之局部雨水口较高,管网系统收水不足,造成局部积水深度高达20cm;积水点四、五是由于道路低点纵坡较大,导致暴雨时大量客水汇入,造成内涝与积水明显(图10)。

(注:2015年7月23日,池州市降雨达到暴雨蓝色预警级别,左图为当日陵阳大道与齐山大道交叉口处,积水面积约300m^2,积水深度约20cm,排除时间约为40min;右图为当日齐山大道铁路桥至高速转盘处,积水面积约4000m^2,积水深度约50cm,排除时间约为150min。)

2.3 景观提升与综合改造

齐山大道建成年代较远,长期承载重要的交通枢纽功能,路面出现不同程度的破损与路基失稳现象，绿地游憩设施不够完善，景观效果单一。主路面约有28处局部破损（图11）。

图11 路面沉降与破损

3 海绵城市改造目标与原则

综上分析，本次海绵城市改造需要重点解决雨水径流污染、外围客水汇入造成积水等问题，并满足周边湿地生态保护的双重目的。在改造过程中充分体现生态、海绵的建设理念，因地制宜地选择海绵技术设施，尽量保护区域生态本底，恢复原有的水文状态；同时也还需满足海绵城市绩效考核要求，达到海绵城市控制指标要求。

3.1 设计目标

（1）体积控制目标

年径流总量控制率83%。

（2）水质控制目标

年SS总量去除率50%。

（3）流量控制目标

有效应对30年一遇降雨要求。

（4）其他目标

① 修复路面、路基，增加非机动车道和机非隔离带，满足道路承载及安全要求；

② 增加道路绿地游憩设施，提升景观效果。

3.2 设计原则

（1）系统性原则：雨水系统、道路系统、景观系统综合设计，系统性解决场地及周边问题。

（2）适宜性原则："渗滞蓄净用排"多样技术综合使用，因地制宜地设置海绵设施。

（3）可持续原则：充分利用生态本底优势，优先使用绿色生态设施。

（4）经济性原则：根据现状空间布置生态设施，减少土方量；种植选择以宿根、自播、低维护的乡土植物品种为主，降低工程造价。

4 海绵设计

4.1 设计流程

本项目的设计包括前期调研、控制目标确定以及系统方案设计三大阶段，技术路线的确定符合相关规划指引，以问题为导向，方案设计中囊括了"源头减排、过程控制、末端处理"三大部分，综合考虑"绿色+灰色"、"地上+地下"的结合，因地制宜地进行设施选择与布局（图12）。

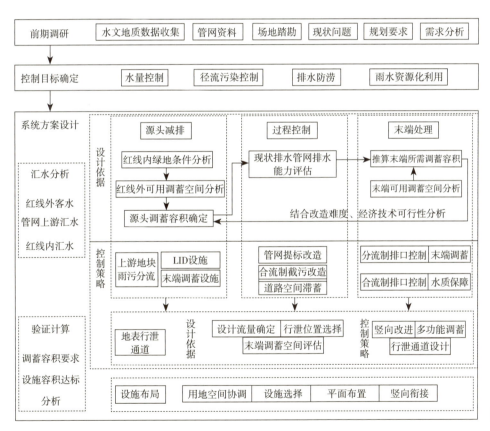

图12 设计流程图

4.2 设计降雨

4.2.1 降雨条件

池州市多年平均降雨量为1483mm，多年平均降雨天数142d。年内主要降雨的时间一般为4～7月，降雨时空分布不均（图13）。

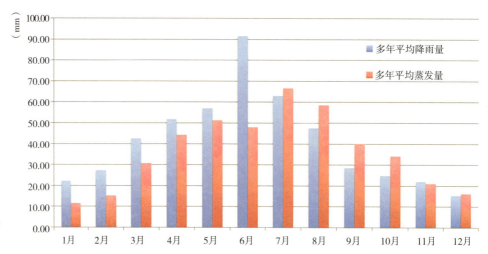

图13 池州市多年平均降雨量和蒸发量

4.2.2 设计降雨量

根据住建部发布的《海绵城市建设技术指南——低影响开发雨水系统构建（试行）》中计算方法，选取池州市1984～2013年的30年日降雨（不含降雪）资料进行统计计算，72%年径流总量控制率对应的设计降雨量为24.2mm（相当于1年一遇30min降雨量）（图14）。

不同频率的降雨雨型分析主要用于对场地管网以及海绵城市建成效果进行模拟评估。根据《池州市排水防涝规划》中对短历时降雨雨型推荐采用芝加哥雨型，按池州市最新暴雨强度公式，建立不同降雨频率下步长为5min的2h降雨雨型。长历时设计降雨雨型参考《池州市排水防涝规划》中采用的雨型（图15）。

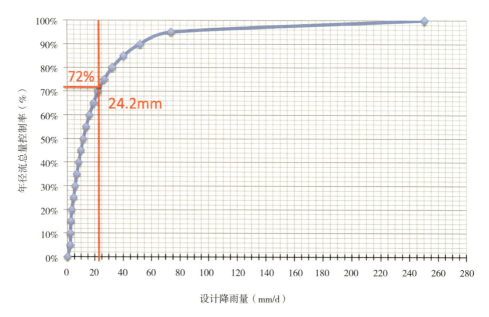

图14 池州市年径流总量控制率和设计降雨量对应曲线

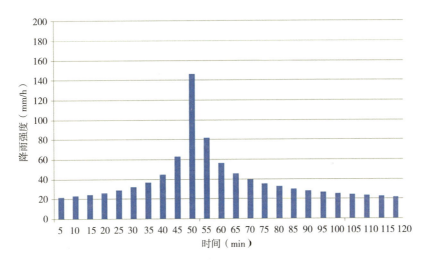

池州市短历时3年一遇120min降雨雨型

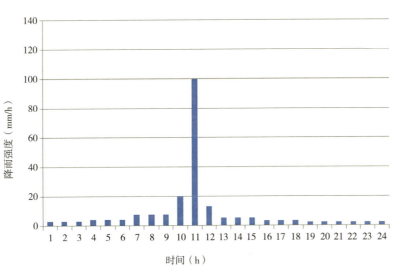

池州市长历时30年一遇24h降雨雨型

图15 池州市不同降雨频率下的降雨雨型

4.3 总体方案设计

4.3.1 设计径流控制量计算

根据典型道路断面计算道路综合雨量系数，加权计算可得改造前道路综合雨量系数为0.49，计算结果见表2所列。

道路综合雨量径流系数计算 表2

	机动车道	非机动车道	人行道	绿地	道路横向总长
道路宽度（m）	23	8	7	22	60
雨量径流系数	0.9	0.9	0.85	0.15	0.49

注：引自《建筑与小区雨水利用工程技术规范》GB 50400—2006。

图16 项目汇水分区图

根据项目设计目标，本次海绵改造中年径流总量控制目标为83%，对应图14降雨曲线，采用内差法计算得出对应设计降雨量为37.1mm（相当于1年一遇50min降雨量）。本项目根据道路竖向、排水方向以及客水汇入等情况分为5个汇水分区，由此计算各汇水分区各自需要控制的径流控制量（图16）。

分区所需控制容积计算方法以B区为例：$V_B = 10FH\varphi = 10 \times 1.0 \times 3.8 \times 0.75 \times 37.1 = 1057.4 m^3$。

B区客水汇入水量：$V_{B客} = 10FH\varphi = 10 \times 8.2 \times 0.45 \times 37.1 = 1369 m^3$。

其他分区计算方法同上。

4.3.2 改造策略与技术路线

本项目改造中主要通过构建源头减排系统、市政管渠系统和排涝除险系统形成完整的城市防涝体系。生态设施解决道路本身汇水以及部分外围客水，净化水质，保证道路径流雨水不对湿地水质造成影响，利用道路绿地空间达到37.1mm降雨无外排的目标（图17）；同时利用道路原有市政管网，结合海绵改造的雨水系统，综合提高排水能力，使改造道路整体排水能力达到3~5年一遇标准（图18）；最后通过设置地表行泄通道以及一系列的排涝除险设施，解决外围客水汇入，以及消除道路历史积水点，有效应对30年一遇降雨（图19）。

综合考虑道路红线内外汇水范围与设施空间布局，齐山大道海绵改造技术路线如图20所示。

01 源头减排 / 217

图17 降雨量小于37.1mm生态设施就地消纳

图18 3~5年一遇降雨期间通过植草沟和雨水管网传输，雨水花园滞蓄

图19 30年一遇降雨期间行泄通道疏导暴雨

图20 海绵城市改造技术路线

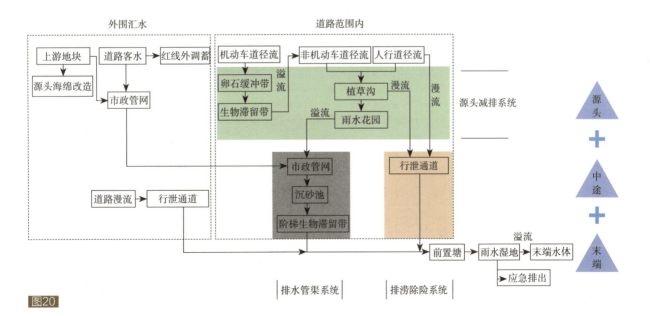

图21 海绵城市低影响开发设施总体平面布置图

4.3.3 海绵设施总体布局

海绵城市低影响开发设施总体平面布置如图21所示。

4.4 分区详细设计

4.4.1 道路红线内低影响开发设施

根据原有道路断面形式不同，本次改造中道路将分为南北两段。道路红线内低影响开发设施布局主要包括2种方式：①改造前未设置机非隔离带的路段，由于新增隔离带，优先利用隔离带绿地进行滞蓄，之后漫流到人行道外侧滞蓄型草沟或周边雨水花园；②改造前既有机非隔离带路段，由于隔离带植物长势较好，通过采取路缘石开口方式将雨水引入间隔下沉的隔离带内，溢流雨水排至人行道外侧植草沟（图22、图23）。

图22 北段新增机非隔离带路段设计断面

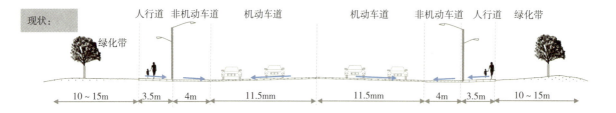

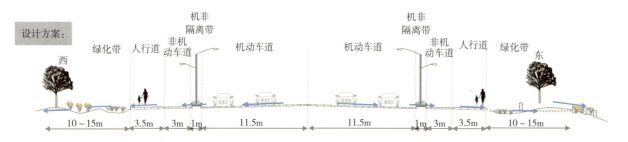

图23 新增机非隔离带路段低影响开发设施布局示意

齐山大道南段道路周边以居住用地为主，道路绿地空间有限。此段生态设施以植草沟和雨水花园为主，低影响开发设施溢流雨水传输至末端的综合生态处理设施（图24）。

图24 机非隔离带改造路段低影响开发设施布局示意

4.4.2 道路红线外汇流区域径流控制设施

对于道路管网所承担的道路红线外汇流区域雨水，主要通过末端生态空间滞蓄，设置预处理设施优先对雨水径流进行沉淀后再进入前置塘，然后通过末端湿塘调蓄，最后溢流部分排入水体（图25、图26）。

该段道路现状较为低洼，为历史积水点，外部绿地坡度较缓，宽度大于50m。通过本次改造首先将齐山大道东侧陵阳大道的道路客水收集在道路交叉口东北侧的雨水塘；道路下市政雨水管道排入西侧的生态湿塘；而齐山大道本身的道路雨水则通过地表漫流排至人行道外侧植草沟，再转输到生态湿塘，雨水在此滞蓄最终通过溢流口排入末端湖体。

图25 红线外汇流区域雨水调蓄湿塘

图26 雨水调蓄湿塘实景

4.4.3 排涝除险设施

齐山大道及周边区域的排涝除险设施主要包括2种行泄排放通道：道路红线内暴雨时局部低洼处可能由于溢流口排放能力不足而造成短时积水，需要在人行道设置漫流或箱涵式局部漫流通道，将超标暴雨径流导入生态设施并最终通过溢流方式接入水体；另外，对于铁路桥底位置暴雨时外围客水通过地表漫流到齐山大道，采用设置截流盖板沟等方式，将雨水倒入周边末端调蓄设施（图27、图28）。

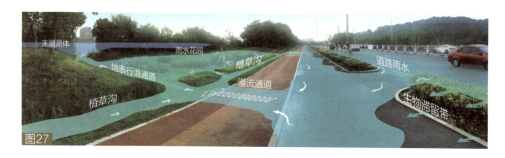

图27 道路红线内径流暴雨行泄排放通道

图28 红线外道路路面径流暴雨行泄排放通道

4.4.4 径流控制量试算与达标评估

（1）以汇水分区A为示例计算

分区A无客水汇入情况，其主要海绵设施包括下沉式机非隔离带、路侧植草沟、雨水花园等，其中路侧植草沟具有滞蓄功能，为方便计算，将下沉式机非隔离带和路侧植草沟统一为滞蓄型植草沟进行调蓄空间的计算：

植草沟面积为1143.8m²，平均蓄水深度为0.2m，其有效径流控制量为228.8m³。

雨水花园面积为3520m²，其有效调蓄深度为0.15m，可得其有效径流控制量为528m³。

则汇水分区A的海绵设施总的径流控制量为756m³，满足海绵城市改造目标所要求控制的654m³调蓄空间，考虑到施工精度以及后期植物生长导致的调蓄空间减少，故在设计中多设置了部分安全调蓄空间，设计安全系数1.1左右。

其他分区综合了客水汇入水量，计算方法同上，经计算得知B区所需容积为1090.7m³，客水汇入量1369m³，设计容积为2575m³；C区所需容积为872.6m³，客水汇入量4025.4m³，设计容积为5204m³；D区所需容积为872.6m³，客水汇入量9516.2m³，设计容积为10726m³；E区所需容积为763.5m³，客水汇入量6937.8m³，设计容积为8260m³。

（2）达标评估

以A区为例进行验证计算。根据设施布局可得A区径流控制量满足设计降雨量37.1mm的情况下不产生外排的要求，也就达到年径流总量控制率83%的目标，根据植草沟、雨水花园以及台阶湿地等对径流污染物的平均去除率为65%，可得到A区对年SS总量去除率达到54%，满足控制目标。根据池州市典型降雨雨型，计算得出池州市2h降雨雨型分配表，以重现期1年一遇、3年一遇和5年一遇的典型雨型进行计算，在2h的降雨历时内，计算雨水调蓄设施每5min的进出水流量，进而可绘制出在不同降雨重现期下，2h降雨内的调蓄设施进出水流量过程线，从而可得到削峰效果及峰值延后的计算结果（图29）。

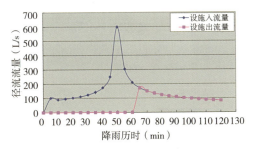

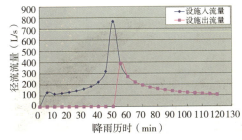
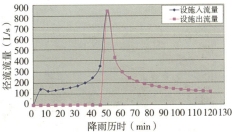

图29 1年一遇、3年一遇、5年一遇重现期道路产汇流模拟计算

由上述计算可知，在小重现期降雨时海绵设施在径流峰值削减和延缓峰值时间上均有明显的贡献，但在5年一遇重现期时，其径流控制量在峰值到来之前就已用完，故对峰值削减和延后峰值时间贡献甚微，这也验证了海绵城市设施主要解决的是中小降雨事件的作用。由于A区道路人行道外侧设计有3000mm×300mm的植草沟，其排水能力基本满足道路5年一遇降雨时的排水要求。

4.5 设施节点设计

根据道路两侧的绿地特征及空间条件，因地制宜，结合场地竖向及汇水面积，确定适用于该场地的生态设施。

1区绿地（空间较大）——多级净化雨水花园：该区绿地空间大于40m，空间较大且具有自然坡度，根据场地现状情况，在此处设置具有多级净化功能的雨水花园（图30）。齐山大道的雨水径流经植草沟汇流至雨水花园，再由雨水花园内的溢流管道排到西侧绿地内的多级雨水花园进行蓄滞、植物吸附和下渗，溢流最终排到现状湿地。

2区绿地（坡度较大）——多级台地花园：该区域绿地宽度在25~40m之间，坡度大于1：10，空间开阔且竖向低于道路。此处道路雨水经植草沟滞蓄后溢流排到东侧绿地内的石笼台地，在此处由分水沟进行水量分配，雨水依靠自然坡度，通过石笼及填料层过滤，最终排入末端现状湿地（图31）。

图30 多级净化雨水花园

图31 多级台地花园

4.6 施工过程及要点

海绵城市作为新兴的城市建设理念,在实际施工过程中面临大部分施工单位经验不足的问题。为了更好地实施海绵城市工程的设施建设,在道路海绵工程施工开始前,池州市海绵办、重点办和技术咨询办联合举办对施工企业以及现场监理的培训学习,使施工企业对施工过程需注意的问题有深刻了解与预判,在施工过程中避免竖向、设施构造及标高等关键工程的返工。同时还建立日常巡查和抽查机制,对在建工程进行技术监督,保证现场问题能及时发现、及时解决,从而保证更为高效科学的施工进度,最终如期达到海绵城市建设目标(图32~图35)。

图32 下沉式机非隔离带施工过程

图33 路侧滞蓄型植草沟施工过程

图34 路侧雨水花园施工过程

图35 分级雨水花园施工过程

5 建成效果

本项目采用EPCO模式进行建设，整个工程造价为5800万元，施工单位除负责项目建设外，还承担本项目后期运营维护工作。项目中海绵城市部分造价为2404.8万元，平均每公里造价为616.6万元。项目解决了区域73hm²的雨水问题，对于整个改造区域而言，单位面积投资为32.9万元/hm²（表3）。

海绵城市工程设施造价表　　　　　　表3

编号	工程内容	工程规模	单位综合造价（元）	工程费用（万元）
1	海绵城市设施费用			
1.1	植草沟	11820m²	150	177.3
1.2	护坡雨水花园	400m²	450	18
1.3	雨水花园	14030m²	372	521.9
1.4	前置塘	2000m²	200	40
1.5	旋流沉砂池	2个	50000	10
1.6	湿地	1900m²	594.7	113
1.7	雨水塘	19240m²	150	288.6
1.8	路缘石	3500m	108.6	38
1.9	机非隔离带改造	1800m	250	45
1.10	非机动车道改造	3200m	487.5	156
1.11	人行道改造	7300m	278	203
1.12	线性排水沟	400m	300	12
1.13	地表行泄通道改造	500m²	300	15
1.14	过路管涵	120m	14667	176
1.15	DN1500雨水管	230m	4500	103.5
1.16	监测费用	3套	90000	27
2	人工费	—	—	256.8
3	规费、税金	—	—	203.7
合计		—	—	2404.8

通过本次改造，不仅对道路本身及周边汇水区域雨水径流进行处置，更通过对末端湿地空间的构建，在源头改造项目开工前，先通过末端设施控制周边居住小区汇水区域的雨水径流污染，保证周边生态敏感区的生态安全。项目还在道路海绵改造的关键节点设置展示牌，增强对群众的海绵城市科普教育。

除雨水系统改造后道路基本没有发生内涝与积水外，该路段由于道路环境得到整体改善，增加的游步道，逐渐成为市民散步、游憩的重要场地，新建成的非机动车道和人行道让市民通行的安全性和通行感受得到了明显提升（图36、图37）。

本项目改造前后效果显著。2016年自6月30日20时至7月5日8时，池州市出现连续强降水天气，累计降水量达566.0mm，最大小时雨量67.2mm（图38）。此次强降雨历时长，瞬时雨强大，而齐山大道的植草沟、生物滞留带、地表行泄通道等海绵设施发挥了应有的作用（图39）。

图36 改造以前的齐山大道，摄于2015年8月5日

图37 改造以后的齐山大道，摄于2016年8月22日

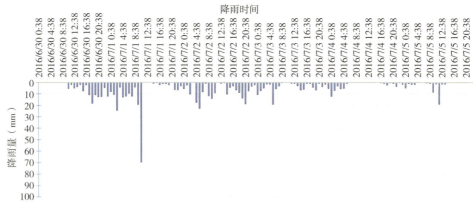

图38 2016年自6月30日20时至7月5日8时池州连续降水数据

图39 暴雨期间道路海绵设施运行状态

设计单位：北京雨人润科生态技术有限责任公司

　　　　　北京建筑大学

　　　　　安徽省城建设计研究总院有限公司

管理单位：池州市住房与城乡建设委员会

建设单位：池州市城市建设重点工程管理办公室

技术支撑单位：北京建工建筑设计研究院

案例编写人员：车伍、林聪、赵杨、刘强、申利亭、黄蕾、李建、王文亮、付振、耿佳丽、张翼

13 西咸新区沣西新城秦皇大道排涝除险改造

项目位置：陕西省西咸新区沣西新城
项目规模：19.2hm²（道路长度2.43km，红线宽度80m）
竣工时间：2016年6月

1 项目基本情况

1.1 项目概况

秦皇大道位于陕西省西咸新区沣西新城核心区，是一条南北向城市主干道（图1），北起统一路，南至横八路，全长约2.43km，红线控制宽度80m，红线外两侧各有35m绿化退让。2011年开始建设，2012年通车运行，承担着极为重要的区域交通骨干枢纽功能。2015年下半年，根据道路建成后发现的系列问题和需求，按照海绵城市试点建设要求启动了改造工作（图2）。项目总投资1248.84万元，单位长度改造投资约518.93万元/km。

图1 秦皇大道区位示意图
图2 秦皇大道海绵城市改造后实景图

1.2 气象与水文地质条件

沣西新城属温带大陆性季风型半干旱、半湿润气候区,在大气环流和地形综合作用下,夏季炎热多雨,冬季寒冷干燥,四季干、湿、冷、暖分明。多年平均降水量约520mm,其中7~9月降雨量占全年降雨量的50%左右,且夏季降水多以暴雨形式出现,易造成洪涝等自然灾害。新城多年平均蒸发量约1065mm,蒸发量大于降水量(图3)。

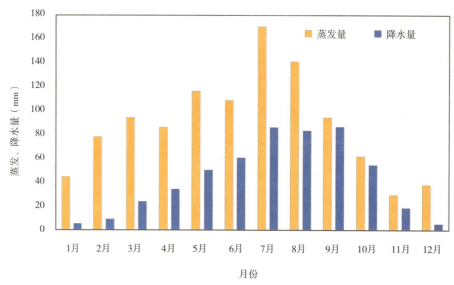

图3 沣西新城年内月均降雨量与蒸发量分布图

根据岩土工程勘察报告,拟建场地为非自重湿陷黄土场地,湿陷性等级为I级。区域上层原状土中黄土状土与粉质黏土含量较高,下渗性能较差(双环法实测项目区土壤饱和渗透速率约$1.2 \times 10^{-7} \sim 4.6 \times 10^{-7}$m/s),难以满足生物滞留设施雨水直接下渗要求。该区域地下水潜水位平均埋深12.9~16.1m,目前处于下降趋势,水位年变幅0.5~1.5m;水质类型为碳酸、硫酸、钙、钾、钠型水。

1.3 场地条件

1.3.1 下垫面条件

改造前秦皇大道下垫面类型包括沥青路面(13.44hm^2)、硬质铺装(2.06hm^2)、绿地(3.70hm^2)三类,参考《海绵城市建设技术指南(试行)》中各类型下垫面雨量径流系数取值,采用加权平均法计算,改造前综合雨量径流系数为0.745。

1.3.2 竖向与管网条件

秦皇大道整体地势平坦,场地内标高最低点为387.43m,最高点为388.96m,最大纵坡0.75%,最小纵坡0.35%,最小坡长190m。道路纵坡一方面会引导雨水向低点汇聚,在管网转输能力不足时,容易造成积涝;另一方面会对利用侧分带设置的海绵雨水设施有效调蓄功能发挥产生不利影响。

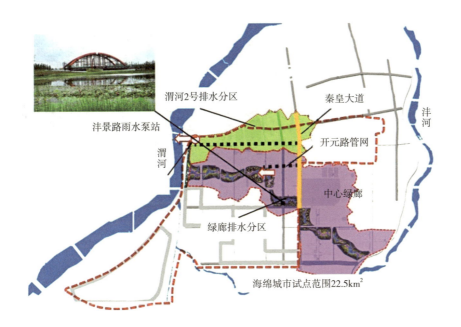

图4 秦皇大道雨水组织排放及受纳水体（中心绿廊）示意图

秦皇大道采用分流制排水系统，雨水管网系统已经建成，主要收集路面径流和道路两侧地块的雨水，设计标准2年一遇，设计埋深2~4m，设计管径 $DN500$~$DN1000$，设计服务面积63hm²。秦皇大道雨水管网分为2个排区（图4），其中统一路—横四路之间路段排入渭河2号排水系统，经规划沣景路雨水泵站提升排入渭河；横四路—横八路之间路段雨水经管网排入沣西新城核心区雨洪调蓄枢纽——中心绿廊。

2 面临的突出问题及需求分析

2.1 土壤地质环境特殊性为海绵城市设施设计带来挑战

秦皇大道所在区域原状土壤渗透性能较差，影响海绵雨水设施渗滞蓄功能发挥，如何对原状土进行改良，系统提升其透水、保水（基于景观植物生长需要）及截污净化（基于面源污染控制）等综合性能成为首要解决的问题；另一方面，区域地质属非自重湿陷性黄土，虽然湿陷性等级不高（Ⅰ级），然而浸水后发生结构破坏、承载能力骤然下降、发生显著变形的风险依旧很大，这就为开展道路低影响开发设计时，如何处理好雨水下渗和道路基础结构安全的关系带来挑战。

2.2 排水系统尚不健全，积水内涝问题风险较高

秦皇大道全段汇水面积较大，雨水沿绿化带边缘雨水篦子直接排走，无法下渗、滞蓄，径流源头控制不足；强降雨条件下短时可汇集大量雨水，由于道路纵坡存在低洼，加之下游管网及泵站尚未建成，自建成以来多次发生积水问题，严重威

图5 改造前路面雨水快排图

图6 改造前路面积水情况

胁交通安全（图5、图6）。

2.3 雨水受纳体水环境保护要求高，季节性面源污染风险大

秦皇大道南段雨水受纳体中心绿廊作为新城终端雨洪调蓄枢纽、生态廊道与水资源涵养利用中心，其水质近期为地表Ⅳ类，远期规划达到地表Ⅲ类水平。秦皇大道作为衔接源头地块、区域管网、中心绿廊的骨干纽带，其径流雨水携带大量下垫面污染物（SS、COD、TN、TP、重金属、油、脂等）输入绿廊，极易造成水系污染及生态系统破坏。

2.4 区域排水过度依赖末端提升，能耗过高

秦皇大道北段所在的渭河2号排水分区汇水面积3.07km²，现状管网末端埋深为地下9.42m，低于渭河主河道水面约5.4m，低于河滩8.5m，雨水无法重力流排入渭河，主要依靠末端泵站提升。规划的沣景路雨水泵站设计流量11.84m³/s，单泵设计水量9000m³/h，扬程16.5m，电机功率630kW、工作电压10kV，按此核算，年径流排放体积约89.4万m³，年排水能耗高达6.26万kW·h。

3 海绵城市改造目标与原则

项目综合考虑秦皇大道气候、降雨、水文、地质等环境本底特征，结合海绵城市建设理念及规划管控指标要求，确定改造目标，因地制宜开展设计。

3.1 设计目标

秦皇大道南北贯穿沣西新城中部，是新城非常重要的交通、景观通道，在设计之初即给予其较高的定位：

（1）西北地区城市快速主干路海绵城市建设示范；

(2）湿陷性黄土地质及土壤下渗性能不良地区道路LID技术创新与研究示范；

(3）道路雨水径流减排及污染源头控制技术耦合研究与应用。

根据《沣西新城核心区低影响开发专项研究报告》等上位规划条件对秦皇大道径流总量及污染控制分解指标要求，统筹考虑项目自身径流控制及与周边地块、水体的水量、水质衔接关系，确定项目建设目标如下：

（1）体积控制目标：本项目年径流总量控制率为85%，对应设计降雨量19.2mm。

（2）流量控制目标：通过LID、管网系统建设，排水能力达到3年一遇标准，可有效应对规划区内50年一遇暴雨。

（3）径流污染总量控制目标：本项目TSS总量去除率不低于60%。

3.2 设计原则

以问题和需求为导向，在规划目标指导下，遵循系统性、因地制宜、经济性和创新性等原则进行设计。

（1）系统设计，内外衔接

根据本项目面临的问题与需求，结合雨水净化、滞蓄与安全外排等多重目标，进行系统设计，统筹考虑道路和红线外场地条件，实现项目自身与周边地块的相互衔接。

（2）安全为本，因地制宜

充分考虑湿陷性地质构造特点，在确保不对道路基础及承载性能造成破坏性影响的前提下进行海绵城市改造；根据项目条件，选用适宜的雨水设施，并根据实际需求进行设计优化，搭配适宜本地气候特征的植物组合。

（3）保护优先，经济合理

充分保护绿地内既有乔木，采取局部改造，确保重要乔木不被破坏；同时针对本项目的定位和特点，优选低建设成本、便于运营维护、环保、节地的技术措施和材料，合理利用地形、管网条件，科学布局，降低建设和运营维护难度。

（4）本地融合，技术创新

在上述原则基础上，结合项目自身条件和特征，对选用的各类雨水设施进行结构、功能以及布局形式创新与优化，适应项目条件的同时，充分发挥LID、管网等不同设施功能。

4 海绵城市改造设计方案

4.1 设计流程

方案设计依据《海绵城市建设技术指南（试行）》要求，结合自身特点对设计流程进行优化调整，具体如下：

（1）强化试验研究对设计过程反馈

设计过程中，针对工程所在区域表层土壤下渗性能较差的问题，进行了土壤介质换填配比研究。分别采用不同换填介质和配比方案进行小试与中试试验，获取渗透性能较好且兼顾植物生长保水需要的最优土壤配比方案，将其反馈到设计中。

（2）组织开展关键技术专家论证

针对湿陷性黄土地质构造特点，进行雨水下渗风险规避技术专家论证。结合论证意见，在道路低点处设置集中浅层、入渗区域，将侧分带收集的径流通过上游传输型草沟输送至集中下渗区进行控制；集中下渗设施底部设置蓄水砾石层，并经集水盲管与雨水管线衔接；设施底部和两侧进行"两布一膜"防渗处理，并在集中进水口处设置L形支撑防护挡墙，从而规避因雨水下渗导致道路结构破坏。

（3）建立健全项目审查与方案优化反馈机制

沣西新城建立了项目方案及施工图设计审查与联络工作机制。在项目设计管控中，由咨询单位和海绵技术中心对项目方案设计和施工图设计进行联合审查，对各阶段审查发现的技术问题通过《审查意见联络单》形式向设计单位进行反馈，方案和图纸按意见完善后方可进行下一阶段工作。

4.2 设计降雨

4.2.1 体积控制

体积控制是针对年径流总量控制率对应的设计降雨量，即在小于该设计降雨条件下，通过各类雨水设施共同作用，实现设计降雨控制要求。本项目年径流总量控制率为85%，对应设计降雨量19.2mm（相当于沣西新城1年一遇1.5h降雨量）（图7）。

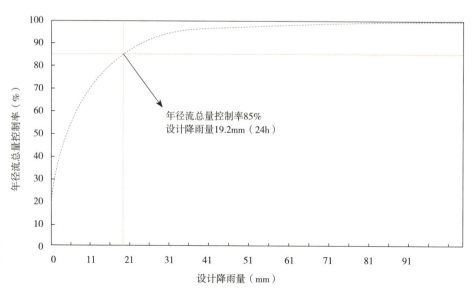

图7 年径流总量控制率—设计降雨量对应关系曲线

4.2.2 流量控制

本案例中流量控制是指特定重现期条件下，区域雨水径流能够通过植被浅沟或管渠得到有效排除。设计暴雨强度q由西咸新区暴雨强度公式进行计算：

$$q = \frac{2785.833(1+1.1658 \mathrm{Lg} P)}{(t+16.813)^{0.9302}} \quad (1)$$

式中　q——设计暴雨强度，L/(s·hm²)；

　　　P——设计重现期，年；

　　　t——降雨历时，min，$t=t_1+t_2$；

　　　t_1——地面集水时间，取10~25min；

　　　t_2——管渠内雨水流行时间，min。

本方案采用SWMM模型，模拟沣西新城不同设计重现期，长历时（24h雨型如图8）降雨条件下，秦皇大道雨水设施运行与达标情况。

图8　沣西新城不同重现期长历时（24h）降雨雨型

4.3 总体方案设计

4.3.1 设计径流控制量计算

根据秦皇大道改造前下垫面类型（沥青路面、硬质铺装、绿地）和规模，参照《海绵城市建设技术指南（试行）》中相关雨量径流系数参考值，结合项目特征，采用加权平均法计算秦皇大道综合雨量径流系数为0.745，详细计算过程参见表1；按照容积法计算，秦皇大道设计总径流控制量须不小于2858.6m³。

秦皇大道改造前下垫面情况　　　　　　　表1

编号	下垫面类别	面积 A（hm^2）	百分比 η（%）	雨量径流系数 φ
1	路面（沥青）	13.44	70	0.9
2	硬质铺装	2.06	10.7	0.8
3	绿地	3.70	19.3	0.15
合计		$A=A_1+A_2+A_3$	$\eta=\eta_1+\eta_2+\eta_3$	$\varphi=(A_1\times\varphi_1+A_2\times\varphi_2+A_3\times\varphi_3)/(A_1+A_2+A_3)$
		19.2	100	0.745

4.3.2 竖向设计与汇水分区

根据道路现状竖向分析，秦皇大道红线范围内共有6个相对高点、5个相对低点，根据"高—低—高"方式，将秦皇大道划分为5个子汇水分区，分区域进行控制，每个子汇水分区的道路横断面、下垫面情况基本一致（图9）。

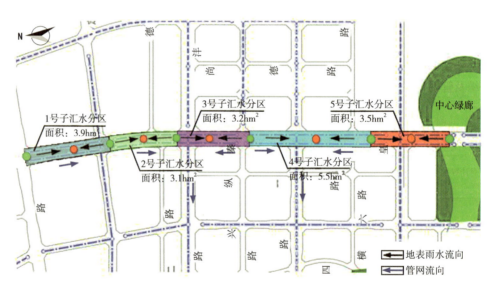

图9　秦皇大道汇水单元分区示意图

4.3.3 措施选择与技术流程

根据项目改造面临的问题和需求，结合所在地气候与水文地质条件，尤其湿陷性黄土地质构造、气候干旱少雨等特征，选择雨水花园、传输型草沟、生态滞留草沟、透水铺装、雨水塘等类型设施进行雨水径流控制。着力构建针对不同重现期降雨，兼顾"源头减排"、"管渠传输"、"排涝除险"不同层级相互耦合的雨水综合控制利用系统（图10）。

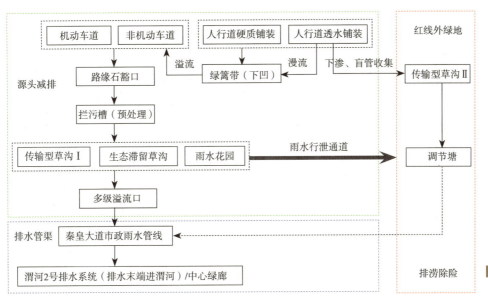

图10 秦皇大道海绵改造技术流程

4.3.4 总体布局

根据秦皇大道各子汇水分区所需径流控制量及下垫面属性，统筹考虑红线内外绿地空间及降雨径流控制条件（设计降雨和50年一遇极端降雨），结合设施径流组织及管网衔接关系，开展设施布置（图11~图13）。

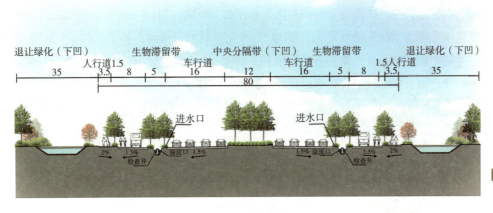

图11 秦皇大道LID改造横断面布置图

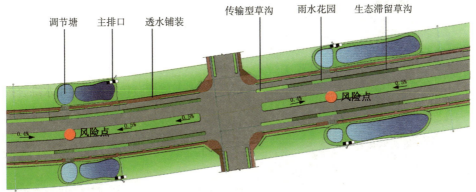

图12 秦皇大道LID改造平面布置图（局部）

图13 秦皇大道LID改造平面布置图（径流组织与排涝除险）

4.4 分区详细设计

以秦皇大道1号子汇水分区为典型单元，对该汇水分区内设施布局、径流控制量进行试算，并利用该方法对项目径流控制总量、设施径流控制量及达标情况等进行评估核算。

4.4.1 设施布局与径流组织——以1号子汇水分区为例

1号子汇水分区内利用机非分隔带设置传输型草沟、雨水花园、生态滞留草沟和雨水塘。其中，在侧分带竖向高点处利用机非分隔带设置传输型草沟，在低点处设置生态滞留草沟和雨水花园（图14），利用传输型草沟将高点雨水传输至道路低点进行控制；针对极端降雨条件下的积水内涝风险，利用道路两侧35m退让绿地设置分散式雨水调节塘，对暴雨径流进行调蓄调节控制。

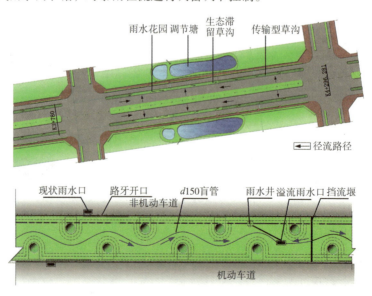

图14 秦皇大道1号子汇水分区雨水设施平面布置（局部）及径流组织

4.4.2 径流控制量试算与达标评估

根据秦皇大道1号子汇水分区下垫面情况,按照容积法计算1号子汇水分区所需径流控制量为526.18m³,考虑到既有乔木避让及其他施工因素会导致设施有效容积衰减,故此处取安全余量系数1.1,得出秦皇大道1号子汇水分区总需径流控制量为578.8m³。

1号子汇水分区径流控制量计算 表2

编号	下垫面类别	面积A(hm²)	雨量径流系数φ	设计径流控制量V_x/(m³)
1	路面(沥青)	2.72	0.9	470.02
2	硬质铺装(SB砖)	0.18	0.8	27.65
3	透水铺装	0.24	0.4	18.43
4	绿地(中分带不产流)	0.35	0.15	10.08
合计		$A=A_1+A_2+A_3+A_4$	$\varphi=(A_1\times\varphi_1+A_2\times\varphi_2+A_3\times\varphi_3+A_4\times\varphi_4)/A$	$V_x=V_{x1}+V_{x2}+V_{x3}+V_{x4}$
		3.49	0.785	526.18

注:雨量径流系数取值参考《海绵城市建设技术指南(试行)》

秦皇大道1号子汇水分区内采用的透水铺装、雨水花园、生态滞留草沟、传输型草沟等设施组合的总径流控制量经计算可达594.5m³(表3),大于其所需径流控制量578.8m³要求。

秦皇大道1号子汇水分区海绵雨水设施径流控制量计算 表3

编号	设施类型	面积A(hm²)	设计参数	设施径流控制量V_x算法	(m³)
1	雨水花园(生态滞留槽沟)	0.11	蓄水高度0.2m,种植介质土0.5m,砾石层厚0.4m	$V_x=A\times$(临时蓄水深度×1+种植介质土厚度×0.3+碎石层厚度×0.4)×容积折减系数	384.85
2	传输型草沟(一)	0.11	蓄水高度0.2m		152.46
3	传输型草沟(二)	0.13	蓄水高度0.1m		57.20
4	透水铺装	0.24	仅参与综合雨量径流系数计算,结构内空隙容积不计入径流控制量		0
合计					594.51

按照以上方法,详细计算5个子汇水分区设计径流控制量和设施径流控制量,各子汇水分区设施总径流控制量均能满足本分区径流控制量需求。经核算,秦皇大道LID改造后实际年径流控制总量2887.5m³,反算相当于20.9mm设计降雨量,对应年径流总量控制率87%,满足规划控制目标(85%)要求(表4)。

秦皇大道各子汇水分区达标水文计算　　　　表4

序号	汇水分区	面积A（hm²）	设计径流控制量（m³）	设施径流控制量V_s（m³）
1	1号子汇水分区	3.9	578.8	594.5
2	2号子汇水分区	3.1	460.7	464.8
3	3号子汇水分区	3.2	477.8	482.2
4	4号子汇水分区	5.5	817.9	820.5
5	5号子汇水分区	3.5	523.4	525.5
	合计	19.2	2858.6	2887.5

4.5 结果模拟评估

采用SWMM模型，模拟沣西新城不同设计重现期，长历时（24h雨型如图8）降雨条件下，秦皇大道雨水设施运行与达标情况。

4.5.1 年径流总量控制率达标分析

年径流总量控制率指标是在多年平均降雨量统计分析的基础上形成的，考虑到降雨的随机性（包括逐年降雨随机性和场降雨随机性），无法用某一年实际降雨对该指标进行准确核算。这里采用对秦皇大道各类雨水设施年径流总量控制率所对应的24h降雨（典型雨型）的控制情况进行模拟分析计算，校核达标情况。根据模型模拟结果，当24h降雨量不超过19.2mm时，传统开发模式下汇水区径流峰值流量q_1=0.32m³/s，按本方案实施后项目外排径流量为0，削峰径流量Δq=0.32m³/s（图15）。

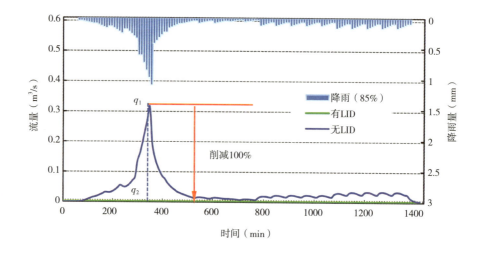

图15　设计降雨条件下不同开发模式径流控制对比分析

4.5.2 50年一遇暴雨径流峰值削减能力校核

50年一遇24h降雨条件下，传统开发模式径流峰值流量q_1=2.63m³/s，LID开发模式下径流峰值流量q_2=2.23m³/s，削峰15.2%；有海绵雨水设施径流峰值出现时间相比传统模式径流峰值出现时间滞后约5min（图16）。

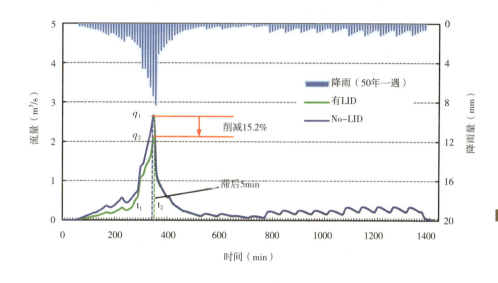

图16 50年一遇24h降雨条件下不同开发模式径流控制对比分析

4.6 典型设施节点设计

4.6.1 侧分带典型海绵雨水设施做法

鉴于湿陷性黄土地质雨水下渗威胁路基安全，工程改造时在集中进水口处设计了一种"L"形钢筋混凝土防水挡墙结构，用于路基侧向支挡及雨水侧渗规避。侧分带LID改造时可直接垂直下挖，减小对路基、路面影响。同时，挡墙紧贴路牙，可发挥靠背支撑作用。挡墙采用C30钢筋混凝土结构，8m一节，设伸缩缝，结构底宽50cm，高度根据生物滞留设施尺寸调整，一般要求垫层底低于道路路基底50cm。与传统砖砌支护、防水土工布敷设（易破损）相比，混凝土挡墙隔水效果更好，抗弯能力更高，对路基支撑也更强。该结构较传统防水砖墙造价差异不大（180~240元/m），且只在侧分带纵向低点土壤换填段（生态滞留草沟、雨水花园处）使用，不会大幅增加投资。

经专家论证，该防渗思路及措施路径是合理安全的，可有效应对雨水下渗引发的湿陷性黄土湿载变形灾害。下一步将在加强区域水文地质环境系统勘察调研的基础上，针对不同场景海绵雨水设施布局及周边建（构）筑物基础形式及承载原理，开展多学科融合研究，结合项目特征，在布局、方法与路径方面，进一步优化方案，提高该措施针对性和普适性。

传输型草沟（图17）主要布置在机非分隔带起端入流处，用于传输径流，与道路纵坡同坡，只做表面下凹，底部不换填；种植35~50mm地被植物，草沟与车行道或辅道衔接处设置防渗土工布。

图17 秦皇大道侧分带传输型草沟典型做法示意图
图18 秦皇大道侧分带生态滞留草沟典型做法示意图
图19 秦皇大道侧分带生物滞留带与市政管线衔接关系

生态滞留草沟（图18）主要布置在传输型草沟下游，进行土壤改良换填来增强雨水下渗、滞蓄能力，换填时避开乔木位置。挡流堰设置在溢流雨水口下游1~2m处，用以减缓流速，提高设施蓄渗功能，采用土坎的形式（堰高与溢流雨水口齐平），中间埋设DN50 PVC管，管口用砾石覆盖。

本项目传输型草沟与生态滞留草沟（含雨水花园）的长度比为2.2：1，不同项目需根据计算具体确定。侧分带内雨水在生物滞留设施内下渗、滞蓄、净化并缓排，当超过设计降雨量的极端降雨发生时，来不及下渗的超标雨水则通过溢流雨水口（图19）进入管道系统。

植物是海绵雨水设施的重要组成。改造中，侧分带乔木保持不动，地被植物优先选用本土植物，适当搭配外来物种。传输型植草沟选择抗雨水冲刷的草本植物及根系发达的植物，从而更利于稳固沟道土壤。实践中沟底选用早熟禾草皮铺底，节点选用南天竹、紫叶矮樱、红叶石楠及置石点状搭配，沟坡选用地被石竹、狼尾草等，沟顶至绿化带边沿选用细叶麦冬种植。生态滞留草沟以适应沙土种植的地被为主，沟底铺设河卵石，种植观赏植物，节点以狼尾草、矮蒲苇和景观置石组合，边坡种植豆瓣黄杨，沟顶至绿化带边沿种植细叶麦冬。雨水花园以花灌木和草本花卉为主，沟底以大小砾石铺地，节点以银边草、迷迭香、白花松果菊、狼尾草、细叶芒及景观置石组合，边坡种植小龙柏，沟顶至绿化带种植细叶麦冬（表5）。

秦皇大道海绵雨水设施植物配置方案　　　　　表5

设施类型	植物配置
传输型草沟	细叶麦冬、地被石竹、南天竹、紫叶矮樱、红叶石楠、红枫
生态滞留草沟	细叶麦冬、铺地柏、狼尾草、细叶芒、葱兰、矮蒲伟、银边草
雨水花园	黄菖蒲、灯芯草、鸢尾、狼尾草、细叶芒、葱兰

前期应用实践中，个别植物种群出现生长状况不佳，枯萎死亡的现象；有些坡面因雨水径流冲刷，产生侵蚀沟，导致水土流失。及时调整后，总体达到了满足海绵功能、生长良好、层次分明、色相丰富、四季有景的效果（图20）。后期将启动海绵雨水设施与植物搭配专项研究，通过本土植物保留与改良、种苗配置、种子混播等途径，筛选出适宜于本土的适旱、耐积水植物种及群落景观配置方案。

图20　部分选配植物实景

4.6.2 人行步道透水铺装做法

秦皇大道两侧人行道下供电通信电缆管沟埋深较浅，仅有0.3m。在保障路基强度和稳定性的前提下，将人行道硬质铺装改造为浅层透水砖铺装结构（兼有孔隙

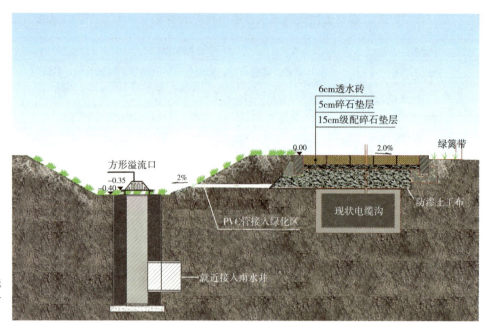

图21 透水铺装与红线外绿地结合设计示意图

和缝隙透水），透水基层内设置排水管并与红线外传输型草沟衔接，形成局部系统（图21）。小雨时，透水结构可渗透、滞蓄雨水；大雨时，与附近的绿地共同发挥作用，可达到错峰效果。

4.6.3 雨水行泄及调节

采用XPSWMM软件进行了道路内涝模拟分析（模型参数见表6）。经计算，下游雨水系统通畅情况下，50年一遇暴雨发生时，道路低点K3+210、K3+585和K3+977处内涝风险较大。2016年8月25日，沣西新城发生50年一遇暴雨时，秦皇大道桩号K3+585有内涝产生，并将辅道和侧分带草沟淹没，因此本模拟分析结果接近实际情况。

秦皇大道内涝模拟参数（SWMM） 表6

模拟方法			
降雨产流采用Horton扣损法，汇流采用Laurenson非线性法			
设计雨型			
50年一遇24h降雨（详见图8）			
管道参数			
曼宁系数	0.014	沿程阻力损失系数	0.025
进口局部阻力损失系数	0.5	出口局部阻力损失系数	0.5
汇水区参数			
面积		集水区面积	
特征宽度		地表径流的流径宽度，面积/集水区对角线长度或者面积开方	
集水区坡度		集水区地面整体坡度，根据道路纵坡确定	
不透水率		屋顶取100，绿地不透水率取0，铺装100	

续表

汇水区参数		
地面曼宁系数		不透水取0.012，透水取0.15
洼地存储		不透水取2.5mm，透水取5mm（带路牙绿地取100mm）。根据西咸新区地块绿地率和LID控制目标，经过测算，模型中降雨产流考虑地块31mm雨水不外排进行概化计算
无洼蓄不透水面积百分比		屋面取90，铺装取50
透水区下渗模型	渗透系数	最大渗透率取$1.06×10^{-3}$m/d，最小渗透率区$2.08×10^{-4}$m/d
	霍顿曲线下渗速率衰减常数	典型值为2~7，本案例取4
	土壤干燥时间	典型值为2~14d，本案例取7d
	最大下渗量	不应用，本案例取0

注：模型参数取值主要依据《沣西新城雨水工程专项规划》、《室外排水设计规范》GB 50014—2006、《SWMM中文使用手册》及相关文献和工程经验，结合本地实际情况选取。

在道路低点处，利用道路两侧红线外35m绿化退让内设置分散式调节塘，每个调节塘包括前置塘和蓄渗区两部分。涝水通过调节塘内设置的放空管进入雨水管道系统排走。溢流雨水通过在调节塘边缘增设方形溢流雨水口排入雨水管道系统。当50年一遇暴雨发生时，车行道和中分带径流雨水通过路牙开口，进入侧分带海绵雨水设施内滞蓄，溢流雨水进入管道系统。不能及时排除的涝水，经涝水行泄通道（人行道暗涵）进入道路两侧退让绿化中设置的调节塘滞蓄，最终经排空管和设施溢流口进入管道系统（图22）。

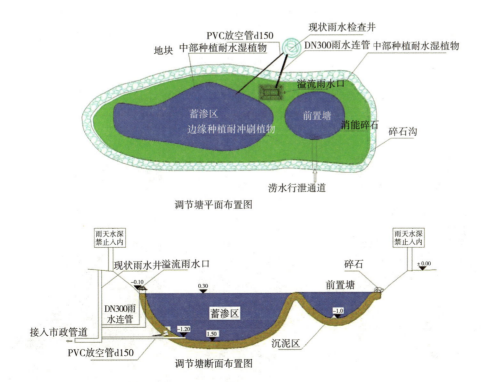

图22 调节塘平面及剖面示意图

结合内涝模拟情况,在内涝风险较大的区域,利用红线外退让绿地设置调节塘6处,总调节容积14300m³(表7)。

调节塘设计调节容积　　　　　　　　　　　　　　表7

桩号	调节塘规模(m³)	合计(m³)
K3+210	东西两侧各1600	
K3+585	东西两侧各1750	14300
K3+977	东西两侧各3800	

4.7 基础研究与产业化

LID改造过程中,为提高土壤渗蓄能力,海绵城市技术中心组织有关单位开展了介质换填试验研究。利用常见农林业废弃物及建筑材料(椰糠、沙子、锯末等)作填料,与原状土进行不同体积比混合(40%粗砂:40%原土:20%椰糠),在模拟自然压实度情况下,对混合土介质持水量及渗透性进行对比检测(图23),初步得出适用于本土道路海绵雨水设施换填介质的配比方案。目前,沣西新城海绵城市技术中心正在就换填介质与植物生长适宜性、截污净化性能提升、新介质材料选用等开展深入研究。

针对海绵城市建设中海绵雨水设施换填介质总量需求大、拌合要求高(破碎度、均匀度、计量精确度)等实际,沣西新城研发了全国首台"海绵城市LID换填土拌合设备"(图24),并于2016年3月30日在沣西新城正式投产使用。该项设备的研发应用,保证了换填混合土配比的可计量和程序化操控,大大提升了原材料利用率和生产效率,以前人工20t/d的产量被提升至40~50t/h的产量,充分满足了海绵城市建设施工需求。这也成为我们积极探索海绵城市"四新"研究成果转化,构建未来产业化格局的初步尝试。

图23　海绵雨水设施土壤换填介质配比试验研究过程

(a) 换填介质渗透试验　　(b) 换填介质击实实验　　(c) 换填介质植物搭配滤柱试验

(a) 全国首台"海绵城市LID换填土拌合设备"　(b) 换填介质拌合成品料

图24 海绵雨水设施土壤换填介质拌合生产过程

5 建设效果

5.1 工程造价

秦皇大道海绵城市改造工程总投资1248.84万元，单位长度改造投资约518.93万元/km。关键设施单位面积投资：传输型草沟约32.09元/m^2，生态滞留草沟和雨水花园约242.19元/m^2，透水铺装约172.37元/m^2，调节塘约13.78元/m^2。详细投资情况见表8所列。

秦皇大道海绵城市改造工程投资　　表8

序号	工程造价（不涉及管网改造及绿化）			单位综合造价（元）
	项目	数量	造价（万元）	
1	砖砌平箅式双箅雨水口	90座	56.59	6287.78
2	d300雨水连管	300m	60.60	720
3	d150盲管	2000m		180
4	d150 PVC管	150m		200
5	传输型草沟	11500m^2	36.90	32.09
6	生态滞留草沟和雨水花园	5400m^2	130.78	242.19
7	L形钢筋混凝土挡墙（含拦污槽）	465.6m^2	34.74	746.13
8	透水铺装	11575m^2	199.52	172.37
9	开口路牙	930个	82.98	892.26
10	挡流堰	70个	2.67	381.43
11	调节塘	14300m^2	19.71	13.78
12	人行道排水暗涵	28m	2.69	960.71
13	土方外运	27194m^3	223.61	82.23
14	人工费增加	—	126.73	—
15	其他	—	155.24	
16	规费、税金	—	116.08	
	合计	—	1248.84	

注：该工程投资表中不含设施绿化费用。

5.2 直观效果

工程改造时，对侧分带内乔木予以保留，地被植物优先选用耐淹、耐旱，具有较强净污效果的本土植物，适当搭配外来物种，改造后，秦皇大道侧分带植物配置得到丰富，景观效果得到极大提升（图25）。

对秦皇大道进水方式进行集中改造，在原雨水箅子内填充砾石、粗砂等介质，将其改造为雨水预处理设施；雨水箅子后路缘石开豁口，将道路雨水组织引导至侧分带内滞蓄并消纳；同时，为防止径流雨水中垃圾、泥土等物质长期输入可能导致海绵雨水设施表层板结、透水性能下降，且易造成冲蚀等问题，设计时在路牙开口后增设拦污槽（内填10～25mm建筑垃圾再生碎石）可有效滤除雨水杂质、分散径流并消能（图26）。

通过海绵改造，秦皇大道原有易涝积水问题得到有效消除或缓解（图27），1～2年一遇低重现期降雨发生时，直观观测无明显积水产生，确保了交通出行安全（图28）。

图25 秦皇大道海绵改造前后对比

图26 秦皇大道海绵改造前后进水方式对比

图25

图26

(a) 改造前路面积水情况　　(b) 改造后路面无明显积水

图27

图28

5.3 监测结果

5.3.1 道路积水改善情况监测

秦皇大道改造前，1~2年一遇重现期降雨发生时，积水深度≥15cm、积水时间≥2h、面积≥500m²的内涝积水点经监测共有3处（图29）。LID改造后，根据5场成涝降雨监测数据，确定设计降雨条件下2处积水得到消除，1处积水显著改善。对比改造前2015年8月2日（30.4mm，5h，2年一遇单峰降雨）与改造后2016年6月23日（31.4mm，6h，2年一遇单峰降雨）2场相似暴雨发现：①②号积水点基本消除；③号积水点得到明显缓解，最大积水面积减少70%，积水深度降低53%，积水时间缩短至2h以内。

图27　改造前后积水情况对比

图28　项目改造后整体效果展示

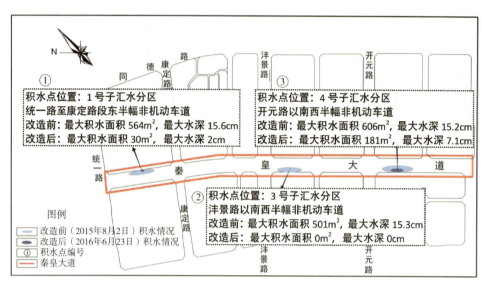

图29 秦皇大道改造前后内涝积水改善情况监测

5.3.2 径流污染削减效果监测

工程改造完成之后，对2016年6月1日（降雨量5mm，历时4h）、7月24日（降雨量30mm，历时2h）、8月27日（降雨量98.15mm，历时13h）3场降雨进行了实地取样监测，各类雨水设施对TSS、TP、COD_{Cr}、氨氮等去除效果明显，场次降雨污染物浓度平均去除率分别可达62.40%、71.50%、65.87%和75.37%（表9）。后续，待侧分带海绵雨水设施流量监测设备安装到位后，可实现污染物负荷削减率的动态、准确监测。

秦皇大道海绵雨水设施进出水水质监测　　　　表9

监测日期	监测数据	监测指标			
		SS	TP	COD_{Cr}	氨氮
2016/6/1	设施入流均值（mg/L）	72.00	0.42	58.30	0.56
	设施出流均值（mg/L）	28.00	0.09	16.60	0.10
	污染物去除率(%)	61.10	78.60	71.50	82.10
2016/7/24	设施入流均值（mg/L）	128.00	0.50	98.80	0.67
	设施出流均值（mg/L）	46.00	0.14	33.10	0.15
	污染物去除率（%）	64.10	72.00	66.50	77.60
2016/8/27	设施入流均值（mg/L）	311.00	0.61	139.20	1.25
	设施出流均值（mg/L）	118.00	0.22	56.20	0.42
	污染物去除率（%）	62.00	63.90	59.60	66.40
	平均去除率（%）	62.40	71.50	65.87	75.37

注：此处设施"入流"指路缘石豁口进水，"出流"指设施底部排水盲管出水。

5.4 效益分析

秦皇大道海绵城市改造项目依托新城低影响开发策略先期规划融入优势，统筹协调道路红线内外绿地空间与竖向条件，合理配置海绵雨水设施，严格落实控制指标，综合实现了交通、景观、环境、雨水径流及污染控制、区域排涝除险等多重功效，承载能力不断提升。通过初步监测与模拟分析测算，项目已发挥出较佳的海绵效益。

（1）年径流总量控制率测算可达87%，50年一遇24h降雨峰值流量模拟削减达15.2%，可有效降低下游管网及末端泵站排水压力。

（2）现状场次降雨径流污染物浓度削减率为：TSS62.40%，COD_{Cr}65.87%，TP71.50%，氨氮75.37%，基本实现径流污染的有效控制，降低了末端受纳水体污染风险。

（3）道路积水状况得到显著改善。5场成涝降雨监测数据表明，原有3处积水区域中2处消除，1处积水面积、积水深度、积水时间较改造前明显缩小。随着下游管网及泵站工程的建设完善，区域排水防涝能力将进一步提升。

（4）通过L形钢筋砼挡墙支护和生物滞留介质人工换填等技术手段较好解决了湿陷性黄土地质、原土渗透性能差等制约低影响开发雨水系统设计的不利因素，并在海绵城市生物滞留设施介质产业化生产方面进行了积极探索。

工程设计采用的介质土换填配比和L形钢筋混凝土挡墙支护结构，虽经试验验证，但换填介质土壤长期运行后下渗性能衰减情况与对径流雨水污染物的去除能力，以及L形挡墙的防护作用还有待长期实践检验和验证，后续设计时需结合项目实际条件进行分析研究后确定。

原设计单位：镇江市规划设计研究院
建设单位：陕西省西咸新区沣西新城管理委员会
管理单位：陕西省西咸新区沣西新城海绵城市技术中心
技术支撑单位：陕西省西咸新区沣西新城海绵城市技术中心
　　　　　　　北京雨人润科生态技术有限责任公司
案例编写人员：邓朝显、马越（主笔）、何洪昌（主笔）、梁行行、石战航、
　　　　　　　刘昭、徐诚、张哲、马笑、袁萌、闫靖靖、谢碧霞

14 重庆市国博中心公建海绵城市改造

项目位置：重庆市悦来新城会展城国际博览中心
项目规模：设计面积113hm²
竣工时间：2016年12月

1 现状基本情况

1.1 区域位置

图1 悦来新城汇水分区示意图
图2 设计区域及所在流域范围示意图

重庆国际博览中心（以下简称国博中心）位于悦来新城会展城中部的SW-15、SW-19汇水分区（悦来新城共29个汇水分区）（图1、图2），是一座集展览、会议、餐饮、住宿、演艺、赛事等多功能于一体的西部最大的专业化场馆。

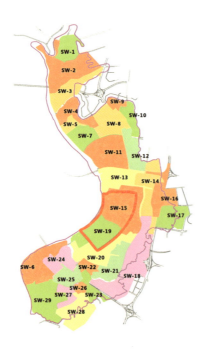

1.2 自然特点

1.2.1 降雨蒸发特点

渝北区常年降雨量1000~1450mm，降雨集中在6~9月。降雨雨型特点为雨峰靠前，雨型急促，降雨历时短，短时形成暴雨或强降雨。渝北区年蒸发量（水面蒸发量）1193mm；最大年蒸发量1513.6mm。其中5~9月蒸发量较大，占全年蒸发量的60%~70%。

1.2.2 地形

重庆市属于典型的山地城市，地形高差大，道路纵坡大，地面径流流速快，汇流时间短，一旦发生暴雨，低点极易发生内涝。

1.2.3 土壤

悦来新城土壤多由素填土、粉质黏土、砂质泥岩、砂岩、碎块石等组成，天然下渗能力不足。设计范围大部分为碾压填土和泥岩，渗透系数较小（表1）。

设计区域地层渗透系数实测数据 表1

地层	分类	最小值(m/s)	最大值(m/s)	平均值(m/s)	备注
填土	新近	1.22×10^{-4}	1.96×10^{-4}	1.59×10^{-4}	3组试坑渗水试验
填土	3~5年	4.10×10^{-5}	9.90×10^{-5}	6.90×10^{-5}	3组试坑渗水试验
填土	碾压	1.40×10^{-7}	1.60×10^{-7}	1.50×10^{-7}	2组试坑渗水试验
粉质黏土	残坡积	6.00×10^{-8}	7.00×10^{-8}	6.50×10^{-8}	2组试坑渗水试验
泥岩	强风化			不进水	1组钻孔注水试验
泥岩	中风化			不进水	1组钻孔注水试验
砂岩	强风化			3.60×10^{-4}	1组钻孔注水试验
砂岩	中风化	1.39×10^{-7}	3.19×10^{-7}	2.29×10^{-7}	1组抽水试验1组钻孔渗水试验

1.2.4 地质特征

设计范围原始地貌属构造剥蚀丘陵地貌，现已整平，地表覆盖条件较好，地下水主要由大气降水和地下管网渗漏补给，场地地下水总体较贫乏。场区人工填土分布在整个场地，由粉质黏土夹砂、泥岩碎块石等组成，含少量混凝土块等建筑垃圾，国博中心270平台浅填方区局部可达5m以上；国博中心250平台深填方区最大可达20m以上。

1.2.5 气象

区域平均气温为17.2~18.5℃，最热月（7月）平均气温27.4~28.5℃，极端最高气温44.3℃。最冷月（1月）平均气温6.4~7.8℃，极端最低气温为-3.1℃。

1.2.6 下垫面现状

国博中心片区改造范围内现状下垫面形式主要为绿地、道路、屋顶、不透水硬质铺装及透水硬质铺装（表2）。

下垫面类型 表2

	下垫面类型	面积（m²）	面积比例（%）
国博中心	绿地	145430.9289	13
	道路	202859.6895	18
	钢结构镂空屋顶	277562.4066	25
	透水铺装	32006.12224	3
	不透水硬地	473339.9064	41
	合计	1131200	100

1.3 排水系统

国博中心片区位于SW-15、SW-19汇水分区，南区（SW-15）汇流面积为0.79km²，主要包含国博中心南区、棕榈泉项目地块北部及旅融商业项目地块北部；北区（SW-19）汇流面积为1.37km²，主要包含会展公园北区、国博中心北区及规划B1地块南部。区域内部为完全雨污分流。

2 问题与需求分析

2.1 面源污染

国博中心展会期间人流量大，展览多样，物质复杂，重庆暴雨急促且雨峰靠前雨水，初期雨水冲刷导致的面源污染严重。根据《重庆市悦来新城典型下垫面初期雨水水质研究》课题成果，悦来新城初期雨水污染物浓度较大，屋面平均COD浓度为50~100mg/L，平均SS浓度为50~100mg/L；道路平均COD浓度为300~500mg/L，平均SS浓度为500~1000mg/L。

国博中心是SW-15、SW-19两个汇水分区的主要区域，也是两个分区雨水进入嘉陵江的最后屏障，因此是两个分区面源污染控制的关键。

2.2 内涝分析

采用InfoWorks-ICM6.0软件构建国博中心排水防涝模型：国博中心约6.2hm²的面积有轻微内涝（轻微内涝定义参照重庆地方标准：积水深度0.15~0.5m或积水深度小于等于0.15m且积水流速大于等于2m/s）。轻微内涝区域集中在会展大道、中心广场（图3），会展大道区域积水主要由会展公园大坡度山体峰值径流造成（图4），中心广场轻微内涝主要由于大面积硬质铺装及原排水设施排水能力不足导致。

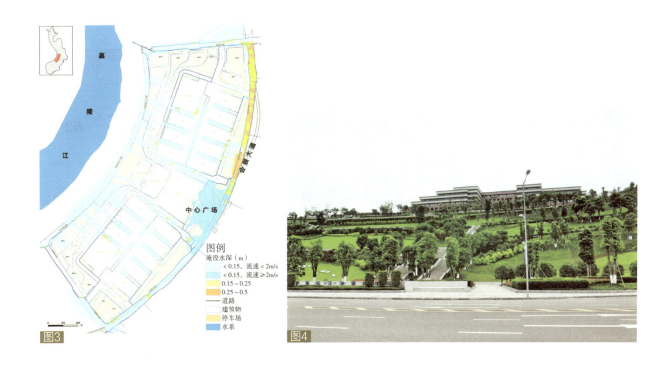

图3 国博区域内涝积水模拟图

图4 会展公园大坡度山地实景图

2.3 杂用水需求大

国博中心片区需水量大，按照重庆日均浇洒量的统计结果计算，国博南区年杂用水量为22万m^3，北区年杂用水量为24万m^3，夏季最高日杂用水量2680m^3/d。同时国博中心地处高地，市政用水提升成本大，如能对雨水进行收集回用，能替代大量的市政用水。

2.4 改造难点

结合区域现状分析，国博中心改造主要存在以下难点：

（1）地处高回填区，局部回填高达20m，地质结构欠稳定，难以做大面积改造。

（2）屋面为钢结构镂空屋顶，面积大，且前期设计未考虑土壤及植物荷载，无法做绿色屋顶改造。

（3）中心广场区域及展区卸货区为硬质铺装，面积大，径流流行时间长；展会期间，污染物质复杂，初雨污染严重，污染控制难度大。

（4）改造的同时需与已成形的景观契合，尽量保留价格较高的植被。

（5）改造不能影响场馆正常运营，大面改造铺装的形式费用较高，且社会影响大。

3 海绵城市改造目标与原则

3.1 改造目标

根据《悦来新城海绵城市总体规划》，本次设计范围改造目标见表3所列。

国博中心海绵城市改造控制指标　　　　　　表3

控制指标	区域面积（hm²）	年径流总量控制率（%）	年径流污染物削减率（SS计）（%）	综合雨量径流系数	雨水资源利用率推荐值（%）
国博北区	57.38	≥77	≥57	≤0.49	≥3.5
国博南区	55.73	≥77	≥57	≤0.52	≥3.5

3.2 改造原则

以现状实际情况作为设计基本条件，以解决内涝、面源污染及海绵指标等问题作为设计的基本方向；根据现场具体情况结合整体景观等选定LID设施，不降低现状系统的排水能力，新建工程系统的布局与现状排水管网系统有机协调；考虑多种设施的组合、建设成本、运行管理、成本优化等诸多因素。

4 海绵设计

4.1 设计流程

国博中心设计流程如图5所示。

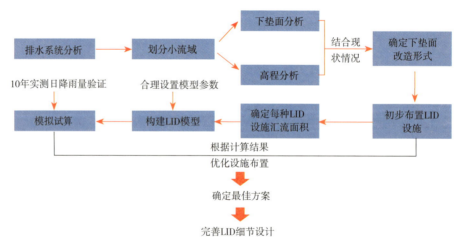

图5　国博中心设计流程图

4.2 设计降雨

（1）计算年径流总量控制率采用两种方式：容积法和模型法，国博中心77%的年径流总量控制率对应渝北区23.5mm设计降雨量（图6），接近于重庆渝北区1年一遇1h降雨量（24.2mm）。

（2）计算雨量径流系数、年径流污染物削减率、雨水资源利用率时，采用渝北区10年实测降雨数据，用模型计算。

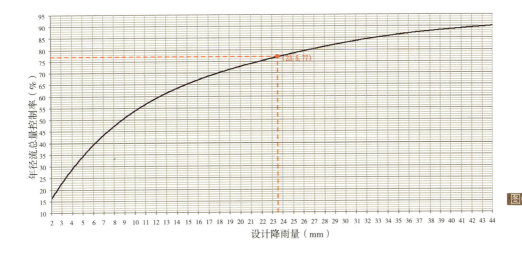

图6 年径流总量控制率和设计降雨量的关系曲线

（3）评估积水风险及峰值控制时采用渝北区雨型曲线，重庆主城区地形高差大，地面流行时间短，2014年完成的《重庆主城区排水防涝规划》中对3h、6h、9h、12h、24h降雨历时下的内涝情况进行了模拟，模拟结果显示：3h降雨历时下的内涝模拟足以准确反应积水情况。因此本次积水风险评估采用：50年一遇3h设计降雨（雨量为122.9mm）；峰值控制（设计降雨量下开发前后的峰值不变）：采用2年一遇3h设计降雨（雨量为75.4mm）。3h降雨雨型如图7所示。

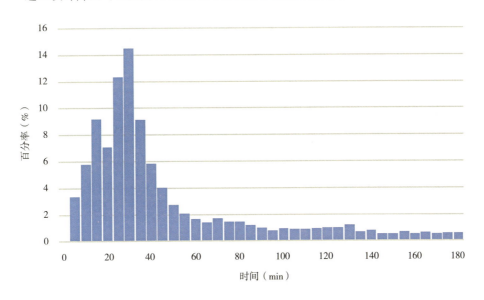

图7 3h降雨设计雨型图

4.3 总体方案设计

4.3.1 调蓄容积计算

《悦来新城海绵城市总体规划》要求，国博中心年径流总量控制率为77%，按照控制率要求计算每个分区的预赋值容积，LID设施布局时结合现状条件尽量达到预赋容积，各分区根据现状改造条件不同，控制率可有所差别，进行控制率与面积的加权平衡，多次调试后对区域的年径流总量控制进行复核计算，结果见表4所列。

指标计算表　　表4

编号	区域	流域名称	区域面积（hm²）	年径流总量控制率预赋值（%）	综合雨量径流系数	年径流控制量（预赋值）m³	年径流控制量（调试后）m³	年径流总量控制率（复核）（%）
1	1	S-1	2.23		0.52	281	429	87
2	2	S-2	3.80		0.60	544	1468	96
3		S-3						
4	3	S-4	5.92		0.66	940	208	35
5		S-5						
6	4	S-6	6.64		0.81	1290	941	69
7	5	S-7	12.13		0.69	2009	4663	93
8	6	S-8	15.04		0.77	2768	2087	70
9	7	S-9	7.37		0.59	1047	2045	91
10		S-10						
11		S-11						
12	15-1	S-12	0.71		0.80	136	15	21
13		S-13	1.89		0.80	364	506	84
南区小计	—	—	55.73		0.70	9379	12362	76
1	8	N-1	2.55	77	0.52	318	398	82
2		N-2						
3	9	N-3	4.33		0.59	618	564	75
4		N-4						
5	10	N-5	6.58		0.69	1088	1514	86
6		N-6						
7		N-7						
8	11	N-8	13.55		0.69	2252	4814	92
9	12	N-9	6.78		0.82	1337	942	68
10	13	N-10	13.96		0.77	2574	1941	70
11	14	N-11	6.52		0.75	1177	1231	78
12		N-12						
13		N-13						
14	15-2	N-14	1.46		0.80	281	30	21
15		N-15	1.64		0.80	316	510	88
北区小计	—	—	57.38		0.72	9961	11944	78
总计	—	—	113.12		0.71	19338	19545	77

4.3.2 汇水分区与竖向设计

（1）汇水分区分析

国博中心的改造虽为一个单独的项目，但从流域分析上需把上游的会展公园，下游的滨江公园（末端绿地）纳入，同时结合周边居住用地、学校等小地块一起考虑（图8）。

图8 国博中心径流分析及流域分析图

①会展公园：充分利用天然水体进行峰值控制，削减面源污染，控制旁侧道路的径流污染。会展公园和国博中心之间的会展大道存在积水风险，在区域系统考虑时已在会展公园设置具有削峰功能的调蓄及截留设施，缓解了会展大道的积水风险。

②国博中心：国博中心为已建公建，改造难度大，侧重自身指标控制，不承担周边客水的控制，改造时需解决设计范围内的积水问题。根据雨水管网系统结合地面高程将国博中心划分为了28个子汇水分区，南区和北区的子汇水分区基本对称（图8）。

③滨江公园：为汇水分区末端绿地，根据《悦来新城海绵城市总体规划》要求，在满足自身控制的前提下，需充分发挥入河最后一道屏障作用，因此滨江公园布置雨水湿地，截留上游径流进行污染物去除。

④其余地块：SW-15、SW-19两个汇水分区的其余地块需解决自身的指标要求，指标高低根据建设情况不同有所差异。

《悦来新城海绵城市总体规划》在整个汇水分区地块的指标分解时已充分考虑到滨江公园作为末端屏障的终端处理效能，分担市政道路（该片区市政道路为已建，无改造空间）的污染物去除指标要求。

（2）竖向设计分析

国博中心所在的SW-15、SW-19分区地形高差大，会展公园高程320～357m，国博中心高程240～270m，滨江公园高程204～225m（图9）。充分利用高程落差进行上收下用是本次设计的特点之一（图10）。

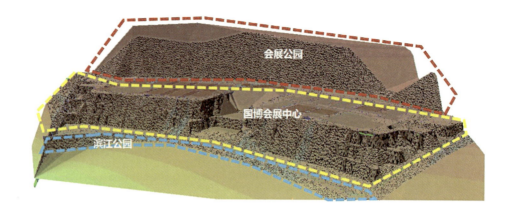

图9 地形三维示意图

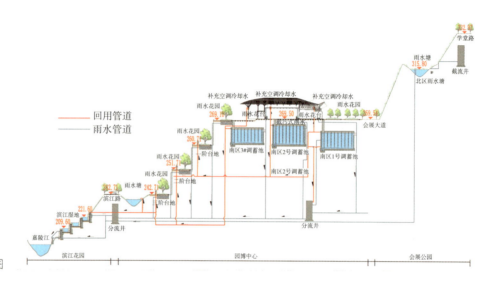

图10 高收低用系统图

4.3.3 设施选择与工艺流程

国博中心每个子分区的适用设施都不尽相同，选用LID设施需结合空间综合需求、整体景观等选定LID设施，不降低现状系统的排水能力，新建工程系统的布局与现状排水管网系统有机协调，考虑多种设施的组合、建设成本、运行管理、成本优化等诸多因素。

屋顶雨水选择雨水花台对初期雨水进行控制；大面积硬质铺装部分无绿化用地可利用，选择截污式雨水口；室外展区及停车场为不影响正常运营，只将原有绿岛改造成雨水花园；设置回用水池进行雨水回用，同时可向雨水塘及下游湿地进行补水。工艺流程如图11所示。

4.3.4 总体布局

国博中心海绵城市改造设施总体布局如下：

（1）南北停车场径流量大、水质复杂，考虑结合现状绿岛设置雨水花园；停车场端头部分设置PP蓄水模块，缓排净化雨水。

（2）南北室外透水展场径流量大、水质复杂，场地原为透水混凝土，在不影响透水展场运营下考虑设置雨水花园；

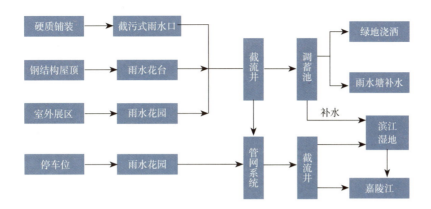

图11 国博中心流程控制示意图

（3）国博中心用水量主要为道路浇洒、绿地浇灌，夏季最高日回用水量为2679.82m³/d，为节约水资源达到雨水资源综合利用的目的，设置回用蓄水池及回用管网系统。

（4）国博中心广场主要为大面积硬质铺装，存在积水问题，影响国博形象。大面积改造铺装形式费用较高，且社会影响大。考虑在原有雨水沟旁设置3m宽透水混凝土，且对两翼原有景观绿地进行改造，设置下凹式绿地+湿地浅塘。

（5）温德姆酒店两侧台地，考虑设置雨水塘系统进行水质净化。

（6）展馆S1~S8、N1~N8两个展馆之间的卸货平台及台地停车场径流污染物复杂，源头采用截污式雨水口控制。

（7）屋面为钢结构屋面，不宜再设置绿色屋面，屋面雨水径流污染控制采用高位雨水花坛；

（8）国博中心仅中心广场区域存在轻微内涝，在该区域进行海绵改造后能够解决积水问题，同时国博东侧的会展大道积水是由于上游山体径流造成，在上游区域改造后也得到了很好的控制，考虑上述原因，本次设计里未考虑超标雨水行泄通道。

每类LID设施的设计服务面积、设置位置、设计参数见表5所列，平面布局如图12所示。

LID设施设计统计表　　　　　　表5

序号	LID设施		服务面积（m²）	设置位置	设计参数
1	停车场雨水花园		97670	南北区停车场雨水花园	改造雨水花园面积8705m²
	雨水花园PP蓄水模块		10528	北区停车场货车停车区	上部雨水花园面积约880m²，下部650m³的蓄水模块
2	室外透水展场雨水花园		11110	南、北区室外展场西侧	南北区对称，面积各410m²，共计820m²
3	蓄水池及回用管网系统	北1号蓄水池	135480	N-5	60.9m×24.6m×4.5m，其中回用容积1600m³，缓排容积容积2000m³
		北2号蓄水池	67762	N-9	26.9m×15.1m×3.8m，有效容积800m³
		北3号蓄水池	139642	N-10	58.0m×12.6m×3.8m，有效容积1650m³

续表

序号	LID设施		服务面积（m²）	设置位置	设计参数
3	蓄水池及回用管网系统	南1号蓄水池	135480	S-12	49.0m×24.7m×5.0m，其中缓排容积2000m³，回用容积1450m³
		南2号蓄水池	67762	S-6	24.5m×19.4m×3.5m，有效容积800m³
		南3号蓄水池	139642	S-8	63.9m×12.6m×3.8m，有效容积1800m³
		回用管网系统	整个国博片区		南、北区1号蓄水池压力管道管径为DN150；南、北区1号蓄水池重力管道主管径为DN200，二级台地回用管道管径DN100，滨江停车场为2根DN150管道。南、北区2、3号蓄水池压力管道管径为DN150
4	下凹式绿地+湿地浅塘		29806	国博中心中心广场	下凹式绿地蓄水容积200m³，湿地浅塘蓄水容积428.6m³
5	雨水塘		100585	温德姆酒店两侧	共6000m³，水深1.5m
6	截污式雨水口		418749	设置于对展馆环道、卸货区、台地	南区604个，北区548个
7	高位雨水花坛		199200	国博中心屋顶雨水	南、北区共计雨水花坛288座

图12 设施平面布局图

4.4 分区详细设计——以中心广场和S-7子分区为例

国博中心片区共计28个子汇水区（图8），每个子分区都有详细的设计，由于设计范围太大，以国博中心广场（S-13和N-15）和S-7子分区为例说明每个子分区的详细设计。

4.4.1 中心广场（S-13和N-15）

（1）现状基本情况

中心广场（图13）呈轴对称布置，平面关于对称轴线呈镜像布置，广场对称轴线为分水线。中心广场总面积49545m²，其中广场硬地面积39217m²，占79.15%，绿地面积10328m²，占20.85%；广场现状地表坡度为0.5%，坡度较缓，下雨时地表径流过缓导致该区域存在积水情况，且改造前的绿化区域标高高于广场，导致广场雨水无法得到绿地系统的净化处理。

图13 中心广场位置示意图

（2）改造目标

削减子分区面源污染，解决积水问题。

（3）产汇流分析

中心广场对称轴线即为分水线，地表径流向南、北侧呈伞状指向，雨水径流经地表漫流，最终进入分布在南北两侧的排水明沟，由明沟导流排走（图14）。对排水明沟进行坡度改造，即可将雨水径流引入绿地内LID设施进行处理。中心广场片区设计面积为49545m²，分为3个汇水区域（图14）。

（4）设施布局与径流组织

中心广场设置3m宽透水铺装带，降低初雨径流污染，同时在广场现状绿地景观上进行改造，将靠近广场的部分绿地改造为湿地水草系统及下凹式绿地（图15），径流组织流程如图16所示。

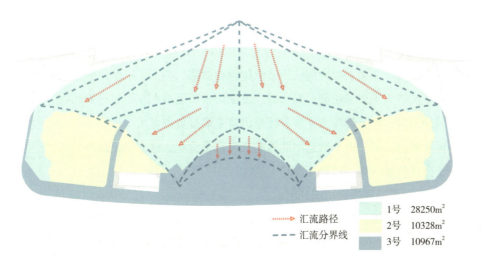

图例：
- 汇流路径
- 汇流分界线
- 1号 28250m²
- 2号 10328m²
- 3号 10967m²

图14 径流分析及汇流点击示意图

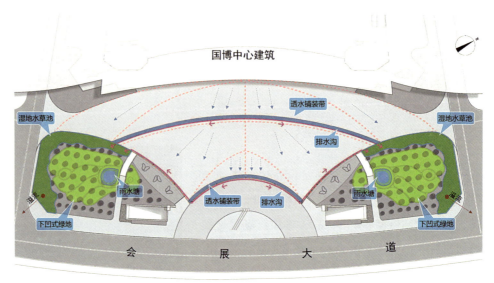

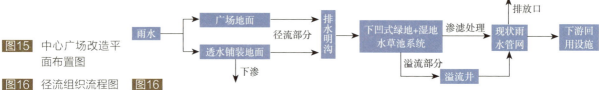

图15 中心广场改造平面布置图
图16 径流组织流程图

4.4.2 S-7子分区

（1）现状基本情况

S-7子分区，面积约12.13hm^2，地面高程在270m左右。主要包括国博南区S6、S4展馆和S2展馆的南半部及展馆之间的卸货区和周边道路。下垫面主要为屋顶（4.23hm^2）、道路及室外展场（7.90hm^2）（图17），现状绿化面积很少。

（2）改造目标

削减面源污染，尽可能地进行雨水回用，为后期试点建设做峰值控制的示范。
如何确定经济合理的回用和削峰容积是该区域设计的重点和难点。

（3）设施布局

该子分区下垫面主要为钢结构镂空屋顶和道路，为不影响展馆的正常运营，因此源头控制措施主要采用截污雨水口，屋顶雨水采用雨水花坛进行渗滤处理。考虑该区域径流量和峰值都较大，该分区排出口末端设置调蓄水池，进行雨水的收集回用及径流峰值控制，由于改造不能影响展区正常营业，经多次论证后，池子位置落在该子分区外紧邻排出口处（图17）。

S-7子分区处理流程如图18所示。

（4）调蓄池工艺说明

本次采用S-7子分区对应的1号回用水池为例，来说明一个调蓄水池的详细设计。

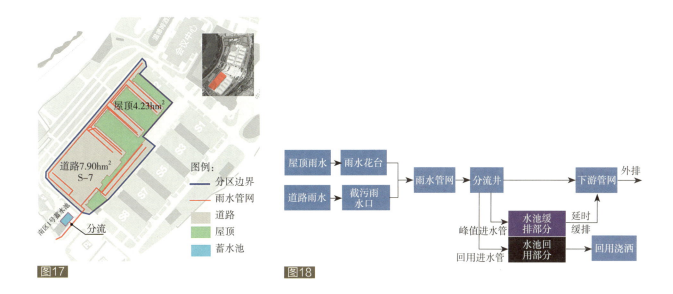

图17 S-7子分区处理平面示意图

图18 S-7子分区处理流程图

①系统设计。回用水池缓排容积2000m³，回用容积1450m³，清水池容积200m³。内部构造分为沉砂池、调蓄池、设备间、清水池，均为混凝土现浇，底板为500mm的混凝土保护层，水深3.8m，内设旋转喷射冲洗设备（图19）。

调蓄池缓排部分和回用部分的流程如图20、图21所示。

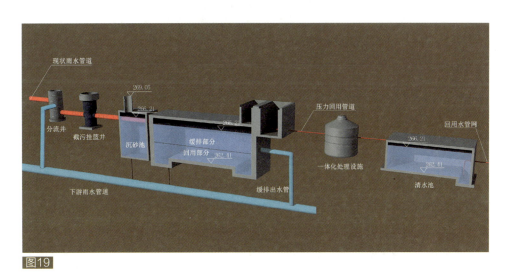

图19

图20

图21

图19 蓄水池系统设计示意图

图20 调蓄池缓排流程图

图21 调蓄池回用流程图

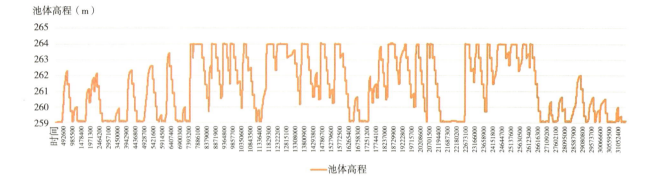

图22 S-7分区回用水池（回用部分）充满情况示意图

②回用水容积计算。回用容积主要根据回用水需求量进行设计，整个国博片区共计6个水池，总回用容积共8100m³，可满足该片区3~5d的杂用水需求。依据2009年降雨数据（最接近重庆近30年的年平均降雨量），通过ICM模型对一年的运行情况进行模拟（图22），S-7对应的水池每年可充满约25次，回用量为4万m³/年。

③峰值削减容积计算。根据《室外排水设计规范》GB 50014—2006，2014年版4.14.5条峰值调蓄脱过系数法，计算峰值削减容积。用于削减排水管道洪峰流量时，雨水调蓄池的有效容积，可按下列公式计算：

$$V = \left[-\left(\frac{0.65}{n^{1.2}} + \frac{0.5b}{t(n+0.2)} + 1.10 \right) \lg(a+0.3) + \frac{0.215}{n^{0.15}} \right] \cdot Q \cdot t$$

$$q = \frac{1178.521(1+0.633\lg P)}{(t+8.534)^{0.551}} \quad \left[L/(s \cdot 10^4 m^2) \right]$$

参数取值如下：调蓄池上游设计流量可认为是改造前的设计流量，调蓄池下游设计流量为开发前大面积绿地覆盖时的设计流量（峰值控制要求开发前后的峰值流量保持一致），即$a=0.38$。n值和b值参照修订过的重庆渝北区暴雨强度公式取值，$n=0.551$，$b=8.534$，S-7区域管道地面集水时间约5~15min（根据《室外排水设计规范》3.2.5条），管道内的流行时间约15min（管道流速按1.5m/s计算），降雨历时$t=$地面积水时间+管道流行时间=20~30min，计算出V为1755~2188m³。本次设计取值2000m³。

④峰值容积模型复核。对规范计算结果进行模型复核。对整个收集回用流程进行高程控制，峰值高程控制时考虑最不利情况，即回用容积已被全部装满。分流井上、下游管道底高程保持现状不变峰值进水管道定为d900，管底高程可变，模型模拟时通过改变峰值进水管管底高程控制峰值流量，实际施工时分流井内的溢流堰堰高等同于模型调试出的峰值进水管管底高程（图23），在峰值控制容积为2000m³时，在区域管网一维模型中调试峰值进水管管底高程，管底高程的变化对峰值影响很大，但当管底高程增加到一定高度时，峰值往后趋于平缓，管底高程为263.94m时为峰值进水管管底最佳高程，即实际施工时溢流堰的高程（图24）。

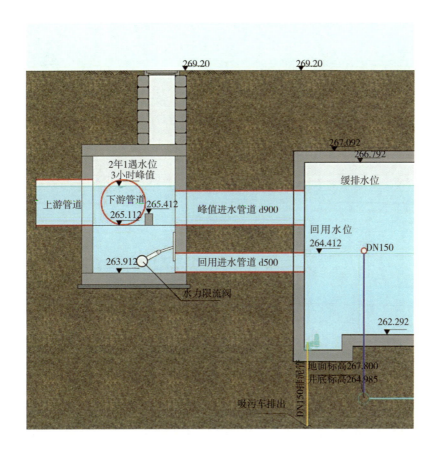

图23 调蓄池缓排流程图

图24 截留管管底高程调整图

用2年一遇3h降雨对峰值控制效果进行模拟（考虑最不利情况，不将回用容积计算在内）。改造后的峰值流量为1.67m³/s，接近开发前的峰值情况（图25）。从模型校核结果来看，峰值控制容积取2000m³是合适的。

⑤回用水水质处理。根据《建筑与小区雨水利用工程技术规范》，处理后的雨水水质根据用途确定，COD_{cr}和SS应满足表6规定。

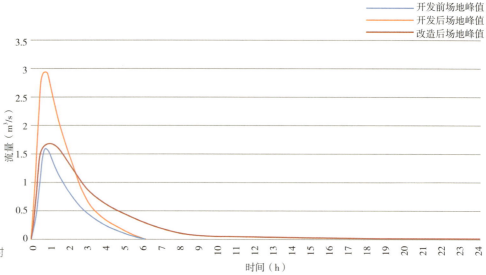

图25 开发前后峰值对比图

回用水水质参考表 表6

项目指标	循环冷却系统补水	观赏性水景	娱乐性水景	绿化	车辆冲洗	道路浇洒	冲厕
COD_{Cr}（mg/L）≤	30	30	20	30	30	30	30
SS（mg/L）≤	5	10	5	10	5	10	10

为了保证达到回用水质标准，处理流程为砂滤+碳滤+消毒的工艺，设备间内设全自动清洗过滤器、活性炭过滤器、紫外线消毒器各1台。

4.5 设施节点设计

典型LID设施设计如下。

4.5.1 高位雨水花坛

雨水花坛主要设置于展馆的雨水立管下端，屋顶雨水控制按4mm的初期雨水计算，从上向下依次为蓄水层，树皮、卵石保护层，种植土层、过滤层、砾石层、防渗膜（图26）。大雨时，来不及下渗的雨水通过溢流管直接进入现状雨水管网。

4.5.2 雨水花园PP模块

对北区停车场货车停车区背部的长度约150m的长条形绿岛进行改造，收水面积11500m²（图2）。改造形式为上部生物滞留设施（雨水花园），下部PP蓄水模块，设施处理流程如图28，细部剖面如图29。绿岛上部做法同生物滞留设施（雨水花园），面积约880m³。

条形绿岛需收集汇水面积为图27所示A区域，共计1.11万m²，根据XP-Drainage低影响开发软件计算，收集该区域内的雨水（回用+缓排）需考虑600m³以上的蓄水容积。条形绿岛下部采用成品雨水模块，设计容积650m³，满足需求。

01 源头减排 / 267

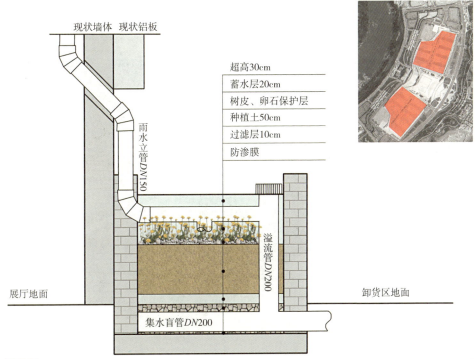

图26

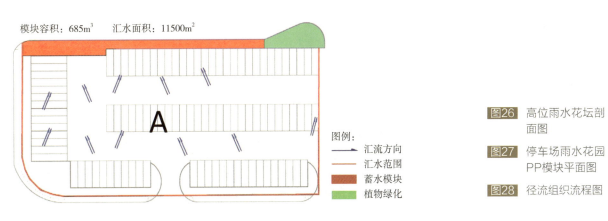

图27

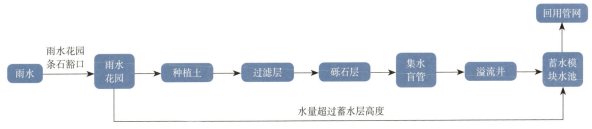

图28

图26 高位雨水花坛剖面图

图27 停车场雨水花园PP模块平面图

图28 径流组织流程图

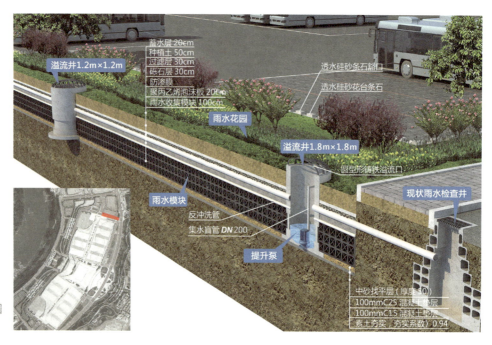

图29 停车场雨水花园PP模块剖面图

4.5.3 中心广场湿地+浅塘

湿地景观完成面下沉约0.4m，结构层下沉约0.8m。在湿地下方结构层内敷设排水盲管，下雨时候雨水通过盲管排入标高比下沉绿地更低的浅塘，浅塘景观完成面下沉约1.65m，结构层下沉约2.15m（图30）。

4.5.4 截污式雨水口

截污式雨水口主要由截污挂篮、滤料包、溢流件组成，截污挂篮和滤料包每3个月进行拆分清洗（图31）。

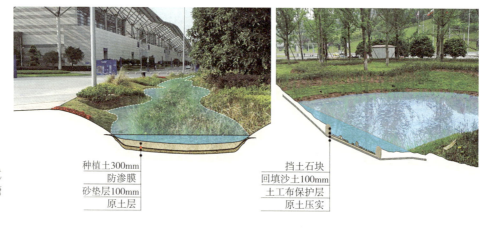

图30 中心广场下凹式绿地+湿地浅塘剖面图

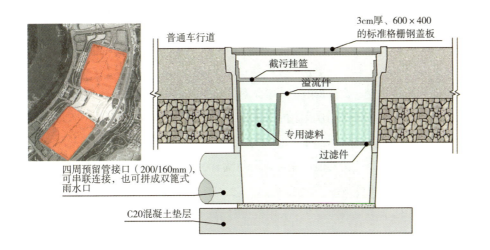

图31 截污式雨水口剖面图

4.6 植被选型

雨水花园根据其间歇性蓄水特点,选择耐涝耐湿并具有一定耐旱性能的相应植物,如木槿、蚊母、彩叶杞柳、旱伞草、美人蕉、细叶芒、花叶芦竹、乱子草、大花萱草、蛇鞭菊、马蹄莲等。雨水塘根据其水深位置种植相应的水生植物,如再力花、旱伞草、水生美人蕉、水葱、香蒲、黄菖蒲、水杉等。植物应注重高低、色彩、质感搭配,并与周边植物相协调。

4.7 模型构建与评估

4.7.1 模型模拟参数设置

利用XP-Drainage低影响开发模拟软件构建模型,根据LID设施的特征,考虑蒸发、下渗、回用、缓排、滞蓄、溢流等水文水力条件,进行模型计算。模型参数设置:径流参数取值,参考海绵总规验证过的SCS曲线取值,道路CN值98,IA值2mm,绿地CN值76,IA值5mm。具体各改造分项模型参数见表7所列。

模型参数设置　　　　表7

设施类型	参数设置
生物滞留带(雨水花园)	护堤高度300mm,植物根系体积分数0.2,表面粗糙系数0.4,土壤层厚度500mm;生物滞留带土壤孔隙率0.479,田间持水率0.371,枯萎点0.251,导水率1mm/h,导水坡度30%,吸水水头290mm,底部盲管在雨水花园底部敷设,管径DN200
植草沟	设置同生物滞留带,持水深度有所区别,底部无盲管
蓄水池	采用RTC设置动态出水情况,下雨时不回用,不下雨时进行雨水回用
雨水塘	为景观雨水塘,底部不下渗,持水深度1.5m,蒸发量为3.27mm/d
截污式雨水口	由截污挂篮、滤料包、溢流件组成,规格600×400,共计1100多个,由于暂缺乏截污式雨水口对污染负荷去除的相关实验,为保障指标达标,暂取低值20%的污染负荷去除率
高位雨水花坛	同生物滞留带

4.7.2 评估结果

通过构建国博中心LID模型对指标进行评估，采用10年实测分钟降雨数据。其中年径流总量控制率=通过下垫面自然下渗+经过LID设施的处理流程的径流量（包括回用处理和污染控制）/总降雨量；综合雨量径流系数=区域排出的径流量/总降雨量；污染物削减率按每类LID设施的去除率（雨水花园去除率70%，雨水塘去除率50%，截污式雨水口去除率20%，植草沟去除率40%）及经过设施处理的年雨水总量进行计算得出（经过调蓄池回用的部分认为100%去除）。雨水资源化利用率通过动态模拟用水过程计算得出。

国博中心评估结果见表8所列，采用模型计算的结果比采用容积法计算的结果略高。

各汇水分区面积对应表　　　　　　　　　　表8

国博中心	综合雨量径流系数	年径流总量控制率	雨水资源化利用率	年径流污染物削减率（SS计）（≥）
南区	48%	81.10%	9.5%	59.70%
北区	52%	81.54%		

4.8 监测平台的建立

为监测建设效果，在汇水分区出水口及关键径流点设置在线监测点共计5个监测点，SW-15、SW-9分区总排出口各1个，国博中心南北排出口各1个，南区1号回用水池出水点1个。监测内容包括水量、SS等指标。同时建立了在线的监测数据平台，实时观测站点数据（图32）。

图32　在线监测点布置及在线显示界面

4.9 施工过程及要点

国博中心所在流域为悦来新城启动的第一个流域系统性建设项目，项目安排遵从从上游往下游有组织性建设。在2015年底已建设完成了上游会展公园；2015年12月到2016年12月，完成了国博中心的改造；2016年8月启动下游滨江湿地的改造，预计2017年4月完工。国博中心施工中涉及的重难点主要包括以下4个方面：

（1）施工协调

为了在施工期间不能影响国博中心的正常运营，需采取措施严控安全，扬尘，噪声等可能对项目产生不良影响的因素。如物料运输避开运营时段，围挡结构需经论证方可施工，及时清理施工垃圾，处理地面灰尘。

（2）高程控制

海绵城市是精细化小高程设计，施工过程中对高程的控制极为严格，所有设施的进出水高程都需要与已成形的现状管网对接。特别是回用水池的高程控制，截留管管底标高对控制效果影响极大，施工时必须严格按照设计图纸上的标高进行精细化施工。

（3）结构处理

国博中心大部分区域位于高填方区，且东侧紧临轻轨保护线，结构处理施工时需经多次论证确定最佳施工工艺参数及质控标准。

（4）材料选型

施工中涉及多种材料的选型，各个厂家的质量参差不齐，特别是PP模块，目前没有相应的行业标准，需经多方比较论证后择优选取。

5 建成效果

5.1 投资情况

国博中心海绵城市改造项目预算为8600万元，单位面积投资71.7元/m^2，各类设施的综合单价见表9所列，从单位面积总投资来看较为合理，几个大型调蓄池的造价略高，从节水角度计算投资回收期较长，但从整个环境效益上来看，是合理的。

各类设施综合单价表　　　　表9

序号	名称	综合单价
1	停车场雨水花园（改造）	950元/m^2
2	混凝土蓄水池	2500元/m^3
3	PP模块水池	3000元/m^3
4	硅砂模块蓄水池	3200元/m^3
5	雨水口（改造）	1200元/个
6	回用管网系统工程	6.8万元/m^2

续表

序号	名称	综合单价
7	雨水塘（改造）	2000元/m³
8	渗滤池	2300元/m³
9	雨水湿地（改造）	2500元/m²
10	透水混凝土（改造）	600元/m²

5.2 建成效果图

国博中心部分改造成果如下。

5.2.1 停车场雨水花园

停车场雨水花园面积共计8705m²，停车场面源污染得到了有效的控制（图33）。

图33 停车场雨水花园改造完成图

5.2.2 中心广场

中心广场改造完成后面源污染得到削减，同时解决了广场的积水问题，并为下游提供了大量优质的回用水（图34）。

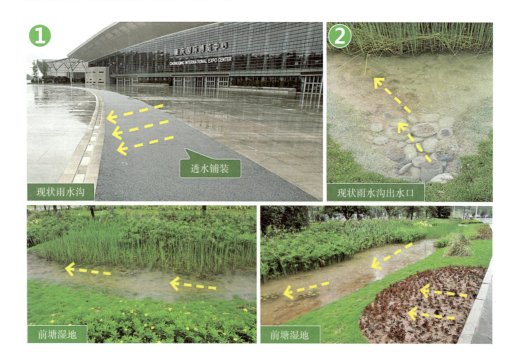

图34 中心广场造完成图

5.3 效益分析

国博中心项目海绵城市改造工程秉承"系统考虑、源头控制、过程管理、监测反馈、高收低用"的设计理念,通过高位雨水花坛控制屋面初期径流污染,通过截污式雨水口控制道路初期雨水污染,利用透水混凝土、下沉式雨水花园、湿地水草池、雨水塘等控制大面积铺装(室外透水展场、室外停车场、中心广场、酒店台地)产生的初期径流污染。将地势高、源头净化后的雨水收集,经回用蓄水池生态处理达标后,回用于地势低区域的绿化、道路浇洒、洗车、湿地景观等,溢流雨水可以进入地势最低的滨江阶梯湿地,进行末端治理后对嘉陵江进行生态补水。

整个改造系统科学、指标合理,达到海绵总规指标控制要求,在区域水生态、水环境、水安全、水资源4个方面的改善都达到了很好的示范效应。

5.3.1 水环境

国博中心是削减三峡库区面源污染污染物负荷的基础节点,海绵城市改造后,初期雨水得到控制,排入嘉陵江的年污染物总量(SS计)削减了50%以上。

5.3.2 水生态

海绵城市改造在原有景观现状上锦上添花,提供了人与水的互动空间,增加了植物多样性，让市民听得见蛙鸣，看得见景色。

5.3.3 水安全

国博中心有两块主要积水区域，会展大道积水区、中心广场积水区。中心广场积水点在完成透水混凝土带、湿地、雨水浅塘后得到很好的改善；会展大道积水主要由于会展公园山地径流导致，在区域系统考虑时已在会展公园设置具有削峰功能的调蓄设施，同时会展大道和会展公园交界处设置截留管，截留部分雨水至对面国博中心广场的雨水浅塘，缓解了积水风险。这两处大的积水区域在2016年雨季期间未再出现积水情况。

5.3.4 水资源

通过高收低用的回用系统，每年能提供12.8万m^3的回用水量，能够替代28.5%杂用水，按重庆4元/m^3的水价估算，每年可节约水费51.2万元，按雨水回用每米每方提升费用0.028kW·h电，平均提升8m，电费0.8元/kW·h，每年仅需运行费用2.3万元。

责任主体：两江新区管委会

建设单位：重庆悦来投资集团有限公司

　　　　　魏映彦、郭佳、陈明燕、李芬

技术支撑单位：重庆市市政设计研究院

　　　　　　　靳俊伟、程巍、刘媛媛、余杭、周江、程吉建、张靖强、尹洪军

15 昆山市中环路海绵型道路改造

项目位置：江苏省昆山市
项目规模：全长约44.2km，双向六车道
竣工时间：2016年7月

1 现状基本情况

1.1 项目与所在排水分区的关系

中环路穿越昆山中心城区核心区域，跨越两个国家级经济开发区（昆山高新区、昆山开发区）、三个镇，全长44.2km，涉及景观面积3.2km²，围合面积达78km²（图1）。 图1 项目区位图

(a) 昆山区位　　(b) 城市区划　　(c) 中环路区位

昆山中环路沿途跨越十余个圩区，中环高架雨水与路面及周边绿地雨水一起收集排放至各圩区的圩内河道，再通过排涝泵站抽排至圩外河道。

1.2 项目场地基本情况

（1）土壤渗透性情况及地下水位

土壤自上而下依次为素填土、粉质黏土、粉土、黏土等，土壤渗透系数约为

图2 中环道路横断面示意图

$24.5 \times 10^{-3} \sim 151.2 \times 10^{-3}$ m/d，土壤渗透性能为弱透水。地下水位埋深约为0.9～2.3m。

（2）地下管网建设情况

本项目研究时，中环道路、高架主体及雨水系统已建成，高架雨水经消能井收集、路面雨水经雨水口收集后，通过雨水管道，就近排至附近河道。

（3）交通设计情况

中环路线路长，沿线道路断面略有差异，代表性的断面形式为：中央高架双向六车道，宽度为24m；两侧地面车行道（高架覆盖范围以外）、非机动车道、人行道宽度9m（图2）。

（4）项目周边水体

本项目沿线河道众多，水系丰富，主要有娄江、青阳港、张家港、太仓塘、金鸡河、白墅浦、小虞河、新开河、庙泾河、风雷河等。

2 问题与需求分析

2.1 区域问题对本项目的要求

随着昆山市开发建设的不断推进，中心城区核心区所面临的水环境、水安全和水生态等问题日益严重。

（1）昆山河网密布，水流动力小，道路雨水径流污染进入河道后，很难通过流动迁移加快自然降解，污染极易积聚并逐步恶化。

（2）昆山地势低平，地面高程普遍低于汛期外河水位，自流排水条件差，容易形成内涝。由中环围合而成的区域均为城市建成区，不透水面积逐年增加，进一步加大了区域沿线排涝压力。

（3）昆山中心城区核心区内生态资源丰富，如何保护和修复原有生态环境是城市开发建设面临的重要问题。

根据上述问题分析，昆山中环路在实施过程中应采用绿色基础设施，削减道路雨水径流污染，控制雨水径流流量，并注重沿线生态功能的保护与修复。

2.2 项目问题与需求分析

昆山中环路项目是城市化进程中必不可少的一步，对于促进城市发展具有重要

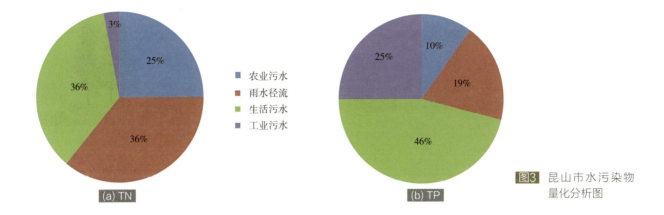

图3 昆山市水污染物量化分析图

意义，但同时也可能带来一些问题：

（1）随着昆山城市建设的快速发展，雨水径流污染在水污染物总量中所占比重也逐步加大，目前昆山市水污染物中，雨水径流污染所占比例以TN、TP计分别为19%、36%（图3）。中环道路建设和交通流量的快速增长将导致由轮胎磨损、沥青路面表面沥出物、汽油润滑油泄漏、制动部件磨损等带来的雨水径流污染大幅增长，污染物随雨水径流进入水体，对城市水环境构成严重威胁。

（2）中环高架的建设割裂了原有的生态系统，对生态系统的完整性产生了重大影响。

基于昆山中环路建设可能带来的水环境、水生态、水安全风险，项目设计应融入海绵城市建设理念，尽可能减少对周边环境的影响，同时结合城市绿地、水系，打造公共海绵空间节点，缝合破碎的生态系统。

3 建设目标与原则

3.1 设计目标

鉴于昆山中环路的重要区位和工程体量，将其定位为全市推进海绵城市建设的示范工程，是中心城区核心区城市修补、生态修复3个绿环中率先打造的关键一环。

（1）降低道路径流污染，保护水体环境

利用水处理型生态景观，有效控制道路雨水径流污染，年SS总量去除率达到60%，打造可持续自然积存、渗透、净化的健康生态系统。

（2）缓解防涝压力，降低水安全风险

建立生态型雨水蓄滞系统，有效控制雨水径流，道路年径流总量控制率达到70%。

（3）丰富城市景观形态及生态多样性

建立中环沿线综合生态廊道，对重要节点进行生态修复，结合绿色海绵设施的应用，将绿色景观功能化，以较低成本丰富城市景观形态及生态多样性。

3.2 设计原则

根据昆山市特殊的水土环境，项目结合海绵城市建设的契机，在打造中环沿线景观工程的同时，赋予其更多的生态功能，并开展城市面源污染控制研究，对城市生态系统进行修复，完善绿色基础设施，从而实现城市的可持续性、适应性、宜居性等多个目标。具体原则体现在以下两个方面：

（1）赋予景观更多生态功能，如水质处理、水文调节、微观气候改善和蓄水滞洪等。

（2）通过打造高质量多功能的公共开放空间，在集约化提高土地利用效率的同时，让市民真切地体会到不断改善的城市宜居性。

4 设计方案

4.1 设计流程

设计流程如图4所示。

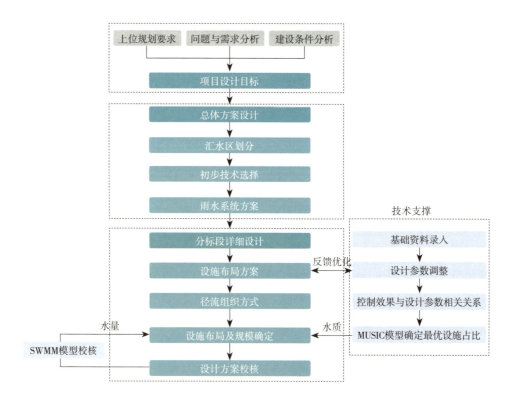

图4 设计流程图

4.2 设计降雨

4.2.1 典型年设计降雨

参见"昆山市江南理想小区和康居公园区域建设"案例4.2.1部分的内容。

4.2.2 设计降雨量与年径流总量控制率对应关系

参见"昆山杜克大学校区低影响开发案例"4.2.2部分的内容。

4.3 总体方案设计

4.3.1 设施选择

根据区域及项目的问题与需求分析,以削减径流污染为主要目标,应选择生物滞留池、人工湿地等以净化功能为主的技术。

根据项目建设条件分析,项目所在区域土壤渗透性较差,地下水位高,原土自然下渗难度较大,应通过介质层填料配比优化措施加强雨水的渗透。

综合以上因素,本项目主要采用人工湿地、生物滞留池等海绵措施进行雨水的滞蓄、净化处理。

4.3.2 雨水控制策略

本项目在设计之初,道路、高架及雨水管网系统已经实施完成,如何尽量减少对已实施工程的破坏是项目设计要考虑的重点问题。在高架下方绿化带、道路绿化隔离带中植入生物滞留池、人工湿地等功能型景观,并通过高架雨水消能井、道路雨水井局部改造实现与已建成雨水管网系统的衔接,从而有效解决中环道路本身的雨水径流污染。将高架桥面、地面道路的雨水收集后,通过植物、沙石等对雨水进行净化,全面提高雨水排放水质的同时,减缓流速,可减少暴雨时期洪峰流量,减轻市政雨水管网的排水压力,提高城市防洪防涝能力。

(1)高架雨水

高架雨水传统的排放方式为雨水经过桥面横坡、纵坡汇流至桥面雨水口,经排水立管转输至地面的消能井进行消能处理,然后进入城市市政雨水管道,最终进入附近河道。传统的雨水排放方式主要目的是尽快将雨水排除,较高污染负荷的路面径流对河道水质和生态系统产生负面影响,并增加内涝风险。

本项目采用海绵城市建设理念对传统的高架雨水排放方式进行改造,结合高架下层道路中央绿化带设置生物滞留池,高架雨水经收集后依次通过消能井、生物滞留池、市政雨水管道,最终进入沿线水系。为使高架雨水更好地与生物滞留池进行衔接,对消能井进行改造,改造消能井具有雨落管消能、大颗粒物沉淀、径流分流以及溢流控制等多重功能(图5、图6)。

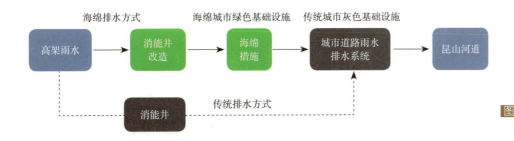

图5 高架雨水排放示意图

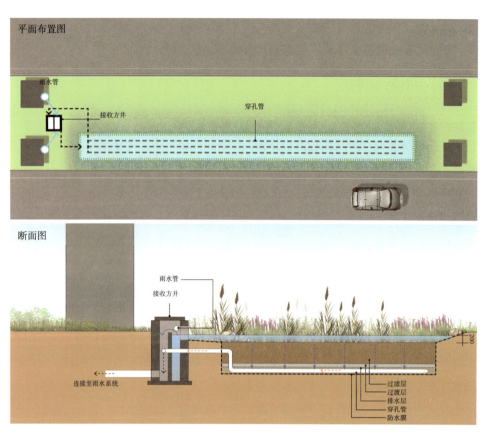

图6 生物滞留池处理高架雨水设置示意图

针对部分高架下部未设置绿化分隔带的路段,设计将高架雨水引流至道路红线外侧绿地进行处理。在红线外绿地建设人工湿地,利用水生植物的水平过滤作用来处理雨水(图7)。

(2)路面雨水

中环沿线人行道采用透水铺装,能够提高雨天行走的舒适度。道路侧分带和绿化带改造成生物滞留池,路面雨水经道路横坡汇至道路侧分带生物滞留池进行净化处理(图8)。

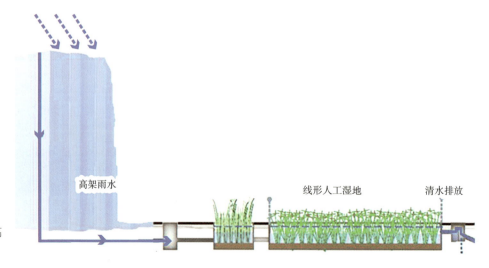

图7 人工湿地处理高架雨水流程图

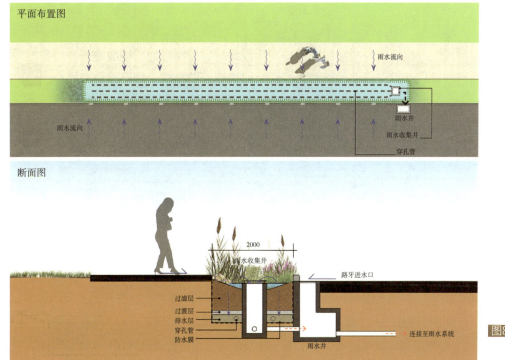

图8 生物滞留池处理路面雨水设置示意图

4.3.3 雨水径流组织形式

高架雨水通过高架雨水系统收集后，排入高架立柱下改造后的堰流式消能井，雨水经结合中央绿化带设置的生物滞留池处理后排入市政管网。两侧路面雨水汇入结合绿化隔离带设置的生物滞留池处理后排入市政管网（图9）。

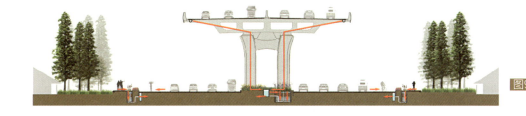

图9 高架雨水径流组织示意图

4.4 标准段详细设计

4.4.1 标准段划分

中环沿线线路长，本项目以中环典型横断面宽度以及高架支墩30m间距的道路长度形成标准设计单元。每个标准设计单元分为3个汇水分区：中央高架宽度24m，长度30m，汇水面积720m²，两侧路面宽度各9m，长度30m，汇水面积均为270m²（图10）。

4.4.2 设施规模计算

标准设计共有2种形式，一种为高架下中央分隔带、路面绿化隔离带均采用生物滞留池，另一种为高架下中央分隔带采用人工湿地、路面绿化隔离带采用生物滞留池。

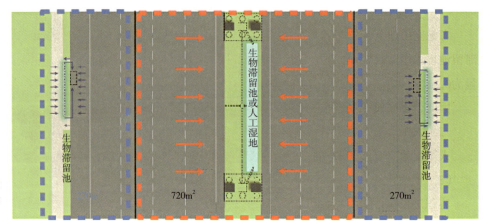

图10 中环路标准模块雨水汇水分区示意图

根据相关研究成果（参见"昆山市江南理想小区和康居公园区域建设"案例4.4.2（1）~（3）部分的内容），昆山地区生物滞留池面积宜按不透水集水区面积的5%进行设置，人工湿地面积宜按不透水集水区面积的8%~12%进行设置。

根据标准设计单元的雨水汇水分区划分确定相应的设施规模。中央高架汇水区的汇水面积为720m²，若采用生物滞留池则设施面积为36m²，若采用人工湿地则设施面积为80m²。两侧路面汇水区的汇水面积均为270m²，则每个汇水分区所需生物滞留池面积为13.5m²。生物滞留池和人工湿地预留滞留深度均为100mm。

4.4.3 公式法海绵城市设计校核

由于本项目启动研究和设计之初，《海绵城市建设技术指南（试行）》尚未正式发布，不是按照容积法进行计算，而是按澳大利亚水敏性城市设计理念确定设施规模。因此，本案例用实际设计规模来校核年径流总量控制率，为全市海绵城市建设提供依据。

（1）生物滞留池控制水量估算

生物滞留池作为一种以渗透为主要功能的海绵设施，根据《海绵城市建设技术指南（试行）》推荐的计算方法，其控制水量分为有效调蓄容积和渗透水量两部分。

生物滞留池有效调蓄深度为190mm，其中：预留滞留层深度100mm，600mm过滤（渡）层按15%的孔隙率计所对应的90mm的调蓄深度。则每平方米生物滞留池对应的有效调蓄容积为0.19m³。

生物滞留池渗透量，根据《海绵城市建设技术指南（试行）》渗透量公式计算：

$$W_p = KJA_s t_s$$

式中 W_p——渗透量，m³；

K——土壤（渗透层）渗透系数，一般为100~200mm/h，取100mm/h；

J——水力坡降，一般可取$J=1$；

A_s——有效渗透面积，按单位面积1m²计算；

t_s——渗透时间，h，指降雨过程中设施的渗透历时，一般可取2h。

$$W_p=100\times 10^{-3}\times 1\times 1\times 2=0.2\text{m}^3$$

考虑昆山地下水位高，同时为避免对高架、道路路基渗透损坏，本次设计生物滞留池均采用防渗处理，侧壁渗透量可以忽略不计。则每平方米生物滞留池的渗透量为0.2m³。

因此，本次设计生物滞留池每平方米可控制水量为0.2+0.19=0.39m³。

（2）人工湿地有效调蓄容积估算

人工湿地有效调蓄深度为100mm，则每平方米人工湿地有效调蓄容积为0.1m³。

（3）校核计算

容积法校核计算公式如下：

$$V=10H\varphi F$$

式中 V——设计调蓄容积，m³；

H——设计降雨量，mm；

φ——综合雨量径流系数（高架和路面，改造后为0.85）；

F——汇水面积，hm²（总汇水面积1260m²）。

若高架下中央分隔带、路面绿化隔离带均采用生物滞留池，则海绵设施总的有效调蓄容积为：$V=63\times 0.39=24.57\text{m}^3$。

根据容积法计算公式得出设计降雨量为22.94mm，折合年径流总量控制率约为75%。

若高架下中央分隔带采用人工湿地、路面绿化隔离带采用生物滞留池，则：

人工湿地有效调蓄体积为：$V=80\times 0.1=8\text{m}^3$。

生物滞留池有效调蓄容积$V=27\times 0.39=10.53\text{m}^3$。

根据容积法计算公式得出设计降雨量分别为13.1mm、22.94mm，折合年径流总量控制率分别为59%、75%，通过加权得出标准设计单元年径流总量控制率为65.9%。

4.4.4 模型法海绵城市设计校核

运用SWMM模型校核海绵设施规模，设计降雨采用2014年作为典型年降雨，根据地勘资料及建设后场地下垫面建设情况，并参考模型用户手册中的典型值，模型参数设置见表1所列。

项目建设前后模型参数一览表　　　　表1

面积	集水区面积
特征宽度	30m
集水区坡度	集水区的地面整体坡度0.3%
不透水面积比率	100%
不渗透地表曼宁系数	0.013
透水地表曼宁系数	0.15
洼地存储	不透水区洼地蓄存3mm

生物滞留池概化为生物滞留网格，表面层、土壤层、蓄水层和暗渠各参数根据昆山地区生物滞留池一般做法选取，主要参数如下：蓄水深度100mm，土壤层500mm，土壤层导水率100mm/h，蓄水层孔隙比30%，导水率为0，暗渠排水系数根据生物滞留池的出流特点设为20，暗渠排水指数0.5。

雨水湿地概化为蓄水池，主要参数如下：蓄水深度100mm，暗渠排水系数根据湿地的出流特点设为0.83，暗渠排水指数0.5。

根据模型计算结果，若高架下中央分隔带、路面绿化隔离带均采用生物滞留池，则2014年中环道路标准段降雨总量为1596m³，经渗滤处理的雨量为1381m³，折合年径流总量控制率为86%。

若高架下中央分隔带采用人工湿地、路面绿化隔离带采用生物滞留池，则2014年中环道路标准段降雨总量为1596m³，经渗滤处理的雨量为1026m³，折合年径流总量控制率为64.3%。

通过对中环道路标准段校核可以看出，在中环道路红线范围内硬化面积较大的情况下，依靠道路附属绿地内的海绵设施，年径流总量控制率可达70%左右，对应设计降雨量为18.7mm，与昆山市1年一遇雨水管渠设计标准15min降雨量的数值接近。若将中环道路、沿线绿地及节点生态公园统筹考虑，充分利用中环沿线绿地和节点生态公园对道路雨水径流的消减作用，年径流总量控制率将进一步提升。

4.5 设施节点设计

4.5.1 高架雨水消能井

为使高架雨水更好地与雨水处理设施进行衔接，对高架下原有雨水消能井进行改造。主要工作原理为：高架雨水经高架排水系统收集后通过高架立柱雨水管排入堰流式消能井内，消能井内具有一定的落底空间，大颗粒物质在此沉淀，雨水通过上部管道溢流排入生物滞留池进行处理，处理后雨水经排水管返回至堰流式消能井另外一格空间内，由已建道路雨水管道排入市政雨水管。当暴雨时，高架雨水流量过大，雨水处理设施下渗滤速度无法满足要求时，雨水通过溢流堰直接溢流至另外一侧，排入市政雨水管网（图11）。

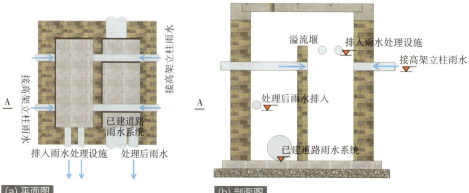

图11 堰流式消能井平、剖面图

4.5.2 雨水处理设施断面

参见"昆山市江南理想小区和康居公园区域建设"案例4.5.1部分的内容。

4.5.3 填料配比

参见"昆山市江南理想小区和康居公园区域建设"案例4.5.2部分的内容。

4.5.4 植物配置

经过比选得出符合要求的植物配选见表2、表3所列。

人工湿地植物选择一览表　　　　　表2

序号	条件	植物配选
1	阳光区（水深0~20cm）	茭白、菖蒲、芦竹
2	阴影区（水深0~20 cm）	菹草、花叶水葱、苦草

生物滞留池植物选择一览表　　　　　表3

序号	种类	植物配选
1	地被	千屈菜、风车草、芦竹
2	花	大波斯菊、大花金鸡菊、美人蕉

5　建设效果

5.1　建设投资

中环路绿化生态修复工程总投资8.5亿元，其中海绵设施投资1.34亿元，折合单位面积海绵设施工程投资约为39元/m^2。主要海绵设施单价为：透水铺装150元/m^2，人工湿地350元/m^2，生物滞留池1型700元/m^2，生物滞留池2型1200元/m^2，蓄水池1500元/m^3，植草沟50元/m^2。

5.2　实际效果

工程实际效果如图12~图14所示。

5.3　监测效果

2015年9月至2016年8月开展了16场降雨事件下的水质监测，监测点位1号、2号分别位于中环高架下生物滞留池进口和出口处。

每次降雨事件的进水、出水均分别根据雨强、出流量得到混合水样2组和瞬时水样约20组，已采集的水样4℃低温保存并及时送检（表4）。

水质检测结果显示，16场降雨的SS、TP、氨氮、TN、COD的平均去除率分别为36.89%、49.65%、38.87%、28.78%、30.65%（图15）。

(a) 雨水湿地　　(b) 生物滞留池

图12　施工刚完成实景图

图13　完成半年后生物滞留池实景图

图14　"蓝绿灰"三廊融合的立体生态网络实景图

水质监测结果　　　　　　　　　　　　　　　表4

参数	SS（mg/L）		TP（mg/L）		氨氮（mg/L）		TN（mg/L）		COD（mg/L）	
编号	1	2	1	2	1	2	1	2	1	2
数据	76±40.3	52±11.6	0.12±0.03	0.07±0.03	0.53±0.5	0.34±0.02	1.56±1.05	1.08±0.64	3.7±1.51	2.5±1.05

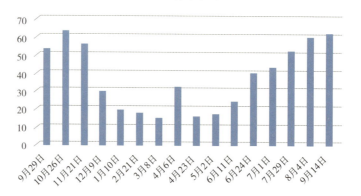

SS去除率（%）

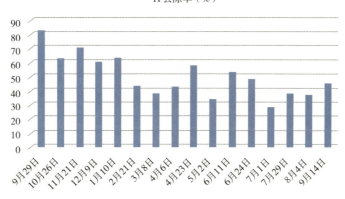
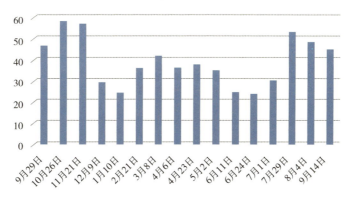
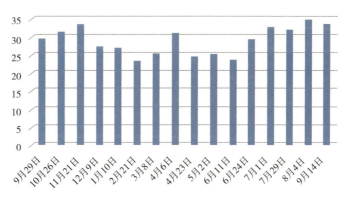
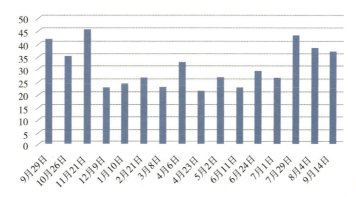

图15 实测污染物去除率

6　维护管养

生物滞留池、人工湿地等绿色基础设施对维护管养的要求较高，本案例针对设施前端的消能井进行改造，可沉淀大颗粒物质和部分其他污染物，降低进入设施的污染物负荷，提高设施运行效率。为保障设施长期有效的运行，需加强设施的维护管理，要点见表5所列。

海绵设施维护管养要求　　表5

设施名称	维护频次	维护要点
生物滞留设施	检修、植物养护2次/年（雨季之前、期中）	1. 定期检查生物滞留池的运行情况，防止淤积、冲刷、汽车的碾压破坏等。 2. 检查进水系统、溢流井和排水管，防止堵塞。 3. 堵塞时，应当刨开表层，进一步检查维护。 4. 运行初期，要对植物定期浇水，直至植物能够稳定生长。 5. 外来杂草植物应当适当清除。 6. 清除丧失功能的植株，并重新种植大小和种类相同的植物。 7. 修剪坏死植物组织以促进植物生长，必要时，根据植物特点，进行病虫害防治
人工湿地	检修、植物养护2次/年（雨季之前、期中）	1. 对进水出水构筑物的日常检测，以防堵塞。 2. 杂草的清除：定期对植物进行收割减少植物之间相互影响或是因植物的枯枝落叶经水淋或微生物的作用释放出克生物质，抑制自身的生长；从景观来看，在每年秋天收割植物后会使来年春天植物生长更旺盛和美观。 3. 对湿地进行维护，防止形成单个水池。 4. 每5年进行排空清淤。 5. 病虫害防治：当使用杀虫剂时，不能降低湿地的处理效果，不能造成二次污染
消能井	检修、清理1次/月（雨季之前）	定期清理消能井内的沉淀物，保障进出水和溢流系统运行正常

7　施工及产业化

中环沿线全长44.2km，施工标段多，各标段施工、监理单位对海绵设施的认识和施工水平参差不齐，在大规模实施的过程中难以保证施工的精细化，施工现场个别标段因未达到建设要求而进行了数次返工。昆山市以中环路局部标段质量整改为契机，探索生物滞留池介质层填料的工业化生产。昆山市建设工程检测中心与东南大学联合成立了"江苏省东南海绵设施绩效评估有限公司"，建立高校、科研机构与企业的新合作模式，开展海绵相关技术研究，指导预拌砂浆企业生产生物滞留池所需填料。

7.1　室内试验

开展材料的级配检测、渗透系数检测、有机质检测等，配置出满足要求的过滤层填料配比以及对其他材料（粗、细集料）级配的检测（图16）。

图16 室内试验过程图
图17 现场试验过程图

7.2 现场试验

建立模拟试验筒、试验池以及花盆等设施，填筑试验室确定的配比，模拟现场条件，开展试验工作，验证试验室的配比是否能适用于现场，进一步优化填料配比（图17）。

7.3 工厂化生产混合料

利用原材料试配满足要求的配比，并使用大型专业机械加工、搅拌混合料，验证工厂化生产的可行性（图18）。

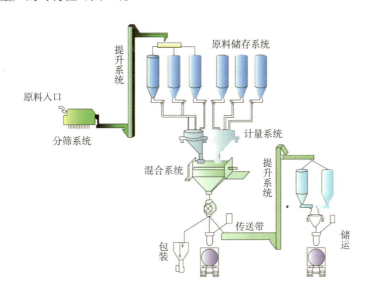

图18 生物滞留池填料生产工艺流程图

根据过滤层材料性质，选择干粉砂浆拌和站作为工厂化生产的基地。昆山市建设工程检测中心、城投公司、施工单位对生产加工设备进行考察，对各项原材料进行抽样检测（图19）。

通过生物滞留池填料的工业化生产，形成一套可复制、可推广的填料生产流程，保障海绵项目质量，降低建设成本，提高施工效率，以满足海绵城市建设大规

图19 工业生产过程图

模推广的需求，同时具有良好的经济效益，与现场施工相比，工业化生产在同等质量下具有价格优势。

8 连片效益

借助中环路海绵城市改造项目的契机，在收集路面雨水进行污染去除处理的基础上，整合中环沿线全线联通式生态廊道，打造重要节点的栖息地湿地，更好地服务于城市，缓解城镇化建设所带来的各种污染及环境生态退化问题。

8.1 中环沿线生态网络建立

建立中环沿线综合生态廊道，利用陆地的森林走廊和沿水的蓝绿走廊来连接中环沿线各生态节点，进而构建整个中环生态网络，重建昆山城市生态系统，改善城市宜居环境（图20）。

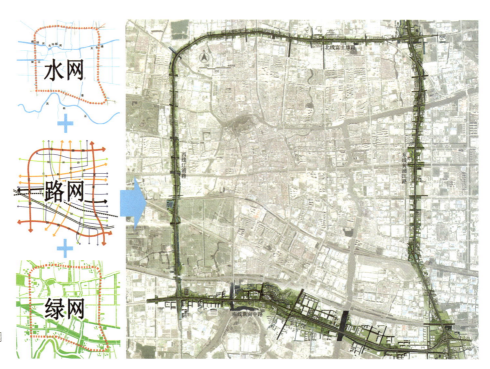

图20 中环沿线生态网络体系示意图

中环沿线综合生态廊道主要载体为绿地和水系，在实现生态修复和恢复的同时，因地制宜地采用人工湿地、生物滞留池、下凹式绿地、植被缓冲带、植草沟、透水铺装等海绵城市技术，发挥绿地、水系在蓄水、净水方面的功能。

8.2 中环沿线生态节点修复

昆山中环贯穿城区十余圩区，与诸多河道交汇，结合交汇点打造公共空间，共建设7个生态公园。这7大生态公园均与周边水系相通，设计充分发挥公园绿地在雨水调蓄、净化等方面的功能，延迟洪水下泄时间和降低径流峰值，提升中环沿线区域排水防涝安全。节点公园内建设大面积处理型湿地，雨期处理汇水区范围的雨水径流，非雨期通过提升泵站将周边圩区内水体抽至节点公园中循环湿地进行净化、处理，改善圩内水质（图21）。

图21 城市生态节点分布及圩区分布图

9 项目总结

（1）本项目针对高架下方是否存在绿化隔离带分别采取不同的海绵化改造策略，并仅通过高架雨水消能井、道路雨水井的局部改造实现与已建成雨水系统的衔接，基本符合国内高架道路改造条件，同时基于标准段实行模块化设计，可为全国高架道路海绵化改造提供借鉴。

（2）本项目采用的水敏性城市设计理念与海绵城市建设理念高度契合，在昆山地区生物滞留池面积按不透水集水区面积的5%、人工湿地面积按不透水集水区面积的8%～12%进行设计，基本能够满足海绵城市年径流总量控制率75%的要求。

（3）本项目是国内高架道路大规模雨水生态化处理的实践，海绵城市建设工程量较大，借助昆山市海绵城市建设的契机，结合实施过程中存在的问题，推动了生物滞留池介质层填料的工业化生产，初步实现了海绵技术及海绵产业本土化。

（4）本项目将中环沿线绿地资源、水资源、路网资源进行有机整合，构建"蓝绿灰"三廊融合的立体生态网络，充分发挥集市政功能、生态功能、环境保护为一体的"整体海绵"效应。

建设单位：昆山城市建设投资发展集团有限公司
设计单位：江苏省规划设计研究院、浙江西城工程设计有限公司
设计策略与技术支持：澳大利亚国家水敏性城市合作研究中心（CRC for Water Sensitive Cities）、上海市政工程设计研究总院（集团）有限公司、东南大学—蒙纳仕大学海绵城市联合研究中心
照片提供：昆山城市建设投资发展集团有限公司、浙江西城工程设计有限公司
案例编写人员：周继春、曹万春、范晓玲、冯博、石建刚、洪凯、费一鸣、王健斌、吕永鹏、赵伟峰

16 北京市中关村万泉河路及周边区域雨水积蓄利用

项目位置：北京市海淀区万泉河桥北100m处中关村国家自主创新示范区内
项目规模：39.22hm²
竣工时间：2013年9月

1 现状概况

1.1 积水情况

北京地处中纬度，属温带大陆性季风气候。多年平均降雨量650mm，降水年内分布不均，汛期（6~9月）雨量约占全年降水量的85%，丰水年汛期雨量可占全年的90%以上。降雨条件导致北京市汛期压力很大，城市道路（特别是立交桥区）积水问题严重，而非汛期则表现为水资源不足。

万泉河桥上游的中关村国家自主创新展示中心、万泉河路及新建宫门路交汇口（图1）每逢大雨必淹，特别是2012年7月21日10时至7月22日凌晨3时的特大暴雨，

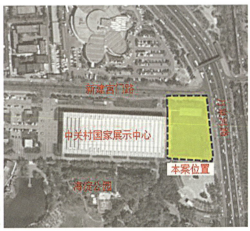

图1 项目区位图

图2 积水情况（2012年7月21日）

图3 积水区域示意图

降雨量约226mm，积水深度963mm，积水面积高达9541m²，严重影响城市交通和行人安全（图2、图3）。

1.2 现状径流组织和汇水分区

依据积水区域周边的管线布置、竖向关系和雨水的汇流方向，形成3个汇水区域，共计39.22hm²（图4、图5）。

图4 现状径流组织示意图

图5 现状汇水分区图

（1）汇水分区一内的雨水通过新建宫门路雨水管排向万泉河，该区域面积共计13.92hm²。

（2）汇水分区二内的雨水通过万泉河路北段（新建宫门路以北的万泉河路段）雨水管排向万泉河，该区域的面积共计22.5hm²。

（3）汇水分区三内的雨水通过万泉河路南段（新建宫门路以南的万泉河路段）雨水管排向万泉河，该区域面积共计2.8hm²。

1.3 汇水区的水文地质

汇水区位于北京市海淀区，地下水位年内变化较大，一般来说，1~2月份地下水的开采量小，水位逐渐恢复，地下水位较高；受农业灌溉用水的影响，6~8月份水位达到最低；根据2008年的检测，海淀区地下水位的埋深一般在25~35m之间。

汇水区位于永定河冲积扇中上部，地基土主要为第四系黏性土、粉土、砂土、卵砾石，且卵石层厚度较大，卵石层顶面埋深较浅；土壤渗透系数在0.2~2.0m/d。

1.4 汇水区范围内雨水排放设施

汇水区范围内主要市政雨水管网由3部分组成（图6）：新建宫门路雨水管、万泉河路北段雨水管网（新建宫门路以北的万泉河路段）、万泉河路南段雨水管网（新建宫门路以南的万泉河路段）。

虽然市政雨水管网基本实现雨污分离，但排水设计标准均为2年一遇，设计较新标准偏低。发生暴雨时，管网下游会受到万泉河顶托，排水受阻。

图6 汇水区范围内主要的雨水排放设施布局图

1.5 积水区周边水资源需求情况

通过现场调研，积水区南侧海淀公园的绿化浇灌、海淀公园大湖的景观补水以及周边道路和广场的喷洒用水需求量很大。

（1）海淀公园大湖补水：在枯水季节，大湖水位下降至常水位以下50cm时，就会影响公园的亲水性和观赏性；同时大湖自净能力有限，长时间得不到优质水源的补充，易造成水质恶化。目前为了维护水体的观赏性，平均每年向大湖补充自来水约为2万m^3。

（2）绿化浇灌用水：中关村国家展示中心和海淀公园共计约40hm^2绿化，为保证绿化种植的良好生长，平均每年灌溉用水量约为15万m^3。

（3）道路、广场用水：中关村国家展示中心作为区域的主要公共展示建筑，为了保持良好的视觉形象，广场以及周边道路需要经常洒水，保持清洁，平均每年需水量约为1920m^3。

综上所述，排水管网设计标准偏低和排水出口易受河道水位顶托是上述区域积水的主要原因。考虑到周边区域建设相对成熟，如果通过大规模改造现有的雨水管网系统，提高雨水排放设计标准，既会因施工影响周边居民出行，又会产生很高的经济投入。如何通过思路创新解决内涝，是本项目面临的核心问题。

同时，化害为利，储蓄、净化、利用自然降雨，为周边环境提供大量优质水源，减少自来水的使用，也是本项目考虑的重要问题。

2 建设目标和设计流程

2.1 建设目标

（1）积水区内涝防治：依据相关规范和规划，新建宫门路与万泉河路交汇处内涝防治设计重现期应为100年一遇；根据汇水区域面积等因素，设计降雨历时为1h。

（2）雨水资源利用：储存雨水，用作海淀公园绿化灌溉、大湖补水、道路喷洒，减少自来水的使用，实现雨水资源化利用。

2.2 设计流程

项目设计流程如图7所示。

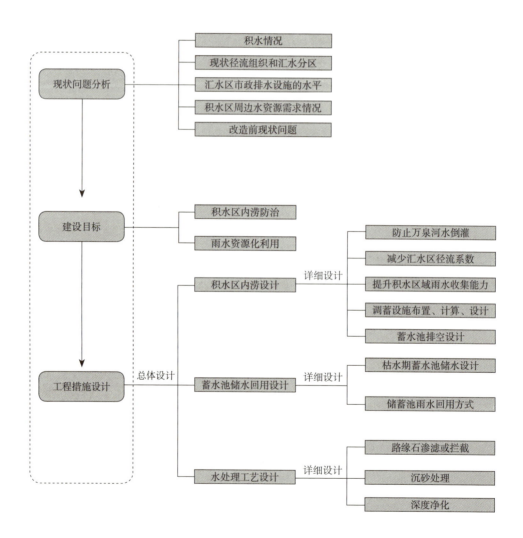

图7 设计流程

3 工程设计

3.1 总体设计

以内涝防治为主和兼顾水资源综合利用为目的，结合现有的场地条件，本项目设计包含：积水区内涝防治设计、蓄水池储水回用设计、水处理工艺设计（图8、图9）。

（1）积水区内涝防治设计："蓄排"结合，防治积水区内涝

项目位于老城区，周边区域建设已经完全成型，基于现状考虑，在不影响地表空间使用的前提下，建设地下蓄水设施，"蓄排"结合，是比较经济可行的措施。

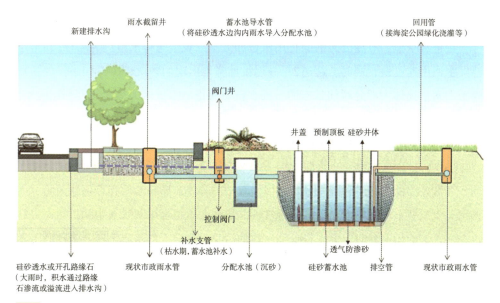

图8

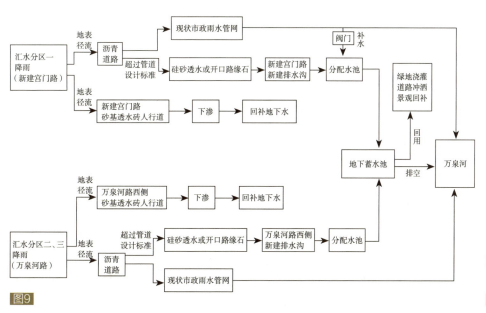

图9

图8 工艺设计原理示意图

图9 工艺流程示意图

在海绵城市设计中通过"蓄排"防治城市内涝的常用方式为：雨水先进入蓄水池，待蓄水池装满后，再溢流排放到市政管网，实现源头减排。但该方法存在的问题是：市政管网还未达到排放上限，地面也未产生任何积水时，蓄水池可能已经装满；当降雨超过市政管网的排放设计标准时，蓄水池已经没有调蓄空间。

为充分利用蓄水池调蓄降雨，削减峰值流量，本项目采用的思路为：小于2年一遇设计降雨通过汇水区范围内的雨水篦子进入现状的市政管网，最终排放到万泉河，一旦降雨超过2年一遇的设计标准，这些管网来不及排放，积水区域就会产生积水，当积水超过路面3cm时，雨水就会漫过开口路缘石内侧砖墙的预留孔洞（孔底高于路面3cm），进入人行道下的排水沟，汇入蓄水池，存储起来。在下一场大雨（超过2年一遇的设计降雨）来临之前，将蓄水池内雨水排空，迎接暴雨。

（2）蓄水池储水回用设计：雨水利用，节约优质水资源

在枯水季节，海淀公园的绿化用水量和大湖景观生态补水量约为8万m^3，蓄水池雨水回用速度快，同时，超过2年一遇设计降雨出现的频次较少，如果仅仅蓄积内涝雨水，池体大部分时间是空的，雨水资源回用率很低。为最大程度利用雨水，保证小雨（小于2年一遇的降雨）也能进入蓄水池，需要区别大雨内涝防治系统，单独增设枯水期蓄水池的储水设计。

（3）水处理工艺设计：水质达标，兼顾水环境

海淀公园的大湖属于静态景观水体，水动力较差，导致水质存在恶化风险，需要优质生态补水，维持水面良好的观赏性。另外，本项目中蓄水池中的排空雨最终也会进入下游的万泉河，为防止受纳水体的污染，排空水的水质不应低于现状下游万泉河的Ⅳ类水质。依据这一目标，将水处理工艺分为三级：透水路缘石的渗滤和排水沟的溢流拦截，分配水池的沉淀除砂，硅砂蓄水池的深度净化。

3.2 海绵设施总体布局图

根据以上总体设计，本项目包括以下几个内容：防万泉河倒灌设施、人行道的透水铺装、硅砂透水边沟、分配水池、蓄水池、雨水回用系统、蓄水池排空系统设计、枯水期蓄水池补水设计（图10）。

3.3 积水区域内涝防治设计

（1）防止万泉河水顶托倒灌

在新建宫门路、万泉河路排水管网的出水口处，设置鸭嘴阀，防止暴雨时万泉河水顶托倒灌。当鸭嘴阀外河水水压大于管内水压，鸭嘴阀关闭，管内雨水进入地下调蓄设施。

（2）减少地表径流

新建宫门路和万泉河路部分人行道采用硅砂透水砖路面，约1200m^2。通过透水铺装，70%的降雨量快速下渗，从而减少地表径流。

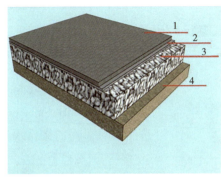

图10　海绵设施改造布置图

图11　1-硅砂滤水砖；2-黏结找平层；3-碎石层；4-土基层

图11　透水砖做法

本项目透水人行道结构做法包括面层、找平层、基层和土基层（图11）。面层采用65mm厚硅砂透水滤水砖，黏结层采用透水找平层；基层采用30mm厚级配碎石，土基压实强度不低于90%。

（3）提升积水区域的雨水收集能力

由于新建宫门路和万泉河路现有的排水系统收水能力不足，分别于这2条道路的人行道下新建带形排水沟，超标雨水（超过现状市政雨水管道的设计标准）通过透水或者开孔路缘石，漫过砖墙预留孔，进入排水沟（图12、图13），最终汇入硅砂蓄水池（由于砖墙的预留孔底高于市政道路的雨水箅子，雨水先从箅子流入现状市政雨水管网，超标雨水才会漫过砖墙预留孔，进入新建排水沟）。

路缘石分为硅砂开孔路缘石和硅砂透水路缘石。开孔路缘石共布置270个（见本文3.7节），孔洞大小为700mm×80mm，孔底与市政道路齐平；其他的均为透水

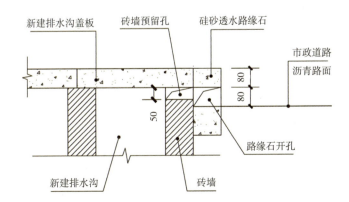

图12　超标雨水分流做法

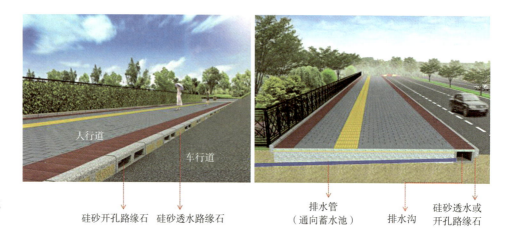

图13 雨水收集设施设计

路缘石,透水路缘石采用微孔隙透水结构,不容易堵塞且渗透速度快,渗透速率为 6.8mL/(min·cm²)。

砖砌排水沟在开孔路缘石处预留孔洞,孔高5cm,孔底高于市政道路3cm(图12)。

(4)地下蓄水池布置与设计

3个汇水分区中雨水管网末端均在中关村国家展示中心前广场附近,而且中关村展示中心东侧有7000m²绿地,地勘报告结果显示该处地下水处于地表6m以下,适合大规模建设地下设施,考虑后期维护和运营的便利性,在此集中设置一个容积为9750m³蜂巢结构的蓄水池。深度4m,占地面积2437.5m²,埋深不低于1.5m,蓄水池的容积计算见本文3.6节。

蜂巢结构蓄水池主要由池底、池体、四壁防水、钢筋混凝土顶板组成(图14)。

池底由100mm厚透水混凝土垫层、300mm厚钢筋混凝土底板和透气防渗格组成,透气防渗格设置在透水混凝土垫层以上;透气防渗格的面积不小于底板面积的30%,尺寸为800mm×800mm,自上而下做法依次为150mm厚透水混凝土保护层、100mm厚透气防渗砂、50mm厚细沙找平层。

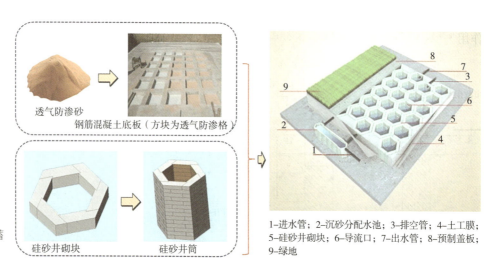

图14 硅砂蜂巢结构蓄水池示意图

1-进水管;2-沉砂分配水池;3-排空管;4-土工膜;5-硅砂井砌块;6-导流口;7-出水管;8-预制盖板;9-绿地

池体由硅砂透水砌块形成六边形的蜂巢结构，该结构具有稳定、安全、可靠的特点。硅砂透水砌块尺寸为751mm×120mm×200mm，砌块之间用水泥砂浆黏结，池水可以在硅砂透水井砌块之间渗透。

在池体外围找平后四壁防水采用土工膜包裹，防止水体外渗，土工膜压入钢筋混凝土底板与透水混凝土垫层之间1m左右。

池顶采用120mm厚预制钢筋混凝土盖板，顶板以上覆土绿化。

（5）蓄水池提前排空和关闭补水支管的控制阀门

新建宫门路和万泉河路现状雨水管道均只满足2年一遇的排水设计标准。根据气象预报预警，在将要发生超过2年一遇的降雨之前，需用排水泵将调蓄池提前放空，由万泉河路的市政管排向万泉河；根据蓄水池下游管道的受纳能力（即万泉河路市政雨水管受纳能力约为0.62m³/s），蓄水池提前放空的时间应不小于5.1h。

同时，人工关闭蓄水池补水支管的控制阀门，使得汇水区内的雨水先由市政管道排放，一旦降雨量超出市政管道排放标准，雨水就通过开孔路缘石进入人行道下排水沟，最后汇入蓄水池，防治积水区内涝。

3.4 蓄水池储水回用系统设计

（1）枯水季节蓄水池的储水设计

从新建宫门路现状雨水管网上设置雨水截留井（图15），并用补水支管连接截流井和蓄水池，支管上设置控制阀门。井内补水支管的管顶标高低于市政雨水出水管的管底标高30cm。枯水季节，人工打开控制阀门，雨水将先由市政雨水进水管进入截留井，再通过补水支管导入蓄水池，蓄水池装满后，再通过截留井内市政出水管排到万泉河。

（2）雨水回用

蓄存的雨水用于海淀公园大湖景观补水、绿化灌溉、道路或广场洒水。

海淀公园大湖补水：设置排水泵和DN200管，根据大湖水位下降和水质恶化情况，定期将蓄水池内的水抽送至大湖，对于大湖生态景观改善，将发挥一定的积极作用。

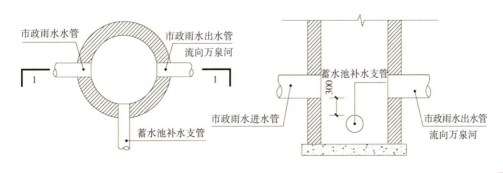

图15 雨水截留井示意图

绿化用水：将蓄水池的雨水回用管线与公园绿化浇灌主管线连接，作为绿化浇灌的备用水源。当蓄水池内储蓄水达到灌溉用水标准GB/T 25499—2010后，用于绿化灌溉，减少自来水的使用。

道路、广场用水：在靠近万泉河桥辅路的绿地内设置取水口，方便洒水车取水。

3.5 分级净化水质，达到使用和排放设计标准

传统的方法更多的是将初期雨水弃流，排入污水管网，作为区域的示范项目，本方案采用新的技术手段，净化初期雨水，使之达到设计要求。该工艺包括以下3个阶段：

（1）透水路缘石的渗滤或排水沟预留孔的溢流拦截

在新建宫门路和万泉河路的车行道与人行道之间设置透水路缘石，同时，开孔路缘石内侧排水沟预留孔的孔底高于路面3cm；雨水中大的悬浮物经过路缘石过滤或预留孔的溢流拦截后，留在路面上，雨水进入排水边沟。

（2）沉砂处理

排水沟内雨水进入蓄水池前，设置沉砂分配水池，沉淀除砂。在本项目中，沿万泉河路旁共设置3组分配水池；沿新建宫门路共设置1组分配水池。

（3）深度净化

硅砂蜂巢结构蓄水池由若干个六边形硅砂透水井组成，形成蜂窝状结构；井壁为生物挂膜提供载体，池底的透气防渗砂提升了水体溶解氧含量。据相关实验研究，硅砂蓄水池将生物接触氧化法和微滤2种水处理技术结合起来，在储水的同时，净化水体中的污染物；并利用井壁的渗水特点，使水中污染物与微生物充分接触，比传统接触氧化法更加高效。实践证明，该池体对初期雨水中SS、TN、BOD、COD等有良好的去除效果，去除率在80%～93%之间。

3.6 蓄水池容积计算

3.6.1 降雨特性

北京万泉河桥区域属于暴雨分区中第Ⅱ区，暴雨强度公式如下：

$$q=\frac{1378(1+1.0471\lg P)}{(t+8)^{0.642}}$$

式中　q——设计的暴雨强度，L/(s·hm^2)；

　　　t——降雨历时；

　　　P——设计重现期，年。

适用范围为：$t\leqslant 120$min，$P>10$年。

3.6.2 下垫面

通过对各下垫面类型和数量进行分析，计算各分区综合径流系数，详见表1。

各汇水分区综合径流系数　　　　表1

汇水分区	下垫面类型	面积（hm²）	径流系数	综合径流系数
分区一	不透水铺装	4.9	0.85	0.61
	透水铺装	2.5	0.2	
	室外绿化	2.4	0.15	
	建筑屋面	4.12	0.85	
	小计	13.92		
分区二	不透水铺装	11.8	0.85	0.71
	室外绿化	4.1	0.15	
	建筑屋面	6.2	0.85	
	透水铺装	0.4	0.2	
	小计	22.5		
分区三	沥青路面	2.8	0.9	0.90
合计		39.22		0.69

3.6.3 蓄水池容积计算

根据《室外排水设计规范》GB 50014—2006（2011版）中4.14.5公式，用于削减排水管道设计峰值流量时，雨水调蓄池的有效容积按下式计算：

$$V=\left[-\left(\frac{0.65}{n^{1.2}}+\frac{b}{t}\times\frac{0.5}{n+0.2}+1.10\right)\lg(\alpha+0.3)+\frac{0.215}{n^{0.15}}\right]\times Q_{上}\times t$$

式中　V——蓄水池有效容积，m³；

　　　α——脱过系数，取值为蓄水池下游设计流量和上游设计流量之比；

　　　$Q_{上}$——蓄水池上游设计流量；

　　　b,n——暴雨强度公式参数；

　　　t——降雨历时，min。

（1）分区一所需的蓄水池有效容积

①新建宫门路改造的内涝防治设计重现期为100年一遇，蓄水池上游的设计流量为：

$$Q_{上}=\frac{1378(1+1.047\lg P)}{(t+8)^{0.642}}\Psi_1 F_1=245\text{m}^3/\text{min}$$

式中：P=100年，t=22min，F=13.92hm²，Ψ_1=0.61，见表1。

②新建宫门路已建排水管道满足2年一遇设计重现期（现状数据），蓄水池下游的设计流量为$Q_{下}$=113m³/min。

③分区一所需的蓄水池有效容积为：

$$V_1 = \left[-\left(\frac{0.65}{0.642^{1.2}} + \frac{8}{22} \times \frac{0.5}{0.642+0.2} + 1.10\right)\lg(0.46+0.3) + \frac{0.215}{0.642^{0.15}}\right] \times 245 \times 22 = 2778 \text{m}^3$$

其中，$\alpha = \dfrac{Q_{\text{上}}}{Q_{\text{下}}}=0.46$，$t=22\text{min}$，$n=0.642$，$b=8$。

（2）分区二所需蓄水池有效容积

①万泉河路北段改造的内涝防治设计重现期为100年一遇，蓄水池上游的设计流量为：

$$Q_{\text{上}} = \frac{1378(1+1.047\lg P)}{(t+8)^{0.642}}\Psi_2 F_2 = 433\text{m}^3/\text{min}$$

式中：P=100年，t=25min，F_2=22.5hm^2，Ψ_2=0.71，见表1。

②万泉河路北段已建排水管道满足2年一遇设计重现期（现状数据），蓄水池下游的设计流量为$Q_{\text{下}}$=199m^3/min。

③分区二所需蓄水池有效容积为：

$$V_2 = \left[-\left(\frac{0.65}{0.642^{1.2}} + \frac{8}{25} \times \frac{0.5}{0.642+0.2} + 1.10\right)\lg(0.46+0.3) + \frac{0.215}{0.642^{0.15}}\right] \times 433 \times 25 = 5598 \text{m}^3$$

其中，$\alpha = \dfrac{Q_{\text{上}}}{Q_{\text{下}}}=0.46$，$t=25\text{min}$，$n=0.642$，$b=8$。

（3）分区三所需蓄水池有效容积

①万泉河路南段改造的内涝防治设计重现期为100年一遇，蓄水池上游的设计流量为：

$$Q_{\text{上}} = \frac{1378(1+1.047\lg p)}{(t+8)^{0.642}}\Psi_3 F_3 = 79\text{m}^3/\text{min}$$

式中：p=100年，t=16min，F_3=2.8hm^2，Ψ_3=0.9，见表1。

②万泉河路南段已建排水管道满足2年一遇设计重现期（现状数据），蓄水池下游的设计流量为$Q_{\text{下}}$=37m^3/min。

③分区三所需蓄水池有效容积：

$$V_3 = \left[-\left(\frac{0.65}{0.642^{1.2}} + \frac{8}{16} \times \frac{0.5}{0.642+0.2} + 1.10\right)\lg(0.47+0.3) + \frac{0.215}{0.642^{0.15}}\right] \times 79 \times 16 = 691 \text{m}^3/\text{min}$$

其中，$\alpha = \dfrac{Q_{\text{上}}}{Q_{\text{下}}}=0.46$，$t=16\text{min}$，$n=0.642$，$b=8$。

（4）上述3个汇水区域所需蓄水池有效容积总计

$$V = V_1 + V_2 + V_3 = 2778\text{m}^3 + 5598\text{m}^3 + 691\text{m}^3 = 9067\text{m}^3$$

（5）中关村国家展示中心蓄水池的设计容积

设计容积=有效容积/硅砂蓄水池的储水率=9067/93%=9750m^3

3.7 开孔路缘石的数量计算

（1）汇水区范围内，100年一遇的降雨产生的峰值流量是12.6m³/s，现状市政雨水管网的收排能力为5.8m³/s；为达到目标设定的内涝防治要求，需要新增雨水收排设施（开口路缘石），收排水能力$Q_{增}$=6.8m³/s。

（2）开孔路缘石尺寸为100cm（长）×12cm（宽）×30cm（高），有效进水截面为70cm×5cm。

（3）单孔进水流量：根据孔口流量公式，$Q_{孔}=k\mu A\sqrt{2gh}$=0.026m³/s。其中，k——折减系数（考虑垃圾物遮挡），取0.9；μ——孔口流量系数，取0.6；A——进水孔有效面积，取0.035m²；h——孔中以上水深，取0.095m。

（4）开孔路缘石数量$n \geq Q_{增}/Q_{孔}$=6.8/0.026=264个。本项目设置开孔路缘石270个。

4 施工过程

项目依据设计图纸进行施工，图16～图18是在施工过程中拍摄的照片。

图16 人行道透水铺装施工过程照片

图17 硅砂蜂巢结构蓄水池

图18 硅砂蜂巢结构蓄水池施工过程照片

5 建成效果

5.1 工程建成以来，积水区域无内涝

该工程自2013年8月建成以来，经受住了多场大暴雨的严峻考验，尤其是今年经历"7·20"海淀区307mm的特大暴雨，该处仍未发生积水。被中央电视台作为"海绵城市建设"有效防治城市内涝经典工程报道（图19、图20）。

图19 万泉河路人行辅道改造前后照片

图20 实施效果照片

5.2 雨水得到有效利用，形成良好的经济效益和环境效益

根据项目建成后跟踪的监测，雨水在进入蓄水池前水质一般处于劣Ⅴ类以下，经过储存净化后，出水水质指标达到地表水Ⅳ类标准。

工程自2013年8月建成以来，每年收集雨水在3万～5万m^3之间，累计收集雨水126880m^3，收集雨水用于周边的绿化、环卫用水及海淀公园景观湖补水。该项目的实施节约了大量自来水资源，产生可观经济效益。

项目建成后不仅解决了道路和广场的积水问题，而且溢流排放超量雨水或者向下游排空的储蓄雨水都达到Ⅳ类地表水的标准，高于下游万泉河的水质标准，不会对下游受纳水体水质产生负面影响。

6 项目总结

该项目采用2套管路系统，通过人工启闭阀门的方法，实现了内涝防治体系和蓄水利用体系的相互切换；经过蓄水池内生物净化过程，实现了水体自净，具有可持续性。以上是本项目的显著特点。为保证项目的正常运营和发挥持久功能，要注重后期的管理和维护。总体而言，维护的方式简单，维护频率低，主要体现在以下几个方面：

（1）硅砂透水路缘石和透水铺装：每间隔1～2年，用高压水枪冲洗1次，去除表面的污染物，恢复其原有的透水速度。

（2）路缘石的孔洞：由于孔洞较窄，容易被大的垃圾和树叶堵住，影响其进水能力，因此清理工作非常重要；一方面，要定期检查和清理；另一方面，在特大暴雨来临前，要及时复查。

（3）分配水池和蓄水池的进水口：每年汛后清淤，次年汛前复查；

（4）排水泵等设备：根据使用情况，定期检查。

工程建设单位：北京市海淀区水务局
工程设计、施工与产品提供单位：北京仁创科技集团有限公司
案例编写人员：秦升益、李张飞、陈杰、陈梅娟、孟祥明

02 城市黑臭水体治理

　　消除水体黑臭是海绵城市的重要目标，黑臭水体治理应以海绵城市建设的理念和手法，从控源截污、内源治理、生态修复、活水保质、长治久清等方面系统整治，结合城市水体岸线的改造与生态修复，构建城市良性水循环系统，逐步改善水环境质量。

17 常德市黑臭水体治理

项目位置：中国湖南省常德市中心城区内河
项目规模：面积约30km²

1 现状基本情况

1.1 常德市水系概况

常德市区多年平均降雨量约1400mm，降雨分配不均，暴雨强度大。城市内水系发达，水面率高达17.8%，城区分为护城河流域、穿紫河流域、新河流域。流域水系如图1所示。

常德市黑臭水体治理项目以护城河、穿紫河两条城市内河治理为例，展示南方多雨，地下水位高的区域黑臭水体治理方案。这两条河流的问题、边界条件、治理理念、解决方案、实际效果、建设进度都是完全不同的。

护城河位于有500多年历史的老城区，通过打开盖板，把一条4m宽的污水盖板河重新恢复成历史河流，宽度4~20m，集水区为合流制排水系统，几乎没有建设污水收集处理设施的空间，处理设施必须建于建筑物之下，项目仍在进行中，完成约30%。

穿紫河位于20世纪70年代的建成区，河道宽60~100m，集水区内为分流制排水系统，但雨污混接严重，河岸有增加生态湿地处理设施的空间，河堤可后移以增加洪水调蓄空间，并可以与其他河流连通保障防洪安全，目前已基本实施完毕。

1.2 护城河现状概况

护城河位于常德市中心城区，西起临江路长港桥，东至建设桥泵站，全长约5.4km，汇流面积约3km²，均为老城区。

常德古城依河而建，早期为抵御外敌袭击，修筑城墙，并绕城建造护城河。到

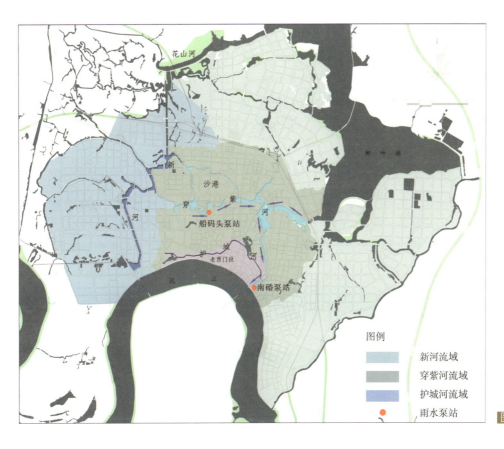

图1 常德市区河流域流域图

20世纪70年代前，护城河依然是城市中心一条宽阔的清洁水体，最宽处逾百米。多年来护城河被作为常德市老城区合流制排水系统的受纳水体，河水水质逐渐变差，到了20世纪80年代，护城河已经严重影响居民的生活。从1982年开始改造，到20世纪80年代后期，大部分河道已改为盖板河，护城河成为合流制排水干渠。两岸筑以石壁，底部铺设水泥板，高2~4m，宽4~6m（图2）。

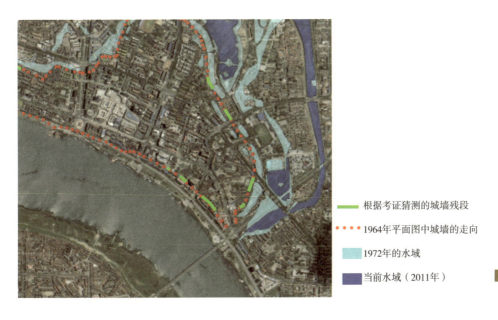

图2 护城河历史与现状图

1.3 穿紫河流域基本概况

穿紫河是常德市中心城区的重要水系，长约17.3km，流域面积27.97km²。穿紫河流域地势平坦，地面高程约32m，低于沅江洪水位（100年一遇洪水位为41.8m）；地下水位约为29m；土壤透水性较差，部分区域实测透水能力小于0.864mm/d。

20世纪80年代，部分穿紫河河道因城市扩张被填埋，并被分割成多段水体；受垃圾与沿岸农业面源污染，穿紫河水生态严重恶化。

2004年前后，常德开始第一轮穿紫河河道治理，完成了清淤工程、岸线硬化工程和补水工程。但至2008年，穿紫河的生态和水环境没有发生不可逆性的好转。第二轮改造从2009年到2016年，主要完成沿岸8个雨水泵站的改造、河道生态岸线的建设及河道清淤工作。

2 问题与需求分析

2.1 护城河流域

2.1.1 护城河无序开发，人居环境质量差

20世纪80年代护城河改造后，老城区用地紧张又因缺乏规划管控，居民在原护城河河道上建设住房，导致该区域建筑密度高，人口密度大，基础设施不配套，各类管线布置混乱且无消防通道，经过多年的演变，该区域私搭乱建的市民居住房屋破乱不堪，人居环境质量差，居民意见大、出行不便，城市历史文化遗迹消亡（图3）。

2.1.2 污水直排护城河，河道水体黑臭

护城河沿线区域内建筑、小区排水系统不健全，护城河流域范围内为合流制排水系统，生活污水直排护城河，沿线有大量管径超过200mm的直排口，河道水质恶劣（图4）。护城河的改造过程中，被改造成为合流制排水系统的排污干渠，河道水质严重恶化，属劣Ⅴ类水质。由于护城河盖板，部分清淤通道废弃，无法正常清淤，导致护城河成为黑臭水体；河道底板因未密封，黑臭水体污染地下水（图5）。

护城河东端有建设桥雨水和污水泵站，通过污水泵房将污水提升到污水厂，通

图3 常德市护城河被盖板后所处的城市区间
(a) 护城河所在城市区间
(b) 护城河上的高密度棚户区

图4 护城河流域内合流制管网分布图

图5 典型的护城河沿线直排口现状照片

过雨水泵房将水提升到穿紫河，再向南排入沅江，护城河成为穿紫河、沅江的重要污染源。

2.1.3 城市水文化流失严重

由于护城河被盖板，城市滨水文化遗迹逐渐消亡，护城河水文化流失严重。如窨子屋破败不堪，老西门历史遗存消失。

2.1.4 三面光现象严重，水生态严重失衡

原护城河水面宽广，最宽处逾百米，但因历史原因被改为排水干渠（图6），其

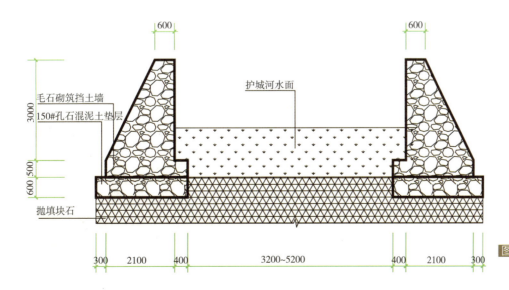

图6 护城河渠道大样图（1988）

两岸筑以石壁,底部铺设水泥板局部抛石,"三面光"现象严重,护城河自然生态本底和水文特征遭到严重破坏。

2.2 穿紫河流域

2.2.1 管网错接,雨水泵站为河道最大污染源

雨水泵站为河道的主要污染源:穿紫河流域排水体制为分流制,但排水管网错接严重。为减少污染物排入河道,沿岸原118个排水口已被全部截流。现存的8个泵站和污水净化中心尾水为穿紫河主要的点污染源。

以船码头泵站集水区为例,船码头集水区面积415hm²,地面硬化率约70%;居民约3.7万;排水区内约30%的雨污水管道错接,雨季泵站排出混接的污水。由于混接的污水浓度低且流量大,污水厂处理效率低下。暴雨时,水流冲击导致蓄水池内沉积的污染物涌起,经雨水泵站排入河道,污染河道。

穿紫河COD、总氮、总磷、氨氮等污染物指标均超过地表水Ⅳ类的标准值,而且污染物指标呈周期性变化,最高值出现在旱季之末雨季之前,之后污染物浓度回落至年初水平(表1)。由于水流缓慢,水环境容量相对较小,可推断穿紫河的水质几乎取决于雨水泵站的排水水质和常德市污水净化中心的尾水(表2)。

2001年与2009年穿紫河水质测量数据　　　　　　　　　　　表1

参数	单位	2001年穿紫河测量数据	2009年穿紫河测量数据	Ⅳ类水体
溶解氧(DO)	mg/L	0.02~0.06	1.57~5.54	≥3
pH		7.26~7.44	6.80~7.10	6.0~9.0
透明度	mm	25~40		
总氮(TN)	mg/L	6.74~9		≤1.5 ≤1.5(氨氮)
总磷(TP)	mg/L	0.407~1.266	0.7~0.1	≤0.3(0.1)
化学耗氧量(COD)	mg/L	92.88~195.05	41.55~85.06	≤30
生物耗氧量(BOD)	mg/L	36.6~71.87	6.08~15.04	≤6

2009年10月污水净化中心与雨水机埠排水中水质(单位:mg/L)　　　　表2

子水系	污染源	化学需氧量	总氮	氨氮	总磷
穿紫河西	船码头	—			—
穿紫河中	夏家垱	111	59.25	8.62	2.17
	尼古桥	—			—
穿紫河东	余家垱	—			—

续表

子水系	污染源	化学需氧量	总氮	氨氮	总磷
穿紫河东	粟家垱	56.8	43.94	6.78	2.08
	污水处理厂	25.84	12	0.62	0.82
三闾港	柏子园	147	10.54	1.7	2.03
	杨武垱	—	—	—	—
三闾港南	楠竹山	—	—	—	—
	建设桥	77.2	14.83	4.93	0.97

2.2.2 护城河及污水净化中心尾水污染河道

现阶段护城河为常德市护城流域合流制排水干渠。降雨期间，护城河收集的合流制污水通过建设桥机埠排入穿紫河末端，经南碈泵站排入沅江。

常德市污水净化中心位于穿紫河与柳叶湖的连通处，日处理能力10万m³。当前尾水水质为一级B，直接排入穿紫河，是穿紫河主要污染源之一。

2015年穿紫河南段10km的水质分析报告（图7）表明，污水净化中心和护城河流域为穿紫河2个主要的污染源。

2.2.3 水生态严重退化

穿紫河流域地势平坦，水流速度缓慢，河道淤积严重，排涝能力降低。上游断源，无活水注入，水系中有多处阻断，丧失了河流的自然特性。

沿岸生态环境严重恶化，驳岸护坡残缺不全；两厢生态景观、休闲场地、运动场所等工程亟待修建与完善（图8）。

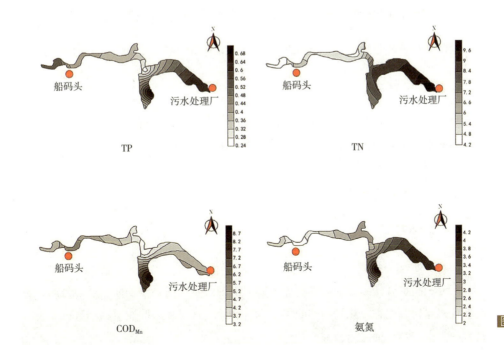

图7 2015年穿紫河污染物浓度分布图

(a) 船码头泵站调蓄池原貌　　(b) 船码头泵站周边河道原貌

图8　船码头泵站原貌照片

2.2.4 河道生态需水量难以满足

2004年，为缓解穿紫河河道生态需水量不足的问题，通过三水厂取水泵站，经一根$DN1320 \times 10$的钢管，将沅江水输送至穿紫河船码头段（$1m^3/s$），补给穿紫河。该引水措施在一定程度上缓解了穿紫河生态需水，但是由于补水量过小而无法达到水质改善的目标。

3　治理目标

通过黑臭水体治理，重现具有历史渊源的老护城河，恢复与修复穿紫河；挖掘并传承古城常德历史文化，恢复历史文脉，打造"水城常德"特色水文化。

3.1　水清，护城河、穿紫河水体水质提升到Ⅳ类

水体水环境质量达到《地表水环境质量标准》GB 3838—2002 Ⅳ类的要求。

3.2　其他目标

水生态：恢复护城河、穿紫河水面，穿紫河生态岸线比例大于90%。
提高水安全：城市能有效应对30年一遇暴雨（24h206.6mm）。

4　黑臭水体治理设计

4.1　总体方案

4.1.1　源头减排

充分利用现有公园绿地，如屈原公园、滨湖公园、白马湖公园、丁玲公园，建设下沉式绿地、生态净化设施，收集、调蓄、净化来自公园周边道路小区以及公园自身的雨水，补给护城河、穿紫河。

护城河流域结合棚改、小区改造，进行雨污分流制改造；在护城河沿岸有条件的区域建设水系绿带；穿紫河降堤，建设水系生态驳岸；滨水建筑小区、道路雨水可通过水系绿带净化后补充水体；河道沿线区域建筑建设绿色屋顶，将屋面较为干净的雨水排入水系，作为水系的补充水源。

在泵站调蓄池较近（半径小于200m的范围）且雨水可以通过重力流汇入泵站调蓄池的区域，考虑利用泵站调蓄池及其生态滤池处理该区域的初期雨水，经处理后排入穿紫河，补充水体。

在地表雨水不能通过坡面流直接进入水体的区域，建设低影响开发设施，雨水净化后汇入雨水管网，并通过排水口的净化设施净化后排入水体。

4.1.2 过程控制

对直排护城河的污水进行截流改造。在沅安路建设污水压力干管，将截留的高浓度污水直接送入污水处理厂，避免进入混接的合流制排水管网（图9）。

护城河流域短期内难以全面实施雨污分流，维持合流制排水系统，通过截污纳管、生态滤池过滤等综合整治措施实现河流水质基本达标。在老城区结合棚改、提质改造，将合流制排水系统改为分流制排水系统。

考虑到护城河流域面积较大，建设龙坑泵站、老西门泵站、滨湖公园泵站、建设桥泵站4座泵站调蓄池，将污水经沅安路污水压力干管送往皇木关污水处理厂处

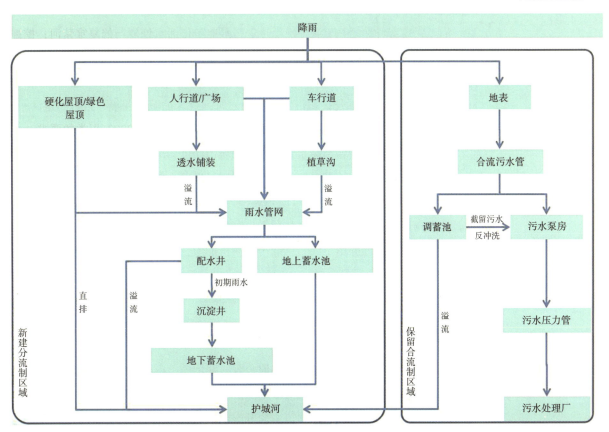

图9 雨水收集、调蓄、处理体流程图

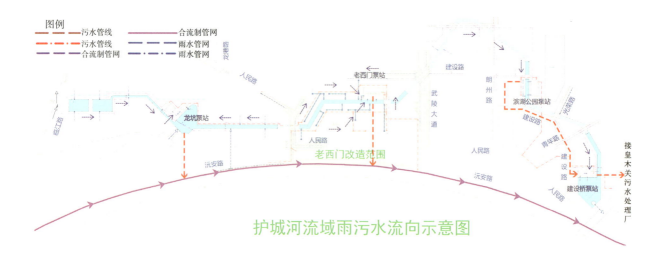

图10 护城河流域雨水流向示意图

理（图10）。结合用地条件，建设龙坑泵站、建设桥机埠生态滤池，调蓄净化合流制溢流雨水。

改造穿紫河流域8个泵站调蓄池，净化排入穿紫河道雨水的水质，减少对河道的污染。同时对泵站进行改造，增强其抽排能力。

开展排水管道电视检测（CCTV检测），对破损管网进行修复和维护，逐步降低进入污水处理厂的雨水量和地下水入渗量。

新建的皇木关污水处理厂（日处理能力5万m^3），缓解常德市污水处理能力严重不足的问题。

启动污水净化中心PPP项目，通过生态湿地净化污水处理厂的尾水，以达到地表水Ⅳ类趋优的水质标准，实现对穿紫河补水、削减穿紫河污染物的目标。

4.1.3 系统治理

（1）河道恢复。拆迁护城河河道上的建筑，打开护城河盖板；进行河道清淤，在河道内种植水生植物、建设人工浮岛，净化水质。

（2）驳岸恢复。护城河结合用地条件和城市功能布局，建立三种不同形式的驳岸，分别为两侧石墙、一侧石墙一侧软质驳岸，以及一侧石墙一侧阶梯入水。穿紫河降低城市河道堤顶高程。在可能拓宽河道的区域（如屈原公园段）扩大河道断面，增大调蓄空间，并建设生态化驳岸拓宽河道，穿紫河把原防洪堤后的绿地设计为临水一侧可淹没的滨水空间，增强河道调蓄能力，应对超标暴雨，确保30年一遇暴雨不成灾。

（3）岸线设计。结合河道水位进行岸线设计，枯水位/常水位以下铺设砾石；枯水位/常水位和5年一遇水位区位间采用生态驳岸加固；在河道内种植水生植物、建设人工浮岛，净化水质。

（4）生态修复。对滨湖公园、屈原公园、朝阳湖、白马湖、丁玲公园等水体进行水生态修复，净化水质，重构良好水生态。

（5）活水保质。充分利用河道水面开发滨水休闲空间，恢复历史水系结构，构建护城河与新河的连通通道。

（6）协调区域防洪。调控外围洪水，建设花山闸，连通竹根潭水系，实现与新河水系的连通。

4.1.4 综合布局方案

通过源头减排、过程控制、系统治理，构建在空间平面上以河道为核心，向外依次为水系绿带、滨水建筑区、其他区域的海绵城市建设体系。水系主要进行河道恢复、清淤、水生态修复；水系绿带结合水位建设不同的低影响开发设施；滨水建筑区合理的组织雨水，合理利用水系绿带净化坡面雨水，补充河道水体；其他区域通过建设低影响开发设施，滞留和净化水质，并通过雨水管网补充水体。

护城河流域以屈原公园和滨湖公园为界，将护城河流域分为四段（图11）。

第一段：以屈原公园提质改造为核心的海绵城市建设，目前建设完成95%，护城河的改造已于2015年10月启动。

第二段：老西门为代表的老城区有机更新，目前主体工程建设完成85%，海绵城市建设完成50%；护城河的改造完成50%，合流制的截污和调蓄泵站建设完成80%。

第三段：以滨湖公园为代表的水生态修复，目前建设完成100%；护城河已完成清淤工作。

第四段：建设桥雨水溢流池汇水区综合改造，正在开展前期工作。

穿紫河流域在建设时序上，结合常德市黑臭水体治理的经验，先对泵站、调蓄池、生态滤池及泵站周边的水系、绿地进行改造，消除城市河道点源污染，削减泵

图11 护城河流域海绵城市建设概念图

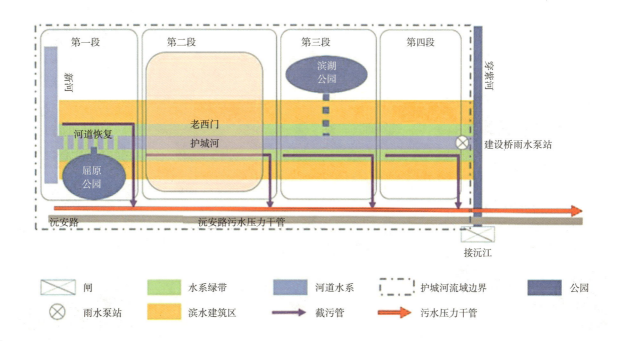

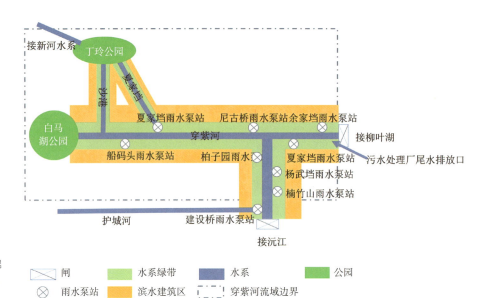

图12 穿紫河流域海绵城市建设分区图

站周边面源污染；然后对滨水建筑区进行海绵化改造，在条件允许的情况下，将初期雨水导入到水系沿线的海绵设施或泵站调蓄池进行处理（图12）。

通过以上措施形成穿紫河流域黑臭水体治理工程。其中包括：船码头等8个雨水泵站和其周边区域改造，以德国风情街为代表的海绵滨水小区建设，以白马湖和丁玲公园为代表的海绵公园改造。

穿紫河水系的8个泵站，其中6个泵站已经改造完毕，其他2个泵站将在今年年底改造完毕（图13）。

图13 紫河流域泵站分布图

4.2 护城河流域治理措施

4.2.1 护城河流域第一段——屈原公园改造

（1）项目概况

屈原公园位于沅安路以北、芙蓉路以东、护城河以南的狭长区域，占地约23hm²（图14）。公园紧邻沅江，地下水埋深大于1m；公园周边有多个小区，人流量大。公园填沙而成，渗透性好，渗透系数大于10^{-5}m/s。

位于屈原公园南侧的沅安路，面积约6hm²，道路硬化度高，路面雨水径流通过沿线的3个排水口，排入护城河。

位于屈原公园东侧的九重天小区，住宅楼底部均为地下室，雨污混流汇入护城河。

（2）设计目标

水环境质量目标：护城河和公园内湖的水质优于《地表水环境质量标准》GB 3838—2002 Ⅳ类水体标准。

年径流总量控制率：根据《常德市海绵城市专项规划（2015—2030年）》，屈原公园及其周边区域属于A1区，控制率为78%，对应的降水量为21mm，约为1年一遇30min雨量（24mm）。

排水防涝能力：有效应对30年一遇暴雨。

（3）设计方案

①周边雨水控制。将沅安路临近公园段和九重天小区的雨水集中收集到屈原公园进行渗透、净化和调蓄，并对公园内湖、护城河和新河连通3个水体进行调控。

②自身水质净化。改善屈原公园湖泊入流水质，充分利用屈原公园水体的调蓄空间，保障护城河枯水流量。

③内涝风险应对。在公园内建立蓄洪区，保障极端暴雨情况下护城河的防洪安

图14 屈原公园区位图

全，建设生态滤池、水渠、下沉式绿地，并展示雨水处理过程。

④景观提升。将屈原公园建成为河道公园，结合景观设计，整合多功能的雨水管理措施。

（4）汇水分区划分

根据沅安路排水口的位置，将沅安路和九重天小区的雨水径流从3个位置输送到屈原公园的海绵设施中，分区收集和处理雨水（图15）。

屈原公园土壤为砂土，土壤渗透性好，通过设置植草沟对园内的雨水流向进行引导并下渗，超过设计标准的雨水进入护城河和公园内部水体（图16）。

（5）径流控制量计算

年径流总量控制率目标为78%，对应设计降雨量为21mm。根据常德市降雨强度公式，计算出5年一遇10分钟降雨强度为369L/（s·hm²）。计算得出进水量为30L/（s·hm²），多余的水送到调蓄池调蓄、下渗。按照《常德市海绵城市建设设计导则

图15 屈原公园海绵设施分区图
图16 公园内植草沟分布图

图17 雨水调蓄容积的计算过程

（试行）》，限流后的径流量不超过10L/（s·hm²）（图17）。

该限流量标准来自于对常德市开发前土地在1年一遇的天然降雨情况下的产流量研究成果。通常，确定城市排水系统的限流量也可以综合参考城市排水系统的能力。目前常德市的排水系统平均泵站的提升能力是30L/（s·hm²），如果全城的排水系统能达到限流量10L/（s·hm²），即可以大量减少必需的泵站排水能力。所以，采用限流后的径流量不超过10L/（s·hm²）是合理的。

由此，计算得出所需的净化、径流控制设施规模（表3）。

屈原公园三个排水口处理设施相关数据　　　表3

集水区		集水区面积（hm²）	生态滤池面积（m²）	径流控制设施面积（m²）	径流控制设施容积（m³）
第一分区	九重天小区和沅安路P159排水口汇水区	4.33	800	1920	960
第二分区	沅安路P185排水口汇水区	1.27	240	315	695
第三分区	沅安路P202排水口汇水区	2.67	500	835	655

生态滤池的蓄水深度设为0.5m，水力停留时间为6.9h，出水水质COD浓度小于30mg/L，年净化水量比例与年通过生态滤池处理的总水量（扣除暴雨时的超越溢流量后）的比值大于85%。

（6）海绵设施布局

海绵设施共三分区进行布局，每个分区设计理念和布局较为类似，此处仅以第一分区为例进行阐述。

海绵设施包括：生态滤池、水渠和下沉式绿地（图18）。

小雨（小于5年一遇10min降雨时），九重天小区和沅安路的初期雨水汇入生态滤池进行净化，净化后出水经滤池底面的渗管收集送到护城河（图19）。

大雨时（大于5年一遇10min降雨时），雨水通过水渠进入下沉式绿地。雨水尽可能下渗，超标准雨水溢流入护城河（图20）。

（7）水系驳岸设计

水系驳岸建设（图21）结合截污箱涵、生态滤池、消落带综合设计，形成多功能景观公园，该工程主要包括以下内容：

①该段护城河墙体与周边建筑有一定结构关系，因此保持原北部墙体，并在沿

图18 第一分区海绵设施分布图

图19 第一分区海绵设施小雨时雨水路径

图20 第一分区海绵设施大雨时雨水路径

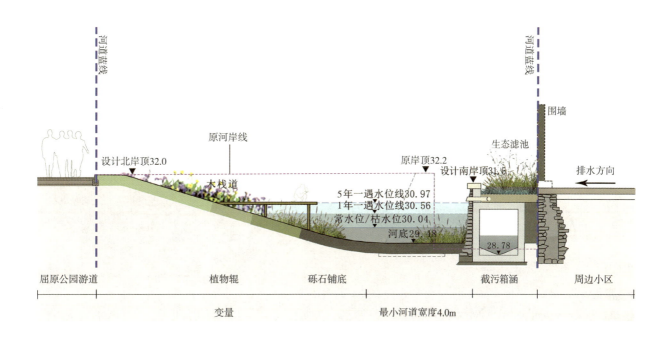

图21 护城河第一段河道整治断面图

线敷设截污箱涵,将原污水管截流。

②由于周边小区为老旧小区,可用改造面积相对较小,在截污箱涵上建设带状生态滤池,收集周边小区地表径流,净化后排入护城河,排水口标高高于5年一遇河水位,一方面美化了截污箱涵,另一方面提高了土地利用率。

③水系驳岸分成4个不同水位设计:常水位/枯水位线以下,即河床,敷设砾石,并在河床两侧种植芦苇等挺水植物,增加水体自净能力;在常水位/枯水位与1年一遇水位之间的驳岸上铺设种植耐湿耐旱本地植物(如芦苇)的植物辊,以稳固驳岸,减少冲刷;在1年一遇水位线与5年一遇水位线之间的驳岸上铺设棕榈垫种植草皮,防止在高水位时候受到冲刷。常水位/枯水位的设定标准如下:由于周边地质复杂,且局部涉及建筑基础,所以保持原始护城河水位,以减少因水位变化对驳岸产生的不利影响。

由于原护城河为盖板排水干渠,而现今设计为一条开放式的雨水排水干渠,所以雨水管渠设计重现期为5年一遇。7月1日~7月2日,市城区24h累计降雨量达177.8mm,日降雨量为5年以来最大值,没有出现大面积积水,没有人员伤亡,无直接经济损失。

(8)排涝与补水

历史上护城河与沅江相连,新河曾是穿紫河水系的上游,新河北段的修建使新河和穿紫河在竹根潭处断接。杨桥河、新河南段(原新竹河)水流汇合后,经新河北段由南向北流入花山河。本次沿高泗路修建一条连通护城河与新河的生态水渠。将建成一套由新河向护城河补水、护城河向新河泄洪的"补水—泄洪"体系(图22、图23)。丰水期发生溢流污染时护城河换水周期为1.5d,枯水期换水周期为15d。

图22 项目区位图

图23 新河—护城河河道恢复工程鸟瞰图

枯水期,通过新河—护城河连通渠将新河水用泵提送至护城河或者屈原公园内湖中。泵的送水量为0.5m³/s,出水口的位置在最高水位以上。为了实现公园湖水向护城河补水,在两个水体连接处设计一道堰,最大过水量与从新河—护城河连通渠送到内湖的水量一致,为0.5m³/s。新河水可以用泵抽送到护城河,或者先到内湖,再流入护城河。

暴雨时(3年一遇降雨),通过另外一条管道,实现屈原公园内湖通过新河—护城河连通渠向新河泄洪。为此,在公园内湖西头设置一道堰,泄洪水量设计为3m³/s。

4.2.2 护城河流域第二段——老西门(葫芦口区域)改造

(1)老西门(葫芦口区域)概况

常德葫芦口棚户区A1地块项目(老西门建筑小区)位于武陵大道以西,建设路以南,新西巷以北的葫芦口区域(图24)。项目总用地面积70940.2m²,总建筑面

图24 老西门(葫芦口区域)平面图

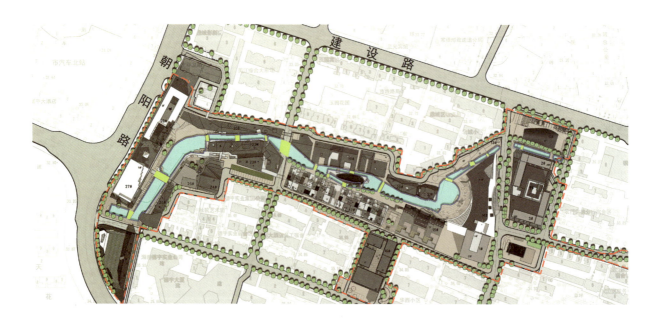

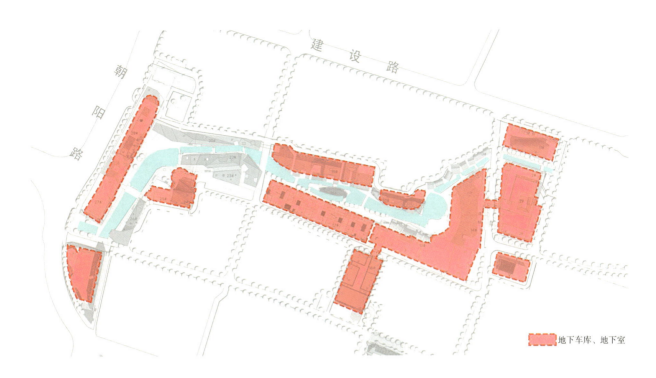

图25 地下车库、地下室布置示意图

积172623.2m²，建筑密度35%（图25）。老西门建筑小区主体工程已经完成85%，海绵城市建设已完成50%。

（2）设计目标

水环境质量目标：由于护城河完全在老城区内，而且是合流制排水系统，改造难度极大，所以护城河的水质，没有提出特别高的要求，以减少建设投资和运行费用，以尽量满足《地表水环境质量标准》GB 3838—2002 Ⅳ类水体标准为目标。

根据模型计算，每年将有多次溢流（共几十个小时），在暴雨溢流后，河流的水质将在短时间内（4个小时内）满足不了这个要求，为此，在这个短时间的情况下，特意设计采用新河的水进行冲洗。由于整个护城河的水量较少，共约7000m³，而且，护城河基本是直线渠道形式，所以，冲洗的效果比较明显，保障水生态不发生重大变化。

本项目在2010年研究和设计之初，因缺少国内相关规范和缺乏水质的历史观测数据，并未建立污染物排放与河道水质响应关系模型，所以采用德国各州通用的雨水系统进入河道的排放标准与指标，确定污染物控制目标为进入护城河的COD年污染负荷小于250kg/（hm²·年）。

经模型模拟，当地面控制14mm时，约为0.6年一遇1h降雨量（16mm），结合合流制截污干管、污水截流调蓄池及泵站的建设，护城河流域年平均COD排放量为17.6t，COD年径流污染负荷为61.75kg/（hm²·年）。可以到达预期的污染负荷（小于250kg/（hm²·年））。

根据《常德市海绵城市专项规划（2015—2030年）》，棚改区年径流总量控制

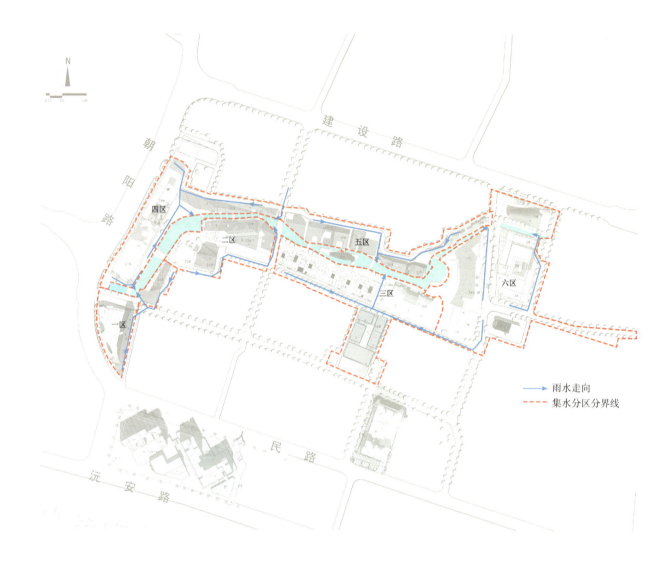

图26 集水分区雨水走向图

率为78%，对应的降水量为21mm；考虑到护城河是从排水为主的盖板排水干渠改造为具有调蓄功能的河道，且其与穿紫河等其他城市较大的水系无直接水力连通，因此，余下的7mm水量（水质基本达到河道水功能区要求）通过河道调蓄空间实现。经核算，护城河调蓄本区块7mm水量有助于改善河道水质，并且不影响行洪安全。

（3）汇水分区划分

将项目区域划分为6个汇水分区，分区收集和处理雨水（图26）。

（4）雨水计算

老西门建筑小区用地总面积70940.2m²，其中道路面积11289.5m²，雨量径流系数0.9；透水铺装面积19798.4m²，雨量径流系数0.4；绿化面积1917.5m²，雨量径流系数0.15；硬质屋顶面积16813.2m²，雨量径流系数0.9；绿化屋顶面积约7248m²，雨量径流系数0.4；大理石铺砌面积约807m²，雨量径流系数0.6；护城河水面面积为6066.6m²，雨量径流系数0。

本项目一共分为6个集水分区，一分区径流控制量计算见表4所列。

一区径流控制量计算表格　　　　表4

类型	汇水面积（m²）	雨量径流系数	控制降雨量（mm）	实际需要径流控制量（m³）	屋顶雨水直接排入护城河后需要的径流控制空间（m³）	地下调蓄池有效容积（m³）	植草沟有效容（m³）	是否满足雨水控制要求/缺少的存蓄容积
一区								
硬质铺装	0	0.9	14	0	0			
透水铺装	3993.2	0.4	14	22.4	22.4			
道路	808.9	0.9	14	10.2	10.2			
硬质铺装	690.6	0.9	14	8.7	0			
绿化屋顶	0	0.4	14	0	0			
绿地	252.7	0.15	14	0.5	0.5			
合计	5745.4			41.8	33.1	38.4		是

计算结果表明，一到五区都达到了海绵城市14mm设计降雨量的控制目标，但六区未能达到海绵城市的控制目标，主要原因在于：①地下空间基本为停车场，雨水难以下渗，难以设置地下调蓄构筑物；②下垫面为人流量密集的中心广场，硬化面积大；③建成年代较早，重新改造的可能性小。因此，六区通过周边地块进行统筹考虑。

（5）海绵设施布局

①透水铺装。在护城河两岸采用透水铺装，并结合铺装形式的变换组合营造丰富的景观效果；室外停车位采用透水混凝土加植草砖，道路人行道采用透水砖。

②生态湿地。在护城河葫芦口广场段水面开阔地带设置小型生态湿地，收集净化葫芦口广场地面雨水，丰富广场景观，美化环境。

③植草沟。在护城河老城墙保留段的适当位置设置植草沟，净化雨水；在护城河两侧种植水生植物，净化河道水质。

④屋顶绿化。在平屋顶建筑（1号、2号、3号、11号、18号、27号、28号、29号）局部设置绿色屋顶，降低屋面径流系数，净化屋面雨水。

⑤地下雨水沉淀调蓄池。在建筑密集区域，建设地下雨水沉淀调蓄池，将雨水收集、沉淀、调蓄、净化以及回用，在超过调蓄容积情况下，雨水溢流排入护城河（图27）。

（6）海绵设施节点设计

绿色屋顶：在平屋顶局部设置绿色屋顶，降低屋面径流系数，净化雨水、减少排水压力，保护屋面结构（图28）。

窨子屋天井：窨子屋为常德传统特色建筑，本次设计中综合调蓄、雨水利用，采用传统材料（如天然木材、卵石等），并采用传统工艺进行铺装（图29）。

瓦片式透水铺装：从下至上依次为砂砾层、腐殖土层和绿色植物构成，并采取"夹竖青瓦"的措施，防止行人踩踏破坏（图30）。

330 / 海绵城市建设典型案例

图27 海绵设施分布图

图28 屋顶花园剖面效果图

地表雨水收集设施：采用石板宽缝铺装，石板底下预留空间进行雨水收集与滞蓄；在改造区域构筑雨水渠，通过雨水篦子收集和滞蓄雨水；建设仿古井，收集和渗蓄雨水，并与小区整体建筑风格相协调（图31）。

地下雨水沉淀调蓄池：通过前置的沉淀井，对雨水进行预处理；后置的调蓄池则起到蓄存雨水的作用。调蓄池底部有排空管和阀门，保证雨水缓慢释放，并设有止回阀，防止河水倒灌（图32）。池底沉淀物沿着底部斜坡滑到一侧收集井内，在

图29 窨子屋天井剖面图
图30 窨瓦片铺装剖面效果图

图31 传统雨水收集设施现场照片
图32 地下雨水沉淀调蓄池剖面效果图

井内淤泥满容后，通过抽吸设备清理。

（7）合流制排水系统改造

合流制截污干管建设：在护城河两岸建设两条截污干管，截留倍数取3。将合流雨污水导入污水调蓄池，通过泵站输送到沅安路污水压力干管。将接入护城河的合流制管网封堵（图33）。

污水截留调蓄池与泵站的建设：在项目区域的东北角设置2000m³的截留调蓄池与泵站。合流制雨污水分为3种运行工况，工艺流程如图34所示。

以老西门污水截流调蓄池为例说明运行过程（图35）。不下雨时，污水排入沅安路污水压力管；下雨时，合流雨污水流量超过潜污泵输送能力277L/s时（即3倍污水截留倍数和1倍不明来水量），流槽内水位上升，当水位达到29.70m时，通过百叶潜水格栅进入调蓄池；当雨水溢流池水位超过30.80m时，经过沉淀的雨水通过

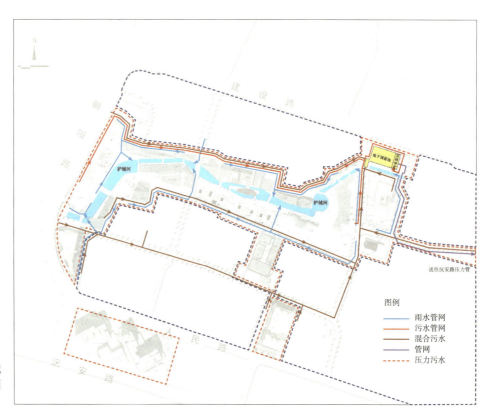

图33 老西门棚改区截污管网改造平面图

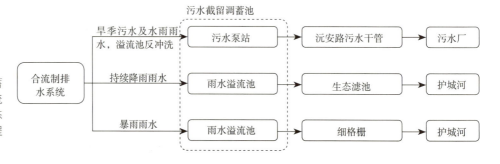

图34 污水截留调蓄池、雨水溢流池、泵站与生态滤池的工艺流程示意图

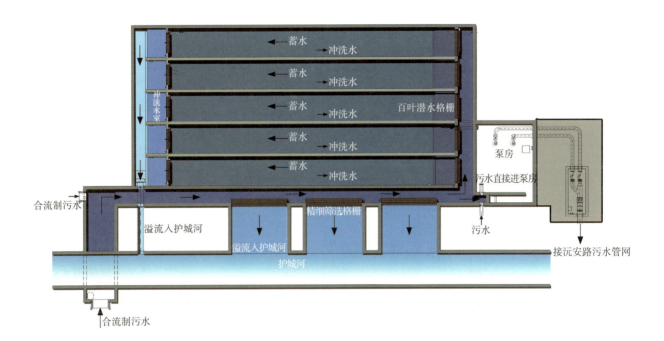

DN800管道向护城河溢流;当流槽内水位上升到31.00m时,通过流槽旁3个设有细格栅的溢流孔向护城河溢流出水;降雨结束后,通过潜污泵排空。冲洗室内的水冲刷调蓄池内沉积物然后流入到泵站,经潜污泵加压后排至污水压力干管。

图35 第二段老西门污水截留调蓄池、雨水溢流池与泵站示意图

4.2.3 护城河流域第三段——滨湖公园

(1) 现状概况

滨湖公园面积27.27hm², 水域面积15hm², 湖面被湖中岛和堤岸分割成4个湖区, 各子湖之间通过桥孔相互连通。改造前公园存在四大问题(图36):

图36 改造前公园存在的问题

①排水问题：公园内公厕污水经化粪池处理后排入滨湖公园水体；公园西南侧一栋老居民楼生活污水直接排入公园水体。

②面源污染问题：公园内水体无雨水收集管渠，湖水水面低于周边路面，初期雨水大部分汇流进入湖内。

③水生态问题：公园内水体缺乏大型水生植物；鱼群种类以人工养殖的草食性鱼类为主；硬质护坡等造成水生态系统不健全，水体自净能力差。

④景观问题：公园建园多年，基础设施陈旧老化；滨湖水面景观单一，缺少水下景观，观赏性鱼类种类与数量少。

（2）改造目标

水生态：完善水体生态系统结构并形成水体自净生态体系；年径流总量控制率为78%。

水环境：水质主要指标达到地表水Ⅳ类标准。

水景观：恢复滨湖公园景观娱乐功能。

各项控制指标见表5所列。

常德滨湖公园水质改善与生态修复工程目标 表5

类别	水生态		水环境	水资源	水安全	
	年径流总量控制率	生态岸线恢复	水环境质量	雨水资源利用率	雨水管渠重现期	排水防涝目标
指标	78%	100%	地表水Ⅳ类	17.0%	2年	30年一遇

（3）外源污染削减及雨水滞留控制

通过埋设支管，收集居民楼污水和公厕污水，完善污水收集管网。污水收集截除点源负荷见表6所列。

污水收集截除点源负荷 表6

点源	年总水量（m³）	污染指标（mg/L）			污染负荷（kg/年）			截除率（%）
		COD	TN	TP	COD	TN	TP	
居民楼生活污水	10950	42	8	0.5	460	87.6	5.5	100
公园公厕排水	25550	40	7	0.4	1022	178.8	10.2	100

建设自然生态驳岸和亲水型生态驳岸，并对硬质驳岸进行生态改造。建设下沉式绿地，削减地表径流中污染物，控制面源污染；利用水陆交错带水—土（沉积物）—植物系统的过滤、渗透、滞留、吸收等功能，通过生物带自然渗透，涵蓄雨

图37 生态岸线改造图

水；结合景观设计、选用合适植被，美化环境（图37）。

（4）水生态系统构建

①水生植物种植。设计在降低滨湖湖水深至0.8m情况下，在湖泊靠近沿岸区域，常水位水深大于等于1.2m水域分区块分品种混种沉水植物，种植比例按湖水面积40%计，沉水植物种植总面积约6hm²。

植物品种考虑冷暖季搭配，选择品种有暖季植物苦草、轮叶黑藻、马来眼子菜等，冷季植物常绿植物金鱼藻、狐尾藻等（图38）。菹草应在每年冬季采用石芽撒

图38 沉水植物种类

播方式种植；其他沉水植物种植时间选择在每年春季，采用成苗移栽方式种植。

在湖岸内没有挺水植物分布的浅水区（常水位水深小于等于0.6m）种植挺水植物，采用在岸边打松木桩、铺设种植土层、保证种植水深不大于0.4m的方式种植。按岸线总长4000m，挺水植物占岸线1/4的长度，种植宽度约2m计，挺水植物种植面积约0.25hm^2。挺水植物种植品种主要为美人蕉、梭鱼草、鸢尾、香蒲、菖蒲、伞草（图39）。

在沿岸水深0.8~2.5m的水域分区块、分品种点缀种植，种植面积约0.3hm^2，约占区段总水面积的2%。种植品种有多种睡莲并搭配荇菜、芡实等少量浮叶植物（图40）。

图39 挺水植物种类

图40 浮叶植物种类

②鱼类种群结构优化与调整。设计向湖泊中投放滤食性鱼类，主要为鲢鱼、鳙鱼，见表7所列。

初期鱼类放养品种和数量　　　　　　　　　　　　　　　　表7

放养品种	规格（kg/尾）	投放比例（尾/hm²）	工程量（kg）
白鲢	0.03~0.06	6750	6032
鳙鱼	0.03~0.06	2250	2011
乌鳢	0.05~0.1	1125	1676

③底栖动物结构优化与调整。设计向湖泊中投放的底栖动物，主要为当地螺、蚌，见表8所列。

底栖动物放养品种和数量　　　　　　　　　　　　　　　　表8

放养品种	投放比例（kg/hm²）	工程量（kg）
当地湖螺	600	8906
当地湖蚌	300	4453

（5）重点水域强化净化

在湖水深较深区域（＞1.5m）布设柔性生物膜载体，该柔性载体具有巨大表面积（≥3300m²/m³），能吸收、吸附、截留水中溶解态和悬浮态污染物，为各类微生物、藻类和微型动物的生长繁殖提供良好的着生、附着或穴居条件，并在载体上形成具有很强去污净水活性功能的生物膜（图41）。本工程柔性生物膜载体布设总面

图41　柔性生物膜

积约为0.14hm²。

（6）湖泊景观提升

本工程在西大门、东门、三观亭区域构建0.14hm²的景观型浮岛；净化水质的同时，提升滨湖湖面景观，为水禽、鸟类提供栖息地。

4.3 穿紫河流域治理措施

4.3.1 泵站调蓄池及其周边水系绿地改造：船码头泵站区域改造

（1）项目概况

船码头泵站改造项目始于2009年，是穿紫河流域综合治理项目中的示范项目，是常德市穿紫河流域综合治理的第一部分（图42）。该项目主要是对错接的分流制排水系统的污水进行处理。

（2）设计目标

水环境目标：水系水质优于《地表水环境质量标准》GB 3838—2002 Ⅳ类水体标准。

本项目在2009年设计之初，缺少国内相关规范，未建立污染物排放与河道水质响应关系模型，故采用德国各州通用的标准与指标，确定污染物控制目标为进入穿紫河的COD年污染负荷小于250kg/（hm²·年），以及COD出水浓度小于30mg/L。

运用KOSIM软件（类似MIKE Urban的LTS），进行长历时连续降雨模拟。模拟结果表明，年均约有23%的径流量，在未经净化的情况下溢流入穿紫河（主要是在大暴雨期间），而暴雨期间流入穿紫河的径流较为干净。降雨初期污染物浓度较大的污水进入一号调蓄池并排入污水处理厂，污染物浓度低的混合雨污水通过蓄水型

图42　船码头项目位置图

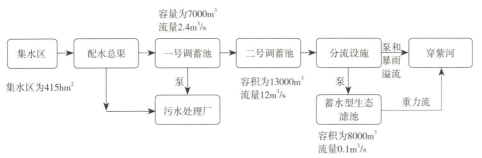

图43 污染物KOSIM水文模型

生态滤池进行净化。通过上述措施，溢流进入穿紫河的污水负荷（COD含量）减少80%（图43）。

水安全目标：确保调蓄池建设不影响汇水区排水安全。应用HYSTEM-EXTRAN（类似SWMM）排水管网水动力模拟软件，综合考虑调蓄池水位升高导致雨水管道雍水情况（图44）。模拟结果表明，改造后泵站调蓄池的水位不影响汇水区的排水安全。

（3）上游管网排查与维护

由于地下水位高，部分地下水进入破损管网和检查井，导致污水处理厂进水量大。经监测，船码头汇水区每天约有4万m³的污水被排入污水厂，远大于污水设计流量（约2万m³/d）；常德市现在正在开展CCTV检测，对破损管网进行修复，以逐步降低进入污水处理厂的雨水量和不明来水量，缓解污水处理扩容压力。

（4）泵站及调蓄池改造

通过沉淀池、调蓄池和蓄水型生态滤池对混流雨污水进行沉淀、调蓄和净化，为穿紫河提供清洁水源。通过增加调蓄池的调蓄容积，提高对雨污水的调蓄能力。该工程主要包括以下几个组成部分：

图44 管网改造前后水力验算状况对比

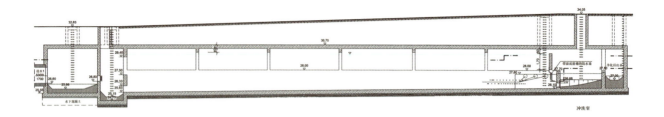

图45 1号沉淀调蓄池断面

①封闭式沉淀池（1a池+1b池）：7000m³。1a+1b池：长67m，宽58m，最大高度6m；冲刷廊道12条；封闭式沉淀池内设12面百叶潜水挡墙。

采用德国门式反冲洗设备，封闭式沉淀池均设置于停车场下，防止臭气外泄（图45）。

②开放式调蓄池（2号池）：1.3万m³。

③污水泵站：满足现状污水流量，非降雨期来水量为0.5m³/s，远期随着污水管错接雨水管的情况改善，来水量将减少，预期未来非降雨期来水量为0.3m³/s。

④雨水泵站：总排水能力12.6m³/s。

沉淀池进水口设计COD浓度为77~88mg/L；污水泵站进水口设计COD浓度为154~198mg/L，旱季流量约为0.5m³/s。沉淀池断面如图45所示。

非降雨期、小雨/中雨期、暴雨期和降雨结束后，沉淀池、调蓄池、雨污泵站和蓄水型生态滤池相应的运行工况如下：

非降雨期：来自污水干渠的污水通过污水泵站泵入污水处理厂，1号池提供2mm的调蓄空间以调蓄不明来水（图46）。

图46 非降雨期来水工况图

小雨/中雨期：1号池提供2mm调蓄空间，2号池提供5mm调蓄空间。此时污水

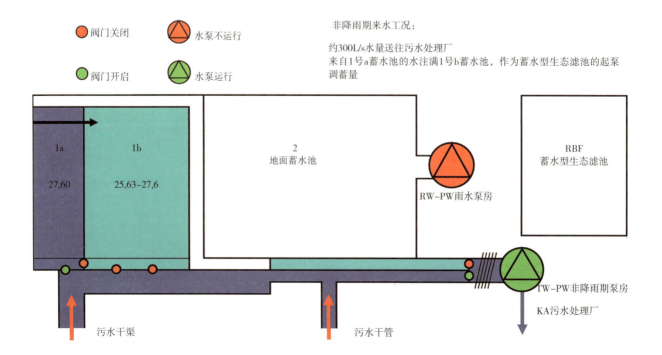

泵站不运行，混流雨污水通过雨水泵站从2号池排入蓄水型生态滤池（3mm调蓄空间）（图47）。

大雨期：即超过10mm的雨水量时，来水量大于2.4m³/s时，雨水经1号、2号池通过雨水泵站排入水体（图48）。

降雨结束反冲洗：开启反冲洗门，通过水将1号池底部的沉积物冲入污水管网，

图47 小雨/中雨期来水工况图

图48 暴雨期来水工况图

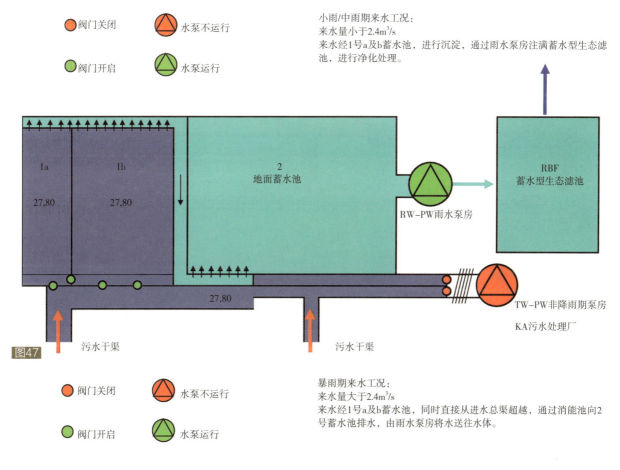

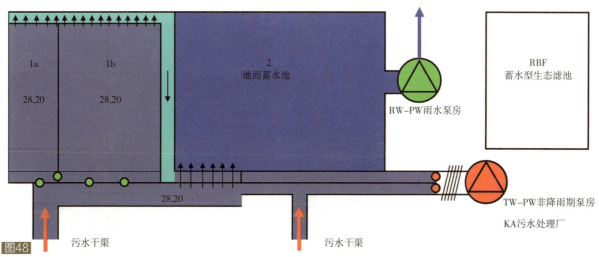

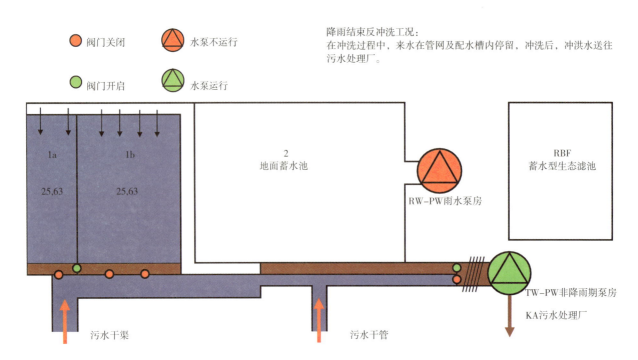

图49 降雨结束后冲洗工况图

并送入污水处理厂（图49、图50）。

下游污水管道直径为600mm，传输能力约为0.25m³/s左右。1号池冲洗时，排空时间约为2h，并定期冲洗，系统运行良好。

2号调蓄池建设成混凝土盖板的调蓄池（图51），并在上面建设雨水花园。调蓄池设计高水位28.5m，溢流水位29.7m，池底26.8m。

蓄水型生态滤池：占地面积8400m²，蓄水容积8400m³，项目中使用中砂作为滤

图50 设备示意图与照片

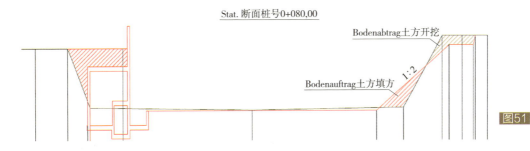

图51 2号调蓄池原设计断面图

料,鉴于滤料级配资源选择有限,滤料的选择应根据天然砂场供应砂的情况进行现场检测与确定。在设计和施工良好,且前置沉淀池运行良好的情况下,滤料可长期使用,无需更新。在满水的情况下,生态滤池的水力停留时间为24h。目前,生态滤池已正常运行两年半(图52~图54)。

(5)河道综合整治

①河道水位确定。根据河流水力模型SOBEK模型模拟,确定穿紫河设计水位为:枯水位29.6m,常水位30.6m,洪水位31.6m,100年一遇防洪堤32.6m。

通过上游新河综合整治(水面从25m拓宽到平均70m宽)、花山闸建设和沿线所有雨水泵站改造,穿紫河堤从34.6m降低至32.6m,降低2m。

②清淤疏浚工程。通过疏浚船对穿紫河河道进行清淤疏浚,共处理37万m^3淤泥。淤泥通过2种方式处理:一是淤泥资源化利用:鉴于淤泥中没有工业重金属污染,30万m^3淤泥通过沉淀并真空预压脱水后,用做种植土壤;二是固化后填埋:因真空预压吹填场地有限,另外7万m^3淤泥掺入水泥、石灰搅拌固化后送往垃圾填埋

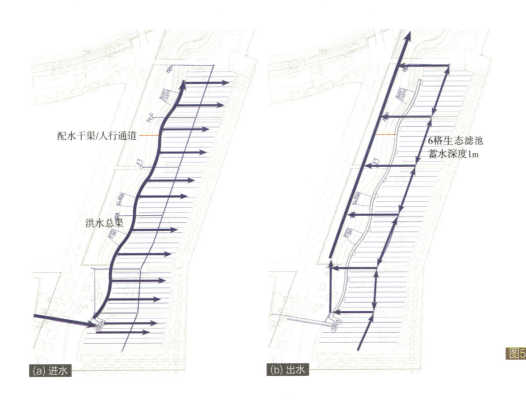

图52 蓄水型生态滤池运行系统

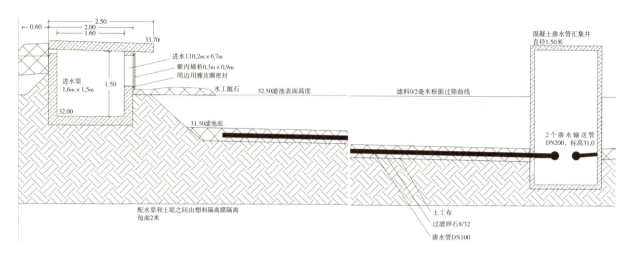

图53 蓄水型生态滤池断面图

图54 生态滤池照片及运行示意图

场填埋。

③生态驳岸建设。结合景观要求，建设生态驳岸（图55、图56），形成多功能景观公园，该工程主要包括以下内容：

A. 有坡度的岸线均设计为双梯形断面，并采用棕榈垫和植物辊建设生态驳岸，防止岸线滑坡，消除消落带。

设计常水位与设计枯水位之间，敷设棕榈垫与植物辊（约4000m²/1200m）。通过两者与其上种植的挺水植物保护驳岸不被冲刷；植物辊和棕榈垫中种植耐湿耐旱类植物，如芦苇、再力花等，并为动物（如两栖类等）提供生境，提高河道自净能力。

设计常水位和设计洪水位之间的驳岸敷设椰棕垫种植草皮，降低驳岸在洪水期间滑坡的风险。

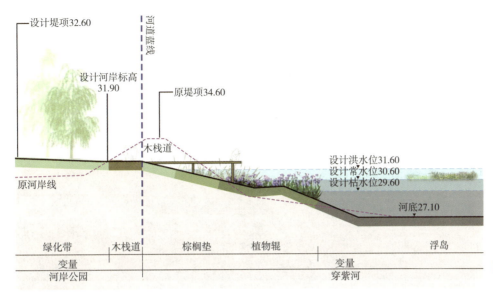

图55 河堤断面图（改造前后岸线）

图56 生态驳岸实景照片

通过堤岸后移（依据建成区与河道之间用地条件进行后移），并进行河道恢复。穿紫河船码头段（900m）常水位水面面积从48000m²增加到55000m²，在水位1m的变幅下，可增加7000m³调蓄容积。

B. 硬化广场和道路的雨水均导入植草沟（图57）进行调蓄，净化后通过盲管收集排入水体。园区内无需敷设雨水管网。

④生态浮岛建设。生态浮岛设置在水体流速较低的河湾区域（图58），以及排水泵站排水口附近区域，以增强水体净化功能。其面积大小依据水域面积和景观来考虑。

4.3.2 滨水建筑区海绵城市建设——德国风情街

德国风情街项目（图59、图60）西邻穿紫河及姻缘河生态景区，东邻柳河路，北接柳叶大道，南至七里桥及丹阳路。街区总规划用地面积2.15万m²，其中建筑占

图57 植草沟（雨水收集过程）断面示意图

图58 生态浮岛实景照片

图59 德国风情街低影响开发设施布局图

图60 常德市德国风情街实景照片

图61 尼古桥泵站和生态滤池照片

地面积0.95万m^2，地下建筑面积约1.63万m^3。

德国风情街临近尼古桥雨水泵站（图61），距离小于200m，且德国风情街的雨水可以通过重力流汇入尼古桥雨水泵站调蓄池，因此德国风情街的雨水由尼古桥泵站净化处理后排入穿紫河补充水源。

海绵城市建设目标：年径流总控制率78%，设计降雨量21mm，约为1年一遇30min降雨量（24mm）。

4.3.3 活水保质

现状补水水源为集水区的雨水，雨水净化后排入河道。根据计算，若仅通过雨水补给，雨季水系换水可充分保障，而旱季换水则时间过长，见表9所列。

穿紫河西与穿紫河中的换水周期计算表（单位：d） 表9

河段	雨季（4~9月）	旱季（10月至来年3月）
穿紫河西	10.2	174.8
穿紫河中	8.8	91.9

为缓解旱季换水周期过长的问题，同时恢复城市历史水系，规划连通常德西面的渐河，收集河洑山的雨水，利用地势高差，自流排入新河水系，经丁玲公园，补给入穿紫河。在适宜的水位下，也可以通过柳叶湖向穿紫河东段补水。

5 建成效果与效益分析

5.1 建成效果

5.1.1 水环境

消除了护城河第2段、滨湖公园、穿紫河的黑臭水体；穿紫河船码头泵站改造工程竣工投入运行后，实测滤池出水COD浓度为28.5mg/L，相对于进水总渠处的70.6mg/L下降了59.6%，达到地表水环境质量Ⅳ类标准（图62、图63）。

图62 生态滤池进水口和出水口实景

(a) 雨污水进入生态滤池

(b) 净化后水流出生态滤池

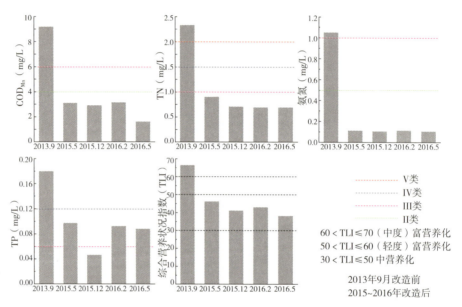

图63 滨湖公园改造前后水质数据

V类
IV类
III类
II类

60 < TLI ≤ 70（中度）富营养化
50 < TLI ≤ 60（轻度）富营养化
30 < TLI ≤ 50 中营养化

2013年9月改造前
2015~2016年改造后

5.1.2 水安全

常德市雨水排放能力得到显著提升，防涝能力已经受住考验，2016年7月1日至2日市建成区24小时连降暴雨多达177.8mm，护城河流域内没有发生一处积水现象，且排涝空间仍有富余。同期穿紫河流域并无内涝发生（图64），船码头等泵站发挥了良好的调蓄功能，使得同期穿紫河水位低于柳叶湖水位。

图64 穿紫河涨水时实景

5.1.3 水生态

滨湖公园水体建立了完整的水生态系统,水景有明显提升。滨湖公园改造后,内湖水质由地表水劣Ⅴ类提升到Ⅳ类;水体清澈见底全湖透明度达到1.5m;生物多样性增加,自净能力增强;湖滨带、湖面及水下景观得到显著提升;生态岸线修复率达100%(图65、图66)。穿紫河生态岸线达到了90%以上。

5.1.4 社会效益

老西门"葫芦口"棚户区改造项目是常德市老城区改造建设"十里画廊护城河"的核心项目之一,并且已实现与海绵城市建设、黑臭水体治理、地下管廊建设高效结合,资源共享最大化。该项目为社会提供数千个就业岗位,且该项目开放后已成为常德市民娱乐、健身、休闲、购物的一体化小区(图67~图71)。

(a) 改造前水面浑浊、景观单一图

(b) 改造后水体透明、水面和水下景观提升图)

图65 改造前后水面、水下景观

(a) 改造前的驳岸

(b) 改造后驳岸

图66 改造前后驳岸

(a) 草坡入水

(b) 雨水排水渠

图67 屈原公园现场照片

图68 屈原公园生态滤池施工照片
(a) 生态滤池渗管敷设
(b) 生态滤池滤料敷设

图69 屈原公园雨水花园施工照片
(a) 雨水花园施工中
(b) 雨水花园施工后

图70 老西门建成段照片

穿紫河流域6个泵站改造完成后,原中心城区的臭水塘及其周边区域建成为休闲观光的海绵公园(图72)。

图71 老西门建设效果对比照片

图72 河岸公园照片（海绵城市设计与景观设计的融合）

5.1.5 具体泵站建设效果——船码头泵站区域

泵站及周边水系改造效果明显，如图73~图75所示。

图73 2009年、2012年、2015年船码头区域卫星图对比

图74 改造前后水系和驳岸对比

(a) 改造前的水系和土堤

(b) 改造后的水系和生态驳岸

图75 咖啡馆处水质对比图

(a) 运行前拍摄，2014年7月17日

(b) 运行两年后，2016年10月14日

5.2 经济效益——形成了可持续的海绵城市建设机制

5.2.1 企业自筹——老西门棚改盈利

老西门项目占地面积87338.79m²，拆迁186436m²，征收1690户。项目拆迁后规划设计总建筑面积257604m²，其中住宅面积171404m²，占67%，商业面积86200m²，占33%。扣除回迁住宅后可出售住宅面积16667m²，扣除回迁商业面积后可出售商业面积58686m²。

项目总投资预计167248万元，其中护城河改造投资12528万元，棚户区改造投资154720万元。

截至2016年9月底，项目累计投入资金141114万元，护城河改造完成投资9328万元，棚户区改造完成投资131786万元。计划2017年完成剩余投资26134万元。

资金来源：企业自筹资金77514万元，银行贷款60000万元，政府棚改补助3600万元。已发行5.8亿元企业债券，通过资产证券化进行新一轮融资，进一步完善公司的资本结构。

项目实现收入：老西门文化旅游商业街于2016年5月28号开街，截至9月底已租面积8198m²，租金收入200万元，住房销售5863m²，销售收入3518万元。

项目预计收入：项目在运营初期主要取得商铺租金收入及住房销售收入。待所持有商业资产运营逐渐成熟，资产升值后再进行销售。目前周边二手房均价6000元左右，预计未来新建住宅销售单价7000元，预计还可实现收入约7667万元。根据租金增长率的测算，商业租金（58686m²）及销售收入预计还可实现收入229030

万元。

项目总收入：该项目经过5年商业运营资产总值预估为240415万元，实现收支平衡，开始盈利。预计上缴税金约3.3亿元，利润约为5亿元（表10、图76）。

2012~2020年老西门项目投入产出表　　　　　表10

项目类型	资金来源	投入（万元）	产出（万元）
实际投入	企业自筹	77514	—
	银行贷款	86134	—
	政府棚改补助	3600	—
预计产出	住宅销售	—	11185
	商铺租金收入	—	26562
	商业销售收入	—	202668
合计		167248	240415

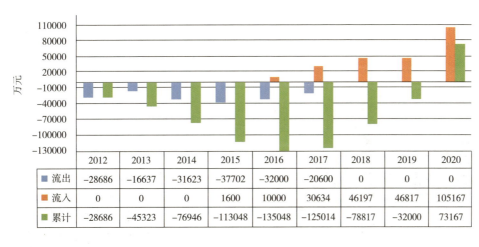

图76 老西门项目现金流量图

老西门（葫芦口）棚户区改造项目投资，企业出大头，政府出小头，突破了棚户区改造受资金制约的"瓶颈"；老西门（葫芦口）棚户区内已建成一条最具地方文化特色的城市文化旅游商业街，成为优良的旅游目的地；商贸旅游等产业将永久性产生经济效益；老西门（葫芦口）棚户区改造项目自开工以来就拉动着常德的许多项实体经济，带动着旅游、文化休闲等相关产业；老西门（葫芦口）棚户区改造项目将为社会提供数千个就业岗位。

5.2.2 政府投资——穿紫河流域土地价值回归

1）整体收益

穿紫河流域海绵城市建设总体投入计划10.23亿元。其中所有泵站、调蓄池、生态滤池改造的投入5.3亿元；流域内小区、道路、广场海绵化改造投入0.18亿元；水系治理及绿地景观投入4.75亿元。另外水上巴士投入7410万元（包括游船设备、晚间演戏灯光音响设备等）。到目前为止，已完成海绵城市建设投资约10亿元。

穿紫河流域改造后，预计可拉动周边区域土地变现和升值8亿元，每年可实现穿紫河两岸文化、旅游、娱乐相关收入3000万元。本案例中，政府通过加大环境改善投入，促进流域环境改善、土地价值回归正常，政府收益明显，并拉动社会经济发展。

2）公园世家

以船码头周边房地产开发为例，以前由于船码头泵站黑臭现象严重，周边区块一直是常德市城区典型的脏乱差区域。2010年机埠启动改造后，实现了水体由差变好，吸引了众多开发商，2013年建成了当时市城区占地面积最大，品质最高的公园世家小区，开创了全国在雨污泵站旁建设高档房产小区的先例（图77）。

3）水上巴士

随着穿紫河水质的提升，水系的连通，穿紫河两岸德国风情街、大小河街等历史文化建筑的建成，使得穿紫河从以往的黑臭水体变成一条优美的"望得见山、看得见水、记得住乡愁"的城市景观河道。常德市利用穿紫河的良好水上交通资源及沿线景观风光带，将穿紫河打造成常德市市内第一条水上旅游观光线路，恢复了中断近40年的穿紫河通航，预计每年可实现收益1090万元（图78）。

图77 船码头生态滤池对面的公园世家小区

图78 停靠在大小河街码头的水上巴士

5.3 项目经验总结

本案例针对护城河流域的合流制排水体制导致的黑臭水体问题，建设截流式合流制排水系统，切断护城河污染源，将污水输送到污水处理厂；考虑到老城区用地条件紧张，建设污水截留调蓄池，合流制溢流污水净化后排放到护城河。考虑到下垫面的差异性，源头段进行公园提质改造、老西门段结合棚改恢复河道、滨湖公园段治理黑臭水体。

本案例针对穿紫河流域雨污混接导致的黑臭水体问题，以城市河流生态综合治理、改善水质为目标，制定了针对雨污分流不彻底，雨污混接雨水泵站的改造措施，并运用数学模型模拟处理效果。项目运行表明，混接雨污水及不同流量下雨水处理工艺科学，切合实际，成效明显。结合泵站设计，新增的蓄水型生态滤池运行成本低，仅需增加提升泵站（水泵扬程2m）及运行成本，处理效果良好，出水水质达到地表水环境质量Ⅳ类标准。

本项目紧密结合城市建设，具体项目层面（老西门项目），企业可实现收支平衡并盈利；流域层面（穿紫河流域），流域水环境综合整治与周边产业开发相结合，实现了储备土地价值的正常回归，政府收支基本平衡。两种模式都保障了海绵城市建设经济可持续。

穿紫河流域治理项目

设计单位：德国汉诺威水有限公司（Wasser Hannover GmbH）、常德市规划建筑设计院、常德市建筑勘测设计院、湖南省建筑设计院

管理单位：常德市海绵城市建设领导小组办公室、常德市住房和城乡建设局

建设单位：常德市经济建设投资集团有限公司、常德市城市建设投资集团有限公司

技术支撑单位：中国城市规划设计研究院、德国汉诺威水有限公司（Wasser Hannover GmbH）

护城河流域治理项目

设计单位：德国汉诺威水有限公司（Wasser Hannover GmbH）、常德市天城规划建筑设计有限公司、中旭建筑设计有限责任公司

管理单位：常德市海绵城市建设领导小组办公室、常德市住房和城乡建设局

建设单位：常德市城市建设投资集团有限公司、常德市经济建设投资集团有限公司

技术支撑单位：中国城市规划设计研究院、德国汉诺威水有限公司（Wasser Hannover GmbH）

案例编写人员：陈利群、张全、彭力、彭赤焰、程彩霞、郑能师、石玉林、黄金陵、辛长明、李远国、鲁华章、吕志慧、马泽民、陈晶晶

03 内涝防治

内涝防治类项目应从源头减排、排水管渠、排涝除险和应急管理等四套系统入手，通过系统性的措施实现"小雨不积水、大雨不内涝"。新城区以目标为导向，老城区改造以问题为导向，结合城镇棚户区和城乡危房改造、老旧小区有机更新等，推进区域整体治理。

18. 北京市下凹桥排水防涝改造　358
19. 遂宁市复丰巷老旧小区积水点整治　378

18 北京市下凹桥排水防涝改造

项目位置：北京市南四环肖村桥、西四环五路桥

项目规模：肖村桥雨水泵房5m³/s，调蓄池有效容积12400m³及配套管线，五路桥雨水泵房2.66m³/s，调蓄池有效容积2090m³及配套管线

竣工时间：2015年5月

1 现状问题及分析

1.1 自然条件

北京属于暖温带半湿润半干旱季风气候，其特点是四季分明，冬季最长，夏季次之，春、秋短促；雨热同季，降水集中且强度大，主要集中在夏季，7~8月尤为集中；降水量分布不均，山前迎风坡为多雨区，而背风坡为少雨区。

北京平均年降水量532.0mm，年平均降雨日数为70.6d。极端年最大雨量813.2mm（1994年），极端年最少雨量266.9mm（1999年）。降雨集中在每年6月至9月，7月、8月最多。月、年降水量常年值如图1所示。

北京市中心区位于永定河洪积冲积扇形地范围内。扇形地顶部地区，地势较低

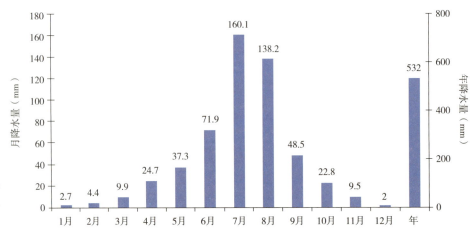

图1 月、年降水量常年值（1981~2010年平均）

平，地基上部土层较软，容许承载力为0.12~0.14MPa。扇形地中下部地区，地势略低，地形平坦，平均坡度为1‰左右；地基土以亚黏土为主，夹有轻亚黏土、亚砂土及粉细砂层，间有黏土夹层分布，容许承载力为0.15~0.25MPa。地下水埋深较深。在旧城人工堆积区，老填土的容许承载力为0.1~0.15MPa，新填土一般小于0.1MPa。

永定河冲积扇位于华北平原的西北缘，以石景山附近为顶点，向东南呈扇形展开，东西长40km，南北宽30km，面积近千平方公里。冲积扇地下水主要为第四系松散沉积物空隙水，由扇顶到扇前缘堆积物颗粒逐渐变细，昆明湖—复兴门—潘家园一线以西为潜水含水层，以东为承压含水层。

冲积扇顶部地区地形坡度3‰左右，表层覆盖黏性土不厚，含水层由厚度不等的砂砾组成，导水性良好，渗透系数为每昼夜100m以上，是地下水主要补给区。洪冲积扇地下水溢出带：此带主要接受上游地下水径流和本带降水入渗的补给，而很快消耗于潜水及潜水面蒸发，不能形成对地下水的有效补给。洪冲积扇中、下部地区：地势略低，地形平坦，平均坡度为1‰左右；含水层由浅部潜水层及深部多层承压水层组成。前者脱水性差，后者由厚度不等的砂、砂砾石组成，渗透系数为每昼夜20~100m。

北京市城近郊区已建成有较完善的雨、污水排水系统，现有雨水管线系统多按重现期$P=1$~2年降雨强度设置，雨水泵站多按重现期$P=2$~3年建设。北京市中心城区现状管网情况如图2所示。

图2 北京市中心城区现状管网评估图

根据北京市地方标准《城市雨水系统规划设计暴雨径流计算标准》DB 11/T 969—2013的规定，雨水管渠及泵站的规划设计重现期应按表1规定选取。

雨水管渠及泵站规划设计重现期表（单位：年） 表1

	一般地区	重要地区	特别重要地区	一般道路	重要道路	特别重要道路
雨水管渠	3	5	10	3	5	10
雨水泵站	5	5~10	10	5	5~10	10

北京中心城区短历时暴雨强度公式为：

$$q = \frac{2001(1+0.811\lg P)}{(t+8)^{0.711}}[L/(s \cdot hm^2)]$$

适用范围为：$t \leq 120$min，$p \leq 10$年。

$$q = \frac{1378(1+1.047\lg P)}{(t+8)^{0.642}}[L/(s \cdot hm^2)]$$

适用范围为：$t \leq 120$min，$p > 10$年。

北京市采用最小时间段为5min总历时为1440min的设计雨型，设计降雨过程详见北京市地方标准《城市雨水系统规划设计暴雨径流计算标准》DB 11/T 969—2013中的"1440分钟雨型分配表"。

1.2 桥区排水分析

1.2.1 中心城区桥区情况

从影响立交桥区雨水排水方式的角度分析，立交桥有2种形式：上跨式立交桥、下穿式立交桥。一般上跨式立交桥桥区雨水通过重力流排向下游，即高水系统，包括下游雨水管道或下游天然水体。下穿式立交桥又分为2种情况，其一是交互式立交，其二是直接下穿，道路过铁路时大部分为该种形式。下凹桥区雨水的排除则有2种可能：当下凹桥区最低点高程较高，可采用重力流排除雨水；当下凹桥区最低点高程较低时，桥的雨水无法通过重力流排除，则需要提升下凹桥区的局部雨水，然后向下游排除，即为低水系统，排水形式也可称为强排。

北京市四环内强制排水的下凹桥区泵站共52座，其分布如图3所示，52座立交排水泵站中，设计重现期$P=5$年的有4座，重现期$P=3$年的有13座，重现期$P=2$年的有32座，重现期$P<2$年的有3座。

1.2.2 7.21积水情况

2012年7月21日，北京市域范围内平均降雨量170mm，中心城区平均降雨量215mm，小时降雨量超过70mm观测站数多达20个，城区最大降雨点石景山模式口达328mm，强降雨持续时间近16h；全市主要积水道路63处，积水30cm以上路段30处，积水点位置大部分在下凹式立交桥处。

图3 北京市中心城区下凹式立交桥排水泵站分布图

1.2.3 下凹桥区积水原因

近年来极端暴雨的频发,暴露了下凹桥区的排水问题。分析52座泵站存在的问题,其主要分为5种状况(表2):①泵站汇水面积增加,综合径流系数增大;②低水收水系统不完善;③高水系统排水标准偏低,高水系统不完善;④河水位对排水管线的顶托;⑤泵站供电系统为单路供电(非积水主要原因,是泵站的不安全因素)。前三种情况比较普遍。随着汇水面积的加大或综合径流系数增大,径流量也相应增加,而高水系统的标准偏低与收水系统不完善,当超频率降雨发生时,就会形成客水流入桥区,从而造成收水能力不足。积水原因所占比例如图4所示。

下凹桥区排水泵站存在问题　　　　　　　　　　　　　　　　　　　　　表2

序号	泵站名称	问题分类				
		汇水面积增加	低水收水系统不完善	高水系统不完善	下游河道顶托	单路供电
1	安华桥	√	√	√		
2	西浦	√	√			
3	夕照寺		√		√	√
4	大望路	√	√	√		√
5	景泰	√	√			
6	农展馆					√

续表

序号	泵站名称	问题分类				
		汇水面积增加	低水收水系统不完善	高水系统不完善	下游河道顶托	单路供电
7	东浦	√				
8	永定门	√	√		√	
9	安定门	√	√			√
10	木樨园	√	√			
11	左安东路	√	√	√		
12	和平里	√		√		
13	马家堡	√	√			
14	东便门			√		√
15	大钟寺					
16	北蜂窝	√	√	√		√
17	双营		√	√		
18	西南三环	√	√	√	√	
19	广安门	√				
20	东隧道	√	√	√	√	
21	西隧道	√	√	√	√	
22	知春里	√				
23	六里桥		√	√	√	
24	莲花桥		√	√	√	
25	万寿路	√	√	√		√
26	北展	√				
27	白颐路	√	√	√		
28	东直门	√	√			√
29	左安门	√	√		√	
30	土城北	√				√
31	东方广场					
32	马家堡西路	√	√	√		
33	丽泽	√	√			
34	右安门（南）	√	√	√		√
35	北京南站*					
36	四惠					
37	来广营	√	√			
38	龙爪树	√	√	√	√	√
39	成寿寺		√	√		
40	北中轴	√	√	√		√
41	丰台大桥	√	√	√	√	
42	太南	√	√	√		√
43	京开（四开）	√	√	√		
44	京包	√		√		√
45	北二街	√		√		√

续表

序号	泵站名称	问题分类				
		汇水面积增加	低水收水系统不完善	高水系统不完善	下游河道顶托	单路供电
46	五路居		√	√	√	√
47	永南	√	√	√		√
48	岳各庄	√	√	√		
49	四元桥(4#泵站)*	√	√			
50	四元桥(5#泵站)*	√	√			
51	石榴庄*					
52	光彩路*					

注：*为近年新建。

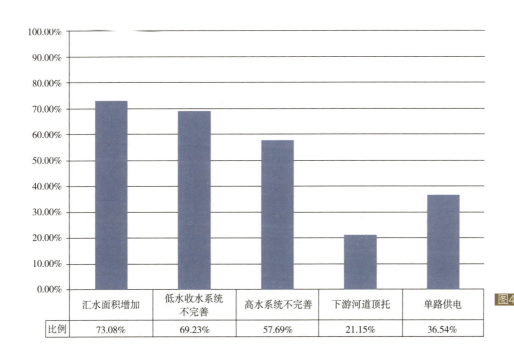

图4 北京市中心城区下凹式立交桥积水原因分析图

2 总体思路

2.1 设计标准

2.1.1 内涝防治标准

下凹桥区内涝防治标准可以通过对比分析法、风险分析法等方法综合确定，在对国内外标准调研及总结分析的基础上，从平衡下凹桥区内涝防治系统修建投资和可能的积水损失角度确定最终标准。本次下凹桥区内涝防治标准确定首先综合比较分析国内主要规范、标准和美国、日本、欧洲等大城市采用的内涝防治标准，确定出北京市下凹桥区的内涝防治标准范围宜采用50～100年一遇。按照下凹桥区的社会总投入最低考虑，内涝防治标准在50年一遇以上时，内涝防治标准提高对社会总投入减小和积水风险降低的效果已不显著，合理的内涝防治标准应选择50年一遇。综合确定，北京市下凹桥区内涝防治标准确定为50年一遇。

2.1.2 设施设计标准

（1）下游河道的设计标准为20年一遇洪水设计，50年一遇洪水校核。

（2）高水区雨水管道按5年一遇标准设计，其中城市主干道、下凹桥区四周及下游雨水管道按5年一遇标准设计。雨水泵站按5~10年一遇标准设计，低水管道按10年一遇标准设计。

（3）下凹桥区防涝系统按50年一遇标准的设计暴雨校核（桥区积水深度超过27cm的积水时间不超过30min）。

（4）客水区调蓄水池规划设计标准为50年一遇。

注：北京市下凹桥区改造工程为2012年，新设计需按现行规范标准实施。

2.2 技术路线

下凹桥区内涝综合整治是系统工程，需要综合统筹源头、过程、末端各个系统，既需要在源头减排减少进入桥区的径流量，又要提高管线、泵站标准提升排水能力，同时需要通过调蓄合理处置涝水并加大雨水利用。考虑到每个下凹桥区具体情况不同，制订方案前要因地制宜，一桥一策，科学论证。同时，将桥区雨水系统改造和下游雨水出路整治相结合，保证排水安全。由于下凹桥区高水和低水都有各自的流域面积，要"高水高排，高截高蓄；低水低排低蓄，雨水就近入河"，高水高排目的是减少低水区泵站的汇流面积，控制进入下凹桥区低点的雨水量。实施高水高截高蓄，尽量避免高水进入下凹桥区范围。桥区雨水收水系统由雨水口、雨水口连接管及泵站进水管组成，可以形象地比喻为"嘴巴"和"喉咙"，收水系统功能是否完备，直接影响到路面的雨水能否迅速排除，低水系统要提高收水系统能力，改造泵站及新建调蓄池，整体提升桥区排水能力。在此原则下，通过新建及改扩建现有防涝设施，采取调蓄、滞渗和管理等措施，使下凹桥区防涝系统能够有效应对50年一遇设计暴雨。具体思路是：

（1）通出路：按规划治理河道，提高河道的排水能力，以解决河道洪水位顶托高水管道的问题。

（2）拦客水：针对客水汇入问题，考虑提高下凹桥区周边地区雨水（高水）管道的设计标准，同时对桥区周边小区进行海绵城市改造，减少客水流量并在高水区采取雨水拦蓄措施，尽量减少客水汇入桥区。

（3）提标准：增加桥区低水区雨水口，改造雨水（低水）管道和泵站，提高低水区雨水收水和抽升能力。

（4）蓄涝水：以下凹桥区及周边地区防涝系统规划为基础，按50年一遇设计暴雨核算蓄水池容积。

2.3 计算方法

为解决下凹桥区的内涝积水问题，雨水调蓄池是其中一项重要措施，雨水调蓄池容积的合理计算关乎内涝安全和工程投资。脱过系数法可用于无客水汇入的低水区调蓄计算，对于存在客水汇入的桥区，调蓄池容积分为客水部分和低水区部分，由于客水汇入时间与低水区峰值时间不同，若用脱过系数法分别计算客水及低水区部分容积进行叠加，会造成调蓄池容积计算偏大，可采用等流时线法，通过逐时段叠加分析，或采用数学模型，计算得到雨水调蓄池容积。

2.3.1 脱过系数法

根据《室外排水设计规范（2011年版）》GB 50014—2006，用于削减排水管道洪峰流量时，雨水调蓄池的有效容积可按下式计算：

$$V = \left[-\left(\frac{0.65}{n^{1.2}} + \frac{b}{t} \cdot \frac{0.5}{n+0.2} + 1.10 \right) \cdot \lg(\alpha + 0.3) + \frac{0.215}{n^{0.15}} \right] \cdot Q \cdot t$$

式中 α——脱过系数，取值为调蓄池下游设计流量和上游设计流量之比；

Q——调蓄池上游设计流量，m^3/min；

b、n——暴雨强度公式参数；

t——降雨历时，min。

2.3.2 等流时线法

等流时线法下凹桥区调蓄池容积计算的基本原理主要分为以下2部分。

（1）降雨汇流过程线推求。首先根据下凹桥区防涝标准确定降雨重现期，雨型采用24小时5分钟时间间隔的设计雨型。对于低水区，降雨产生地表径流直接汇集到桥区；对于客水区，降雨产生地表径流后，一部分通过客水区雨水管道排除，剩余超过雨水管道排水能力的超标径流量（即"客水量"），依地形汇流到低水区，并采用等流时线法反映客水的汇流过程。

（2）下凹桥区汇流量水量分配。下凹桥区总汇流量最终通过雨水收水系统（包括雨水口和低水区雨水管道）排入雨水泵站或调蓄池；进入收水系统的收集流量首先进入雨水泵站集水池，当收集流量小于等于泵站排水能力时，该时刻收集流量全部由泵站排除；当收集流量大于泵站排水能力时，该时刻超出泵站排水能力的部分收集流量则应通过泵站集水池的溢流孔全部收集到调蓄池，该部分超标水量的总和即是调蓄池的容积。调蓄池容积计算的技术路线和示意如图5和图6所示。

调蓄池的具体计算过程分如下几步：

① 客水区产汇流。

根据客水区平均汇流速度 v_H，以5min为步长对客水区划分 n 个等流时块，0~5min，5~10min，10~15min……的客水区面积分别为 S_{H1}，S_{H2}，…S_{Hn}，客水区面积 S_H 为：

$$S_H = \sum_{i=1}^{n} S_H \tag{1}$$

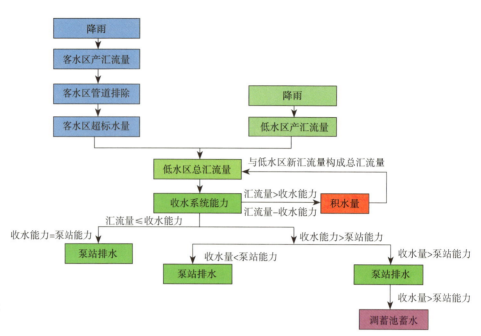

图5 调蓄池计算技术路线图

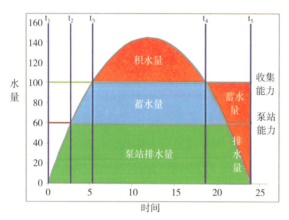

图6 调蓄池计算示意图

第t时刻第i个等流时块客水区产流量Q_{CH}^t，按下式计算：

$$Q_{CHi}^t = P^t \cdot S_{Hi} \cdot \alpha_H \quad (2)$$

P^t——第t时刻的降雨量，由24h50年一遇设计降雨量过程线得到；

α_H——客水区径流系数。

以5min为一个时段，第t时刻的客水区汇流量Q_H^t推导过程为：

$$Q_H^1 = Q_{CH1}^1$$

$$Q_H^2 = Q_{CH1}^2 + Q_{CH2}^1$$

$$Q_H^3 = Q_{CH1}^3 + Q_{CH2}^2 + Q_{CH3}^1$$

...

$$Q_H^{ti} = Q_{CH1}^t + Q_{CH2}^{t-1} + Q_{CH3}^{t-2} + \cdots + Q_{CHn}^{t-n+1} \quad (3)$$

第t时刻的客水区排水量Q_{DH}^t，取决于客水区汇流量Q_H^t与客水区管道排水能力D_H的关系，具体按下式计算：

$$Q_{DH}^t = \begin{cases} Q_H^t & Q_H^t \leq D_H \\ D_H & Q_H^t > D_H \end{cases} \quad (4)$$

第t时刻客水区超标水量，即客水量Q_G^t，按下式计算：

$$Q_G^t = Q_H^t - Q_{DH}^t \quad (5)$$

②低水区产汇流。

第t时刻低水区产流量Q_{CL}^t，按下式计算：

$$Q_{CL}^t = P^t \cdot S_L \cdot \alpha_L \tag{6}$$

式中 α_L——低水区径流系数。

第t时刻低水区总汇水量Q_L^t，按下式计算：

$$Q_L^t = Q_G^t + Q_{CL}^t \tag{7}$$

③低水区排水。

第t时刻低水区收集水量Q_C^t，取决于低水区汇流量Q_L^t与低水区收水能力C_L的关系，具体按下式计算：

$$Q_C^t = \begin{cases} Q_L^t & Q_L^t \leqslant C_L \\ C_L & Q_L^t > C_L \end{cases} \tag{8}$$

第t时刻低水区积水量Q_F^t，按下式计算：

$$Q_F^t = Q_L^t - Q_C^t \tag{9}$$

第t时刻低水区积水量Q_F^t应累计为低水区汇水量，计入$t+1$时刻低水区汇水量Q_L^{t+1}，即

$$Q_L^{t+1} = Q_G^{t+1} + Q_{CL}^{t+1} + Q_F^t \tag{10}$$

第t时刻低水区泵站排水量Q_P^t，取决于低水区收集水量Q_C^t与泵站排水能力P_L的关系，具体按下式计算：

$$Q_P^t = \begin{cases} Q_C^t & Q_C^t \leqslant P_L \\ P_L & Q_C^t > P_L \end{cases} \tag{11}$$

④调蓄池容积计算。

低水区调蓄池容积Q_R计算公式为：

$$Q_R = \begin{cases} \sum_{t=1}^{288}(Q_C^t - Q_P^t) & P_L < C_L \\ 0 & P_L = C_L \end{cases} \tag{12}$$

2.3.3 有条件的也可采用数学模型法计算

对于资料条件较好的地区，建议建立流域数学模型对下凹桥区积水情况进行分析并辅助方案制定和优化。模型构建流程如下：

（1）进行资料收集。资料收集的范围应包括下凹桥区所在排水分区，具体收集资料内容为：管线、检查井信息；雨水口信息；雨水口水位流量关系；排水系统的流域范围及其下垫面信息（用地类型及分布）；地面高程信息；实测降雨数据和设计降雨数据；泵站数据（泵的流量扬程信息，泵的启停控制信息，集水池和出水井的几何尺寸等）；调蓄池数据（调蓄容积，调蓄池和泵站先后入流的控制信息等），边界条件数据（如排水系统的上游入流信息，下游排水口的水位信息等）。

（2）建立数学模型并进行参数确定和优化。应以下凹桥区所在排水分区内的全部管网为基础建立管网模型，包括高水管网和低水管网（含泵站等设施）；以地形图为基础建立DEM并根据建筑、道路、绿地情况进行地形处理，特别需要对下凹

桥区周边道路驼峰以及铁路、挡墙、围墙和堤坝等对地面径流有较大影响的要素进行特别处理，以真实反应地形情况；模型构建完成后，应根据经验和规范要求对参数进行设定，有监测数据的地区应根据监测数据进行校核；最终，将上游入流信息和下游河道水位信息（水位过程线或者具体水位）输入模型，调试后确定最终模型。

（3）根据现状评估和规划方案的需求，确定具体的模拟情景（不同降雨条件、不同边界条件等），分析积水的核心原因、评估设施的运行效果。

下凹桥区模型是针对具体积水点的辅助模型，模型中需要对细节进行特别关注。雨水口是桥区雨水收水系统的重要组成部分，在建模过程中需要对雨水口的收水能力进行评估并概化到模型中，以评估收水系统影响，合理确定雨水口改造方案。

3 典型桥区总体方案

以肖村桥桥区积水治理工程（成寿寺雨水泵站升级改造工程）为例，介绍下凹桥区总体方案设计。

3.1 现况校核

3.1.1 泵站设计标准偏低

成寿寺雨水泵站建于1994年，位于成寿寺路与双丰铁路立交以南约250m处，南邻成寿寺污水泵站，占地面积0.256hm^2。雨水泵站汇水面积11.4hm^2，设计重现期P=1年，设计流量为1.9m^3/s，单路供电。泵站进、出水管管径D=1400mm，下游排入成寿寺路西侧3400mm×3000mm雨水方沟，最终排入凉水河。

根据最新的地形测量及现场踏勘分析，最终确定泵站汇水面积为13hm^2，现况泵站设计标准偏低，泵站能力不足。

3.1.2 管网能力不足

（1）桥区低水排除系统能力不足

肖村桥低水雨水经D=500～900mm雨水管汇集后，进入双丰铁路桥下D=900～1400mm雨水干线，自北向南再向西进入雨水泵站，经提升后排入成寿寺路西侧3400mm×3000mm雨水方沟，最终排入凉水河。

桥下主路雨水口58个，辅路雨水口52个。按每座雨水口15L/s的泄水量计算，进水量为1.65m^3/s。现有雨水口数量无法满足进水量要求，需增加。成寿寺雨水泵站进水管管径D=1400mm，坡度为0.0011，满流时过水能力1.95m^3/s；出水管管径D=1400mm，坡度为0.0012，满流时过水能力2.14m^3/s。收水系统、出水系统按P=10年设计标准，Q=5.7m^3/s，现况进、出水管无法满足设计流量要求。

（2）桥区高水排除系统排水能力不足，客水进入桥区

肖村桥西侧高水雨水管D=1000mm，东侧高水雨水管D=400～1600mm，均汇入3400mm×3000mm雨水方沟（穿双丰铁路处雨水管为2-D=1550mm），西北

向南排入凉水河。路段内雨水设计重现期$P=1$年，径流系数Ψ：建设区$\Psi=0.55$，村镇和绿地$\Psi=0.35$。高水管线设计标准偏低，且高水雨水在穿双丰铁路处由3400mm×3000mm雨水方沟变为2根$D=1550$mm雨水管，由于排水能力不足，在降雨时会有冒水现象发生。

另外，于1995年建立的"城外诚家具模范城"区域雨水也汇入立交高水系统。由于此区域内雨水管线不完善，在降雨时，该区域会有雨水从成寿寺路东侧入口、南四环路北侧入口进入桥区。由于高水系统超标降雨排水能力不足，客水进入下凹桥区，增加了流入泵站水量。

3.1.3 河道未按规划实施

肖村桥桥区及其周边地区的排水出路为凉水河。凉水河是北京市区主要排水河道之一，上游支流起于石景山区人民渠入口，流经海淀、西城、丰台、朝阳、下游向东向南经大兴区、北京经济技术开发区、通州区，最终由通州榆林庄闸入北运河，全长约67km，总流域面积约629.7km²（图7）。

凉水河干流最近一次治理是在2004年，治理时综合考虑投资力度和拆迁难度，河道治理未实现规划断面，治理设计的20年一遇、50年一遇洪水位均比规划水位高40~50cm，同时沿线京津铁路桥、大红门铁路桥、肖村桥等7座铁路、公路桥未按规划实施改造，50年一遇水位壅高0.8~1.2m，造成干流9.4km河段洪水出槽漫溢。"7.21"暴雨时，凉水河水位超20年一遇洪水位，泵站排水受凉水河水位顶托。

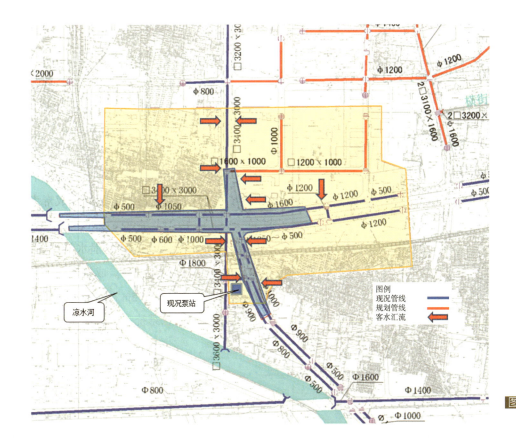

图7 肖村桥桥区现况系统图

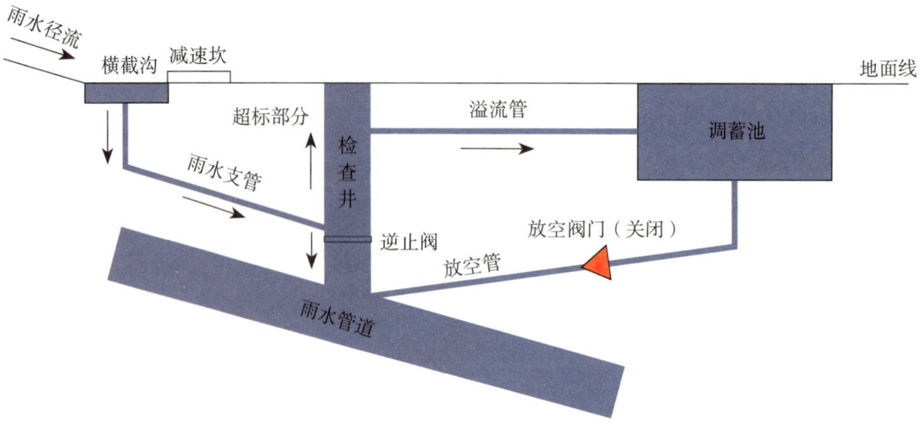

图8 客水拦截原理图

3.2 规划方案

通过对肖村桥桥区排水系统的分析，肖村桥桥区积水的主要原因是桥区周边地区的排水系统设计能力较低，且受到河道水位顶托，不能及时排除本区域的雨水，造成雨水以坡面流方式汇入下凹桥区。而桥区雨水收水系统和排除能力不足以排除这些雨水，造成桥区积水。针对以上造成积水的主要原因，提出相应的解决方案，使桥区达到50年一遇的内涝防治标准。

（1）对凉水河干流进行治理，在现状河道断面基础上拓宽，实现城市防洪规划断面，改建现况7座阻水严重的铁路、公路桥。

图9 肖村桥桥区改造方案总体布局

（2）提高桥区周边地区高水系统雨水管道的排水能力，客水区雨水分区域进行拦截，采取工程措施尽量将客水拦截在桥区外围，避免超过雨水管道设计标准的客水进入桥区，尽量减少客水的汇入量。客水拦截原理如图8所示。

（3）考虑到桥区周边排水系统不可能完全排出本区域内的雨水，仍会有一部分雨水进入桥区，因此，需要提高桥区内的排水和蓄水能力，包括改扩建雨水口、雨水管道、排水泵站和新建桥区调蓄池等。

3.3 总体布局

肖村桥桥区改造方案总体布局如图9所示。

4 典型桥区设施设计

下凹桥区雨水调蓄设施宜结合立交雨水泵站设置，无条件时可充分利用立交范围内绿地或相邻区域建设，调蓄设施可因地制宜，采用多种形式。以肖村桥桥区积水治理工程（成寿寺雨水泵站升级改造工程）及五路桥桥区积水治理工程（五路桥雨水泵站升级改造工程）为例，介绍下凹桥区设施设计。

4.1 肖村桥桥区积水治理工程（成寿寺雨水泵站升级改造工程）

4.1.1 收水系统设计，完善现有低水区域收水系统，以达到10年重现期标准

具体改造方案：

（1）废除肖村桥南侧现况D=900mm雨水管，新建D=900~1200mm雨水管；自铁路桥低点新建D=1600mm雨水管向北，与新建D=900~1200mm雨水管汇合后，新建D=2000mm雨水管向西进入新建泵站、调蓄池。废除现况D=900~1400mm现况泵站进水管。

（2）拆除现有桥区低水范围雨水口，改为联合式雨水口（收水能力20L/s），共需新建雨水口428座。

4.1.2 排水系统设计，新建P=5年雨水泵站及独立退水，桥区高水管线分流

新建雨水泵站。由于现况泵站结构尺寸有限，现况水泵间距较小，没有足够空间更换大流量水泵，所以考虑拆除现况泵站。在肖村桥西南侧绿地新建泵站。按P=5年、Ψ=0.95、t=5min升级泵站提升能力，设计流量Q=5.0m³/s，其中一台水泵选用变频器控制。

改造泵房出水管路，泵房独立压力出水，满足P=5年设计标准Q=5.0m³/s。新建1800mm泵房出水管，向西排入凉水河。

由于高水雨水系统在下穿铁路时，2根D=1550mm雨水管排水能力不足，在南四环南侧与现况3400mm×3000mm雨水方沟相接新建4400mm×3000mm雨水方沟，分流部分高水雨水直接向西排入凉水河（图10）。

4.1.3 调蓄系统设计，新建初期雨水池及雨水调蓄池

（1）调蓄池规模

根据改造要求，需为泵站新建调蓄池，新建调蓄池与泵站合建，位于肖村桥西南侧绿地内。调蓄池由初期雨水池和雨水调蓄池两部分组成。初期雨水池按照初期降雨厚度15mm计算；新建调蓄池，进行削峰调蓄；初期雨水储存池1950m³，雨水调蓄池10450m³，总池容12400m³（图11）。

初期雨水池及雨水调蓄池内分别设置放空泵，负责排空池内雨水。泵坑上方设置检修孔，方便水泵吊装和维修。为方便池内排泥，池底设置坡道，坡向泵坑。池底沉积物可在重力作用下滑进泵坑。为保证池内压力正常及空气流通，池顶设置通气管。

图10 肖村桥桥区总体改造设计图

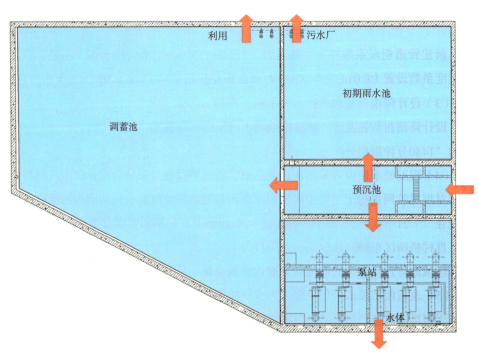

图11 成寿寺调蓄池平剖面图

(2)调蓄池运行流程

调蓄池运行流程为初期雨水进入初期雨水池内,雨水提升泵不启动。初期雨水存储完毕后关闭初期雨水池闸门。雨水进入雨水调蓄池,随后开启泵站将超量雨水排入下游河道。降雨后,初期雨水提升排至污水管道系统;雨水调蓄池内雨水用来浇灌周边绿地等市政杂用(图12)。

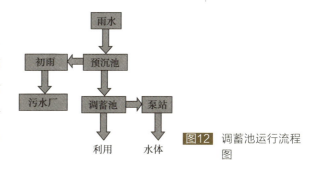

图12 调蓄池运行流程图

4.1.4 模型模拟

模型模拟采用InfoWorks ICM软件进行模拟。

(1)模型数据

成寿寺的高低水系统地理范围包括交会于肖村桥的南北向的成寿寺路,三台山路和东西向的南四环东路以及周边汇水区域。该雨水系统包括沿道路铺设的雨水口,检查井和管道,以及用于抽排低水雨水的泵站,其排水出路为凉水河。

分别构建了成寿寺流域改造前的现况模型及改造后模型。

(2)模型参数

雨水量模拟采用划分子集水区,并将子集水区指定到雨水口或者检查井的模型。其中,径流表面类型及其参数的设置见表3所列。

子集水区参数　　　　　表3

径流表面	产流模型	固定径流系数	径流模型	地面糙率
道路/屋面	Fixed	0.95	SWMM	0.014
其余区域综合	Fixed	0.50（流域用地加权平均）	SWMM	0.018

新建管道粗糙系数按设计规范选用0.013,现况管道考虑使用后粗糙度增加,粗糙度系数设置为0.014。

(3)设计降雨

设计降雨过程按北京市地方标准《城市雨水系统规划设计暴雨径流计算标准》中的"1440分钟雨型分配表"(图13)。

(4)现况模型模拟

对现况管网进行了"7.21"实际降雨强度下的全流域模拟,其结果如下:现况管线在"7.21"实际降雨强度下流域内有多处积水,肖村桥桥区低点积水情况严重。肖村桥桥区东侧高水管线的水力坡降明显大于管道坡降,已为压力流状态,且部分区域地势过低,导致低洼处检查井冒水,流入桥区低点。

(5)改造模型模拟

实施排水改造项目后的肖村桥排水系统,其排水条件得到极大改善。在设计降雨模拟中,即使在$P=50$的降雨模拟中,桥区也未产生积水(图14)。

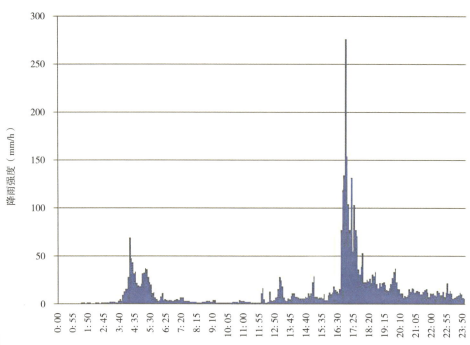

图13 北京市50年一遇设计降雨过程线

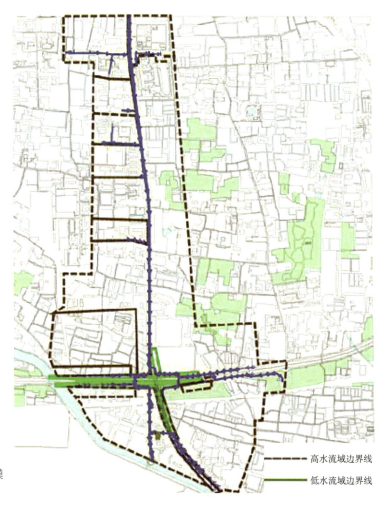

图14 肖村桥桥区建模平面图

4.2 五路居雨水泵站升级改造工程

（1）收水系统设计，完善现有低水区域收水系统，以达到10年重现期标准

具体改造方案：改造五路桥桥区低水收集系统雨水口，桥区雨水口数量由80个增至156个。修建雨水支管管道（管径D=500~700mm）。

（2）排水系统设计，改造雨水泵站达到P=5年及新建独立退水

对现况五路桥立交雨水泵站进行提标改造，更换现有泵站内水泵及其配电系统，将泵站提升能力由目前的1.5m³/s（P=3年）提高到2.26m³/s（P=5年）；将用电系统改造为符合要求的双路用电。

新建泵站独立出水管，管径范围D=1000~1600mm，使其满足2.26m³/s水量（P=5年）要求，泵站出水管在永定河引水渠南路处直接入河。

改造五路桥桥区外高水系统雨水口。桥区外高水系统增加雨水口96座，修建雨水支管（管径D=500~600mm），减少高水汇入桥区低水系统的水量（图15）。

（3）调蓄系统设计，新建雨水调蓄池

①调蓄池规模

根据改造要求，需为泵站新建雨水调蓄池，进行削峰调蓄，受改造用地限制，调蓄池无法与泵站合建，采用顶管管道作为调蓄池。新建雨水调蓄池分为两部分：泵井格栅间和蓄水池（含检修井和蓄水管）。泵井格栅间位于五路居泵站内部西侧绿地内，为全地下式；检修井位于泵站北侧路以北现况绿地内，蓄水管位于现况泵站北侧道路下。蓄水管管径D=3000mm，有效容积2090m³。

蓄水管采用顶管施工，坡度1%，坡向检修井以利排泥。蓄水管末端设置DN600mm通风管排气，保证池内正常压力。泵井格栅间内别设置放空泵，负责排空储水管内雨水。泵坑上方设置检修孔，方便水泵吊装和维修。

图15 五路桥桥区总体改造设计图

②调蓄池运行流程

调蓄池运行流程为雨水进入调蓄池，随后开启泵站将超量雨水排入下游河道。降雨后，调蓄池内雨水用来浇灌周边绿地等市政杂用。

5 监测评估

5.1 监测点布置

流量计布置点的选择应遵循：

（1）在桥区高低水系统的下游总管应分别布置流量计，以监测高低水排水系统的总流量，对整个排水流域进行整体把握。

（2）在高水系统的主要上游支管应布置流量计，以监测各个支路的流量情况。

（3）上下游流量计之间应能相互校核各自监测数据的质量。

（4）在上述重要管路的临近位置布置备用流量计，在一个流量计故障的情况下，可从备用点的流量计获得测流数据（图16）。

图16 肖村桥监测点分布图

5.2 智能管理系统

通过监测及数学模型建立排水管网智能管理系统,可实现气象、流量、液位等数据的实时采集,雨前提前2h进行积水预测,对泵站运行、调蓄池运行等提供调度决策,根据积水情况,可提前制订合理的调度方案,提高排水系统的效率和保障度。

6 改造或建设效果

北京2016年7月20日降雨,肖村桥桥区降雨时间约58h,总降雨量达到340.5mm,桥区未产生积水(图17)。

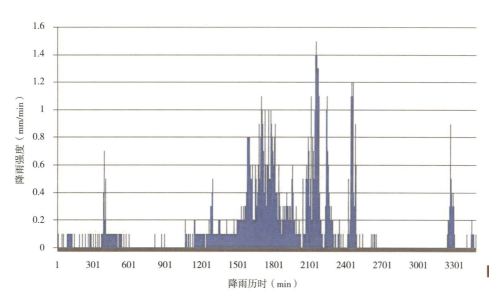

图17 7月20日降雨过程线

7 项目总结

肖村桥桥区积水改造工程,桥区的高水排水系统、低水排水系统改造已经得以实现,提高了整个桥区的排水能力,凉水河的疏挖治理,桥区外高水系统改造还未实施,全部实施后,可降低河道洪水位,进一步改善雨水管道的排水条件,才能使肖村桥流域整体达到50年一遇的内涝防治标准。

五路桥桥区积水改造工程,桥区的低水排水系统改造已经得以实现,提高了整个桥区的排水能力,桥区外高水系统改造还未实施,全部实施后,进一步改善雨水管道的排水条件,才能使五路桥流域整体达到50年一遇的内涝防治标准。

管理单位:北京城市排水集团有限责任公司
建设单位:北京城市排水集团有限责任公司
设计单位:北京市市政工程设计研究总院有限公司
案例编写人员:郭磊、黄鸥、沈云峰、何翔、周楠、姚双龙

19 遂宁市复丰巷老旧小区积水点整治

项目位置：遂宁市老城区
项目规模：0.26hm²
竣工时间：2016年6月

1 现状及问题分析

1.1 气象与降雨条件

1.1.1 水文气象概况

遂宁市年均降雨量为993mm，降雨年际变化幅度较大，历史最大年降雨量1371.4mm（1956年），最小年降雨量736.7mm（1976年）。降雨年内分配不均，冬季（12月至次年2月）降雨量占年降雨量的4%~5%，春季（3~5月）占年降雨量的20%~22%，夏季（6~8月）占年雨量的43%~48%，秋季（9~11月）占年降雨量的27%~30%。遂宁市属全国太阳辐射低值地区之一，多年平均陆面蒸发量550mm，多年平均水面蒸发量950mm。遂宁市5年一遇和30年一遇2h累计降雨量分别为77.87mm和108.03mm，最大雨强分别为126.14mm/h和174.99mm/h（表1、图1、图2）。

遂宁主城区降水气候特征值　　表1

名称	统计项目	统计值
年降水量	年平均降水量（mm）	993
	年最大降水量（mm）	1371.4
	出现年份	1956
月降水量	月最大降水量（mm）	463.6
	出现月份	2002.6

续表

名称	统计项目	统计值
日降水量	日最大降水量（mm）	323.7
	出现日期	2013.06.30
暴雨	年平均暴雨日数（天）	2.8
	年最多暴雨日数（天）	6
	出现年份	1982
	最早出现日期，日雨量（mm）	1972.4.20，55.2
	最晚结束日期，日雨量（mm）	1994.11.14，59.0

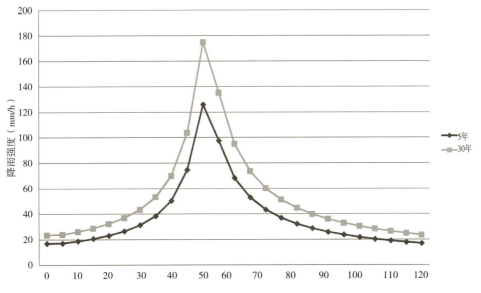

图1 遂宁市不同重现期120min降雨过程线

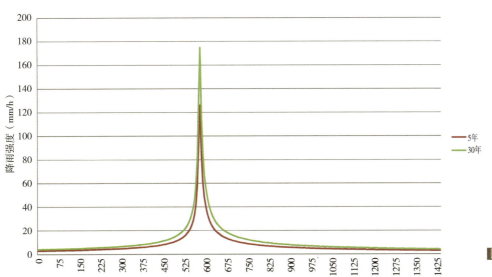

图2 遂宁市不同重现期24h降雨过程

1.1.2 短历时降雨分析

遂宁市历年1h最大降水量普遍在25~50mm之间，1h极端最大降水量为88.6mm，出现在2013年6月30日。1961年以来，1h最大雨量在50mm及以上的有16年，频率为30%（图3）。

遂宁市历年2h最大降水量多在40~80mm之间，2h极端最大降水量为128.9mm，出现在2013年6月30日。1961年以来，2h最大雨量在50mm以上的有34年，频率为63%（图4）。

1.1.3 年径流总量控制率与设计降雨量之间的关系

根据《遂宁市海绵城市建设专项规划（2015—2030）》，遂宁市年径流总控

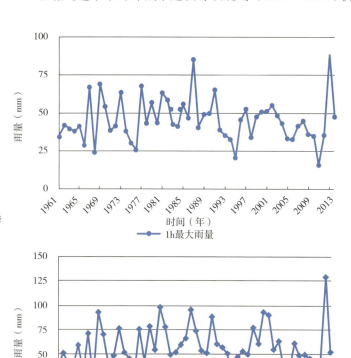

图3 遂宁市历年1h最大雨量

图4 遂宁市历年2h最大雨量

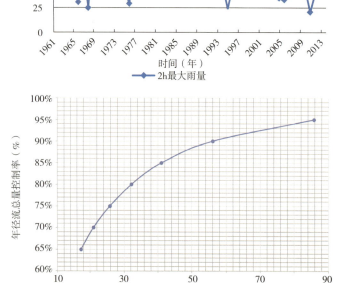

图5 遂宁市年径流总量控制率与设计降雨量关系图

制率与设计降雨关系如图5所示。

遂宁市不同年径流总量控制率下的设计降雨量见表2所列。

遂宁市不同年径流总量控制率下的设计降雨量一览表　　　表2

年径流总量控制率（%）	55	60	65	70	75	80	85	90	95
设计降雨量（mm）	11.8	14.2	17.2	20.9	25.7	32.1	41.1	56.4	87.2

1.2 现状地质条件分析

复丰巷所在区域地质构造位于四川沉降拗褶带的川中褶皱带，地理位置位于涪江河西岸Ⅰ冲洪积阶地中后部，为冲洪积地貌。地层岩性主要由第四系人工堆填土层、第四系全新统冲洪积层组成。小区内地基土层自上而下依次为填土、黏土、粉质黏土、粉土，土壤渗透率较高（图6）。根据周边气象及水文观测资料，地下水埋深在-2～-3m之间，平均高程-2.5m，年变化幅度多为1～2m，渗透系数约$2.0×10^4$mm/d。

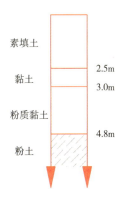

图6 地质结构图

1.3 区域排水现状及存在的问题

复丰巷小区位于遂宁市老城区中部，涪江西岸，所在雨水分区的汇水面积为48.7hm²，区域东西地势为西高东底，高差约1.5m，地面平均坡度0.5%；南北地势为两头高中间低，高差约1m，地面平均坡度约0.3%。该雨水分区有3处低洼点，分别位于中通公司小区、船山区工会和复丰巷小区内，最低点位于复丰巷小区内，地面高程为277.5m。当涪江洪水位较高时，涪江水会倒灌至三处低洼点。

现状排水分区内有两条主要的排水通道，分别位于区域西侧和南侧，为雨污合流暗渠。区域雨水通过支渠汇入暗渠，部分现状雨水支管修建已久，管道陈旧、淤积，排涝能力不足。排水分区末端现状是沙坝排涝站，排涝站排水能力为1.5m³/s。排水分区出口位于涪江西岸，雨水最终汇入涪江，涪江30年一遇洪水位为277.8m，暗渠排水口底高程为275.5m，沙坝排涝站排水口底高程279m。当遇到暴雨，涪江水位较高时，雨水受涪江水头顶托作用，低洼点雨水无法顺利排出，且排涝站服务面积较大，排涝能力相对不足，无法将高于内涝点的雨水全部排出，造成内涝点雨水排放不畅，排涝站功能也无法得到有效的发挥（图7）。

采用EPA-SWMM模型对区域管网进行模拟计算，建模面积约48.7hm²，划分子汇水区约40个，管渠67段，节点66个，泵站1处，排放口1处。计算参数根据现状场地情况及管网普查成果，结合区域气候参数等选取，模型计算步长5min，模拟时长6h，采用动力波（Dynamic Wave）算法，在5年一遇降雨重现期下，进行水力模拟

图7 复丰巷排水分区现状图

计算。计算结果如图8所示。

复丰巷排水分区存在以下排水问题：

（1）现状部分雨水管道排水能力不能满足雨水管道设计重现期5年的要求，该区域也无法满足内涝防治设计重现期30年的标准。

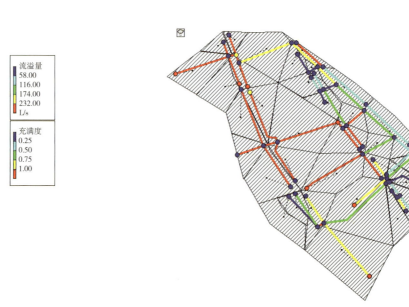

图8 复丰巷排水分区现状管网排水能力分析图

（2）区域内2条排水暗渠均为砖砌结构，且为雨污合流制，长期污水过流造成暗渠淤积严重，降低了暗渠的过流能力。当暴雨来临时，会导致污水溢流至涪江，给涪江造成较大的污染。

（3）排水分区内有3处地势低洼点，其地面高程均低于涪江30年一遇水位，由于现状内涝点雨水与高水混合排放，当涪江水位较高时，雨水管在涪江水顶托作用下排水能力降低，同时可能造成出口雨水倒灌至低洼点，加重内涝点险情，原排水系统及排涝站均未考虑低水的有效排放问题，易形成内涝。

1.4 复丰巷小区排水现状及存在的问题

复丰巷小区位于其排水分区的末端，地势低洼，最低点地面高程为277.5m，小区周边路面高程为279m以上。改造前，复兴巷小区道路采用硬质混凝土路面，路面破损严重，高低起伏，极易积水。小区内部的雨水主要是通过雨污合流管排入排水暗渠（图9、图10）。

根据对复丰巷小区调查、分析，复丰巷小区内涝成因主要有以下4点：

（1）小区排水系统混乱，排水设施陈旧，且为雨、污合流制。现状排水管道（DN300，过流能力0.05m³/s）过流能力严重不足。

（2）小区屋面排水通过立管接入市政排水系统，但由于市政排水系统排水能力不足，且部分立管并未接入排水井内，下雨时，屋面雨水直接排至小区路面上，同时由于老旧小区路面破损严重，无有序的路面排水坡度和雨水收集系统，造成屋面雨水在居民的门前屋后肆意漫流。

（3）小区地势低洼，且无有效的截水措施，周边高区大量雨水汇入。复丰巷最低点地面高程为277.5m左右，周边地面高程为279m以上，小区低于周边地面1.5m以上，暴雨时，有约0.29hm²的高区雨水通过地面径流汇入小区内部（图11）。

图9 复丰巷小区内涝情况
图10 复丰巷小区排水组织关系图

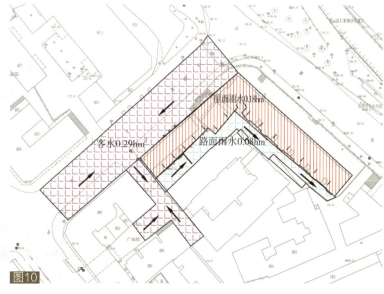

图11 周边客水汇入图

（4）排水管道出口管底高程为276.1m，且出口位于主雨污合流制排水暗渠的溢流墙（墙顶高程为276.2m）墙前，下雨时，主排水暗渠内雨水漫过溢流墙排入涪江，由于排水管道出口高程较低，受暗渠内雨水的顶托作用，排水管道排水受阻，当涪江水位较高时，排水暗渠出口排水不畅，甚至存在倒灌至小区内的情况，造成了较严重的内涝现象。

除内涝问题外，复丰巷和大部分老旧小区一样，存在设施陈旧，道路破损严重，自行车雨棚等小区设施常年失修，休憩场所缺失等问题，小区环境总体较差，居民改造意愿强烈（图12、图13）。

2　改造目标

2.1　上层规划目标

根据《遂宁市海绵城市建设专项规划(2015—2030)》，遂宁市老城区年径流总量控制率为60%。根据《遂宁市城市排水(雨水)防涝综合规划》的要求：①雨水管道设计重现期，一般地区重现期采用3年，重要地区或短期积水能引起严重后果的地区，采用5年；②内涝防治设计重现期，中等城市和小城市重现期采用20~30年。本项目所在区域为遂宁市老城区，该片区经济条件较好，人口密集，内涝易发点，

图12　现状排水设施
图13　小区原貌图

故本次设计雨水管道设计重现期采用5年，内涝防治设计重现期采用30年。

2.2 设计原则

（1）以问题为导向，着眼全局，治理局部。
（2）以控制径流为途径，改造源头，提升区域纳水能力。

2.3 设计目标

（1）管道设计重现期达到5年，内涝防治重现期达到30年，地面积水深度小于0.15m，积水时间少于0.5h。
（2）年径流总量控制率达到60%。
（3）提升小区居住环境。

3 改造方案

3.1 解决排水出路问题

采用高水高排、低水低排的治理措施。高水直接排入涪江，低水在涪江水位较低时，直接排入主暗渠，最终流入涪江；涪江水位较高时，为避免倒灌，低水管道出口设拍门自动关闭，将低水引入排涝泵站，经提升后排入涪江。

根据区域地形条件和排水计算，本排水分区内中通公司小区、船山区工会和复丰巷小区3处低水均相距不远，在不考虑高区地面径流汇入的情况下，其汇水面积分别为：0.38hm²、0.31hm²和0.26hm²，5年一遇重现期流量分别为：0.15m³/s、0.12m³/s、0.08m³/s，通过管道将3个低洼区域雨水单独收集，汇合后排入现状排涝站，汇合后总流量为0.35m³/s，现状排涝站排涝能力为1.5m³/s，可满足内涝点排涝需求。

3.2 解决管道排水能力问题

3.2.1 区域管道改造

改造排水支管，提高各区域雨水的快速排放能力，避免源头积水。将管道重现期小于五年的排水支管管径加大，或局部增设支管，满足管道设计重现期五年的要求（图14）。

3.2.2 小区内排水管沟改造

1）暴雨流量计算

复丰巷区域雨水来源分为3部分：①高区地面径流雨水汇入，其汇水面积为0.29hm²；②屋面雨水，其汇水面积为0.18hm²；③路面雨水，其汇水面积为0.08hm²。

雨水设计流量公式：

$$Q=q\psi F（L/s）$$

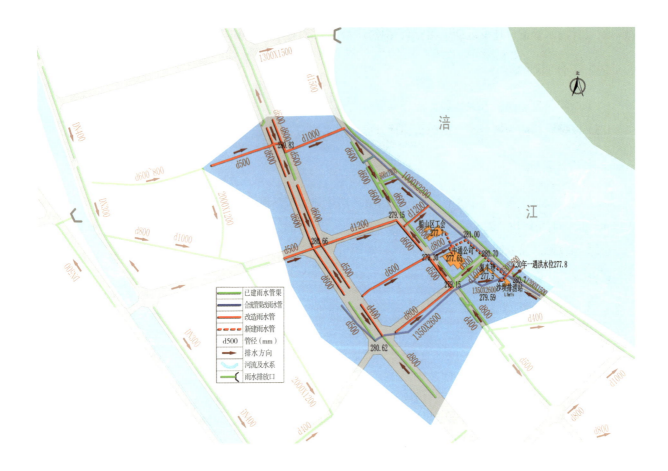

图14 复丰巷排水分区改造图

暴雨强度（q）采用遂宁市暴雨强度公式，该公式是遂宁气象台2015年最新编制的，公式计算中暴雨资料选样采用年最大值法，暴雨强度公式采用耿贝尔分布+最小二乘法计算得到，具体公式如下：

$$q = \frac{1802.687 \times (1 + 0.763 \lg P)}{(t + 17.331)^{0.658}} (\text{L/s} \cdot \text{hm}^2)$$

式中　P——暴雨重现期，取5年。

　　　t——设计降雨历时，$t=t_1+t_2$；

　　　t_1——地面集水时间，5min；

　　　t_2——管渠内雨水流行时间，min，按计算确定。

　　　ψ——径流系数，道路$\psi=0.9$，屋面$\psi=0.9$，透水混凝土$\psi=0.45$；

　　　F——汇水面积，分地块计算，hm^2。

根据计算，高区地面径流雨水汇入流量为0.1m³/s，屋面流量为0.056m³/s，小区路面流量0.024m³/s。若当客水拦截，片区末端总流量为0.08m³/s。

2）管沟改造

根据小区特点和流量计算结果，在复丰巷小区内新建消能井收纳和缓冲屋面雨水，在小区道路边新建排水沟，以便快速排出区域汇水。

本次排水沟采用混凝土矩形沟结构，净尺寸为$B \times H$=400mm×450mm，纵坡为

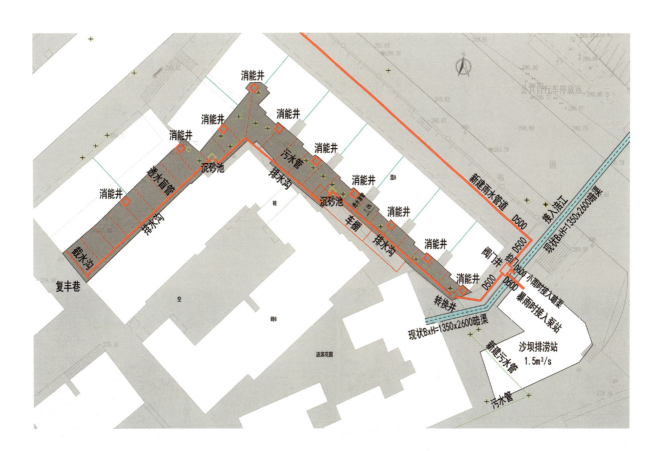

图15 复丰巷小区内涝治理平面图

0.5%，粗糙系数取0.014，经计算过流能力为0.18m³/s，排水沟设计排水能力满足排水需求（图15）。

3.3 拦截客水

高区地面径流雨水进入小区的主通道位于小区入口，在复丰巷小区入口处设置截水沟，拦截周边高区地面径流雨水，避免客水汇入小区。

客水主要来源于复丰巷小区周边道路未排入市政雨水管道内的雨水，该区域汇水面积为0.29hm²，5年一遇暴雨重现期的雨水流量为0.1m³/s，该雨水通过在复丰巷小区入口设置截水沟进行拦截，截水沟接入小区外复丰路DN1200排水主管内。

截水沟净尺寸为$B×H=400mm×250mm$，混凝土结构，纵坡为1%，粗糙系数取值0.014，过流能力为0.12m³/s，满足拦截客水的需要。

3.4 小区道路下垫面改造

将普通混凝土路面改造为透水混凝土路面，通过使雨水下渗来提升小雨时路面的干燥度，同时削减大雨时排水沟渠的排涝压力。具体工程措施如下：

（1）在不影响周边房屋的情况下，提高小区路面高程，以便提高排水边沟出口高程及减少项目开挖深度。经现场踏勘和研究，本项目可提高小区路面高程10cm。

（2）小区径流控制量为31.3m³（$V=10H\psi F=10×14.2mm×0.85×0.26hm²$），透

水路面面积为800m²，路面面层以下铺设40cm碎石垫层用于蓄水，碎石层的体积为320m³，碎石按25%的孔隙率考虑，可以控制的雨量为80m³，满足60%年径流总量控制率要求，设计降雨量为14.2mm，相当于1年一遇12min降雨量。超出设计降雨量对应的径流控制量的径流雨水，通过透水盲管或地面排入排水边沟（图16）。

3.5 实施雨污分流，完善排水体系

原DN300雨污合流管改造为污水管，同时将管径扩大为DN400，末端接入本片区已雨污分流的污水干管中（图17）。

图16　道路改造断面图

图17　屋面雨水改造设计图

3.6 小区环境改造

采用"海绵+n"的改造理念,对小区陈旧设施进行改造,改造老年活动中心、停车棚共170m²,修缮小区门卫值班室、危墙及花池,改善小区的居住环境。

4 建成效果

4.1 提高排水能力

通过重新调整雨水排放主干系统路由,放大局部"卡脖子"段管渠,消除管道逆坡排水问题和提高能力不足管段规格等措施,经模型分析,最终实现在5年一遇降雨重现期下,排水分区内节点无涝水现象,承压排水管道比例显著降低,实现管网设计重现期不低于5年一遇的标准(图18)。

4.2 海绵投资

本项目建设服务面积0.26hm²,总投资70万元,其中海绵化建设部分投资约40万元,小区环境质量提升部分投资约30万元。

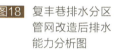
图18 复丰巷排水分区管网改造后排水能力分析图

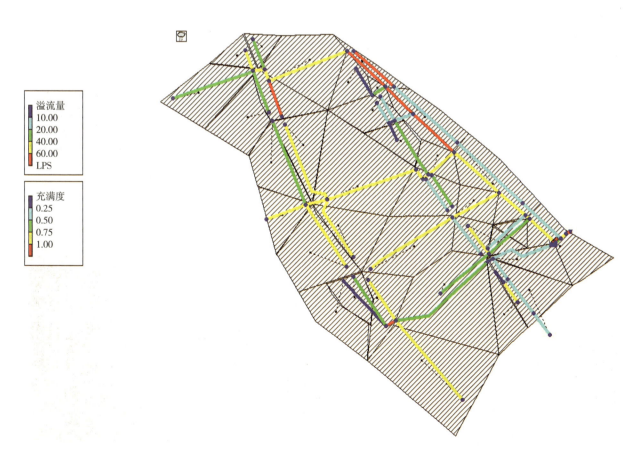

图19 复丰巷改造前后对比图（一）

4.3 建成效果图

通过对小区进行内涝和环境改善治理，小区建成前后对比如图19、图20所示。

4.4 建成效果检验

小区自建成以后，已经经受住了2016年7月13日、7月18日、8月6日三次强降雨的检验，最大1h降雨量分别为51.5mm、76.8mm、42.8mm，24h降雨量分别为96.9mm、177.4mm、48.0mm，其中7月18日的降雨量已经超过管道3年一遇重现期的排水要求。

4.5 其他制约因素

由于小区路面空间狭窄，两侧均为老旧小区，房屋基础均为浅基础结构，本项目考虑在房屋基础边铺设防渗土工布来引导下渗水流走向，从而减少下渗水流对小区房屋基础的影响，但该措施缩小了小区路面可下渗区域的面积，削弱了透水路面的下渗雨量。

图20 复丰巷改造前后对比图（二）

试点城市单位：遂宁市住房和城乡建设局

设计单位：中国市政工程西南设计研究总院有限公司

技术支撑单位：中国城市规划设计研究院

案例编写人员：姜国全、王明华、唐静、李文杰、温婷、胡江龙、罗国富、周广宇、覃光旭、汤东

04 片区建设与改造

片区建设与改造是将"山水林田湖"作为生命共同体和完整的生态系统，统筹建筑小区、道路广场、公园绿地、河湖水系、雨污设施等建设，系统采用"渗、滞、蓄、净、用、排"技术，保护和修复城市"海绵体"，实现海绵城市建设的目标。

20. 宁波市慈城新区海绵城市建设　394
21. 南宁市那考河（植物园段）片区海绵城市建设　416

20 宁波市慈城新区海绵城市建设

项目位置：宁波市江北区慈城新区

项目规模：520.33 hm²

官山河以西竣工时间：2011年9月

1 建设前基本情况

1.1 地势、土壤及用地类型分析

场地竖向整体上东、西两侧高，中间低。径流雨水通过地面汇集至附近沟渠，然后进入官山河，最终流入姚江（图1）。

慈城新区开发前基本以农田为主，地势平坦，地面标高一般在1.5～1.8m左右。场地表层为耕植土，厚度为0.2～0.3m；耕植土以下为黏土层，层厚0.50～1.40m，

图1 建设前土地使用情况及水系分布图

作为道路工程的持力层使用；全场在黏土层下部有深厚淤泥质土，层厚16~25m，渗透系数为10^{-7}~10^{-8}cm/s，固结系数为10^{-3}~10^{-4}cm²/s，有机质含量2.49%左右。场地浅部地下水以孔隙潜水为主，主要受季节和气候影响，雨季浅，旱季深，年变幅可达1m左右，地下水位埋深0.1~0.8m。

慈城新区建设之前为河道蜿蜒的稻田平原，区域内灌溉河道与人工开挖的小溪密布，用地情况主要为稻田、村落、蔬菜种植和水产业（渔业和养鸭业）。

1.2 规划管网情况

根据《宁波市中心城排水专项规划（2012—2020）》、《慈城新城总体规划》，规划本区排水体制采用雨、污分流制。

规划雨水管道进水支管与绿地渗透出水口结合布置，经过滤的雨水通过出水口进入雨水支管，溢流出的雨水经过溢流口进入雨水支管，雨水经管道收集后排入河道。规划雨水管道管径为400~1000mm。

根据《宁波市中心城排水专项规划（2012—2020）》，本区污水经收集后排入宁波北区污水处理厂处理。结合地形特点、用地布局以及近期开发地块的建设等要求布置污水干管。规划本区污水管网以官山河为界分为两个系统，地块污水分片接入慈孝路、慈水西街污水主干管，最后通过污水泵站提升后接入慈城连接线1200mm污水主干管。规划区内一般污水管的管径为300mm，主干管管径500~1100mm，新城东南入口污水提升泵站设计流量为780L/s，占地约1500m²。

2 问题与需求分析

2.1 传统的城市建设方式与区域水安全的矛盾

该区域位于姚江上游，地势平坦，易受洪涝灾害袭扰。通过对该区域进行内涝风险评估，该区域在10年一遇、20年一遇降雨情况下的高风险区分别达到30%和44%（表1、表2）。

现状工况10年一遇降水条件下各地块内涝风险评估　　表1

评估面积（km²）	受淹面积（km²）	无风险区占比	低风险区		中风险区		高风险区		平均最大淹没深度(m)
			占比	淹没时间（h）	占比	淹没时间（h）	占比	淹没时间（h）	
6.85	3.19	53%	6%	2	10%	6	30%	28	0.28

现状工况20年一遇降水条件下各地块内涝风险评估　　表2

评估面积（km²）	受淹面积（km²）	无风险区占比	低风险区		中风险区		高风险区		平均最大淹没深度(m)
			占比	淹没时间（h）	占比	淹没时间（h）	占比	淹没时间（h）	
6.85	3.19	45%	4%	2	7%	6	44%	46	0.44

若按区域标高整体抬升的常规建设方式，该区域需整体抬高0.4m以上，并增加泵站、管网的建设费用，约5500万元，耗资巨大。3年一遇重现期外排流量增加2400m³/h，且会将蓄洪量直接转嫁至周边区域，增大姚江流域的防洪压力。

2.2 雨水径流污染与改善水环境质量的矛盾

研究发现，宁波市中心城区雨水径流污染物SS、CODcr、TP、TN的目前年排放总量占城市年污染物排放总量的比例分别为67%、31%、11%、12%。慈城新区采用雨污分流的排水方式，污水经管网收集后全部排入宁波北区污水处理厂，雨水则就近排入水体。随着点源污染的严格处理等环境治理措施的实施，雨水径流面源污染占城市水环境污染的比例将会越来越大。

因此，慈城新区的建设应避免常规城市建设模式的弊端，吸收和借鉴中外城市建设的经验和先进理念，保障区域水安全、注重水生态的保护和修复、控制雨水径流污染。

3 建设目标

3.1 上位规划的要求

宁波市慈城新区控制性详细规划，确定本区的发展目标为：连接老城历史核心区和新城镇发展的结合体；生活舒适惬意、服务设施完备，具有浓厚文化内涵的高质量居住环境；朝气蓬勃的商业、行政和零售业基地；独特的新兴江南水镇以及拥有高品质环境的可持续居住发展的新型绿色生态城镇。

3.2 水敏感城市建设的要求

慈城新区采用水敏感城市建设理念，总体目标为减少城市化对于自然水文循环的影响，具体包括如下3个方面：

（1）保护自然水系：在城市建设中保护和提升自然水系。

（2）水质净化：净化城市地表径流的水质，使河、湖水体满足景观娱乐用水水质标准。

（3）雨水管理和景观设计相结合：通过多功能廊道把雨水管理融入到景观设计中来，使开发建设中的视觉和游憩价值最大化。

4 总体建设方案

4.1 建设思路

采用"古为今用，洋为中用，博采众长"的建设思路，最终形成具有慈城特色的海绵城市建设模式。

"半街半水" 双棋盘路网格局：在慈城新区的设计及建设过程中，参考慈城古镇"河、街并行"、"半街半水"的双棋盘路网格局，以及慈湖在雨季时对雨洪水进行消纳、缓冲、调蓄，旱季时作为农田灌溉水源的多功能调蓄水体的作用（图2）。

图2 "半街半水"双棋盘路网格局

水敏感城市设计理念：借鉴水敏感城市等与海绵城市建设理念相融合的国外相关建设经验，并且因地制宜，在充分研究慈城新区的自然水文的前提下，构建了由生物滞留带—河道—中心湖组成的城市水生态基础设施。通过合理的总体规划和"渗、滞、蓄、净、用、排"等技术手段的综合应用，既有效地解决了新城的蓄洪问题，也使河道、中心湖、东湖等水体得到了净化，实现可持续雨水管理，而且改善了城区整体生态环境，塑造了城水相伴的新型城市景观。

4.2 实施框架

慈城新区的建设通过现状分析、问题识别与需求分析、明确建设目标、制定系统方案、技术措施设计、施工建设等阶段，逐步推进（图3）。

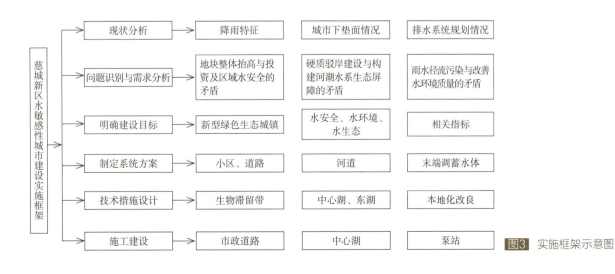

图3 实施框架示意图

4.3 竖向设计与汇水分区

通过竖向设计,结合道路、山体,采用路堤合一方式,使边界道路标高为相对高点,形成围合。通过建立小区域围垸,防止客水进入区内,使慈城新区排水体系相对独立。将慈城新区整体划分为西北区域、东北区域、西南区域及东南区域,并分别进行场地竖向设计、汇水分区划分及计算(图4)。

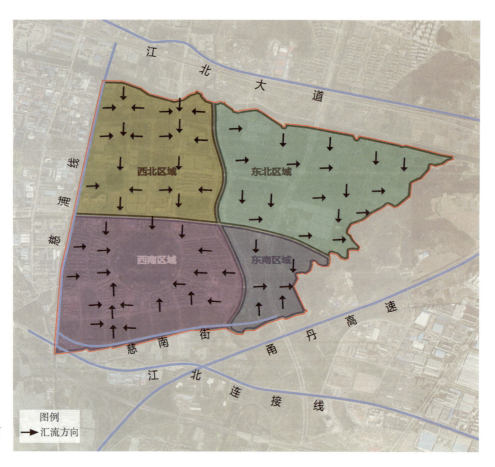

图4 慈城新区汇水片区划分示意图

4.4 总体布局

慈城新区生物滞留带、生态河道、湿地、泵站等设施的总体布局如图5所示。

慈城新城的排涝标准为20年一遇24h暴雨24h排出,防洪标准为50年一遇。当发生超过50年一遇的洪水时,启用慈城新城内备用泵站进行排水。另外,慈江、官山河周围防洪堤的高程为3.43m以上,100年一遇的洪水时,慈江、官山河水位低于3.43m。

洪水期间调度原则:慈江南岸沿线水闸关闭,慈城新城1期、2期形成单独的排涝分区;当慈城新城1期内河水位达1.1m时,先开1台泵;当内河水位达1.15m时,3台泵全开,排至正常水位1.0m;当慈城新城2期内河水位达1.2m时,泵站半开;当内河水位上涨至1.35m时,泵站全开,排至正常水位1.1m。旱季调度原则:慈江南

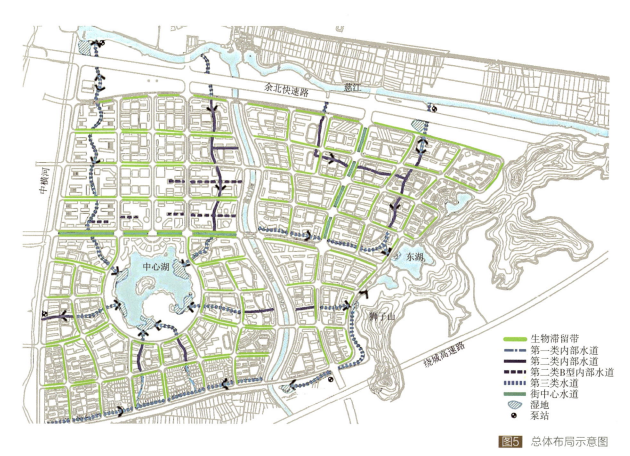

图5 总体布局示意图

岸沿线水闸开启，慈江补充新城内水系。

4.5 设施选择

宁波市地下水位高，土壤类型为淤泥质黏土，该类型土壤具有含水率高、土壤下渗率低等特点。在选择设施时，需考虑这一实际情况。特别是在选择渗透设施时，应进行相关技术改良。基于专家评分法，慈城新区设施选择见表3所列。

慈城新区设施选择一览表　　　　　表3

序号	设施名称	功能	推荐等级
1	初期雨水弃流设施	净	重点推荐
2	转输型植草沟	净、滞、排	重点推荐
3	下沉式绿地	滞、净、渗	重点推荐
4	植被缓冲带	净、滞	重点推荐
5	雨水罐	蓄、用	重点推荐
6	简易型生物滞留设施	滞、净、渗	重点推荐
7	干式植草沟	滞、净、排	重点推荐
8	复杂型生物滞留设施	滞、净、渗	重点推荐
9	雨水湿地	蓄、净	重点推荐
10	绿色屋顶	滞、净、渗	一般推荐

续表

序号	设施名称	功能	推荐等级
11	透水砖铺装	渗、排	一般推荐
12	透水水泥混凝土	渗、排	一般推荐
13	湿塘	蓄、净	一般推荐
14	湿式植草沟	滞、净、排	一般推荐
15	透水沥青混凝土	渗、排	一般推荐
16	调节塘	滞、蓄、净、渗	一般推荐
17	调节池	滞、蓄	不推荐
18	人工土壤渗滤	净、渗	不推荐
19	渗管/渠	渗、排、滞	不推荐
20	蓄水池	蓄、滞	不推荐
21	渗井	渗、滞、排	不推荐
22	渗透塘	渗、滞、净	不推荐

5 分区详细设计

5.1 气象与降雨条件分析

慈城新区年均降雨量1455.4mm（1985~2014年），降雨时空分布不均匀；梅雨期降水连绵不断，夏秋常遭受台风和热带风暴的侵袭；受台风和热带风暴潮影响短历时强降雨与梅雨期长历时低强度降雨并存。

根据该区域降水量大、空间分布对防洪排涝较为不利的实际情况，同时为了能反映流域暴雨特性，宁波市江北区常用设计雨型为"630910"典型暴雨（图6、表4）。

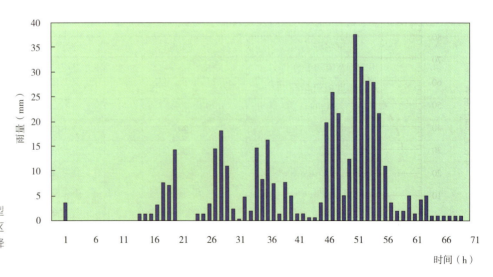

图6 "630910"典型暴雨江北镇海区域最大3天逐时降雨过程示意图

江北镇海平原不同重现期最大3天设计降雨量　　表4

重现期	设计降雨量（mm）
$P=5\%$	345.4
$P=10\%$	280.3

以宁波市修订完成的暴雨强度公式为基础，采用芝加哥雨型对不同重现期时短历时（120min）降雨分布情况进行了分析（图7）。

根据宁波市气象局提供的近30年逐日降水量资料（不包括降雪），统计分析得出宁波市年径流总量控制率与设计降雨量之间的关系（图8）。

慈城新区年径流总量控制率为80%时对应的设计降雨量为24.7mm，相当于该区域1年一遇20min降雨量。

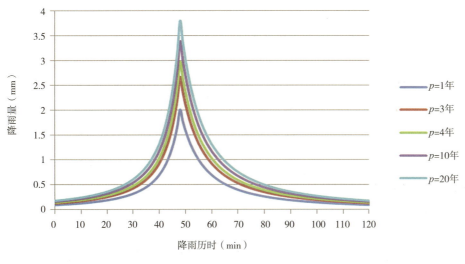

图7　不同重现期120min降雨历时内的雨量分布情况

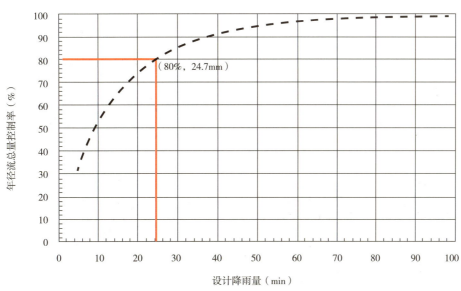

图8　宁波市年径流总量控制率与设计降雨量关系曲线图

5.2 场地竖向及汇水分区设计

慈城新区采用路堤合一方式，使边界道路标高为相对高点，形成围合，共分为东南、东北、西南、西北4个相对封闭的汇水区域，竖向设计如图9所示（以西南区域为例）。

结合道路竖向及地面标高对地块内的汇水区域进行划分及计算如图10所示（以西南区域为例）。

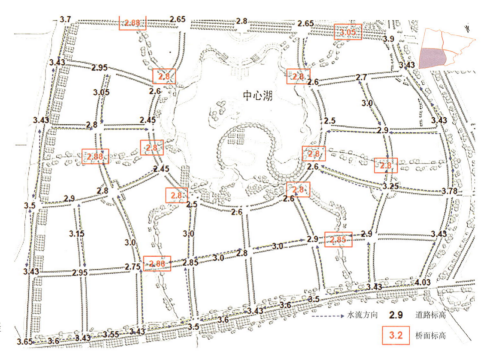

图9 西南区域道路竖向规划图

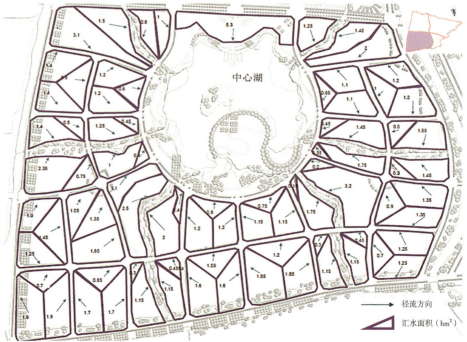

图10 西南区域地块汇水分区图

图11 生态排水系统示意图（以西南区域为例）

地块排水
地下雨水管
路边生物滞留带
水边生物滞留带
浅表街道排水

5.3 生态排水系统设计

道路和地块雨水汇入路边及河边的生物滞留带，经渗透过滤后进入生物滞留带下部的多孔管进行雨水收集，之后汇入雨水主管，超过生物滞留带消纳能力的雨水径流，通过溢流口与雨水主管衔接。再水主管与新城内部河道相通，最终汇入中心湖和东湖，进行净化与集中调蓄（图11）。

5.4 小区及道路雨水排水设计

5.4.1 小区雨水排水设计

小区是慈城新区主要的用地类型，也是雨水径流产生的主要源头，其水质、水量的控制影响整个慈城新区的水敏感城市建设效果，同时对姚江流域的水环境及防洪产生一定的影响。

慈城新区有2种类型的小区，滨水小区（小区内有河道穿过）与非滨水小区。滨水小区内的雨水，由河边的生物滞留带处理。生物滞留带可修建成河岸公园景观的一部分，或是河道岸区的一部分，小区内部的雨水由排水管渠排至生物滞留带内。非滨水小

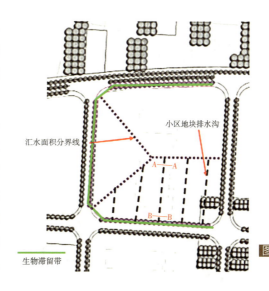

汇水面积分界线
小区地块排水沟
生物滞留带

图12 小区典型雨水排水设计示意图

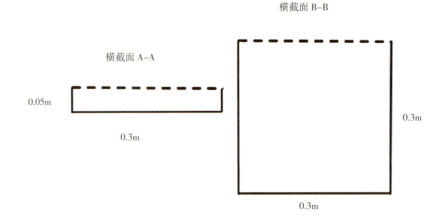

图13 排水沟断面设计示意图

区内的雨水将全由路边生物滞留带处理。这类生物滞留带紧邻路的边缘设置，路面雨水直接排入生物滞留带内，小区地块内的雨水则采用排水管渠接入生物滞留带内（图12、图13）。

小区地块内部采用带格栅或盖板的排水明沟进行排水。排水沟宽至少0.3m，且必须与生物滞留带的标高相连接。因此排水沟的深度变化将从小区中心的0m至与生物滞留带相连接处的最小深度0.3m，也就是沿排水沟长度方向，排水沟深从0m增加至0.3m。

排水流量计算示例：某面积为35h㎡的小区，该小区最大的汇水面积为2.5h㎡。经计算，该汇水面积产生的流量为0.346m³/s，0.3m×0.3m的排水沟在坡降为0.3%时的排水能力为0.075m³/s，则该小区需要设置的排水沟数量为5个，排水流速为0.85m/s。

根据小区场地坡向与道路的位置关系，分别进行设计。以场地坡向垂直于带有拱高的道路的小区为例进行说明如下：

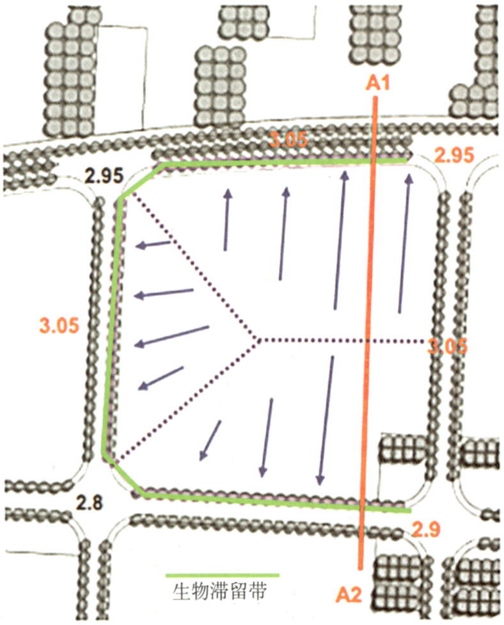

三面设有生物滞留带的小区排水坡度采用0.4%（也就是100m长由3.15m降至2.75m）和0.5%（也就是100m长由3.275m降至2.775m）。这是基于小区地面标高至少高于邻近路中心0.1m。需要强调的是，这种情况下如果小区地面标高降至路面标高，应有0.3%的坡降以满足最小坡度要求（图14、图15）。

图14 场地坡向垂直于带有拱高的道路的小区雨水排水平面设计示意图

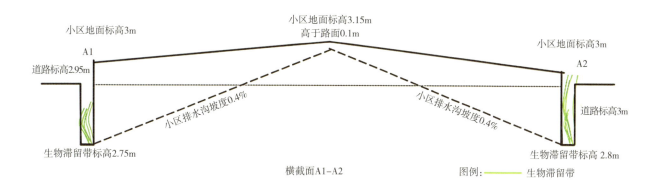

图15 场地坡向垂直于带有拱高的道路的小区雨水排水断面设计示意图

5.4.2 道路雨水排水设计

道路两旁各是一道约2.5m宽的生物滞留带，比周围路面下凹约20cm。不仅有绿化美观作用，还能收集和涵养水源。降雨时，通过这片下沉的生物滞留带，路面径流雨水就可以下渗和净化，同时又能补充和涵养地下水，减少绿化灌溉用水（图16）。

车道与生物滞留带交叉处可采用带格栅盖板的排水沟进行连接，如图17所示。

5.5 生态河道设计

河道对于将雨水由小区输送至湖泊和湿地系统，起到非常重要的作用，同时河道也作为湖泊收集回用雨水的重要渠道。

河道（水渠）设计具有足够的容量以输送设计重现期为20年一遇的洪峰。河道

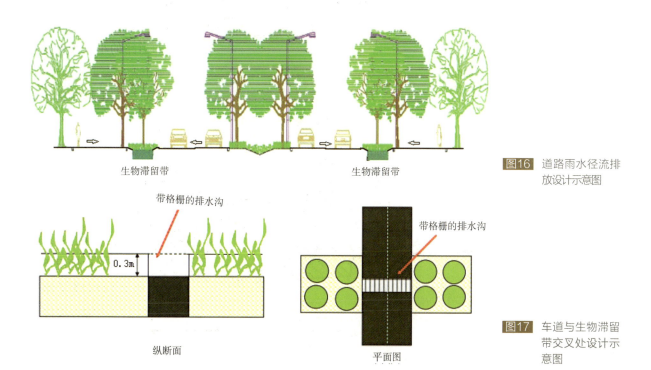

图16 道路雨水径流排放设计示意图

图17 车道与生物滞留带交叉处设计示意图

设计遵循生态的理念，总体设计原则包括：采用天然石砌驳岸，鹅卵石或砂砾石河床；用低矮的石砌驳岸来界定水渠，应用大块鹅卵石或细碎砾石构筑河床来滤清及映衬渠中的流水；河渠的基底铺设保护过滤层以防污物进入地下水；河床采用了鹅卵石或细碎砾石；生物滞留带通过溢流输排管道与邻近水渠相连；河道形态自然蜿蜒断续，采用不同的蓄水深度，并体现出变化丰富的水生环境（图18、图19）。

将慈城新区分为4个片区，采用一维稳态和非稳态流洪水水位纵断面计算软件HECRAS分别对各区域河道进行模拟计算。以西南区域SWW河道模拟计算结果为例进行说明（图20）。

河道容量的设计按照能安全输送20年一遇的洪峰流量，且与邻近的路面标高之间应保证有足够的安全超高（最小0.2m），河道的底部标高必须不能高于雨水排水管出水口底部标高。采用设计常水位时，河道中模拟的水面线必须至少低于邻近地

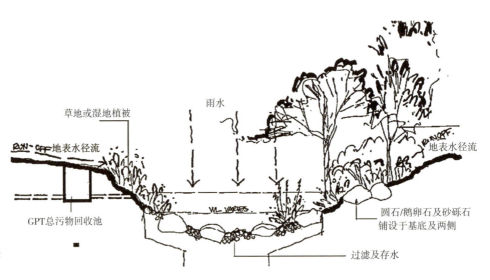

图18 河道断面设计示意图一

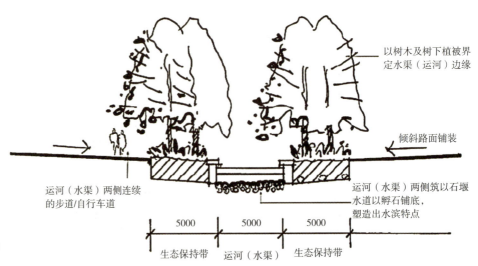

图19 河道断面设计示意图二

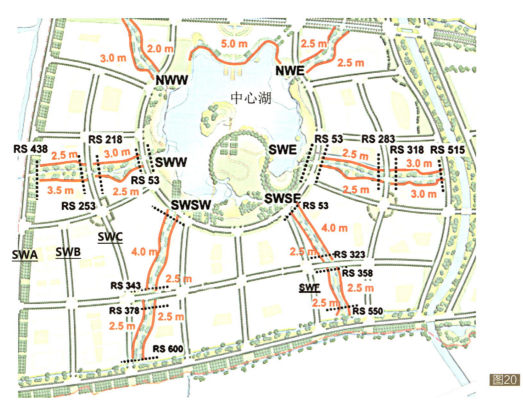

图20 西南区域河道平面图

面标高1.1m以保证河道旁的生物滞留带的雨水能自由排放。河道底槽应保证来自小区的雨水能排入进河道，并且在设计重现期为20年时水面的最小超高应有0.2m。模拟计算结果见表5所列。

西南区域SWW河道计算成果表　　表5

	SWA的上游	SWA的下游	SWC的上游	SWC的下游	湖边路的上游	湖边路的下游
河段长度（m）	473	438	253	218	53	20
水道底部标高（m）	1.5	1.5	0.85	0.85	0.3	0.3
水道底部宽度（m）	8.0	8.0	8.0	4.0	4.0	4.0
渠道垂直深度（m）	0.5	0.5	0.8	0.5	0.5	0.5
倾斜的边坡深度（m）	1.0	1.0	0.8	1.1	1.5	1.5
水道位于河岸顶部的宽度（m）	1.0	1.0	0.8	1.1	1.5	1.5
南面生物滞留带的宽度（m）	3.5	3.5	3.5	2.5	2.5	2.5
南面人行道/自行车道的最小宽度（m）	3.0	3.0	3.0	3.0	3.0	3.0
水道位于河岸顶部的宽度（m）	16	16	14.4	12.6	15	15

续表

	SWA的上游	SWA的下游	SWC的上游	SWC的下游	湖边路的上游	湖边路的下游
北面生物滞留带的宽度（m）	2.5	2.5	2.5	3.0	3.0	3.0
北面人行道/自行车道的最小宽度（m）	3.0	3.0	3.0	3.0	3.0	3.0
总宽度（m）	22	28	26.4	24.1	26.5	15
水道和生物滞留带所需宽度（m）	16	22	20.4	18.1	20.5	15

西南区域SWW河道类型主要为2A，其典型横断面如图21所示，纵断面如图22所示。

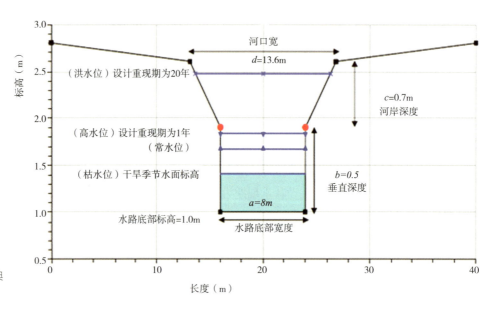

图21 河道类型2A典型断面图

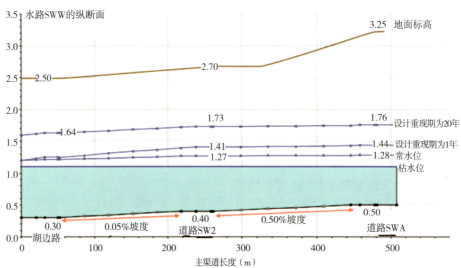

图22 西南区域SWW河道纵断面图

5.6 调蓄公园设计

占地约30hm², 直径达500m的慈城新区中心湖的开挖和景观建设已经完成, 中心湖是慈城新区的"绿肺", 也是一个庞大的"调蓄池", 设计调蓄量20万m³。

中心湖包括湖面和人工湿地, 地表水经人工湿地循环得到进一步处理和净化, 处理过的水将作为慈城新区的水资源, 重新分配到小区地块内作为灌溉用水和其他用水, 从而起到调蓄雨洪和循环再利用的目的。经生态方式过滤的湖水和精心打造的湖区景观, 为新城居民提供了开阔舒适的高质量户外空间。

5.6.1 水质控制

中心湖水体水质需满足景观娱乐用水水质标准。

中心湖包括大约6hm²的人工湿地及13hm²的湖面。雨水径流通过小区地块周围的路边生物滞留带或邻近河道的水边生物滞留带净化后, 排入中心湖并经中心湖人工湿地循环净化。

主要的水质控制主要设计参数如下: 人工湿地面积为6hm²; 人工湿地平均水深为0.5m; 湖水在人工湿地的停留时间为5d; 湖水经人工湿地全循环所需的时间为30d; 水循环流量为6000m²/d (大约70L/s)。

为尽量减少水波及水波对湖中沉淀过程产生的影响, 湖边缘不应有超过20%的周长设计成垂直的硬质边缘, 且垂直的岸缘不宜设在迎风向。

5.6.2 水位控制

慈城新区中心湖的水位由水泵来控制。通过控制湖中水位, 以保证既有足够的容量容纳后续的降雨, 同时也保证有足够的水量贮存在湖内和河道内以供后续的旱期用水。

湖中常水位标高为1.1m, 当湖中水位超过1.2m时, 水泵启动, 将水由湖中抽出直到水位回落至1.1m时停泵。当湖中水位下降至0.9mm时, 水泵启动向湖中补充水直到水位上升到1.0m。这将保证湖中水位的起落在0.3m的范围, 也就是水位介于0.9~1.2m。对于20年一遇的降雨, 湖中水位预计可升至2.1m (图23)。

6 设施设计

6.1 设施的初步设计

慈城新区主要的低影响开发设施为生物滞留带, 生物滞留带是整个慈城新区海绵城市的基础, 采用过滤、延长停留时间和利用生物吸收营养物质来达到削峰减排、净化处理雨水的效果。生物滞留带利用介质层对地表径流进行过滤, 经处理过的水由穿孔管收集起来流向下游河道储存起来, 以便再利用。其横截面包括滞污储水层、滤料层、过渡层和排水层 (图24)。

通过模型模拟计算, 所需的生物滞留带的面积见表6所列。

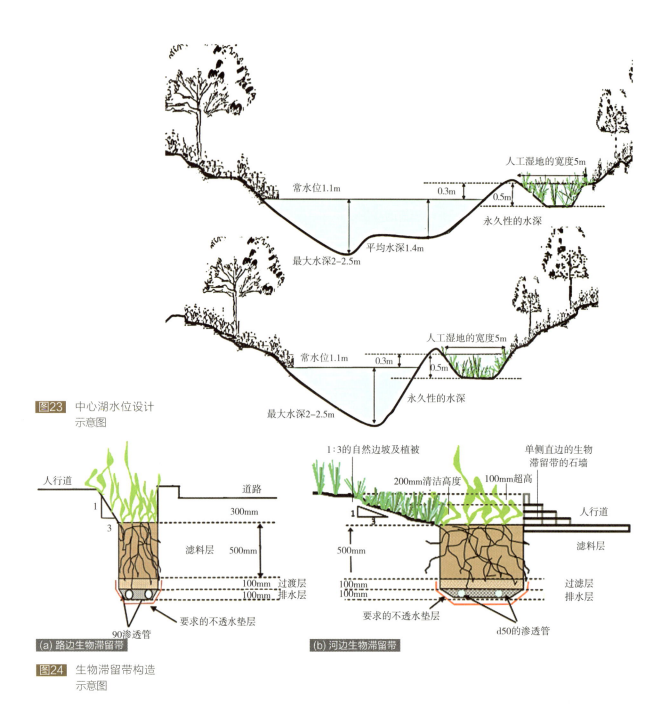

图23 中心湖水位设计示意图

(a) 路边生物滞留带
(b) 河边生物滞留带

图24 生物滞留带构造示意图

处理系统面积及表面积一览表　　　　　表6

	所需处理系统面积（汇水面积百分比）	所需总面积（汇水面积百分比）
生物滞留带的边坡为1/3（双坡）	1.5	2.9
生物滞留带的边坡为1/3（单坡）	1.8	2.5
垂直边壁的生物滞留带	2	2

生物滞留带的初步设计完全按照国外的理论与经验，没有考虑宁波当地的土壤等情况，有必要因地制宜进行优化。

6.2 设施优化设计

为了有效地发挥生物滞留带的效果，并且能在宁波地区找到满足要求且来源丰富的填料，进行了3年的反复试验，找到了适合建造生物滞留带的材料、设计施工参数以及适宜在生物滞留带生长的植物（图25）。

针对透水性弱的黏性土，渗透系数的测定适合采用变水头试验，因此本试验严格按照《土工试验规程》SL237—1999渗透试验SL237—014—1999中变水头试验的步骤进行。

在选样阶段，送样共计30种，其中滤料层8种，过渡层17种，排水层5种。通过进行颗分试验，按照设计要求及我国《水闸设计规范》，最终选取8种土样进行试验。其中，滤料层，景观2号、龚文村样；过渡层，奉化砂、姜山淡化砂、福建砂、北仑淡化砂2号；排水层，064281号、060626号。

设置了3座装置进行同时试验，其中，1号箱：景观2号、奉化砂、064281号；2号箱：景观2号、姜山淡化砂、064281号；3号箱：景观2号、福建砂、064281号。

实验结果表明，出水比进水的混浊程度均有所降低，其净水能力按由强到弱排序依次为福建砂＞奉化砂＞姜山淡化砂。

各试验装置的渗透系数检测结果如图26所示。

从图26中我们十分清楚地可以观察到：在开始的一段时间里，由于植物还没有很好地长于土中，根系长势并不发达，所以所测渗透系数基本上还是

图25 试验情况示意图

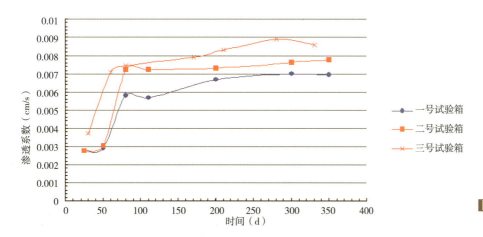

图26 渗透系数与时间的关系图

土样的渗透系数。在大概长到一个多月的以后的试验中，所测渗透系数有了明显的增大，且3个模型的渗透系数的改变趋势基本一致，这是因为由于根系的生长发育，很多根系已经在土壤中延伸，有的甚至发展至过渡层，起到膨胀孔隙的作用。这样在试验过程中，水流可以顺着此根所形成的渗流通道流动，速度加快。

所选土样经过十多次的渗透试验，3层土样间相互保护能力较好，没有出现堵塞等不良现象，所选的三种模型材料的试验结果均满足设计要求。

同时根据实验得到实际应用时应选用的相关参数如下：

滤料层选用沙黏土，土壤混合物具体组成为：沙土（0.05~2.0mm）50%~70%，粉沙土（0.002~0.05mm）5%~30%，黏土（<0.002mm）5%~15%，有机物含量5%~10%，土壤混合物PH值6~7.5。50cm厚滤料层分2层铺设，每层铺设完成后应人工轻微压实。

过渡层采用中粗砂，过渡层材料为中粗沙，级配要求见表7所列。

过渡层级配要求　　　　表7

项目		技术要求			
颗粒级配	筛孔尺寸（mm）	1.4	1.0	0.7	0.5
	通过质量百分率（%）	100	80	44	8.4

排水层由粒径在2~10mm之间、大小均匀的砾石铺设而成，内敷4根直径150mm的透水管。透水管采用C4级Φ150UPVC波纹管，波纹管表面开孔面积7000±5%mm/m，开孔为长条形，孔宽1~1.5mm，孔长10~15mm，开孔应均匀分布在四周，并沿周长方向设置在波谷。透水管起点应设置管堵。

生物滞留带的渗透率应在50~300mm/h的范围内，生物滞留带滤料层、过渡层和排水层压实度为轻型击实标准87%。

7 建设效果

7.1 提高了防洪排涝能力

根据控制性详细规划，慈城新区的防洪标准为50年一遇；内涝防治标准为20年一遇。

城区防洪系统采用路堤合一方式，形成围合。人工湖的防洪泵站在持续降雨、湖内水位高于1.2m时启动，将水由湖中抽出，直到回落至常水位。根据防洪泵站近年运行实际情况来看，防洪泵站仅在强台风等非常规降雨时启动排水。

近五年来宁波市经历了较多暴雨，不少区域发生了内涝，但慈城新区官山河以西区域，自从2009年建成以来，经历了"灿鸿"、"菲特"、"海葵"等台风暴雨的袭击，没有发生严重内涝。慈城新区的建设经受住了台风的考验，符合规划要求的内涝防治标准。

7.2 改善了水环境

道路和地块形成的雨水径流沿地面流到路边或河边的生物滞留带以后，经过过滤后，进入到多孔雨水管进行雨水收集，之后汇入雨水主管，雨水主管和新城内部河道相通，最终汇入中心湖和东湖，再通过中心湖湿地的水生植物进行二次净化。生物滞留带、生态河道、人工湿地等构建的生态排水系统，能够对雨水进行有效处理，减少雨水带来的污染（图27）。

慈城新区官山河以西区域内部的水体，现状水体水质基本都可以达到地表水Ⅳ类水质标准，局部水体可以达到地表水Ⅲ类水质标准，无黑臭现象（图28）。

图27 主要生态设施实景图

图28 官山河改造前后对比图

7.3 控制了区域年径流总量

降雨时,生物滞留带、城区河道及中心湖发挥极为重要的滞蓄作用。

慈城新区官山河以西区域现状综合雨量径流系数为0.45,在80%年径流总量控制率对应的降雨量24.7mm的情况下,需调蓄的水量约为3.2万m³,完全可由中心湖全部消纳,做到将雨水层级滞蓄不外排。官山河以西区域完全建成后的综合雨量径流系数约为0.65,在80%年径流总量控制率对应的降雨量24.7mm的情况下,需调蓄的水量约为4.6万m³,完全可由中心湖全部消纳;但是,由于中心湖水体水质保障的需要,尚需要按照海绵城市建设要求进行源头减排,将在今后的试点和建设中落实。官山河以东未建区域按年径流总量控制率不低于80%进行管控,则慈城新区区域整体建成后,年径流总量控制率不低于80%。

7.4 提升了居住舒适度

慈城新区规划绿地与广场用地77.58hm²,占建设用地的16.90%,植被覆盖率高,环境优美宜人,城区热岛效应显著低于中心城区。新区原有水面率为4.3%,经过水系梳理和人工湖开发,规划水域面积53.90hm²,水面率达到10.36%,能够保证防洪排涝和生态景观要求。新区水清岸美、生机盎然,新区内河道岸线在满足防洪要求的基础上,均按照生态理念进行设计。中心景观湖鱼跃鸟翔、生机盎然,生物多样性高。沿岸设置的步行系统、城市水系统构成了开放空间的骨架,为新城居民提供了优美的户外空间(图29)。

城市生态系统、城市景观和空气质量等的改善,使水域与绿化走廊融合,独特的自然景观得以实现。公共休憩空间面积的扩大和环境质量的提高,较好地满足广大市民对休闲空间和环境的需求,提高居民生活舒适度。

图29 慈城新区现状实景图

7.5 实现了水敏感城市的建设目标

本项目在前期开展了广泛而深入的研究，吸取了古人在城市选址及布局方面的智慧，又放眼世界，勇于接受先进的建设理念，同时，注重进行本地化的改良。采用低影响开发的理念进行建设，减少了城市开发对生态环境的冲击；对雨水径流总量和污染排放进行控制；为居民提供了舒适的生活环境，创造了人水和谐共处的典范。实现了自然水系统的保护、水质净化、雨水管理和景观设计的良好结合，达到了水敏感城市的建设要求。为江南平原水网地区的海绵城市建设，尤其是新区的开发建设提供了有益的借鉴。

同时，本项目也存在一些不足之处。首先，由于设计之初基础资料不足，降雨数据采用的是与宁波市降雨模式和降雨量比较相似的悉尼市Observatory Hill区的降雨数据，与宁波市实际降雨数据相比有一定的误差。其次，受限于地区开发时序和开发主体，原规划设计主要利用小区外、道路旁的公共空间开展水敏感城市建设，地块内部的相关控制措施较少，不利于恢复场地开发前的自然水文状态，因此在后续的建设中应按照海绵城市的要求加强地块内部径流雨水的控制。另外，应重视生态设施建成后的维护管理，对损坏的设施及时修复，对失去过滤净化功能的填料进行更新和置换等，以持续发挥其生态功能。

设计单位：宁波市城建设计研究院、宁波市规划设计研究院、宁波市水利水电规划设计研究院、澳大利亚DEM设计公司和澳大利亚生态工程公司（受宁波市慈城古县城开发建设有限公司委托）

管理单位：宁波市住房和城乡建设委员会

建设单位：宁波市慈城古县城开发建设有限公司

案例编写人员：毛坤、马震、姚吉、周峰、冯国光、张芳、段闻生

21 南宁市那考河（植物园段）片区海绵城市建设

项目位置：南宁市兴宁区
项目规模：890.75hm²
竣工时间：2016年11月

1 片区概况

1.1 区位情况

那考河（植物园段）海绵城市建设片区（以下简称"片区"）位于南宁市兴宁区，片区属于竹排江流域，片区内那考河为竹排江的主要支流之一。片区由长虹路、兰海高速、厢竹大道围合而成，总面积890.75hm²，其中建筑与小区228.64万m²，公园绿地318.20万m²，道路164.50万m²，水系72.16万m²，城市开发备用地107.25万m²。

本片区地处南宁海绵城市试点区域北部，其功能定位为生态保护与生态修复示范区，如图1所示。

图1 区位图

1.2 建设目标

根据《南宁市海绵城市试点建设三年实施计划（2015—2017）》对本片区的功能定位和规划指标要求，片区以那考河黑臭水体消除和水环境质量提升为目标，兼顾排水防涝和城市防洪的水安全目标。

具体建设指标为：

（1）片区内那考河（植物园段）消除黑臭水体，主要断面水质指标达到地表水Ⅳ类水标准；

（2）片区年径流总量控制率达80%，SS削减率达50%；

（3）河道防洪行洪能力满足50年一遇标准；

（4）片区达到50年一遇内涝防治标准。

1.3 建设内容与模式

围绕那考河（植物园段）黑臭水体消除和水环境质量提升的目标，全方位削减入河污染物总量，在实施方案层面统筹实施那考河河道综合整治项目、老旧小区海绵化改造项目、公园绿地和道路海绵化改造及新建小区海绵建设项目等。

在实施模式层面，那考河河道综合整治项目创新地采用政府和社会资本合作PPP模式，明确了片区水环境治理的绩效考核方式；老旧小区、公园绿地和道路的海绵化改造则采用政府投资主导的方式建设；新开发建设项目按照片区海绵城市建设指标要求，由社会资本出资建设。

2 基本情况

2.1 地形地势

片区地势整体北高南低，最低点为那考河河道下游处，东西两侧高中间低，那考河西侧建设用地最高点标高110.86m，东侧建设用地最高点标高128.22m（图2）。片区内各建设用地竖向和道路坡向遵照地形地势条件设计，近年来无明显内涝。

2.2 水系状况

那考河发源于南宁市东北郊的高峰岭，流域呈长条形。片区内那考河河段（为中下游段）全长6.6km，其中干流5.4km，支流1.2km，蓝线管控面积72.16万m²，河道集水

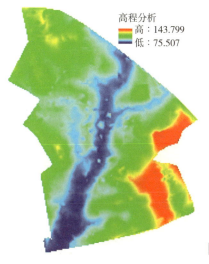

图2 片区高程图

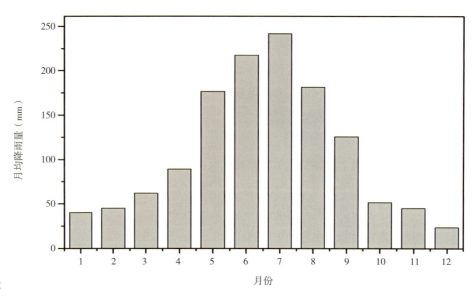

图3 多年平均月降雨量

面积48.8km²。河道在长堽路桥下游1km分东西两支，西支即为干流，干流由北往南流，在广西药用植物园附近进入竹排江河段，于滨江医院附近汇入邕江。

2.3 降雨情况

南宁市多年平均降雨量为1302.6mm，多年平均蒸发量1736.6mm。降水量季节性变化大，全年降雨主要集中在4~9月，且分为前汛期（4~6月）和后汛期（7~9月），前汛期总降水量约占年降水量的38.8%，后汛期约占年降水量的40.3%，多年平均月降雨量如图3所示。

2.4 工程地质

根据2015年3月南宁市勘察测绘地理信息院编制的《地质勘察报告》，那考河片区的地表土壤主要由素填土、淤泥质黏土、淤泥、黏土、粉质黏土等组成。片区土壤渗透系数0.001~0.50m/d，属于微透水层~弱透水层，整体渗透性能较差。各类土壤层渗透系数见表1。

场地内各土层渗透系数表　　　表1

各土层名称及编号	渗透系数（m/d）	备注
素填土	0.20	弱透水层
淤泥质黏土	0.30	弱透水层
淤泥	0.50	弱透水层
黏土	0.001	微透水层
粉质黏土	0.02	弱透水层
泥岩	0.001	微透水层
粉砂岩	0.10	弱透水层

3 问题及成因分析

3.1 河道水体黑臭

根据那考河水质检测数据，采样点1、2水质均劣于地表水Ⅴ类水质标准，具体检测结果见表2。对比城市黑臭水体分级的评价指标，采样点3、4水质均劣于重度黑臭指标，检测结果见表3所列。

片区内河道水质（单位 mg/L） 表2

水质指标	取样点1	取样点2	地表水Ⅴ类标准
化学需氧量（COD_{Cr}）	165	87	≤40
总氮（TN）	47	36	≤2.0
总磷（TP）	5.2	1.3	≤0.4
氨氮（氨氮）	13	17	≤2.0

片区内河道水质检测结果与重度黑臭水质指标对比 表3

特征指标（单位）	取样点3	取样点4	重度黑臭
透明度（cm）	6	8	<10
溶解氧（mg/L）	0.1	0.2	<0.2
氧化还原电位（mV）	-246	-288	<-200
氨氮（氨氮）（mg/L）	20	18	>15

3.1.1 上游污染

整治前那考河上游汇水区域存在大量畜禽养殖场，多年来养殖废水直排入河，导致片区上游来水水质恶劣，图4为改造前片区与上游交界断面处河道直观状况，表4为其水质情况。

图4 片区边界河道情况

片区与上游交界断面处水质监测数据（单位 mg/L）　　表4

点位名称	氨氮	COD$_{Cr}$	TP	TN	BOD$_5$
二塘高速入口	49.8	503	5.12	57.5	171
金桥支流入口	109	498	4.04	122.4	169

3.1.2 外源污染

（1）污水直排河道

通过现场调查和相关资料分析，那考河（植物园段）共有44个排水口，其中10个为分流制污水直排排水口，27个为合流制直排排水口，7个为分流制雨污混接雨水直排排水口，位置详见图5。合流制直排排水口因未建设截流溢流设施，旱季实为污水直排口，雨季则为混合污水排水口；分流制雨污混接雨水直排排水口因存在源头雨污水管网混接问题，雨水口也有污水排出。整治前部分排水口如图6所示。

图例
- 合流制直排排水口
- 分流制雨污混接雨水直排排水口
- 分流制雨水直排排水口

图5　那考河沿线排水口分布

图6　整治前排水口

（2）雨水径流污染

《南宁市初期雨水收集与处理措施研究》报告表明，片区内初期雨水TN、氨氮、TP、COD_{Cr}浓度均较高，分别为4.60mg/L、3.16mg/L、0.47mg/L、64.93mg/L。传统开发建设模式未考虑对初期雨水弃流和雨水径流的净化处理，导致大量地面污染物随雨水直接进入雨水管网和合流制管网中，最终被冲刷入河，成为那考河的又一污染源。

3.1.3 内源污染

多年的外源污染、垃圾倾倒和颗粒物沉积，导致那考河河道淤积严重（平均淤泥深度0.8~1.0m），淤泥成分复杂（包括泥沙、生物废屑、生活垃圾和建筑垃圾等）。整治前那考河河道淤积情况如图7所示。

3.1.4 生态破坏

河道岸线缺乏保护，岸线植被破坏严重。缺乏生态补水，河道经常断流，水生生物难以生存，水体自净能力基本丧失（图8）。

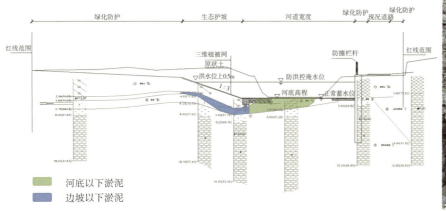

图7 整治前河道淤积情况图

图8 整治前河道岸线

图9 整治前河道断面

3.2 河道行洪能力不足

按照《南宁市防洪规划》和《南宁市城市排水（雨水）防涝综合规划》的要求，那考河为重要的行洪河道，其防洪标准为50年一遇，设计洪峰流量为257m^3/s。但由于建筑垃圾倾倒、私搭乱建等挤占了河床，河道断面过流能力不能满足行洪要求（图9）。

4 片区建设方案

针对片区河道水体黑臭和行洪能力不足两个关键问题，以问题为导向，识别出5个主要原因，分别提出相应的建设方案和工程措施，辅以管理水平的提升和创新的PPP实施模式，形成了本片区的海绵城市建设技术路线。具体技术路线如图10所示。

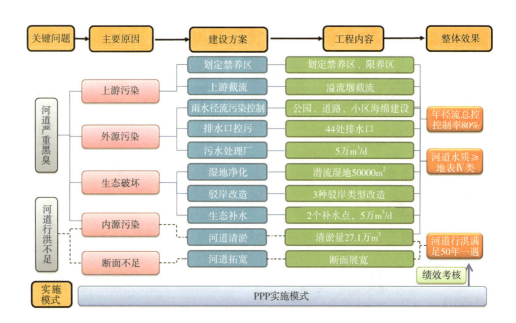

图10 技术路线图

4.1 上游污染控制方案

上游污染控制包括上游截污工程措施和划定禁养区。

上游截污工程措施：为减少上游污水对片区整治河段的影响，采取临时截流处理措施。在片区红线入流断面处设置溢流堰，将污水雍高，经临时截流管进入新建污水厂处理。

划定禁养区：兴宁区政府制定《开展竹排冲上游流域那考河段沿岸周边环境整治工作方案》（南兴府办〔2015〕9号），划定那考河流域内为禁养区，流域外延2km为限养区，并通过环保、水利、农业部门联合执法的方式监督落实。

4.2 外源污染控制方案

外源污染控制方案包括源头减排、河岸排水口污染控制、新建污水处理厂等措施，其中河岸排水口污染控制（含沿岸截污）是外源污染控制的最重要措施，是实施雨水径流污染控制以及内源治理等措施的前提。

（1）源头减排

片区内的雨水径流污染主要来源于建筑与小区、道路、公园绿地等下垫面的外排雨水，通过源头减排，减少外排雨水量，削减雨水径流污染，实现径流污染控制。

按照《南宁市海绵城市示范区控制规划》（以下简称"海绵控规"），建设低影响开发设施。经评估，现状地块年径流总量控制率基本无法满足要求（图11），需

图11 项目地块年径流总量控制率图

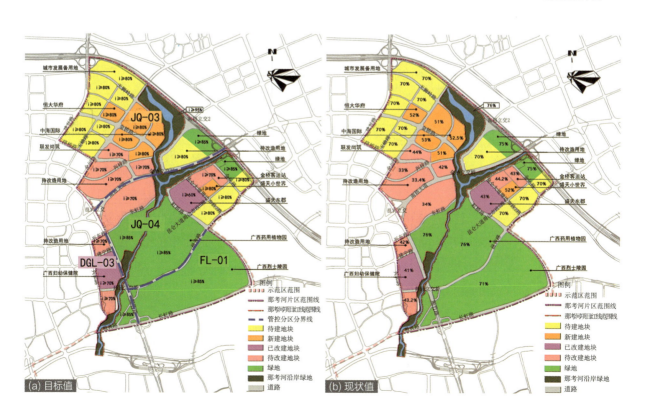

(a) 目标值　　(b) 现状值

按照目标要求进行海绵化建设或改造。

根据海绵控规,那考河示范片区片共包括4个管控单元,分别为JQ-03、JQ-04、DGL-03、FL-01。海绵控规结合地块下垫面情况、建筑密度、绿地率、土壤下渗能力等指标,综合确定地块年径流总量控制率:建筑与小区新建项目不低于80%,改建项目不低于60%;城市道路改建项目不低于60%;绿地新建项目不低于90%,改建项目不低于85%。

对于已经开发建设的地块,需按照目标要求进行改造。对于未开发建设地块,将海绵城市控制性指标纳入开发建设管控流程,在土地出让阶段,将海绵城市建设指标要求纳入出让条件,在建设和验收的各环节落实海绵城市建设要求。

(2)河岸排水口污染控制

对片区内那考河沿岸44个排水口,实现污染物控制措施全覆盖,总体方案为:

①采取截流管截流和封堵措施,消除10个分流制污水直排排水口;

②采取截流溢流井、溢流混合污水净化措施,将27个合流制直排排水口,按照截流式合流制的要求增设截流设施,保证旱天不向水体溢流;

③增设混接污水截流管道、设置截污调蓄池,对7个雨污混接的分流制雨水直排排水口进行改造,截流的混接污水送入污水处理厂处理或就地处理。

具体工程措施详见"5.2外源污染控制工程"。

(3)新建污水处理厂

那考河沿岸截流的混合污水以及上游截流坝截流的混合污水,通过管网收集后,输送至新建污水处理厂处理,削减进入那考河污染量。

4.3 内源污染控制方案

内源污染控制主要为河道清淤,清淤深度依据现场勘测结果,并考虑保留生态底泥,清理后的淤泥进行无害化处理。

4.4 河道生态修复方案

河道生态修复方案包括生态岸线建设、生态补水、景观水体调蓄3个方面。

(1)生态岸线建设

建设生态岸线,削减入河雨水径流污染量,生态岸线分为三种驳岸类型:石砌挡墙驳岸、人工打桩垂直驳岸、生态缓坡驳岸。配种水生植物,提升河道水体的自净能力,考虑植物的生存条件,对于常水位、5年一遇水位、50年一遇水位分别配种不同类别的植物。

(2)生态补水

根据计算,那考河的主河道及支流河道水量无法满足生态需水量,需对河道进行补水,最不利情况发生在主河道枯水年的2月,缺水量约为5万m^3/d。

生态补水水源为污水处理厂出水,污水处理厂出水(一级A标准)不能达到景观补水水质要求,需要将污水处理厂出水进一步净化,再补充至那考河。

(3)景观水体调蓄

提高河道景观水面率,打造河道水景观,在那考河主河道设置1座溢流坝,3座蓄水闸,1座分洪闸和1座连通闸。

4.5 河道行洪能力提升方案

通过水文计算,确定主河道最小行洪断面为25m,支线最小行洪断面为10m;需对原有河道进行展宽,部分河段拓宽至79m。河道横断面按三级阶梯布局,保障行洪要求,兼顾休闲、景观功能。

5 工程措施

5.1 上游污染控制工程

建设溢流坝,将河道上游的污水截流,设置DN800管道将污染的河水输送至污水处理厂处理,截流倍数为2。溢流坝坝长24.5m,坝宽27.00m,最大坝高4.5m,主要由溢流堰、防渗设施、堰下消能防冲设施、两岸连接构筑物及上下游护岸等构筑物组成,溢流坝建设现场如图12所示。

5.2 外源污染控制工程

外源污染控制工程包括建筑与小区、道路、公园绿地的雨水径流污染控制工程,河岸排水口污染控制工程和污水处理厂新建工程。

(1)建筑与小区源头减排工程

片区内建筑与小区面积共计228.64万m²,已按海绵城市要求建设的建筑与小区共8项,其中新建项目4项,改造项目4项,总面积为90.5万m²,完成比例为39.6%。建设项目统计情况见表5。

图12 溢流坝建设现场图

建筑与小区海绵建设统计表　　　　　　　　表5

序号	项目名称	类型	项目占地面积（m²）	绿地率	年径流总量控制率	SS削减率
1	广西妇幼保健院（厢竹院区）	改建	52956.6	41.7%	80.5%	50.3%
2	金桥客运站	改建	52614.0	18.0%	75.0%	50.9%
3	南宁市第三十九中学	改建	29154.6	35.7%	75.4%	50.2%
4	盛天东郡	改建	127856.0	28.8%	62.0%	41.0%
5	盛天小世界	新建	32620.2	35.8%	82.0%	53.2%
6	中海国际	新建	414249.6	30.6%	80.7%	51.1%
7	恒大华府	新建	158396.1	32.4%	80.3%	50.9%
8	昆仑大道北面保障性住房小区	新建	37317.1	24.7%	70.2%	45.4%

图13　盛天东郡源头减排流程图

以盛天东郡小区为例，介绍建筑与小区海绵化改造的具体做法：

盛天东郡总占地面积12.78万m²，其中绿化面积4.52万m²，屋面面积2.57万m²，路面硬化面积5.06万m²，景观水体面积0.63万m²。改造前，小区内硬化比例较高，绿地明显高于道路，年径流总量控制率仅为43%，低于60%的目标值。硬化地面汇水未经净化处理，直接汇流进入市政雨水管网。

盛天东郡小区源头减排流程如图13所示。方案主要对绿地进行改造，将绿地改造成植草沟和生物滞留带，结合竖向调整，将硬化地面雨水导入绿地滞蓄、净化，溢流雨水进入小区雨水管网，通过模块化雨水储水设施收集净化后雨水，用于绿化浇灌、道路冲洗、景观水池补水等，超过模块化雨水储水设施蓄滞能力的雨水溢流至市政雨水管网。

盛天东郡分为A、B、C三个排水分区，对不同的分区分别进行了海绵改造设计，盛天东郡排水分区及海绵设施布局如图14所示。沿小区周边道路设置了961m²的植草沟，生物滞留带位于中央花园的绿化带，总面积为390.8m²，模块化雨水储水设施容积为400m³。经过小区的整体海绵化改造，总调蓄容积为1264m³，可实现年径流总量控制率62%，SS削减率41%。盛天东郡各类海绵设施设计及校核计算结果见表6。

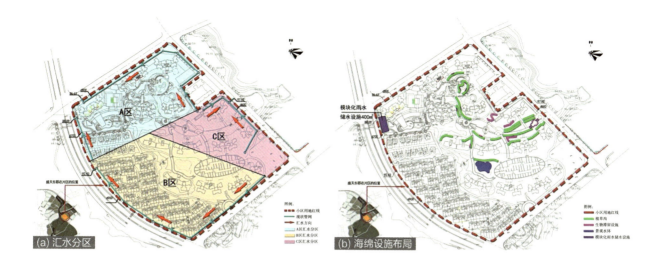

图14 盛天东郡排水分区及海绵设施布局图

(2) 道路源头减排工程

片区内道路面积共计164.50万m², 截至2016年11月, 已按海绵城市要求建设完成的道路面积为24.02万m², 完成比例为14.6%。道路海绵化建设统计见表7所列。道路的源头减排措施主要有: 透水铺装、生态树池、侧分带下凹绿地等, 因场地限制, 难以完成指标的道路, 结合道路红线以外周边绿地联动调控。

盛天东郡海绵设施规模统计表 表6

分区	面积（m²）	综合雨量径流系数	设施类型	规模	径流控制容积（m³）	设计降雨量（mm）	年径流总量控制率（%）
A	38207	0.52	植草沟	167.4 m²	29.48	21.62	68.7
			模块化雨水储水设施	1个	400		
B	57770	0.59	植草沟	51.6 m²	10.32	18.44	64.4
			生物滞留带	91.2 m²	18.2		
			水系调蓄	6318.85 m²	600		
C	31883	0.68	植草沟	742 m²	148	9.50	44.9
			生物滞留带	299.6 m²	58		
合计	127860	0.58			1264	17.16	62.0

道路海绵化建设统计表 表7

序号	项目名称	规模	绿地率	年径流总量控制率	SS削减率
1	金桥路	1843m×50m	24%	60.0%	48.0%
2	玉蟾路	1800m×24m	12.5%	58.0%	46.0%
3	天狮岭路	900m×30m	20%	60.0%	48.0%
4	建兴路	1200m×40m	15%	58.0%	46.0%
5	兴桂路	547m×30m	20%	43.0%	36.0%
6	兴和路	450m×30m	20%	55.0%	41.0%

以金桥路为例，介绍新建道路源头减排做法。

金桥路位于片区西北侧，呈东西走向，该道路为新建道路，规模为1843m×50m。根据海绵控规的要求，金桥路年径流总量控制率为60%，道路海绵化建设内容为：人行道透水铺装、生态树池、侧分带下凹绿地。

金桥路源头减排流程如图15所示。人行道铺设透水砖，提高雨水的下渗能力，径流雨水进入生态树池进行蓄滞、净化，超量雨水溢流进入雨水管网；机动车道通过竖向设计将路面雨水汇入道路侧分带，由侧分带下凹绿地净化径流雨水，超量雨水溢流进入雨水管网。金桥路海绵化建设示意如图16所示。

结合金桥路道路两侧人行道宽度，进行透水铺装铺设，单侧铺装宽度为4.0m，总面积共14744m²；树池尺寸为1.0m×1.0m，间距为6m，树池数量共计600个，生

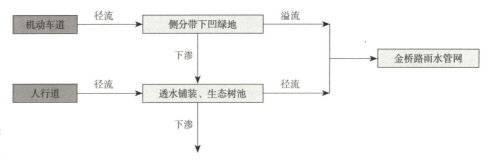

图15 金桥路源头减排流程图

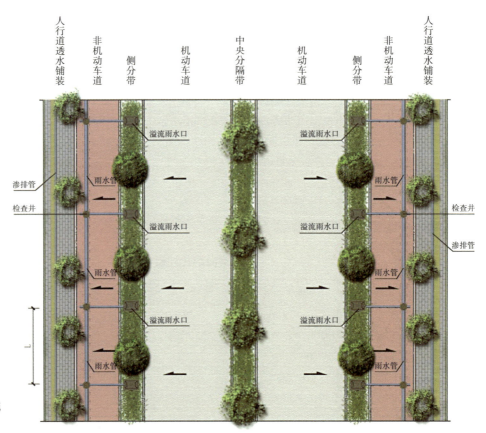

图16 金桥路海绵设施布局示意图

态树池低于透水铺装路面约80~100mm，能够保证人行道路面雨水进入生态树池；道路侧分带下凹绿地宽度3.0m，标高低于路面约100~150mm，车行道雨水能够通过路缘石豁口汇入侧分带。通过透水铺装、生态树池、侧分带下凹绿地，金桥路年径流总量控制率指标达到60%。金桥路各类海绵设施设计及校核计算结果见表8所列。

（3）公园绿地源头减排工程

金桥路海绵设施统计表 表8

道路名称	面积（m²）	综合雨量径流系数	设施	规模	径流控制容积（m³）	可控制降雨量（mm）	年径流总量控制率（%）
金桥路	92150	0.72	生态树池	600个	75	16.2	60
			侧分带下凹绿地	8894 m²	907		
			透水铺装	14744 m²	513		

片区内公园绿地面积共计318.20万m²，由广西药用植物园和烈士陵园组成，均为现状公园。公园外排雨水直接进入那考河，按照片区海绵城市建设要求，需要进一步提升公园绿地对雨水的净化能力。下面以广西药用植物园为例，介绍片区公园绿地径流污染控制做法。

广西药用植物园占地面积150hm²，其中水面面积为17.9hm²，园内林木茂密，环境幽静，森林覆盖率高达80%，现状下垫面以自然林地或草地为主，公园汇水流向及海绵设施布局如图17所示。采用的海绵设施主要有：绿色屋顶、雨水花园、生物滞留带等。

广西药用植物园利用自然地形竖向条件，合理组织和引导雨水径流，因地制宜地设置屋顶绿化、雨水花园、生物滞留设施等设施，利用雨水花园和生物滞留设施

图17 公园汇水流向及海绵设施布局图

(a) 汇水流向图　　(b) 海绵化设施布局图

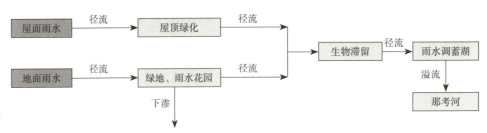

图18 公园源头减排流程图

削减雨水径流污染，公园源头减排流程如图18所示。目前，广西药用植物园可实现设计范围内年SS削减率达到60%。

（4）河岸排水口污染控制工程

①10个分流制污水直排排水口，1个管径DN500以下的合流制直排排水口和4个管径DN500以下的分流制雨水直排排水口，通过沿岸铺设截流管全部截流，所有污水和混合污水均进入新建污水处理厂处理。

②对3个管径DN500以上的分流制雨水直排排水口，根据岸线空间条件，在满足水头差的条件下，采取旋流沉砂器对初期雨水悬浮物与漂浮物进行去除后排入那考河，如图19所示。

③26个管径DN500以上合流制直排排水口，在排水口处设置截流溢流设施，截流倍数为2.0，截流的混合污水进入新建污水处理厂处理，溢流混合污水经过净化措施，排放至那考河。截流管采用重力流与压力流相结合方式敷设。污水重力管管径为D300~D1200，管长约8.0km；污水压力管管径为De630，管长约2.6km。截流管道系统布置示意如图20所示。

根据排水口处岸线空间条件，对截留溢流设施的溢流雨水采取"一口一策"因地制宜地设置不同的调蓄净化设施，主要的处理方法有以下2种：

A.出口场地平坦、开阔的排水口，优先采用湿塘、湿地作为溢流污水处理工艺，如图21所示。

B.出口有一定空间、岸坡较陡的排水口，结合场地地形因地制宜建设净水梯

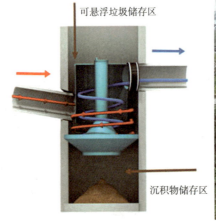

图19 旋流沉砂器原理示意图及现场照片

04 片区建设与改造 / 431

图20 截流管道系统布置示意图

图21 那考河支流中游雨水湿地施工现场照片

图22 净水梯田示意图及施工现状照片

田，梯田进水端设计了弃流/配水渠。旱流污水及一定截流倍数的雨水弃流至截流管；超过截流能力的雨水沿配水孔进入梯田；暴雨强度较大、径流量超出梯田处理能力时，弃流/配水渠内水位上涨，雨水溢流入河，如图22所示。

（5）新建污水处理厂

根据本片区目前情况及城市发展确定的近远期截流污水量，新建污水厂处理规模7万m^3/d（一期5万m^3/d，二期2万m^3/d），全部采用MBR工艺，出水优于《城镇污水处理厂污染物排放标准》GB 18918—2002一级A标准，主要污染物指标可达到或接近《地表水环境质量标准》GB 3838—2002Ⅳ类水标准，设计进、出水水质主要指标见表9所列。

污水处理厂设计进、出水水质主要指标一览表　　　　表9

项目	设计进水	设计出水	去除率	备注
BOD_5（mg/L）	120	≤ 6	≥95.0%	地表水环境质量标准Ⅳ类
COD_{Cr}（mg/L）	300	≤ 30	>90.0%	地表水环境质量标准Ⅳ类
SS（mg/L）	200	≤ 10	>95.0%	污水处理厂污染物排放标准一级A标准
TN（mg/L）	40	≤ 15	>62.5%	污水处理厂污染物排放标准 一级A标准
氨氮（mg/L）	30	≤ 1.5	>95.0%	地表水环境质量标准Ⅳ类
粪大肠杆菌群（个/L）	—	≤ 1000	—	污水处理厂污染物排放标准一级A标准

5.3 内源污染控制工程

结合河道设计横断面及河道地质剖面图对河道淤泥进行清淤，平均深度约0.8~1.0m，河道边坡需填方段的淤泥完全清除，河底以下1.5m范围内的淤泥全部清除，局部断面河底淤泥较深且对河道边坡结构稳定性造成影响的淤泥全部清除。

河道清淤工程自长堽路铁路桥河段至环城高速路，总长约6.6km。根据河道整治工程设计断面，控制渠底宽10~120m，清淤河底控制高程68.00m ~81.00m，渠底纵坡0.909‰ ~ 6.897‰。水南高速至高峰水库（5+400 ~ 17+800段），根据现状河底断面，清淤厚度平均为0.8~1.0m，河道清淤泥量：27.1万m^3。清淤边坡坡度1:2，渠底纵坡大于1/10000。清出的淤泥干化后，全部运送至填埋场填埋。

5.4 河道生态修复工程

（1）生态岸线建设工程

那考河为敞开式河道，河道标准断面为梯形复式断面，一层平台以下2.0m高差采用直立式挡土墙做垂直支护，河道环湖路边缘子河道位置均设置3m高浆砌块石挡墙，挡土墙临水面墙顶部低于常水位30cm，顶部埋设仿木预制桩，仿木桩高低

图23 河道驳岸及植物图

错落相间布置，长桩高于短桩100mm，短桩桩顶高程同环湖路高程，桩长1.5m，直径180mm，间距180mm。生态岸线总长度为12.07km（图23、表10）。

①石砌挡墙驳岸：对采用浆砌块石挡墙的护岸，其上预制混凝土花池，池内栽植花灌木以软化驳岸。也可根据河水的深度将混凝土花池设立在紧靠湖岸的底部，池内栽植挺水等水生植物来软化驳岸。石砌挡墙驳岸6.04km。

②人工打桩垂直驳岸：为破除硬质驳岸带来的灰色调，可采用沿岸顶增加花槽，沿岸堤底部做花池等手段，在游人亲水的地方可部分区域做临水台阶和斜坡花池。栽植水生湿生植物，如梭鱼草、香蒲、菖蒲、水葱等。人工打桩垂直驳岸1.77km。

③生态缓坡驳岸：对采用大块景石叠砌护岸，栽植水生湿生植物软化驳岸，如鸢尾、萱草、梭鱼草、菖蒲、雨久花等。缓坡草地能够引导游人与和河流的亲水沟通性。生态缓坡驳岸长度为4.26km。

河道断面各水位植物配置一览表　　　　表10

种植区域	植物类别	代表品种
常水位至河底（水深20~100cm）	挺水植物	伞莎草、芦苇、芦竹、香蒲、鸢尾、千屈菜等
5年一遇水位至常水位	湿生植物	斑茅、芒草、美人蕉、蜘蛛兰、春羽、海芋、夹竹桃、水杉等
50年一遇水位至5年一遇水位	中生植物	小叶榕、垂叶榕、柳树、花叶良姜、软枝黄蝉、三角梅、葱兰、韭兰等
50年一遇水位以上	旱生植物	常绿阔叶乔木、观果观花乔灌木

（2）生态补水工程

那考河可利用的生态补水水源有2种，分别为经生态净化后的污水处理厂出水和雨水。污水处理厂出水经人工湿地后水质能够达到地表水Ⅳ类水体水质标准，用作生态补水水源，该水源水量均匀，可作为长期稳定的补水，根据新建污水处理厂（一期）规模，日均补水量5万m^3/d。

人工湿地为垂直潜流人工湿地，主要工艺参数为：表面水力负荷1m^3/（$m^2 \cdot d$），水力停留时间10h，分为36个潜流湿地单元，包括18个下行流潜流湿地单元和18个上流行潜流湿地单元，每个单元面积1400~1500m^2。湿地内种植的水生植物主要根据水深及待去除污染物的特性，选择芦苇、美人蕉等挺水植物。湿地建设实景如图24所示。

对于另外的补水水源——净化后的雨水，主要包括通过公园调蓄净化后的溢流雨水、旋流沉沙设施及生态设施净化后的排水口出水等。根据本片区年径流总量控制率核算，日均雨水补水量约为0.57万m^3/d，净化后的雨水水量影响因素众多，仅作为生态补水的有效补充。

同时，为保障那考河支流水体丰盈，在那考河支干流交汇处设提水泵站，以2万m^3/d流量将干流河水提到支流上游。污水处理厂、尾水净化湿地及补水点位置关系如图25所示。

图24 尾水净化湿地建设实景图

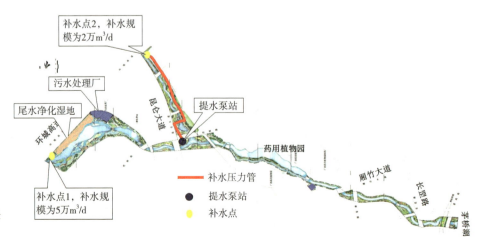

图25 生态补水工程示意图

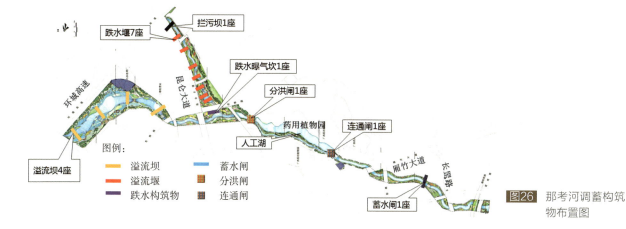

图26 那考河调蓄构筑物布置图

（3）景观水体调蓄工程

在河道内设置溢流坝（堰）及水闸，以实现河道景观壅水及防洪排涝功能。本片区在主河道设置4座溢流坝、1座蓄水闸、1座分洪闸和1座连通闸。支线上设置7座溢流堰、1座溢流坝及1座跌水坎（图26）。

由于途经广西植物园段河道的征地受限，不能满足行洪断面要求，设计将园区内河旁现状人工湖作为洪水蓄积的空间。经水文计算满足调蓄要求，因此该段河道采用河湖共同分洪方案，在人工湖上下游进出口处分别设置分洪闸和连通闸控制分洪。

当河道来水大于自身的生态及景观需求时，多余的水为弃水。弃水通过闸顶溢流到下游，当河道水位超过正常蓄水位0.5m时开始开启拦河闸进行泄洪，直至全部开启敞泄。

汛期可能出现城市内涝时，提前开启药用植物园段滞洪区的连通闸，提前放空库容，并开启分洪闸，拦蓄一部分洪水，错峰排往下游河道。

河道整治前河道枯水期水流量很小，平均水深不到0.5m。整治后各个壅水构筑物使河道形成0.5~2.0m的常水位，河道景观水面率明显提高，景观视觉效果良好。

5.5 河道行洪能力提升工程

河道设计常水位根据河道设计纵坡、下游茅桥湖规划常水位及该常水位回水至河道上游保持0.5m水深处、河道水面景观效果等因素确定并设置壅水构筑物，以实现河道景观及防洪排涝功能。河道断面图如图27所示。

第一级平台，高程可按3~5年一遇洪水位设置，汛期时洪水可漫过一级平台，以扩大行洪断面，增强排涝能力。

第二级平台，高程可按20年一遇洪水位设置，根据实际条件和功能定位，可为健康运动、大型广场、停车场、品牌商店等提供平台。

第三级平台，高程按50年一遇洪水位设置，提高河道防洪标准，增强防灾减灾能力，消除市区防洪治涝隐伏的危险。

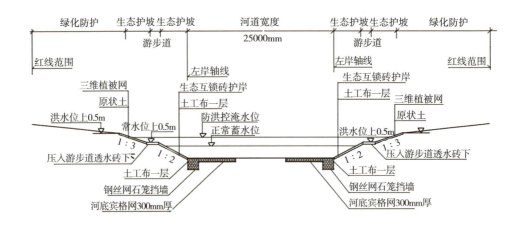

图27 河道断面图

通过三级平台的设计，满足河道50年一遇的行洪要求。

6 建设模式

6.1 建设模式

那考河片区海绵城市建设包括那考河河道综合整治项目、老旧小区海绵化改造项目、公园绿地和道路海绵化改造及新建小区海绵建设项目等，其中南宁市那考河流域治理项目采用PPP模式。通过招投标引入具备条件的社会投资人和政府代表单位组成的项目公司，双方的占股比例分别为90%与10%。其中，征地拆迁费、监理费、建设单位管理费等各项前期费用由政府代为垫付，目前项目公司已将前期费用返还给政府。项目公司负责本项目的设计、融资、建设与运营管理，政府在运营期依据绩效考核标准付费。合作期满后项目资产使用权和经营权无偿移交至政府指定机构，或在同等条件下优先委托项目公司继续运营。

6.2 绩效考核

6.2.1 监控断面

南宁市那考河（植物园段）流域治理项目在那考河干流及支流共设4个监控断面，用于监测那考河（植物园段）河道上游来水及污水厂运行状况。同时布设4个监测点，用于监控来水水质。监控断面及监控点布局如图28所示。

监控断面1：位于新建污水处理厂下游约100m的那考河主河道内，用于监控那考河植物园段上游的水质情况。

监控断面2：位于那考河支流末端，用于监控那考河支流水质。

监控断面3：位于那考河主河道植物园湖附近河段，用于监控那考河植物园段中游水质状况。

监控断面4：位于那考河主河道下游出口附近，用于监控出口水质。

图28 水质监控断面图

6.2.2 考核标准

监控断面1至4的COD_{Cr}、BOD_5、TP、氨氮和溶解氧等指标需达到《地表水环境质量标准》GB 3838—2002 Ⅳ类水标准，悬浮物（SS）指标需达到《城市污水再生利用景观环境用水水质》GB T18921—2002水景类水质要求，透明度达到0.5m；TN不大于10mg/L。为保障河道生态基流量，监控断面2、3、4最小流量不得低于同点位、同水文期多年平均径流量的60%。

监控断面考核的各项指标每月抽检两次并取其平均值作为当月成绩，防止偶然因素和为考核而突击维护；具体由政府方和项目公司共同委托水质监测机构进行监测，按照相关规定进行取样，期间发生的相关费用计入项目运营成本。

6.2.3 付费方式

根据《南宁市竹排江上游植物园段（那考河）流域治理PPP项目协议》及其附件《产出说明及绩效考核》的有关约定，河道运营服务费与考核结果挂钩，政府按季度向项目公司付费。

7 建设效果

7.1 河水水质达标

通过那考河片区多种方式的污染控制，河水水质明显提升，已基本消除黑臭，达到黑臭水体治理阶段性目标。那考河湿地公园已成为市民休闲的又一个重要场所。那考河整治前后水质指标对比数据见表11所列。

河道断面水质监测对比结果　　　　　　表11

检测指标	监控点2		监测断面3	
	整治前（2015.1）	整治后（2016.11）	整治前（2015.1）	整治后（2016.11）
COD_{Cr}（mg/L）	165	12~32.6	87	13.1~25
TN（mg/L）	47	13.4~15.2	36	13.07~16.04
TP（mg/L）	5.2	0.21~0.64	1.3	0.03~0.49
氨氮（mg/L）	13	0.15~0.82	17	0.20~1.74

7.2 河道行洪能力达标

主河道最小行洪断面25m，支线最小行洪断面10m；部分河段拓宽至79m，经水利模型分析，河道行洪能力满足设计标准的要求（图29）。

7.3 景观提升效果明显

通过湿地建设、景观绿化、生态驳岸建设等，明显提升了河道景观效果。改造后那考河沿岸景观效果如图30所示。

7.4 经济效益

依托那考河河道综合整治，"那考湿地公园"与"广西药用植物园"已成为周

图29　河道整治前后对比

图30 改造后那考河沿岸景观效果

边中海国际、恒大华府、盛天东郡等高中档楼盘的"后花园",带动了周边房产增值、土地升值。以紧邻那考河的中海国际小区为例,2015年5月启动建设时月度销售均价为6115/m²,借助那考河流域治理项目的媒体宣传效应和项目建设的水环境治理成效,2016年9月该楼盘月度销售均价为7178元/m²,升值比例为17.4%,高于同期南宁市11%的房价涨幅。

8 项目总结

本片区重点围绕那考河水体黑臭、河道行洪能力不足等关键问题,分析了问题的成因,构建了系统的解决方案,对片区内水体污染的面源、区域输入性污染源和水体污染内源进行削减。通过拓宽河道、制定蓄洪区运行规则,提升河道行洪能力。通过本片区海绵城市建设,取得了以下经验:

(1)问题原因分析是海绵城市建设基础,系统方案是片区海绵城市建设的重要保障,灰绿结合的工程措施是海绵城市建设的重要途径。本片区包括那考河城市建成区绝大部分河段,对其上游采用了面源管控和临时的截流处理措施;截流井、截流管、污水厂等设施承担了大部分污染物消减,绿色基础设施有效的减少管网溢流,通过灰绿结合的工程措施,那考河整治工程完工后很快提升了河道水质。

(2)PPP是推进海绵城市建设的有效手段。那考河(植物园段)综合整治项目中对PPP模式进行了有益的创新和探索,构建了政府、企业、社会共同参与的水环境治理机制,形成了多方合力,快速有效地推进了海绵城市建设,取得了良好的效果,其经验对南宁沙江河、竹排江等其他水体的治理工作起到了良好的示范作用。

在取得了一些经验的同时,也感到了一些遗憾和不足:本片区中的工程项目分别采用了PPP模式、政府投资模式、社会投资模式,不同模式之间的衔接以及对未来整体工程效果的考核方法还有待落实。

管理单位: 南宁市海绵城市与水城建设工作领导小组办公室
技术支撑单位: 中国建筑设计院有限公司
资料提供单位: 总规编制单位:中国城市规划设计研究院
　　　　　　　　控规编制单位:北京清控人居环境研究院有限公司
　　　　　　　　主要设计单位:华蓝设计(集团)有限公司、武汉市政工程设计研究院有限责任公司、北京市市政工程设计研究总院有限公司
案例编写人员: 秦德全、李临、冯步广、彭奠安、郭添模、黄夕泇、陈燕、赵昕、尹文超、刘永旺